포인트
미시경제학

Point Microeconomics

초판 서문
The Point of Microeconomics

현실적으로 우리는 시장기구에 의해 자원이 배분되는 시장경제체제에서 일상적인 생활을 해나가고 있다. 그렇기 때문에 시장경제를 제대로 이해하고 슬기롭게 일상생활을 지속하기 위해서는 미시경제학에 대한 공부가 필요하다. 왜냐하면 미시경제이론은 시장경제의 근본인 시장기구가 어떻게 작동하는가에 대한 연구를 기초로 만들어진 것이고, 시장이 작동하는 방법을 이해하는 것은 시장경제체제가 어떻게 기능하는가를 이해하는데 필수적이기 때문이다. 그리고 미시경제학은 거시경제학과 함께 경제학의 핵심적인 기본교과로서 거시경제 뿐만 아니라 금융과 노동, 국제경제 분야의 이론들을 이해하기 위해서는 미시경제학의 이론과 분석틀이 필수적이라 할 수 있다.

그래서 이 책은 시장경제체제의 작동원리들을 이해하기 위해서 필요한 미시경제이론들을 경제학원론이나 개론 정도를 공부하면 이해할 수 있도록 간결하게 요약 정리하는 형식으로 집필되었다. 그리고 학부생 수준에 맞는 교재로 만들기 위해 수학적 접근방법은 최소화하고 그 대신 기본적인 이론과 개념을 주로 서술적 방법과 그림이나 표를 사용하여 설명함으로써 학생들이 직관적으로 명확하게 이해할 수 있도록 집필하고자 하였다.

이 책은 현실 경제에 적용할 수 있는 미시경제학의 이론적 핵심을 간추려 그 내용을 총6편 17장으로 구성하였다. 제1편에서는 미시경제학의 분석방법과 시장기구의 기본적인 작동원리를 개괄적으로 설명하였다. 제2편과 제3편에서는 개별경제주체인 소비자와 생산자의 합리적인 의사결정과 최적화행위를 분석하고 수요곡선과 공급곡선을 도출하는 과정 등을 설명하였다. 제4편 시장이론에서는 기업이 이윤극대화를 위하여 시장구조의 형태에 따라 어떻게 행동하여야 할 것인가를 완전경쟁, 독점, 과점시장 및 게임이론으로 나누어 설명하였다. 제5편에서는 시장기구에 의하여 모든 시장에서 균형이 달성되게 하는 자원배분이 가능한지와 이러한 자원배분이 사회적으로 바람직한 것인지의 여부를 일반균형분석과 사회적 후생함수를 이용하여 설명하였다. 마지막 제6편에서는 시장기구에 의하여 효율적인 자원배분이 달성되지 못하는 시장실패와 비대칭적인 정보에 의해 발생하는 자원배분의 비효율성 등 시장의 한계와 극복방안에 대해 설명하였다.

학부생 수준에 맞는 간결하면서 쉽게 읽힐 수 있는 교재를 만들고자 했던 원래의 의도와는 다르게 집필과정에 군더더기가 많이 붙어 분량이 많이 늘어난 느낌이다. 이러한 점들뿐만 아니라 여기 저기 남겨진 미흡한 점들은 앞으로 다듬어 나가도록 하겠다.

끝으로 이 책을 출판하도록 수락해주신 한올출판사의 임순재 사장님께 감사의 마음을 전하며, 편집과 교정작업에 많은 도움을 주신 편집부 최혜숙 실장님과 직원들께도 감사드린다.

2016년 3월

2판 서문
The Point of Microeconomics

이 책은 시장경제체제의 작동원리들을 이해하기 위해서 필요한 미시경제이론들을 간결하게 요약 정리하는 형식으로 집필되었다. 그리고 학부생 수준에 맞는 교재로 만들기 위해 수학적 접근방법은 최소화하고 그 대신 기본적인 이론과 개념을 주로 서술적 방법과 그림이나 표를 사용하여 설명함으로써 학생들이 직관적으로 명확하게 이해할 수 있도록 집필하고자 하였다.

그러나 초판에서는 학부생 수준에 맞는 쉽게 읽힐 수 있는 교재를 만들고자 했던 원래의 의도와는 다르게 간결하지 못하고 집필과정에 군더더기가 많이 붙어 있었다. 그렇다보니 한 학기 15주 강의용 교재로 사용하기에는 그 내용과 분량이 많았다. 그래서 초판에서 아쉽고 부족했던 부분들은 보완하고, 중언부언 군더더기들은 제거하기 위해 개정 작업을 진행하였다.

개정판에서 달라진 점은 첫째, 미시경제학의 이론적 핵심내용을 보다 체계적으로 이해하기 쉽도록 각 장을 절과 항으로 구분하였을 뿐만 아니라 각 항에도 보다 세분하여 소제목을 추가하였다. 둘째, 각 장마다 개요를 통해 학습해야할 주요목표를 제시하였고, 또 각 장의 복습문제를 추가하여 주요 내용을 복습할 수 있도록 하였다. 셋째, 추가적인 상세한 설명이 필요한 내용은 보론이나 각주로 처리하여 다루었다. 넷째, 각 장의 본문에서 분량의 제약으로 다루지 못한 내용은 부록에서 제시하였다.

한편 초판은 총6편 17장으로 구성되어 있었는데, 개정판에서는 일반균형분석과 후생경제학 부분을 삭제하고 한 학기 강의용으로 적합하게 총5편 15장으로 재구성하였다. 제1편 미시경제학과 시장분석에서는 미시경제학의 범위와 방법론, 시장기구의 기본적인 작동원리인 수요공급의 원리와 시장균형을 개괄적으로 설명하였다. 제2편 소비자이론과 제3편 생산자이론에서는 개별경제주체인 소비자와 생산자의 합리적인 의사결정과 최적화행위를 분석하고 수요곡선과 공급곡선을 도출하는 과정 등을 설명하였다. 제4편 시장이론에서는 기업이 이윤극대화를 위하여 시장구조의 형태에 따라 어떻게 행동하여야 할 것인가를 완전경쟁, 독점, 과점시장 및 게임이론으로 나누어 설명하였다. 제5편에서는 시장기구에 의하여 효율적인 자원

배분이 달성되지 못하는 시장실패와 비대칭적인 정보에 의해 발생하는 자원배분의 비효율성 등 시장의 한계와 극복방안에 대해 설명하였다.

원래 의도는 경제학을 전공하지 않는 학생들조차도 쉽게 읽힐 수 있는 교재를 만들고자 했으나, 역시 내공이 모자라는 관계로 그렇게 만들지 못하고 2% 부족한 또 한권의 그저 그런 미시경제학 교재가 된 것 같은 느낌을 받는다. 첫 술에 배 부를 수 없듯이 부족한 부분들은 앞으로 보완해 나가도록 하겠다.

끝으로 이 책을 출판하도록 수락해주신 한올출판사의 임순재 사장님께 다시 한번 감사의 마음을 전하며, 편집과 교정작업에 많은 도움을 주신 편집부 최혜숙 실장님과 직원들께도 감사드린다.

2017년 3월 저자 씀

Contents
The Point of Microeconomics

PART 2 　소비자이론

Contents
The Point of Microeconomics

PART 4 시장이론 : 시장구조와 자원배분

Contents
The Point of Microeconomics

PART 5   시장의 한계 : 시장실패

미시경제학과 시장분석

제1편에서는 미시경제학의 특성을 이해하는데 필요한 기본적인 내용들을 알아본다. 1장에서는 미시경제학의 범위와 방법론에 대해 살펴보고, 2장에서는 미시경제학의 근간인 시장기구의 작동원리를 설명해주는 수요와 공급 및 시장균형에 대해서 살펴본다. 소비자의 최적화 행위와 생산자의 최적화 행위가 어떤 과정을 거쳐 시장에서의 수요와 공급으로 나타나는지에 대해서는 제2편과 제3편에서 각각 논의한다.

The Point of Microeconomics

Chapter 01 미시경제학 입문

Chapter 02 수요·공급과 시장균형

Chapter 01

미시경제학 입문

이 장에서는 미시경제학의 특성을 이해하기 위해 먼저 경제학의
성격에 대해 간략히 살펴본 후, 미시경제학의 분석대상과 과제,
그리고 미시경제학의 방법론(최적화와 균형)과 분석방법에 대해
알아본다.

제1절 미시경제학의 범위

1. 자원의 희소성과 경제학

우리는 일상생활에 필요한 재화와 용역을 생산하여 분배하고 소비하는 경제활동 과정에서 여러 가지 경제문제에 직면하게 된다. 예컨대, 자금, 식량, 물가, 주택, 일자리 등과 관련된 여러 가지 경제문제에 직면하게 된다. 자금난, 식량난, 인플레이션, 전세대란, 실업대란 등 **왜 이러한 경제문제가 발생할까?** 인간의 욕구는 무한한 반면에 인간의 욕구를 충족시켜 줄 자원(resource)이 무한하지 않고 한정되어 있다. 희소한 자원에는 토지나 지하자원 등과 같은 자연자원 뿐만 아니라 인적 자원과 물적 자원 등도 해당된다. 이처럼 인간의 욕구는 무한한데 비해 이를 충족시켜 줄 수단인 자원이 상대적으로 부족한 현상을 **자원의 희소성**(scarcity)이라고 한다. 이러한 자원의 희소성으로 인해 모든 경제문제가 발생하는 것이다. 비록 인간의 욕구가 무한하다고 하더라도 그 욕구를 충족시켜 줄 수 있는 자원이 역시 무한하게 존재한다면 부족의 문제인 경제문제는 발생하지 않을 것이다. 그러나 불행하게도 인간의 욕구를 충족시켜 줄 수 있는 수단인 자원은 한정되어 있다.

자원이 희소하므로 하나의 목적에 사용하는 자원의 양을 늘리면 다른 목적에 사용되는 자원의 양을 줄일 수밖에 없다. 그래서 모든 경제는 어떻게 하면 희소한 자원을 효율적으로 사용할 수 있는가하는 희소성의 문제에 직면한다.

바로 **경제학**(economics)은 자원의 희소성을 전제로 출발하는 학문이다. 경제학은 자원의 희소성으로 인해 생산, 분배, 소비 등의 경제활동 과정에서 일어나는 경제현상과 문제를 연구하여, 여러 가지 경제문제에 대한 해결책을 찾고자 하는 학문이다. 구체적으로 희소한 자원의 효율적 배분을 도모하고, 경제성장과 발전을 통해 인간의 복지를 증진시키는 방안을 연구하는 학문이다. 그런데 한 경제를 구성하는 개별 경제주체들의 경제활동으로 나타나는 수많은 경제현상과 경제문제들을 하나의 분석 틀로 분석하기에는 그 범위가 너무 넓다. 개별경제주체들이 수없이 많은 생산물시장이나 생산요소시장에서 서로에게 영향을 주는 상호작용을 하며, 이러한 여러 가지 시장들이 함께 어울려져서 한 경제를 구성하기 때문이다. 그래서 경제학에서는 분석의 편의를 위해 연구대상에 따라 미시경제학과 거시경제학으로 구분하여 접근하고 있다.

2. 미시경제학과 거시경제학

미시경제학(microeconomics)은 가계, 기업 그리고 정부로 구성되어 있는 한 경제시스템 안에서 개별경제주체의 경제행위와 그 상호작용을 연구대상으로 한다. 그래서 개별경제주체의 경제행위와 상호작용을 지배하는 원리를 도출하고, 희소한 자원을 효율적으로 배분하는 것을 분석과제로 하는 분야이다.

이를 위해 미시경제학은 자원이 희소한 상황에서 소비자의 선택행위와 기업의 선택행위를 연구하며, 소비자와 기업의 선택행위가 시장에서 어떻게 상호작용하는지를 연구한다. 또한 정부가 시장에 개입할 경우 어떤 결과가 발생하는지도 연구한다. 그런데 이러한 개별경제주체들의 경제행위와 상호작용은 주로 시장을 통해서 나타나며, 또 시장에서의 상호작용은 시장가격을 중심으로 이루어진다. 따라서 미시경제학에서는 시장경제에서 시장기구에 의해 달성되는 시장균형과 그 결과가 주요한 분석대상이 된다.

또한 미시경제학에서는 시장경제에서 개별 소비자와 생산자들의 합리적인 경제행위가 주요대상이기 때문에 소비자가 제한된 소득으로 효용을 극대화하는 상품조합을 선택하고, 기업은 이윤을 극대화하는 산출량을 결정하는 과정 등도 주요 분석대상이다.

한편 시장에서의 가격은 소비자와 생산자의 합리적인 의사결정 외에 시장구조의 형태에 의해서도 영향을 받게 된다. 한 경제 내에는 완전경쟁시장, 독점시장, 과점시장 및 독점적 경쟁시장 등 다양한 형태의 시장이 존재하는데, 시장구조가 독점적이냐 또는 경쟁적이냐에 따라 가격수준과 자원배분이 달라진다. 그래서 미시경제학에서는 시장구조의 다양한 형태가 어떻게 가격결정을 통해 자원배분에 영향을 주는가를 주요 내용으로 다룬다. 또한 사회적으로 희소한 자원을 어떻게 배분하는 것이

바람직한가, 즉 효율적인 자원배분의 달성이 미시경제학의 분석과제가 되고 있다. 이와 같이 미시경제학은 자원의 희소성하에서 개별경제주체의 합리적 선택행위와 자원배분의 효율성 문제를 주요 분석대상으로 한다.

반면에 **거시경제학**(macroeconomics)은 전체 국민경제에서 발생하는 경제현상의 움직임을 분석대상으로 한다. 그래서 개별경제주체의 행위는 자세히 분석되지 않는다. 한 경제 내에는 수없이 많은 시장들이 존재하기 때문에, 거시경제학에서는 개별시장의 움직임이 아니라 국민경제 전체의 움직임을 보기 위해 개별시장에서 발생하는 결과를 집계하여 얻어진 거시경제변수를 사용한다. 이와 같이 거시경제학은 개별시장이 아니라 경제 전체를 대표하는 거시경제변수의 움직임이 분석 대상이 된다. 거시경제학에서는 국내총생산, 물가지수, 고용량과 실업률, 통화량, 국제수지, 경제성장률 등과 같은 거시경제변수들이 어떠한 원리로 결정되고, 그 상호간에는 어떤 연관관계를 가지고 있는지를 연구한다. 그리고 각종 경제정책이 이러한 거시경제변수들에 어떤 영향을 미치는가도 연구대상으로 한다. 즉 조세나 정부지출과 같은 정책수단을 이용한 재정정책, 통화량이나 이자율과 같은 정책수단을 이용한 통화정책이나 환율정책 등이 거시경제변수에 미치는 영향을 연구한다.

다른 한편으로 미시경제학과 거시경제학은 그 연구과제를 기준으로 구분하기도 한다. 경제체제로서의 한 국민경제가 수행해야할 기본과제에는 자원배분과 분배, 그리고 경제안정과 성장 등이 있다. 미시경제학은 **자원배분**(resource allocation)과 **분배**(distribution)의 문제에 초점을 두고 분석하고 그 해결책을 연구과제로 하는 분야이다. 반면에 거시경제학은 국민경제 전체의 **안정**(stabilization)과 **성장**(growth)의 문제를 분석하고 그 해결책을 연구과제로 하는 분야이다.

이처럼 경제학 분야를 미시경제학과 거시경제학으로 구분하여 접근하는 것은 단순히 분석의 편의를 위한 것이지 두 분야 사이에 본질적인 차이가 존재하여 그렇게 나누는 것은 아니다. 경제에 관한 전반적인 문제는 많은 가계와 기업들의 상호작용에서 발생하므로 미시경제학과 거시경제학은 밀접하게 관련되어 있다. 경제학이란 큰 테두리 안에서 서로 유기적인 관계를 갖고 보완적으로 발전해 가고 있다. 그래서 거시경제학에서도 가계의 소비나 기업의 투자원리 등의 분석에는 미시경제학적 기초를 활용하고 있다.

제2절 미시경제학의 방법론

1. 최적화

(1) 최적화와 합리성

전통적으로 미시경제학에서는 개별경제주체들의 경제행위뿐만 아니라 모든 경제현상이 최적화(optimization) 또는 균형(equilibrium)의 문제로 귀착된다고 보고 최적화와 균형의 개념을 사용하여 분석한다.

최적화(optimization)는 개별경제주체들이 선택할 수 있는 여러 가지 대안 중에서 최선의 것을 선택하는 행위를 말한다. 그리고 최적화는 개별경제주체가 자신이 가장 바람직하다고 생각하는 상태를 만들기 위해 노력한 결과로서 생겨난다. 그래서 최적화는 개별경제주체들의 목표와 밀접하게 관련되어 있다. 예컨대, 소비자가 효용을 극대화하거나 기업이 이윤을 극대화하는 것은 최적화와 관련된다. 소비자가 주어진 소득으로 최적의 소비선택을 통해 자신의 효용을 극대화하거나, 또는 기업이 주어진 산출량을 생산하기 위하여 생산비용을 극소화하는 최적의 요소결합을 통해 이윤을 극대화하는 것은 가계와 기업이라는 경제주체가 각각의 목표를 최적화하는 행위에 해당한다.

그런데 자원의 희소성으로 인해 개별경제주체들은 합리적 선택을 통해 자신의 목표를 달성하고자 한다. 합리적인 경제주체라면 자신이 원하는 것은 가능한 극대화(maximization)하려고 할 것이며, 자신이 원치 않는 것은 가능한 극소화(minimization)하려고 할 것이다. 그래서 최적화는 이러한 경제주체들의 **극대화**와 **극소화** 행위를 포괄해서 아우르는 개념이다. 따라서 최적화(optimization)는 어떤 경제행위를 결정하는 개별경제주체의 **합리성**(rationality)을 전제해야만 비로소 의미를 갖는 개념이다.

그래서 미시경제학에서는 개별경제주체들이 '**합리적**'으로 경제행위를 한다는 가정을 기본적으로 전제하고 모든 경제현상을 분석하고 있다. 개별경제주체가 '합리적'으로 행동한다는 것은 경제주체들이 경제행위를 할 때 나름대로의 어떤 목표가가지고 있으며, 자신들에게 주어진 환경과 제약조건 아래서 항상 **'일관되게'** 그 목표를 달성하려고 노력한다는 의미이다. 예컨대, 소비자가 주어진 소득과 가격을 고려해서 자기의 효용을 극대화하는 소비행위를 일관되게 선택한다거나, 또는 기업들이 생산기술과 비용, 시장상황을 고려해서 이윤을 극대화하는 생산행위를 일관되게선택하는 것이 곧 합리적 선택행위라는 것이다. 결국 경제주체가 합리적이라는 가정은 경제주체가 어떠한 경우라도 일관되게 자신의 목표를 최적화하기 위해 노력한다는 것을 의미한다. 그런 의미에서 경제주체의 합리적인 선택행위가 바로 최적화를 이루기 위한 노력이라고 할 수 있다.

(2) 최적화의 방법 : 한계원리

최적화는 개인이나 기업을 불문하고 경제주체들이 여러 가지 대안들 중에서 최선의 것을 선택하는 합리적 선택행위라고 말하였다. 그렇다면 경제주체들이 여러 가지 대안 중에서 어떤 것을 선택하는 것이 최적의 선택행위일까?

미시경제학에서는 경제주체들의 최적선택행위(즉, 최적화)에 대해 **비용-편익분석**(cost-benefit analysis)과 **한계원리**(marginal principle)를 이용하여 분석한다. 즉 비용-편익분석을 통해 경제주체가 어떤 경제행위를 선택할 것인지 아니면 선택하지 않을 것인지를 결정하고, 그 다음으로 경제주체가 그러한 경제행위를 선택하기로 결정한다면 '얼마나 많이' 선택해야 하는지는 한계원리를 적용하여 결정하게 한다.

경제주체가 어떠한 경제행위를 선택하든 그 선택에는 반드시 비용(cost)과 편익(benefit)이 발생하게 된다. 그래서 어떤 경제행위를 선택할 것인지 아니면 말 것인지를 결정하려면, 우선적으로 그 선택에 수반되는 비용과 편익을 비교해야 한다. 어떤 경제행위를 선택한 경우의 비용과 편익을 분석하여, 편익이 비용보다 크면 그경제행위를 선택해야 하고, 반대로 비용이 편익보다 크면 선택해서는 안 된다. 이것을 **비용-편익의 원리**라고 한다.

한편 어떤 경제행위를 선택할 것인가 말 것인가를 결정하는 문제가 아니라, 어떤 경제행위를 선택하기로 결심하고 어느 정도로 선택해야 할지 그 수준을 결정하여야 하는 경우가 있다. 이 경우 어떤 경제행위를 선택하는 수준에 따라 편익과 비용은 달라진다. 이때 합리적 경제주체라면 그 경제행위로 얻게 되는 편익(B)에서 비용(C)을 빼고 남는 차액인 **순편익**(NB, net benefit)을 극대화하는 수준을 선택해야 한다. 어떤 경제행위를 X라 표기하고, 그 수량(quantity)을 Q_X로 표기하고, X를 Q_X만큼 선택했을 때 발생하는 비용(cost)과 편익(benefit)을 각각 $C(Q_X)$, $B(Q_X)$로 표기하자. 그러면 어떤 경제행위를 Q_X만큼 선택했을 때의 순편익인 $NB(Q_X)$는 다음과 같이 표현된다.

$$NB(Q_X) = B(Q_X) - C(Q_X) \qquad (1.1)$$

이 경우 어떤 경제행위(X)의 최적화 문제는 그 행위로 인해 얻게 되는 순편익(NB)을 극대화하는 수준의 수량(Q_X)을 찾는 것을 의미한다. 미시경제학에서는 어떤 경제행위의 순편익을 극대화하는 최적화 수준을 찾기 위해 한계원리를 적용한다. **한계원리**(marginal principle)란 어떤 경제행위를 선택하는데 있어서 순편익을 극대화(maximization)하는 최적화 수준을 선택하려면, 한계편익과 한계비용이 일치하는 수준(Q)까지 선택해야 한다는 것이다. 한계원리에 의한 최적화(최적선택)의 조건은 다음과 같다.

$$한계편익(MB) = 한계비용(MC) \qquad (1.2)$$

여기서 **한계편익**(marginal benefit, MB)은 어떤 경제행위를 추가적으로 1단위 더 선택할 때 추가적으로 얻게 되는 편익의 증가분을 말하고, **한계비용**(marginal cost, MC)은 어떤 경제행위를 추가적으로 1단위 더 선택할 때 추가적으로 들어가는 비용의 증가분을 말한다.

미시경제학에서 한계원리는 **최적화의 해**(solution)를 찾는데 적용되는 보편적인 원리이다. 예컨대, 기업이 이윤(profit)을 극대화하기 위해 한계원리를 적용한다는 사실을 원론에서 배운 바 있을 것이다. 기업의 이윤(profit)은 판매수입(즉, 편익)에서 생산비용을 빼고 난 나머지로서 순편익(NB)에 해당한다. 따라서 기업이 이윤(즉, 순편익)을 극대화하는 최적산출량 수준을 달성하기 위한 조건도 (1.2)식과 같

다. 즉 기업이 산출물을 1단위 더 판매할 때 추가적으로 들어오는 한계편익(MB)이 그것을 1단위 더 생산하는 데 추가적으로 들어가는 한계비용(MC)과 같아지는 수준에 대응하는 산출량을 선택해야 한다는 것이다.

2. 균형

미시경제학의 또 다른 특징은 균형이라는 개념을 사용하여 경제현상을 분석한다는 점이다. **균형**(equilibrium)이라는 개념은 원래 물리학적 개념으로서 외부적인 충격이 주어지지 않는 한 여러 힘들이 평형(balance)을 이루어 현재 상황에 더 이상의 변화가 일어나지 않고 유지되는 상태를 의미한다. 앞서의 최적화는 경제주체들이 어떤 목표를 의식적으로 달성하고자 노력하여 얻은 결과라고 설명한 바 있다. 반면에 **균형**(equilibrium)은 경제주체들의 의식이나 노력과는 관계없이 서로 반대로 작용하는 두 개의 힘이 평형을 이룰 때 얻어지는 결과이다. 균형은 시장에서 경제주체들이 상호관계를 맺고 있는 데서 나오는 현상이다. 미시경제학에서 균형의 개념은 주로 서로 다른 경제주체들 사이의 상호작용의 결과를 찾거나 예측하기 위해 이용한다. 시장에서 수요와 공급이라는 서로 반대되는 두 힘의 상호작용으로 이루어진 **시장균형**(market equilibrium)이 가장 대표적인 균형의 예이다.

시장(market)이란 각자 나름대로 자신의 이익을 극대화하기 위해 최적화 행위를 선택하는 경제주체들이 만나서 상호작용하는 대표적인 곳이다. 그래서 개별경제주체의 최적화 행위는 시장을 통해 나타나게 되는데, 이것들이 모여 이루어진 결과가 바로 **시장균형** 현상이다.

한 국민경제에서 나타나는 거의 모든 경제현상은 개별경제주체의 최적화 행위로 인해 시작되어 균형과정을 통해 바로 어떤 경제현상으로 구체화되어 나타나는 것이다. 그런데 개별경제주체의 최적화 행위는 일반적으로 이기적 동기(selfish motive)에 기초하여 이루어지기 때문에 각 경제주체들의 최적화 행위가 시장에 모이면 마찰과 갈등이 불가피하게 생기게 된다. 예컨대, 소비자들은 자신들의 소득을 가지고 가능한 낮은 가격으로 필요한 상품들을 구입하려 하고, 기업들은 자신들이 만든 상품들을 가능한 높은 가격에 판매하려 한다. 어떤 시장에서 소비자들의 최적화 행위는 수요(demand)라는 힘을 형성하며, 기업들의 최적화 행위는 공급(supply)이라는 힘을 형성하게 된다. 이러한 수요와 공급이라는 서로 반대되는 두 힘은 시장에서 마찰과 갈등을 일으키게 된다.

시장에서는 **가격기구**의 역할을 통하여 마찰과 갈등으로부터 조화와 질서를 찾는다. 수요와 공급이라는 힘이 평형(balance)을 유지하지 못할 때에는 그 압력이 시장가격에 반영되어 가격(price)이 변하게 되고, 이러한 시장가격의 변화를 통하여 수요와 공급이라는 힘이 평형을 찾게 된다. 시장에서 수요와 공급이라는 서로 반대되는 두 힘이 평형을 유지하는 상태를 **시장균형**(market equilibrium)이라 한다. 즉 시장균형이란 시장에서 가격과 거래량이 일정한 수준에서 계속 유지되고 있는 상황을 의미한다.

한편 미시경제학에서는 그 균형의 형성과정과 성격도 분석한다. 미시경제학에서 균형의 개념을 중시하는 이유는 현실적으로 나타나는 경제현상은 대부분 균형상태의 현상이며, 지금 경제가 균형을 이루고 있지 않더라도 결국은 조정과정을 거쳐 균형을 회복한다는 가정 때문이다.

그런데 경제주체들 사이의 상호작용의 결과를 예측하기 위하여 균형의 개념을 이용할 때 몇 가지 유의해야 하는 점들이 있다.

첫째, **균형의 존재**(existence) 문제에 유의해야 한다. 어떤 시장에 균형이 존재하지 않는다면, 그 시장의 가격과 거래량이 얼마가 될지 예측하기가 매우 어렵게 된다. 따라서 미시경제학에서 시장을 연구할 때 균형의 존재 여부가 매우 중요하다.

둘째, **균형의 유일성**(uniqueness) 문제에 유의해야 한다. 어떤 시장에 균형이 하나가 아니고 여러 개 존재한다면 또 다른 문제가 발생한다. 여러 개의 균형 중에서 어떤 균형이 발생할 가능성이 더 높은지를 분석해야하기 때문이다. 여러 개의 균형 가운데 발생 가능성이 더 높은 것을 찾을 수 없는 경우에도 경제주체들 사이의 상호작용의 결과를 정확히 예측하기가 어렵게 된다.

셋째, **균형의 안정성**(stability) 문제에 유의해야 한다. 임의의 어떤 균형상태에서 외부충격에 의해 균형으로부터 이탈하는 경우, 외부충격이 지속되지 않으면 원래의 균형상태로 회복되는 균형을 **안정적인 균형**이라고 부른다. 반면에 외부충격이 멈춘 뒤에도 원래의 균형으로 회복되지 않고 오히려 원래의 균형으로부터 계속적으로 멀

어지는 균형을 **불안정적인 균형**이라고 부른다. 균형이 안정적이지 못하고 불안정적인 경우에도 상호작용의 결과를 예측하기가 어렵게 된다. 시장균형의 존재여부와 유일성, 안정성 문제에 대해서는 제2장에서 다룬다.

3. 게임이론

과점시장에서와 같이 경제주체들 사이에 상호의존적인 관계가 존재하여 서로 영향을 주고받는 상황을 **전략적 상황**(strategic situation) 또는 게임 상황이라고 한다. 이러한 전략적 상황에서 경제주체들이 어떤 경제행위를 하는 경우에는 최적화와 균형 개념을 각각 따로 적용하여 분석하는 2단계적 접근법은 이용할 수가 없다. 그래서 이런 전략적 상황에서의 경제주체의 행동을 분석하기 위해 개발된 방법론이 바로 **게임이론**(game theory)의 분석 틀이다. 게임이론에서는 2단계적 접근법이 아니라 최적화 개념이 포함된 균형 개념을 이용하여 어떤 경제행위의 결과를 분석하고 예측한다.

미시경제학에서는 완전경쟁시장의 경우, 개별경제주체가 시장에서 차지하는 비중이 너무 작기 때문에 경제주체들의 개별적 최적화 행위는 전체 시장에 영향을 전혀 미치지 못한다고 가정한다. 따라서 완전경쟁시장에서는 개별경제주체들이 최적화 행위를 선택할 때, 자신의 결정이 자신 이외의 외부조건들에는 아무런 영향을 미치지 못한다는 전제 하에서 행동한다고 가정하고 있다. 이런 경우에는 2단계 접근법에 의해 개별경제주체의 최적화 행위를 먼저 분석하고 그 다음 단계에서 시장균형을 분석할 수 있다.

그렇지만 몇 개의 기업만 존재하는 과점시장에서 과점기업의 최적화 행위를 분석할 경우처럼 2단계적 분석이 불가능한 경우도 있다. 예를 들어, 과점시장에 두 개의 기업(A, B)만 있는 경우를 생각해보자. 이 때 과점기업 A의 이윤극대화 행위를 최적화로 분석하고자 할 때, 다른 과점기업 B의 반응(가격과 산출량)을 어떻게 처리하면 좋을까? 경쟁시장처럼 아무런 영향을 주고받지 않는다고 가정하고 분석해도 좋을까? 과점시장의 특성 중 하나는 기업들 사이에 상호의존성이 강하게 존재한다는 것이다. 그래서 현실적으로 과점시장에서는 각 기업의 의사결정(가격과 산출량 결정)이 자신의 이윤뿐만 아니라 다른 기업의 이윤과 의사결정에도 영향을 미치고, 다른 기업의 의사결정이 또한 자신의 이윤에도 영향을 미친다. 이러한 전략적 상황에 처해 있는 과점시장의 각 기업들은 가격이나 산출량을 결정할 때 다른 과점 기업이 어떻게 반응할 것인지를 고려해야 한다. 따라서 전략적 상황에 처한 개별경제주체들은 다른 경제주체가 어떻게 반응할지를 고려하면서 전략적으로 행동한다.

이처럼 경제주체 사이에 상호의존적인 전략적 상황이 존재하는 경우에는 1단계 최적화 분석, 그 다음 균형 분석이라는 2단계적 접근법을 적용할 수가 없다. 그래서 이런 전략적 상황을 분석하기 위해 개발된 게임이론의 분석 틀을 이용한다. **게임이론**은 경제주체들이 상호의존적인 전략적 상황에서 어떤 결과가 발생할 것인지를 예측하는 이론으로 새로운 균형개념인 내쉬균형(Nash equilibrium)이나 완전균형(perfect equilibrium)개념을 이용하여 분석한다. 이러한 내쉬균형이나 완전균형과 같은 게임이론의 균형개념에는 이미 최적화의 개념이 포함되어 있어 최적화와 균형을 따로 분석하지 않고 최적화와 균형을 동시에 분석하게 된다. 게임이론에 대해서는 제13장에서 다룬다.

제3절 미시적 경제분석

1. 실증적 분석과 규범적 분석

경제학의 다른 분야와 마찬가지로 미시경제학에서의 분석방법도 경제현상의 설명과 예측을 위한 실증적 분석(positive analysis)과 최선의 결과를 얻기 위해 무엇을 해야 할 것인가를 다루는 규범적 분석(normative analysis)으로 구분된다. 이러한 구분은 어떤 경제현상을 분석할 때 연구자의 주관적 가치판단의 개입 여부와 관련된다.

실증적 분석(positive analysis)은 어떤 경제현상의 분석에 주관적 가치판단을 배제하고 경제현상이 실제 존재하고 있는 그대로를 분석하는 방법이다. 실증적 분석은 어떤 경제현상을 있는 사실대로(what is) 서술하고 분석함으로써 경제현상 사이에 존재하는 인과관계(causality)를 밝혀주고, 이를 근거로 경제현상의 변화 결과를 예측하는 것을 목적으로 한다. 예를 들어, 새로운 경제정책의 수립 또는 기존 경제정책의 변경과 같은 경제적 조건의 변화가 소비, 생산, 가격 등과 같은 경제변수에 미치는 영향을 분석함으로써, 이 경제변수들 사이의 인과관계를 정확히 밝히고, 그 경제현상의 변화 결과를 예측하는 것을 목적으로 한다. 따라서 실증적 분석에서는 경제현상의 결과, 즉 경제상태가 좋은가 또는 나쁜가에 관한 가치판단은 배제된다.

이처럼 실증적 분석은 연구자의 주관적 가치판단이 개입되지 않는다는 점이 특징이다. 미시경제학의 대부분은 실증적 분석으로 이루어져 있다. 소비자, 기업, 정부 등 각 경제주체가 최적화 행동을 하는데 있어서 경제현상을 정확히 파악하고 예측하는 것이 필수적이기 때문이다.

한편 규범적 분석에서는 어떤 경제상태에 대해 '좋다' 또는' 나쁘다'라는 연구자의 주관적 가치판단이 개입된다. 따라서 **규범적 분석**(normative analysis)은 연구자의 주관적 가치판단기준에 따라 어떤 경제상태가 바람직한가를 설명해주며, 바람직한 상태를 실현하기 위해서는 어떤 정책적 방안을 선택해야 하는가(what ought to be)를 제시하는 분석방법이다. 따라서 규범적 분석은 연구자의 주관적 가치판단의 기준에 따라 여러 가지 경제현상을 비교해서 그 중 어느 것이 최선인지를 판단하고, 그러한 최선의 경제적 결과를 실현하기 위해 필요한 정책적 방안을 제시해주는 것을 목적으로 한다.

규범적 분석의 사례로 최저임금제의 실시나 소득세 인하와 같은 정책에 대해 생각해보자. 근로자들에게 최저생계비를 보장하기 위해서 최저임금제는 바람직한 정책이므로 당연히 시행해야 한다고 주장하는 경제학자들이 있는가하면, 다른 한편에서는 최저임금제를 실시하면 기업의 생산비 부담이 증대되고 실업자가 늘어나기 때문에 바람직하지 않다는 논리로 반대하는 경제학자들도 있다. 또한 소득세의 인하에 대해서도 소비를 증대시켜 경제의 활성화에 도움이 된다는 것에는 대부분 경제학자들이 동의한다. 그러나 소득세 인하가 경제 활성화보다는 소득의 양극화를 심화시키기 때문에 바람직하지 않다고 반대하는 경제학자들도 있고, 다른 한편에서는 경제의 활성화가 더 중요하므로 소득세의 인하에 찬성하는 경제학자들도 있다. 최저임금제의 실시나 소득세의 인하와 같은 정책에 대해 찬성하느냐 또는 반대하느냐는 각자의 주관적인 가치판단에 달려있다. 이와 같이 어떤 경제현상이나 경제정책이 과연 바람직한 상태인가를 주관적 가치판단에 따라 분석하는 것은 규범적 분석이 된다.

앞서 설명한 실증적 분석만으로는 어떤 상태의 경제현상이 바람직하다거나 어떤 경제정책의 결과가 바람직하지 않다는 식의 가치판단을 내릴 수는 없다. 그렇지만 실증적 분석은 최소한 규범적 문제에 관련된 논점의 사실관계를 밝혀 규범적 분석에 의한 가치판단에 도움을 준다. 어떤 경제현상이나 정책에 대해 우선 실증적 분석을 통해 정확하게 이해하고 예측할 수 있다면, 규범적 분석을 통한 주관적 가치판단의 타당성이 높아질 수 있는 것이다.

2. 부분균형분석과 일반균형분석

미시경제학의 분석방법은 부분균형분석과 일반균형분석으로도 구분된다. 이러한 구분은 미시경제학이 분석대상으로 하는 시장의 포괄범위와 관련된다.

경제학원론에서 배운 것처럼 개별경제주체인 소비자와 생산자가 각각 합리적인 소비활동과 생산활동을 통해 생산물시장에서 달성한 최적화의 결과를 소비자균형, 생산자균형이라고 부른다. 이처럼 생산물시장이나 생산요소시장과 같이 하나하나의 개별시장에서 달성된 균형을 **부분균형**(partial equilibrium)이라고 한다. 한편 한 경제 내에 존재하는 모든 시장에서 동시에 달성된 균형을 **일반균형**(general equilibrium)이라 하여 부분균형 개념과 구별한다.

그런 의미에서 **부분균형분석**(partial equilibrium analysis)은 생산물시장이나 생산요소시장과 같이 개별적인 시장에서의 균형을 각각 따로 부분적으로 분석하는 것을 말한다. 즉 부분균형분석은 한 경제내에 서로 연관되는 수많은 경제변수 가운데 일부 경제변수 사이의 관계에만 한정하여 분석하는 방법이다. 분석의 편의상 '다른 경제변수들은 일정한 수준에서 변하지 않는다(ceteris-paribus)'고 가정하여 경제모형을 단순화하여 분석하는 방법이다. '다른 조건이 일정하다면'이라는 가정 하에 분석범위를 어느 하나의 시장으로 제한하고 그 시장에서의 균형이 결정되는 과정만을 분석한다.

앞서 설명한 실증적 분석방법은 주로 부분균형분석에 의거한다. 예컨대, 생산물시장인 TV시장을 분석할 때, TV시장에서 결정되는 TV의 가격과 거래량 사이의 관계만 분석하는 방법이다. 이 두 가지 외에 TV시장에 영향을 줄 수 있는 변수들, 즉 소비자들의 소득이나 다른 연관되는 상품의 가격, 생산요소들의 가격 등 기타 요인들은 일정불변하다고 가정하고 무시해버리는 방법이다. 이러한 분석방법은 복잡한 경제현상을 단순화시켜 분석하므로 개별시장의 균형분석에는 적합하다. 그렇지만 개별시장 사이의 상호연관성을 고려하지 않기 때문에 여러 가지 개별시장이 서로 영향을 주고받으면서 결정되는 균형과정은 분석할 수 없는 한계점을 가지고 있다.

현실적으로도 어떤 개별시장의 균형은 단지 그 시장 자체의 상황에 의해서만 달성되는 것이 아니다. 어느 한 시장의 균형이나 변화는 그 시장 자체만으로 결정되는 것이 아니라, 다른 시장들과 서로 연관되어 결정되기 때문에 각각의 개별시장의 균형은 경제 내에 존재하는 전체 시장의 균형과 연관된다. 이와 같이 경제 내에 존재하는 전체 시장에서 함께 달성되는 균형을 **일반균형**이라고 한다.

일반균형분석(general equilibrium analysis)은 한 경제 내에 서로 연관되어 있는 모든 시장의 균형을 동시에 분석하는 방법이다. 예컨대, 앞서의 TV시장에서 TV의 가격이 다른 상품의 소비에 영향을 미칠 수도 있고, TV시장에 참여하는 사람들의 소득에도 영향을 미칠 수 있다. 이러한 소득의 변화는 다시 TV시장에 영향을 미치게 된다. 이처럼 한 경제 내에 존재하는 모든 시장들은 서로 유기적으로 연결되어 있다. 따라서 전체 경제의 관점에서 경제현상에 대한 완벽한 분석이 이루어지기 위해서는 각 시장 사이에 존재하는 상호연관관계를 함께 고려해야 한다. 그래서 일반균형분석으로 각 개별시장 사이의 연관성을 고려해서 모든 시장의 균형이 동시에 결정되는 과정을 분석한다. 물론 일반균형분석이 가능하다면 모든 시장에서 서로 주고받는 영향을 종합적으로 분석할 수 있기 때문에 일반균형분석의 결과가 부분균형분석의 결과보다 정확할 것이다. 그래서 경제 전체의 자원배분을 이해하기 위해서는 일반균형분석이 반드시 필요하다. 그러나 모든 시장의 균형을 동시에 분석하는 것은 매우 복잡하고 거의 불가능하다. 그래서 미시경제학에서는 대부분의 내용을 부분균형분석으로 접근하고 있다. 다만 일반균형분석과 관련해서는 현실 경제를 단순화시킨 이론적 모형을 활용하여 자원배분의 효율성을 분석하는 정도에 그치고 있다.

복습문제

1. 경제학은 무엇을 연구하는 학문인가?

2. 미시경제학과 거시경제학의 주요한 차이점은 무엇인가?

3. 최적화란 무엇이고, 어떻게 최적화의 해를 찾는가?

4. 미시경제학에서 합리성의 가정은 어떤 내용이고, 왜 중요한가?

5. 비용-편익의 원리와 한계원리는 각각 무엇인가?

6. 균형이란 무엇이고, 왜 중요시하는가?

7. 균형의 개념을 이용할 때 유의해야할 점은 무엇인가?

8. 미시경제학에서 게임이론의 방법론은 왜 필요한가?

9. 실증적 분석과 규범적 분석의 차이점은 무엇인가?

10. 부분균형분석과 일반균형분석의 차이점은 무엇인가?

Chapter 02

수요 · 공급과 시장균형

미시경제학은 시장기구에 의해 달성되는 시장균형과정과 그
결과에 분석의 초점을 두고 있다. 시장균형은 수요와 공급이라는
두 가지 상반된 힘이 상호작용하면서 달성된다. 그래서 이
장에서는 수요와 공급이 어떠한 원리에 의해 결정되고, 이들이
어떻게 상호작용하여 시장균형에 도달하는지와 균형의 성격에
대해서 살펴본다.

제1절 시장수요

1. 시장수요와 수요함수

(1) 시장수요와 결정요인

어떤 상품에 대한 수요는 개별수요와 시장수요로 구분할 수 있다. **개별수요**(individual supply)는 시장에서 소비자들이 개별적으로 상품을 구매하려고 하는 욕구를 의미하고, **시장수요**(market demand)는 소비자들의 개별수요를 모두 합산한 시장 전체의 수요를 의미한다.

한편 시장의 **수요량**(quantity demanded)은 소비자들이 일정기간동안 주어진 가격수준에서 구매하고자 하는 상품의 수량을 의미한다. 그런데 시장의 수요량은 소비자가 주어진 가격수준에서 어떤 상품을 **구매하고자 하는 최대수량**을 의미하는 것이지 실제로 구매한 수량을 의미하는 것은 아니다. 왜냐하면 어떤 상품이 시장에 공급된 수량보다 소비자 전체의 수요량이 많을 수도 있고 적을 수도 있기 때문이다. 따라서 시장수요량이 소비자들의 실제 구매수량과 일치한다는 보장은 없다.

또한 수요량은 일정한 단위기간 동안 구매하고자 하는 수량이므로 **유량**(flow) 개념이다. 따라서 수요량이란 용어를 사용할 때는 반드시 일정한 단위기간(예, 1일, 1주일, 1개월 등)을 명시해야 그 의미가 명확해진다.

상품에 대한 수요나 수요량에 영향을 주는 경제적 요인과 비경제적 요인은 여러 가지가 있다. 그러나 경제이론에서 모든 요인들을 고려할 수는 없다. 그 중에서 비교적 영향력이 강한 몇 가지만 살펴보면 다음과 같은 것들이 있다.

첫째, 한 상품에 대한 수요량은 그 **상품의 가격**(price)에 의해 가장 큰 영향을 받는다. '다른 조건은 일정하다'(ceteris paribus)고 가정하면, 일반적으로 그 상품의 가격이 상승하면 그 상품의 수요량은 감소하고, 반대로 그 상품의 가격이 하락하면 그 상품의 수요량은 증가한다. 그래서 이와 같은 상품의 가격과 수요량 사이의 반비

레 관계를 '수요의 법칙'(law of demand)이라 한다.

둘째, 한 상품에 대한 수요는 **소비자의 소득수준**에 의해 영향을 받는다. 소비자의 소득수준이 수요에 미치는 영향은 상품의 성격이 정상재인가 열등재인가에 따라 서로 다른 결과로 나타난다. **정상재**(normal goods)는 소비자의 소득수준이 증가하면 그 수요가 증가하고, 소득수준이 감소하면 그 수요가 감소한다. 반면에 **열등재** (inferior goods)는 소비자의 소득수준이 증가할 때 오히려 그 상품에 대한 수요가 감소하는 상품이다. 열등재는 해당 상품에 대체재가 존재하면서 그 상품 자체는 상대적으로 품질이 낮은 상품인 경우가 많다. 그렇지만 어떤 특정한 상품이 열등재인지 아닌지는 사람에 따라 다를 수 있고, 그리고 같은 사람이라고 하더라도 소득수준에 따라 달라질 수 있다. 그러므로 마가린이나 돼지고기, 연탄, 보리쌀 등과 같은 특정 상품이 반드시 열등재이라고 할 수는 없다.

셋째, 한 상품에 대한 수요는 그 상품과 대체관계나 보완관계에 있는 **관련 상품의 가격**에 의해서도 영향을 받는다. 콜라와 사이다 등과 같이 두 상품이 서로 **대체재**(substitutes)인 경우 한 상품의 가격이 상승하면 대체관계에 있는 다른 상품의 수요는 증가하고, 가격이 하락하면 대체재의 수요는 감소한다. 반면에 커피와 설탕 같이 두 상품이 서로 **보완재**(complements)인 경우, 한 상품의 가격이 상승하면 보완관계에 있는 다른 상품에 대한 수요는 감소하게 되고, 한 상품의 가격이 하락하면 보완재에 대한 수요는 증가하게 된다.

넷째, 한 상품에 대한 수요는 **소비자의 기호**(tastes)에 의하여 영향을 받는다. 소비자의 기호는 소비자의 구매 욕구에 큰 영향을 주기 때문에 어떤 상품에 대한 소비자들의 기호가 달라지면 그 상품에 대한 수요도 달라진다. 소비자의 기호가 선호하는 쪽으로 바뀌면 상품의 가격이 변하지 않더라도 이들 상품에 대한 수요는 증가하게 될 것이다. 반대로 소비자의 기호가 기피하는 쪽으로 바뀌면 이들 상품에 대한 수요는 감소하게 될 것이다.

다섯째, 한 상품에 대한 수요는 그 상품의 가격변화에 대한 **소비자의 예상** (expectation)에 의해서도 영향을 받는다. 일반적으로 사람들은 어떤 상품의 가격이 가까운 장래에 오를 것으로 예상하면 '사재기' 때문에 그 상품에 대한 수요는 증가한다. 반면에 가격이 내릴 것으로 예상하면 가격이 더 내릴 때를 기다려 구입할 것

이므로 현재의 수요는 감소한다.

여섯째, 한 상품에 대한 수요는 그 경제의 **인구의 크기와 구성**에 의해 영향을 받는다. 일반적으로 인구가 자연 증가나 외부 유입에 의해 증가하면 거의 모든 상품에 대한 수요가 증가하게 된다. 그러나 구매력을 수반하지 않는 단순한 인구 증가는 수요에 영향을 주지 못한다. 구매력을 수반한 인구 증가만이 수요를 증가시킨다. 또한 성별, 연령별 인구 구성의 변화도 수요에 영향을 준다.

(2) 수요함수

지금까지 살펴본 상품에 대한 수요량과 그 결정요인과의 관계를 함수형태로 나타낼 수 있다.[1] **수요함수**(demand function)는 어떤 상품의 수요량을 그 상품의 수요에 영향을 미치는 요인들의 함수형태로 표시한 것이다. 어떤 상품을 X재라고 하면, X재에 대한 수요량(Q_D)은 (2.1)식과 같은 일반적인 함수형태로 표시할 수 있는데, 이것을 수요함수라고 한다.

$$Q_D = f(P, M, P_R, T, E, P_O) \tag{2.1}$$

여기서 f는 수요량과 수요의 결정요인 사이에 함수관계가 있다는 것을 나타내는 기호이고, P는 해당상품(X재)의 가격, M은 소비자의 소득, P_R은 관련 상품의 가격, T는 소비자의 기호, E는 소비자의 예상, P_O는 인구의 크기를 각각 표기한다. (2.1)식에서 상품의 수요량(Q_D)에 영향을 미치는 요인 중 상품의 가격(P)이 수요량에 미치는 영향이 가장 크고 직접적이며, 나머지 요인들의 영향은 비교적 간접적이라 할 수 있다. 그러므로 상품의 가격 이외의 '**다른 요인들은 일정하다**'(ceteris paribus)고 가정하면, 수요함수는 다음과 같이 표현된다.

---

1) 변수 y의 값이 변수 x의 값에 의해 결정되면, y는 x의 함수(function)라고 말하고, 수학적으로 y=f(x)로 표현한다. 여기서 f는 일반적인 함수 표현문자이나 다른 문자로 대체해도 된다. 이 때 x처럼 다른 변수의 결정요인으로 작용하는 변수를 **독립변수**, y처럼 다른 변수에 의해 결정되는 변수를 **종속변수**라고 한다. 때로는 독립변수가 두 개 이상인 경우도 있다. 종속변수 y가 독립변수 x와 z, … 등에 의해 결정되면, y는 x와 z, … 등의 함수라고 하고, y=f(x, z, ……)로 표현한다.

$$Q_D = f(P,\ \overline{M},\ \overline{P_R},\ \overline{T},\ \overline{E},\ \overline{P_O}) = f(P) \tag{2.2}$$

(2.2)식이 가장 단순한 **축약형태의 수요함수**이다. 가격 이외의 다른 요인들이 모두 일정하다면($\overline{M},\ \overline{P_R},\ \overline{T},\ \overline{E},\ \overline{P_O}$는 각각의 요인들이 일정하다는 표기임), 어떤 상품의 수요량(Q_D)은 그 상품의 가격(P)만의 함수라는 것을 나타낸다.

2. 시장수요곡선

(1) 수요곡선과 수요의 법칙

(2.2)식의 수요함수에서 상품의 가격(P)과 수요량(Q_D) 사이에 존재하는 관계를 가격(P)과 수요량(Q_D)의 좌표평면에 그래프로 나타낸 것이 수요곡선이다. <그림 2-1>의 수요곡선은 수요함수를 세로축에 가격(P), 가로축에 수요량(Q_D)을 나타내는 좌표평면에 그림으로 나타낸 것이다. 이처럼 **수요곡선**(demand curve)은 수요에 영향을 미치는 다른 요인들이 모두 일정불변하다고 할 때 어떤 상품의 가격과 수요량의 사이의 관계를 나타내는 곡선이다. 그렇기 때문에 수요곡선상의 각 점은 어떤 특정한 가격수준에서 소비자들이 구입하고자 의도하는 수량을 나타낸다.

그럼 상품의 가격(P)이 오르거나 내릴 경우 그 상품에 대한 수요량은 어떻게 변할까? 수요곡선은 <그림 2-1>에서 보는 바와 같이 일반적으로 우하향하는 형태를 가진다. 이것은 상품의 가격이 내리면 그 상품에 대한 수요량이 증가하고, 가격이 오르면 수요량이 감소하는 관계에 있다는 것을 의미한다. 이처럼 상품의 가격과 그 상품의 수요량이 서로 반대방향으로 변화하는 관계를 **수요의 법칙**(law of demand)이라 한다. **수요곡선**은 수요의 법칙을 그래프로 표현한 것이다. 따라서 수요의 법칙이 성립한다는 것은 곧 수요곡선이 우하향하는 것을 의미한다.

(2) 시장수요곡선의 이동

이제 한 상품에 대한 수요에 영향을 주는 여러 가지 요인들의 변화가 수요곡선에 어떤 영향을 미치는지 살펴보자. 이 경우 상품가격(P)의 변화가 미치는 영향과 기타 요인들의 변화가 미치는 영향이 다르기 때문에 구분할 필요가 있다.

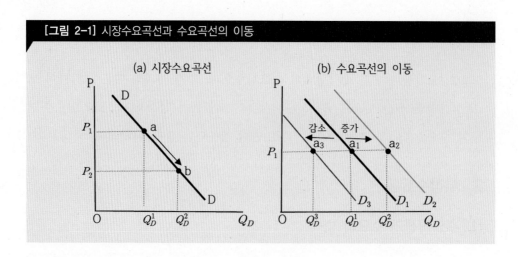

[그림 2-1] 시장수요곡선과 수요곡선의 이동

① 가격의 변화와 주어진 수요곡선상에서의 이동

우선 (2.1)식의 수요함수에서 가격(P) 이외의 다른 요인은 모두 일정불변하다고 가정하자. 이 때 상품가격이 오르거나 내리면 그것에 반응해서 그 상품의 수요량이 감소하거나 증가하게 된다. 상품의 가격이 변하여 그 상품의 수요량이 변하는 것을 **수요량의 변화**(change in quantity demanded)라 한다. 그런데 상품가격이 변함에 따라 수요량이 변하는 것은 **주어진 수요곡선상에서의 이동**(movement along a given demand curve)으로 나타난다. 즉 가격이 변함에 따라 주어진 하나의 수요곡선을 따라 한 점에서 다른 한 점으로의 이동으로 표현된다. 예컨대, <그림 2-1> (a)에서 원래의 가격이 P_1일 때, 수요량은 주어진 수요곡선(DD)의 a점에 대응하는 가로축의 크기인 Q_D^1이다. 그런데 이제 가격이 P_1에서 P_2로 하락하는 경우, 수요량은 a점에서 주어진 수요곡선(DD)을 따라 움직여서 b점에 대응하는 가로축(수량)의 크기인 Q_D^2가 된다.

② 가격 이외 요인의 변화와 수요곡선의 이동

<그림 2-1> (b)에서 보는 바와 같이 상품의 가격은 P_1 수준에서 변화가 없는데도 상품의 수요량은 변할 수 있다. (2.1)식의 수요함수에 있는 수요의 결정요인들 가운데서 상품의 가격(P)은 변하지 않더라도, 상품가격 이외의 기타 요인이 변하면 상품의 수요량(Q_D)은 변하게 된다. 관련 상품의 가격이나 소비자의 소득, 기호 등과

같은 기타 결정요인이 변화함에 따라 똑같은 가격수준에서도 수요량이 변하게 된다. 이처럼 가격 이외의 요인이 변하여 수요량이 변하는 것을 **수요의 변화**(change in demand)라 한다.

가격 이외의 요인의 변화로 일어나는 수요의 변화에는 수요의 증가와 수요의 감소가 있다. 수요의 증가는 각각의 가격수준에서 수요량이 증가하는 것이며, 수요의 감소는 각각의 가격수준에서 수요량이 감소하는 것이다. 이러한 수요의 변화는 **수요곡선의 이동**(shift in the demand curve)으로 나타난다. <그림 2-1> (b)에서 각 가격수준에서 수요의 증가를 초래하는 기타 요인의 변화는 수요곡선을 오른쪽으로(D_1에서 D_2로) 이동시킨다. 그래서 가격이 P_1으로 변하지 않고 있더라도, 상품의 수요량은 Q_D^1에서 수요곡선 D_2의 a_2점에 대응하는 Q_2^2로 증가하게 된다. 반면에 각 가격수준에서 수요의 감소를 초래하는 기타 요인의 변화는 수요곡선을 왼쪽으로(D_1에서 D_3로) 이동시킨다. 그래서 가격이 P_1으로 같더라도 상품의 수요량은 Q_D^1에서 수요곡선 D_3의 a_3점에 대응하는 Q_D^3로 감소하게 된다.

3. 수요의 탄력성

앞서 한 상품에 대한 시장수요와 수요량은 수요를 결정하는 요인들의 변화에 의해 영향을 받는다는 것을 살펴보았다. 이제 한 상품에 대한 수요량과 그 결정요인 사이의 관계를 수요의 **탄력성**(elasticity) 개념을 이용하여 구체적으로 알아보자. 수요의 탄력성은 수요를 결정하는 요인의 변화에 대해 수요량이 얼마나 민감하게 반응하는지를 나타내는 척도이다. 수요의 탄력성에는 가격탄력성, 소득탄력성, 교차가격탄력성이 있다.

(1) 수요의 가격탄력성

① 가격탄력성의 의미

수요의 탄력성 가운데 가장 많이 사용되는 것은 가격탄력성이다. 단순히 수요의 탄력성이라고 하면 일반적으로 수요의 가격탄력성을 일컫는 경우가 많다. 수요의

가격탄력성(price elasticity of demand)은 한 상품의 가격이 변화할 때 그 상품의 수요량이 얼마나 민감하게 반응하는가를 나타내는 척도이다. 따라서 수요의 가격탄력성은 수요량의 변화율(%)을 가격의 변화율(%)로 나눈 값으로 정의할 수 있다. 수요의 가격탄력성을 ε_P로 표기하면 다음과 같은 (2.3)식으로 구할 수 있다.

$$\varepsilon_P = |\frac{\text{수요량의 변화율}}{\text{가격의 변화율}}| = -\frac{(Q_D^1 - Q_D^2) \div Q_D^1}{(P_1 - P_2) \div P_1} = -\frac{\Delta Q_D \div Q_D^1}{\Delta P \div P_1} \quad (2.3)$$

(2.3)식에서 Q_D는 상품에 대한 수요량, $\triangle Q_D$는 수요량의 변화분, P는 가격, $\triangle$P는 가격의 변화분을 나타낸다. 가격변화 이전의 원래 수요량을 Q_D^1, 가격변화 이후의 새로운 수요량을 Q_D^2라고 하면 수요량의 변화분($\triangle Q_D$)은 $(Q_D^1 - Q_D^2)$이다. 그리고 원래의 가격을 P_1, 새로운 가격을 P_2라고 하면 가격의 변화분($\triangle$P)은 $(P_2 - P_1)$을 의미한다.

(2.3)식의 가격탄력성 계산식에 음(−)의 기호가 붙어 있는 것은 단순히 탄력성의 값을 양으로 만들기 위한 것이지 다른 특별한 의미는 없다. 수요함수의 성질에 의해 가격과 수요량의 변화방향은 항상 반대가 되기 때문에 탄력성 값이 음(−)이 된다. 이것을 절대값으로 표현하기 위해 그 앞에 음(−)의 기호를 붙인 것이다.

한편 수요의 가격탄력성(ε_P)은 수요량의 변화율(%)을 가격의 변화율(%)로 나눈 값으로도 표현할 수 있다. 이 경우 수요의 가격탄력성(ε_P)은 상품의 가격이 1% 변화할 때 그 상품의 수요량이 몇 % 변화하는가를 나타낸다. 예컨대, X재에 대한 수요의 가격탄력성이 2라고 하면, 이것은 X재의 가격이 1% 상승할 때마다 X재에 대한 수요량이 2% 감소한다는 것을 의미한다. 이와 같이 가격탄력성을 가격(P)과 수요량(Q_D)의 변화율로 계산하면, 수요의 가격탄력성은 상품의 측정단위와는 독립된 특성을 갖게 된다. 즉 감귤에 대한 수요의 가격탄력성을 계산할 때 감귤 1개를 단위로 하든지 아니면 한 상자를 단위로 하든, 무게를 단위로 하든지 가격탄력성에는 아무런 영향이 없게 된다는 의미이다.

(2.3)식으로 계산한 수요의 가격탄력성(ε_P)은 0에서부터 무한대(∞) 사이의 값을 가진다. 한 상품에 대한 수요량의 변화율이 가격의 변화율보다 클 경우, 수요의 가격탄력성은 1보다 크게 된다. 이처럼 수요의 가격탄력성이 1보다 클 경우 수요가 **탄**

력적(elastic)이라고 하고, 반면에 1보다 작을 경우 수요가 **비탄력적**(inelastic)이라고 한다. 그리고 수요의 가격탄력성이 1인 경우 **단위 탄력적**(unitary elastic)이라고 한다. 한편 가격의 변화에 대해 수요량이 전혀 변화하지 않아 수요의 가격탄력성이 0인 경우 **완전 비탄력적**(perfectly inelastic)이라고 하고, 반대로 가격의 아주 작은 변화에도 수요량이 무한대로 변화하여 수요의 가격탄력성이 무한대(∞)의 값을 가지는 경우 **완전 탄력적**(perfectly elastic)이라고 한다.

② 수요의 가격탄력성 결정요인

수요의 가격탄력성(ε_p)은 0에서부터 ∞ 사이의 값을 가진다. 그럼 수요의 가격탄력성 크기를 결정하는 요인들은 무엇일까?

첫째, 대체재의 존재 유무와 수가 가격탄력성의 크기에 영향을 준다. 대체재가 없는 상품보다는 밀접한 대체재가 있는 상품이 가격탄력성이 더 크고, 또 대체재의 수가 많을수록 가격탄력성이 더 커진다.

둘째, 상품에 대한 지출액이 가계소득에서 차지하는 비중이 가격탄력성에 영향을 준다. 상품가격이 가계소득에서 차지하는 비중이 클수록 가격탄력성은 커진다. 이것은 상품의 가격이 소비자의 소득에서 차지하는 비중이 클수록 가격변화가 소비자의 가계생활에 미치는 영향이 크기 때문이다.

셋째, 상품의 용도가 가격탄력성에 영향을 준다. 상품이 생활필수품인가 사치품인가에 따라 가격탄력성이 다르다. 사치품에 대한 수요의 가격탄력성이 필수품에 대한 수요의 가격탄력성보다 크고 탄력적이다.

(2) 수요의 소득탄력성

(2.1)식의 수요함수에 포함되어 있는 수요의 결정요인 중에서 지금까지 일정불변하다고 가정했던 소득(M)과 관련 상품의 가격(P_R)이 변하는 경우 상품의 수요량에 어떤 영향을 주는지 알아보자. 소득과 관련 상품의 가격변화가 상품의 수요량에 미치는 영향은 소득탄력성과 교차가격탄력성 개념으로 확인할 수 있다.

① 수요의 소득탄력성 개념

상품의 가격은 일정한 수준에서 변하지 않더라도 소비자의 소득에 변화가 생기면 이에 따라 상품에 대한 수요량도 변하게 된다. 소비자의 소득수준이 변하면 상품의 수요량은 얼마나 변하게 될까? 이것을 측정할 수 있는 척도가 바로 수요의 소득탄력성이다.

수요의 **소득탄력성**(income elasticity of demand)은 소득의 변화에 대한 수요량 변화의 반응 정도를 측정하는 척도이다. 따라서 수요의 소득탄력성은 수요량의 변화율을 소득의 변화율로 나눈 값으로 정의할 수 있다. 수요의 소득탄력성을 ε_M으로 표기하면 (2.4)식으로 계산할 수 있다.

$$\varepsilon_M = \frac{\text{수요량의 변화율}}{\text{소득의 변화율}} = \frac{\Delta Q_D}{Q_D} \div \frac{\Delta M}{M} \tag{2.4}$$

(2.4)식에서 Q_D는 상품의 수요량, ΔQ_D는 수요량의 변화분, M은 소득, ΔM은 소득의 변화분을 각각 나타낸다.

② 상품의 성격과 소득탄력성

수요의 소득탄력성(ε_M)을 이용하면, 상품을 정상재와 열등재, 사치재와 필수재로 분류할 수 있다. 어떤 상품에 대한 수요의 소득탄력성의 부호가 양(+)인가 음(−)인가에 따라 정상재와 열등재로 구분할 수 있다. 대부분의 상품은 소득이 증가할 때 그 상품에 대한 수요량도 증가하기 때문에 수요의 소득탄력성은 양의 값을 갖는다. 양(+)의 소득탄력성을 갖는 상품을 **정상재**(normal goods)라고 한다. 그러나 상품에 따라서는 소득이 증가할 때 그 수요량이 오히려 감소하여 소득탄력성이 음(−)의 값을 갖는 경우도 있다. 음(−)의 소득탄력성을 갖는 상품을 **열등재**(inferior goods)로 분류한다.

한편 소득이 증가할 때 수요가 정상적으로 늘어나서 정상재로 분류되는 상품은 다시 소득탄력성의 값이 1보다 크냐 작으냐에 따라 사치재와 필수재로 구분할 수 있다. 정상재 중에서도 소득의 변화율보다 수요량의 변화율이 작아서 수요의 소득탄력성이 1보다 작은 상품을 **필수재**(necessities)라고 한다. 반면에 소득의 변화율보다 수요량의 변화율이 커서 소득탄력성이 1보다 큰 상품을 **사치재**(luxuries)라 한다. 사치재의 경우에는 소득이 줄어들 경우 사치재에 대한 수요가 소득의 감소율보다 더 큰 비율로 감소하기 때문이다.

(3) 수요의 교차가격탄력성

① 수요의 교차가격탄력성 개념

어떤 특정 상품에 대한 수요는 그 상품의 가격 이외에 관련되는 다른 상품의 가격 변화에 의해서도 영향을 받을 수 있다. 예를 들어, 커피의 가격이 많이 오르면 커피를 대신하는 녹차에 대한 수요량이 증가하거나, 아니면 커피에 첨가하는 설탕이나 커피크림의 수요량이 감소하게 된다. 이처럼 어떤 상품의 가격 변화가 다른 상품의 수요량에 미치는 영향을 측정하는 척도가 바로 수요의 교차가격탄력성이다.

수요의 **교차가격탄력성**(cross price elasticity of demand)이란 어떤 한 상품의 수요량이 다른 관련 상품의 가격변화에 반응하는 정도를 측정하는 척도이다. 수요의 교차가격탄력성을 ε_{cp}로 표기하면 다음과 같이 정의된다.

$$\varepsilon_{cp} = \frac{X재\ 수요량의\ 변화율}{Y재\ 가격의\ 변화율} = \frac{\Delta Q_D^X}{Q_D^X} \div \frac{\Delta P_Y}{P_Y} \tag{2.5}$$

(2.5)에서 ε_{cp}는 X재 수요의 Y재 가격에 대한 교차가격탄력성, P_Y는 Y재 가격, ΔP_Y는 Y재 가격의 변화분, Q_D^X는 X재의 수요량, ΔQ_D^X는 X재 수요량의 변화분을 나타낸다.

② 상품의 성격과 교차가격탄력성

한편 수요의 교차가격탄력성을 이용하면 두 가지 상품이 서로 대체재인지, 보완재인지를 알 수 있다. 수요의 교차가격탄력성은 두 상품이 대체관계냐 보완관계이냐에 따라 교차가격탄력성(ε_{cp})의 부호와 크기가 달라진다. 만약 두 상품이 **대체재**(substitutes)이면 수요의 교차가격탄력성은 양(+)의 값을 가지며, 두 상품이 서로 **보완재**(complements)이면 교차가격탄력성은 음(−)의 값을 갖는다. 만약 두 상품 X,

Y가 서로 대체재라면 그 가운데 한 상품의 가격(P_Y)이 오르면, 대체재인 상품에 대한 수요량(Q_D^X)은 증가한다. 따라서 Q_D^X와 P_Y가 서로 같은 방향으로 변하기 때문에 교차가격탄력성은 양(+)의 값을 갖는다. 만약 두 상품이 보완재라면 한 상품의 가격이 오르면 나머지 한 상품에 대한 수요량이 감소하고, 그 값이 내리면 수요량이 증가한다. 따라서 보완재일 경우 Q_D^X와 P_Y가 서로 반대방향으로 변하기 때문에 교차가격탄력성은 음(−)의 값을 갖는다. 두 상품이 아무런 관계가 없는 **독립재**일 때는 교차가격탄력성(ε_{cp})은 0이다.

제2절 시장공급

1. 시장공급과 공급함수

(1) 시장공급과 결정요인

어떤 상품에 대한 공급의 개념도 개별공급과 시장공급으로 구분할 수 있다. 개별공급(individual supply)은 시장에서 개별생산자가 판매하고자 하는 욕구를 의미하며, **시장공급**(market supply)은 생산자들의 개별공급을 모두 합친 시장 전체의 공급을 의미한다. 한편 시장의 **공급량**(quantity supplied)은 생산자들이 일정기간동안 주어진 가격수준에서 판매하고자 하는 상품의 수량을 의미한다. 그런데 공급량 개념도 수요량 개념처럼 주어진 가격에서 생산자가 판매하고자 하는 **의도된 최대수량**을 나타내는 것이지 실제로 판매되는 수량을 나타내는 것은 아니다. 왜냐하면 어떤 상품이 시장에 공급된 수량이 소비자들이 구매하고자 하는 수요량보다 많을 수도 있고 적을 수도 있기 때문이다. 따라서 시장의 공급량이 실제 판매한 수량과 일치한다는 보장은 없다.

또한 공급량도 일정한 단위기간동안 구매하고자 하는 수량이므로 **유량**(flow) 개념이다. 따라서 공급량이란 용어를 사용할 때는 반드시 일정한 단위기간(예, 1일, 1주일, 1개월 등)을 명시해야 그 의미가 명확해진다.

한편 공급의 변화에 영향을 주는 요인도 경제적 요인과 비경제적 요인 등 여러 가지가 있다. 그 중에서도 비교적 큰 영향을 미치는 요인으로는 다음과 같은 것들이 있다.

첫째, 한 상품에 대한 공급은 그 상품의 가격에 의해 영향을 받는다. 다른 조건이 일정할 때 상품의 가격이 상승하면 생산자에게 더 큰 이익을 가져다주기 때문에 그 상품의 공급량은 증가한다. 반대로 가격이 하락하면 이익이 줄어들기 때문에 상품의 공급량은 감소한다. 이러한 가격과 공급량의 관계에서 '**공급의 법칙**'이 도출된다.

둘째, 한 상품의 공급은 그 상품을 생산하는데 사용되는 생산요소의 가격변화에 의해서도 영향을 받는다. 생산요소의 가격은 기업의 생산비와 직결되기 때문에 생산요소의 가격 변화는 생산자가 얻는 이윤의 크기를 변화시키고 생산물의 공급을 변화시킨다.

셋째, 한 상품의 공급은 생산기술수준에 의해서도 영향을 받는다. 새로운 생산기술이 생산비용을 절감시킬 경우 기업의 이윤이 증가하고, 기업의 이윤 증가는 기업가의 생산의욕을 자극하여 생산물의 공급을 증가시킨다.

넷째, 공급자의 예상도 공급에 영향을 준다. 생산자가 공급하는 상품의 가격이 앞으로 오를 것이라고 예상하면 오른 후에 팔기 위해 현재의 공급은 줄일 것이다. 반면에 앞으로 가격이 내릴 것으로 예상하면 내리기 전에 팔기 위해 현재의 공급을 늘일 수도 있다.

이 밖에도 특정상품의 시장공급에 영향을 미치는 요소로는 공급자의 수, 정부의 규제정책 등이 있다.

(2) 공급함수

위에서 공급에 영향을 미치는 요인들을 살펴보았다. 공급에 영향을 미치는 요인들과 공급량의 관계도 함수형태로 표현할 수 있다. 어떤 상품의 공급량을 Q_S라고 표기하면, **공급함수**(supply function)는 (2.6)식과 같은 형태가 된다.

$$Q_S = f(P, F, T, E, C) \qquad (2.6)$$

여기서 f는 공급량과 괄호 안에 있는 공급의 결정요인 사이에 함수관계가 있다는 것을 나타내는 기호이다. 그리고 P는 상품의 가격, F는 생산요소의 가격, T는 생산 기술수준, E는 공급자의 예상, 그리고 C는 공급자의 수를 나타낸다. (2.6)식의 공급 함수도 수요함수와 마찬가지로 단기적으로는 상품가격(P)의 영향력이 가장 크고 직접적이다. 그래서 상품가격 이외의 다른 요인들은 일정불변이라고 가정하면, (2.6)식은 다음과 같은 축약형으로 표현할 수 있다.

$$Q_S = f(P) \qquad (2.7)$$

(2.7)식은 어떤 상품의 가격(P)이 변할 때 그 상품의 공급량이 어떤 관계로 변하는지를 보여주는 단기적인 공급함수이다.

2. 시장공급곡선

(1) 공급곡선과 공급법칙

(2.7)식의 공급함수에서 상품가격(P)과 공급량(Q_S) 사이에 존재하는 관계를 가격 (P)과 공급량(Q_S)의 좌표평면에 그래프로 나타낸 것이 **공급곡선**(supply curve)이다. <그림 2-2> (a)의 공급곡선은 공급함수를 세로축에 가격(P), 가로축에 공급량(Q_S) 을 나타내는 좌표평면에 그려낸 것이다.

상품의 가격 이외의 다른 조건이 일정불변일 때, 어떤 상품의 공급량(Q_S)은 그 상품의 가격변화에 직접적으로 영향을 받는다. 그럼 상품의 가격(P)이 오르거나 내릴 경우 그 상품에 대한 공급량은 어떻게 변할까? 일반적으로 공급곡선은 <그림 2-2> (a)에서와 같이 우상향하는 형태를 갖는다. 이것은 다른 조건이 일정불변일 때 상품의 가격이 상승하면 공급량이 증가하고 가격이 하락하면 공급량이 감소하는 것을 의미한다. 이와 같이 상품의 가격과 그 상품의 공급량이 같은 방향으로 변하는 것을 **공급의 법칙**(law of supply)이라 한다. 공급의 법칙이 성립한다는 것은 공급곡선이 우상향하는 것을 의미한다.

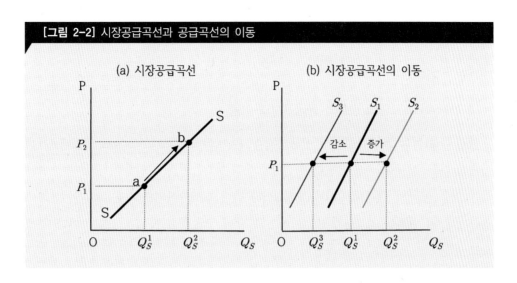

[그림 2-2] 시장공급곡선과 공급곡선의 이동

(a) 시장공급곡선

(b) 시장공급곡선의 이동

(2) 시장공급곡선의 이동

한 상품에 대한 공급에 영향을 주는 여러 가지 결정요인들의 변화가 공급곡선에 어떤 영향을 미치는지 살펴보자. 이 경우에도 상품가격(P)의 변화와 기타 요인들의 변화가 공급곡선에 미치는 영향이 다르기 때문에 구분할 필요가 있다.

① 가격의 변화와 공급곡선상에서의 이동

(2.6)식의 공급함수에 있는 공급의 결정요인 중에서도 다른 요인들은 일정불변하다고 가정하자. 상품가격(P)이 오르거나 내리면 그것에 반응해서 그 상품의 공급량이 증가하거나 감소하게 된다. 이처럼 단지 상품가격(P)의 변화로 인해 그 상품의 공급량이 변화하는 것을 **공급량의 변화**(change in quantity supplied)라 한다. 이것은 주어진 공급곡선을 따라 가격이 상승하면 공급량이 증가하고, 가격이 하락하면 공급량이 감소하는 것을 의미한다. 그래서 상품의 가격이 변하여 그 상품의 공급량이 변하는 것은 **주어진 공급곡선상에서의 이동**(movement along a given supply curve)으로 나타난다. 가격의 변화로 인한 공급량의 변화는 주어진 하나의 공급곡선을 따라 한 점에서 다른 한 점으로의 이동으로 표현된다.

<그림 2-2> (a)에서 원래의 가격이 P_1이고, 공급량은 주어진 공급곡선(SS)의 a점에 대응하는 가로축의 크기인 Q_S^1이다. 그런데 이제 가격이 P_1에서 P_2로 상승하는

경우, 공급량은 a점에서 주어진 공급곡선(SS)을 따라 움직여서 b점에 대응하는 가로축(수량)의 크기인 Q_S^2가 된다.

② 가격 이외 요인의 변화와 공급곡선의 이동

한편 (2.6)식의 공급함수에서 상품가격(P)은 변화하지 않고 그대로 있는데, 가격 이외의 다른 결정요인(생산기술, 생산요소가격 등)의 변화로 인하여 공급량이 변화하는 것을 **공급의 변화**(change in supply)라 한다. 가격 이외의 다른 요인의 변화에 의한 공급의 변화는 <그림 2-2> (b)에서와 같이 공급곡선 자체를 오른쪽이나 왼쪽으로 이동시키는 것으로 나타난다.

생산기술의 진보, 생산요소가격의 하락 등과 같은 요인의 변화는 상품의 가격이 변하지 않더라도 상품의 공급을 증가시키므로 공급곡선을 오른쪽으로 이동시키고, 반면 요소가격의 상승 등과 같은 요인의 변화는 상품의 공급을 감소시키므로 공급곡선을 왼쪽으로 이동시킨다.

제3절 시장균형

1. 시장균형과 불균형

(1) 시장균형과 균형가격의 결정

이제 시장에서 수요와 공급이 어떻게 작용하여 시장균형이 이루어지는지, 그리고 시장균형의 의미는 무엇인지에 대해 알아보자.

한 상품의 **시장균형**(market equilibrium)이란 해당상품의 수요량과 공급량이 일치하는 상태를 말한다. 그리고 시장이 균형상태에 있을 때 형성된 가격을 **균형가격**(equilibrium price)이라 한다. 따라서 균형가격은 시장에서의 수요량과 공급량이 일치하는 수준에서 결정된다. 시장이 균형상태에 있을 때의 수요량과 공급량을 **균형량**(equilibrium quantity) 또는 균형거래량이라고 한다.

<그림 2-3>에서 시장균형은 수요곡선과 공급곡선이 교차하는 E점에서 이루어지고, 이 때 시장균형점에 대응하는 가격축의 크기가 균형가격이 되고, 시장균형점에 대응하는 수량축의 크기가 균형거래량으로 결정된다. E점에서 시장균형이 성립하고, E점에 대응하는 가격수준인 P_0와 거래량인 Q_0를 각각 균형가격과 균형거래량이라고 한다. 이러한 시장균형은 주어진 수요와 공급의 조건에서 일단 성립되기만 하면 다른 사정의 변화가 없는 한 지속된다. 즉 어떤 요인에 의해 수요곡선과 공급곡선이 이동하지 않는 한 균형가격과 수량은 전혀 변하지 않는다.

(2) 시장불균형과 가격의 변동

시장불균형(market disequilibrium)은 시장에서 수요량과 공급량이 일치하지 않아서 초과수요나 초과공급이 존재하는 상황을 의미한다. 이러한 시장불균형은 시장에서 실제로 거래되는 가격(이하 시장가격)이 균형가격보다 낮거나 높은 경우에 발생한다. 실제 시장가격이 균형가격보다 낮은 경우에는 초과수요가 발생하고, 현실 시장가격이 균형가격보다 높은 경우에는 초과공급이 발생하게 된다.

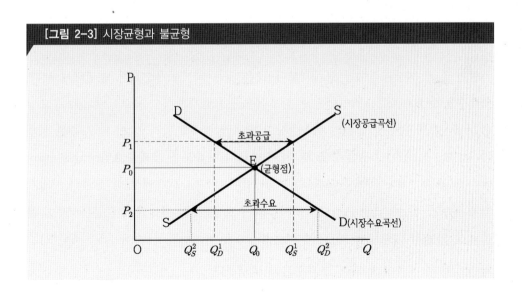

[그림 2-3] 시장균형과 불균형

① 초과공급과 가격의 하락

초과공급(excess supply)은 시장가격수준이 균형가격수준보다 높아서 시장의 공급량이 수요량을 초과하여 상품이 남아도는 상태를 말하고, 시장의 공급량에서 수요량을 뺀 것을 **초과공급량**(excess quantity supplied) 또는 잉여분(surplus)이라고 한다. <그림 2-3>을 통하여 초과공급에 대해 살펴보자. 상품가격이 균형가격 P_0보다 높은 P_1인 경우, 시장의 공급량은 Q_S^1이지만 수요량은 Q_D^1에 불과하다. 그래서 시장에서는 수요량(Q_D^1)에 해당하는 수량만 거래되고 나머지 ($Q_S^1 - Q_D^1$)만큼의 공급량은 남게 되는데 이것을 초과공급량이라 한다.

이와 같이 시장에서 초과공급이 존재하는 불균형상태인 경우, 생산자들은 값을 내려서라도 재고를 처분하려하기 때문에 그 결과 시장가격은 하락하게 된다. 이러한 조정과정은 초과공급량이 존재하는 한 계속되고, 시장가격은 계속 하락하게 된다. 가격이 하락하면 생산자들은 공급량을 줄이는 반면에 소비자들은 종전보다 더 많은 수량을 수요하고자 한다. 이처럼 가격이 하락하면 공급량은 감소하고, 수요량은 증가하기 때문에 초과공급량은 줄어든다. 초과공급량이 존재하는 한 시장가격은 계속 하락하게 된다. 결국 시장가격(P_1)이 균형가격(P_0)까지 하락하면 수요량과 공급량이 일치하게 되고 시장균형이 다시 성립하기 때문에 가격은 더 이상 하락하지 않는다.

② 초과수요와 가격의 상승

한편 실제 시장가격이 균형가격보다 낮은 경우에는 초과수요가 발생하게 된다. **초과수요**(excess demand)는 어떤 시장가격수준이 균형가격수준보다 낮아서 수요량이 공급량보다 많아서 상품의 부족현상이 발생한 상태를 말하고, 이 때 부족한 상품의 양(즉, 수요량에서 공급량을 뺀 차이)만큼의 부족분을 **초과수요량**(excess quantity demanded) 또는 부족분(shortage)이라 한다. <그림 2-3>에서 한 상품의 시장가격이 균형가격보다 낮은 P_2인 경우, 시장의 수요량은 Q_D^2이지만 공급량은 Q_S^2에 불과하다. 그래서 시장에서는 Q_S^2의 공급량만큼만 거래되고, 나머지 ($Q_D^2 - Q_S^2$)만큼의 공급량이 부족하게 되어 초과수요가 발생한다.

시장에서 초과수요가 발생하면 소비자들은 부족한 상품을 확보하기 위해 남보다 더 높은 가격을 주고라도 사고자 한다. 그 때문에 초과수요량이 있으면 시장가격은 상승하게 된다. 이러한 조정과정은 초과수요량이 존재하는 한 계속되어 시장가격이 계속 상승하게 된다. 그런데 가격이 오르면 소비자들은 종전보다 더 적은 수량을 사고자하고 생산자들은 더 많은 수량을 팔고자하기 때문에 초과수요량은 점점 줄어들게 된다. 결국 시장가격(P_2)이 균형가격(P_0)수준까지 상승하면 수요량과 공급량이 일치하게 되고, 시장균형이 다시 성립하기 때문에 가격은 더 이상 상승하지 않는다.

이상에서와 같이 실제 시장에서 초과공급량이 존재하면 시장가격은 하락하고, 반면에 초과수요량이 존재하면 시장가격은 상승하게 된다. 따라서 균형가격 이외의 모든 시장가격은 **불균형가격**이라 할 수 있다. 불균형가격은 지속적인 가격이 아니며, 또 불균형가격이 어떤 시장에서 일단 성립되었다고 하더라도 초과수요와 초과공급을 발생시켜 그 가격은 변하게 된다.

결국 시장에서 수요량과 공급량이 일치하는 시장균형에서만 가격이 하락하거나 상승할 유인이 없게 되고 균형가격이 성립된다. <그림 2-3>에서 가격수준이 P_0일 때 시장균형이 성립된다. 이 가격수준에서는 소비자들이 사고자 하는 수요량과 생산자들이 팔고자 하는 공급량이 모두 Q_0로 동일하기 때문에 초과수요량과 초과공급량은 존재하지 않게 된다.

2. 시장균형의 변화

지금까지 상품가격 이외의 다른 요인들은 일정불변이라는 가정을 전제로 하고 수요곡선과 공급곡선이 교차하는 점에서 균형가격과 균형거래량이 결정된다는 것을 살펴보았다. 이제 일정불변이라고 가정했던 다른 요인들이 변하여 수요와 공급이 변할 때, 시장균형이 어떻게 변하는지를 살펴보자.

(1) 수요의 변화와 시장균형의 변화

<그림 2-4>는 시장공급은 일정한데 수요만 변하는 경우에 시장균형이 어떻게 변하는가를 보여준다. 상품가격 이외의 다른 요인이 변하여 수요가 증가하는 경우와

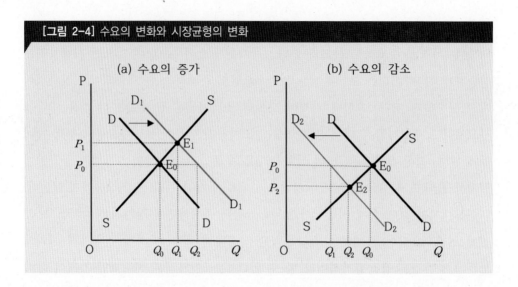

[그림 2-4] 수요의 변화와 시장균형의 변화

감소하는 경우를 살펴보자. 원래의 수요곡선 DD와 공급곡선 SS가 교차하는 E_0점이 최초의 균형점이고, 이 때 균형가격과 균형거래량은 P_0와 Q_0이다.

　우선 공급은 일정한데 수요만 증가하는 경우를 <그림 2-4> (a)를 통해 살펴보자. 수요만 증가할 경우 공급곡선은 변하지 않고 다만 원래의 수요곡선 DD가 오른쪽으로 이동하여 수요곡선 D_1D_1이 된다. 그 결과 원래의 균형가격 P_0에서는 수요량이 Q_2로 증가하여 공급량 Q_0를 초과하고, $Q_0Q_D^2$만큼의 초과수요량이 발생하게 된다. 그러면 이러한 초과수요로 인해 가격이 상승하게 되어, 새로운 시장균형이 새로운 수요곡선(D_1D_1)과 원래의 공급곡선(SS)이 교차하는 E_1점에서 성립하고, 균형가격과 균형거래량이 각각 P_1과 Q_1에서 결정된다. 이와 같이 공급이 일정한 상태에서 수요가 증가하면 균형가격은 상승하고, 균형거래량도 증가한다.

　한편 공급은 일정한데 수요가 감소하는 경우, 수요가 감소하면 <그림 2-4> (b)에 나타난 것처럼 원래의 수요곡선 DD가 왼쪽으로 이동하여 D_2D_2가 된다. 이 경우 균형가격과 균형거래량이 어떻게 변동하는지 각자 분석해보기 바란다.

(2) 공급의 변화와 시장균형의 변화

　<그림 2-5>는 수요가 일정불변인데 공급만 변하는 경우, 시장균형이 어떻게 변하는가를 보여 주고 있다. 가격 이외의 다른 요인이 변하여 공급의 변화가 일어나

공급이 증가하는 경우와 감소하는 경우를 살펴보자. 원래의 수요곡선 DD와 공급곡선 SS가 교차하는 E_0점이 최초의 균형점이고, 이 때 균형가격과 균형거래량은 각각 P_0와 Q_0이다.

우선 수요는 일정한데 공급이 증가하는 경우를 살펴보자. <그림 2-5> (a)에서 수요가 일정한 상태에서 공급이 증가하면 원래의 공급곡선 SS만 오른쪽으로 이동하여 S_1S_1이 된다. 그 결과 원래의 균형가격수준 P_0에서는 Q_0Q_2만큼의 초과공급량이 발생하게 되어 원래의 균형은 깨지고 가격은 하락하게 된다. 따라서 새로운 균형가격과 균형거래량은 원래의 수요곡선 DD와 새로운 공급곡선 S_1S_1이 교차하는 점(E_1)에 대응하는 P_1과 Q_1로 결정된다. 이와 같이 수요가 일정한 상태에서 공급이 증가하면 균형가격은 하락하고, 균형거래량은 증가한다.

한편 <그림 2-5> (b)에서 수요가 일정한 상태에서 공급이 감소하면 원래의 공급곡선 SS만 왼쪽으로 이동하여 S_2S_2가 된다. 새로운 공급곡선이 수요곡선과 교차하는 E_2점에서 새로운 시장균형이 성립한다. 그 결과 균형가격은 P_2로 상승한 반면에, 균형거래량은 Q_2로 감소한다.

한편 수요와 공급이 동시에 변화할 경우, 수요와 공급의 변화방향과 상대적 크기에 따라 시장균형이 달라지므로, 균형가격과 균형거래량이 어떻게 변화할 것인지는 일률적으로 예측할 수는 없다.

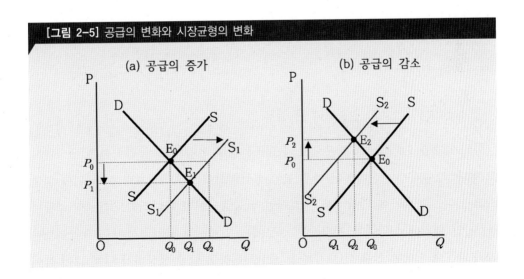

[그림 2-5] 공급의 변화와 시장균형의 변화

3. 시장균형의 존재와 안정성

(1) 시장균형이 존재하지 않는 경우

지금까지 시장균형이 존재한다는 것을 전제로 하여 수요와 공급에 영향을 미치는 요인들이 변하면 시장균형이 어떻게 변하는지에 대해 살펴보았다. 그러나 현실적으로 시장에 균형이 언제나 존재하는 것이 아니라 어떤 경우에는 존재하지 않을 수도 있다.

① 자유재의 경우

수요곡선과 공급곡선이 만나는 곳에서 시장균형이 성립된다. 그러나 수요곡선과 공급곡선이 만나더라도 시장균형이 존재하지 않을 수도 있다. <그림 2-6> (a)의 경우 수요곡선이 우하향하고, 공급곡선도 우상향하여 수요의 법칙과 공급의 법칙이 적용된다. 그렇지만 <그림 2-6> (a)에서 수요곡선과 공급곡선은 가격수준이 음(−)인 영역에서 만나게 된다.

이것은 상품가격이 양(+)의 수준에서는 공급량이 항상 수요량을 초과하는 상황, 초과공급이 존재하는 경우이다. 이러한 상품은 공기와 같이 소비자들이 원하는 양만큼 항상 공짜로 소비할 수 있을 정도로 공급량이 많은 경우인데, 이러한 상품을 **자유재**(free goods)라 한다. 이처럼 자유재의 경우는 가격(P)이 영(P=0)일 때조차도 공급량이 수요량을 초과하는 상태가 존재하기 때문에 소비자는 무료로 자유재를 원하는 만큼 소비할 수 있다.

② 생산비용이 소비자 만족보다 큰 경우

한편 <그림 2-6> (b)의 경우에도 수요곡선은 우하향하고, 공급곡선은 우상향하고 있다. 그렇지만 생산비용이 매우 높아 공급곡선이 수요곡선보다 항상 위에 위치하고 있다. 그 때문에 시장에서 수요곡선과 공급곡선이 만나더라도 균형거래량이 음(−)인 영역에서 만나게 된다. 이 경우에는 언제든지 공급곡선이 수요곡선보다 높기 때문에 어떠한 산출량(Q) 수준을 생산하더라도 항상 생산비가 너무 많이 들어

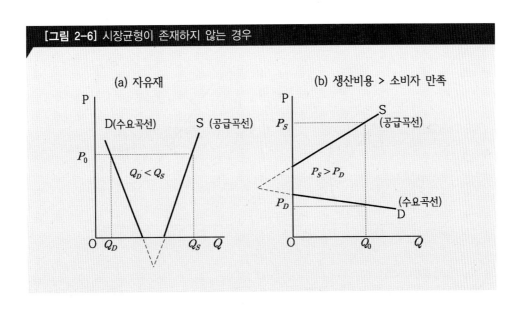

[그림 2-6] 시장균형이 존재하지 않는 경우

상품이 생산된다고 하더라도 생산자가 요구하는 공급가격(P_S)이 소비자가 원하는 수요가격(P_D) 수준보다 항상 높게 된다. 그래서 이 경우에는 그 상품을 구입할 의사가 있는 소비자가 한 사람도 없는 경우가 된다. 이런 경우에는 이 상품에 대한 시장 자체가 성립하지 않기 때문에 시장균형은 당연히 존재하지 않게 된다.

(2) 시장균형의 안정성

① 시장균형이 여러 개 존재하는 경우

시장균형은 수요곡선과 공급곡선이 만날 때 성립되게 된다. 그런데 시장균형은 수요곡선과 공급곡선의 형태에 따라 한 개 이상 여러 개 존재하는 경우도 있을 수 있다. 일반적인 경우처럼 수요곡선의 기울기가 음이고, 공급곡선의 기울기가 양인 경우에는 시장균형이 존재한다면 하나의 균형만 존재하게 된다. 그러나 수요곡선과 공급곡선의 형태가 일반적인 형태가 아닌 경우에는 균형이 여러 개 존재할 수 있다. <그림 2-7>의 (a)와 (b)는 공급곡선의 형태가 특별한 경우로서 시장균형이 여러 개 존재하는 경우를 나타내고 있다. 이처럼 균형이 여러 개 존재하는 경우, 각각 균형들은 안정성(stability) 측면에서 차이가 있을 수 있다.

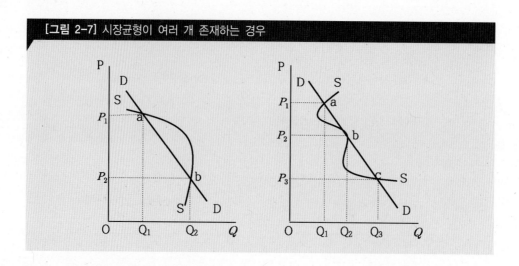

[그림 2-7] 시장균형이 여러 개 존재하는 경우

② 안정적 균형과 불안정적 균형

시장이 균형에서 이탈하는 경우 시간이 충분히 경과된 후 다시 원래의 균형으로 되돌아올 수 있을까? 앞서 시장에 불균형이 발생한 경우 수요와 공급의 상호작용에 의해 반드시 시장균형이 성립하는 경우를 분석해보았다. 그러나 모든 시장의 불균형이 항상 균형상태로 수렴하는 경우만 있는 것은 아니다. 어떤 시장에서는 시장의 불균형이 야기된 경우, 시장기구(즉, 가격이나 산출량의 조정)에 의해 다시 원래의 균형으로 되돌아오지 않는 경우도 있다. 시장균형의 **안정성**(stability)은 시장이 균형으로부터 이탈되었을 때 원래의 균형상태로 되돌아오려는 경향이 존재하느냐 여부에 달려있다. 시장이 어떠한 요인에 의해 균형에서 이탈되었을 때 시장기구 자체의 메커니즘에 의해 결국 원래의 균형상태로 되돌아오는 경향이 존재하는 경우를 **안정적 균형**(stable equilibrium)이라 한다. 반면에 시장이 일단 균형에서 이탈하면 원래의 균형상태로 되돌아오지 않는 경우를 **불안정적 균형**(unstable equilibrium)이라고 한다.

시장이 균형에서 이탈하는 경우, 시장에서 가격이나 산출량의 변화에 의해 균형으로 수렴하는 **조정과정**(adjustment process)이 진행된다. 그런데 실제 이러한 조정과정의 내용에 대해 몇 가지 다른 견해가 존재한다. 조정과정의 구체적인 내용에 따라 왈라스(L. Warlas)의 조정과정, 마샬(A. Marshall)의 조정과정, 거미집(cobweb) 조정과정이 있다. 이에 대해서는 2장 부록에서 다룬다.

복습문제

1. 어떤 상품에 대한 수요를 결정하는 요인은 무엇인가?

2. 어떠한 경우에 수요량이 변하고, 어떠한 경우에 수요가 변하는가?

3. 수요곡선상에서의 이동과 수요곡선의 이동은 서로 어떻게 다른가?

4. 수요량이 가격이나 소득의 변화에 얼마나 민감하게 반응하는가를 어떻게 측정할 수 있는가?

5. 수요의 가격탄력성을 결정하는 요인들은 무엇인가?

6. 수요의 소득탄력성의 크기에 따라 상품의 성질을 분류할 수 있을까?

7. 두 상품 사이의 관계에 따라 수요의 교차가격탄력성의 부호와 크기는 어떻게 달라지나?

8. 어떤 상품의 공급을 결정하는 요인은 무엇인가?

9. 어떠한 경우에 공급량이 변하고, 어떠한 경우에 공급이 변하는가?

10. 시장에서 형성된 가격이 균형가격과 다를 경우 어떤 일이 일어날까?

11. 시장공급은 일정한데 수요만 증가 또는 감소하는 경우에 시장균형이 어떻게 변하는가?

12. 어떠한 경우에 시장균형이 존재하지 않는가?

13. 시장균형을 평가하는 세 가지 기준은 무엇인가?

부록 2A. 시장균형으로의 조정과정과 안정성

(1) 왈라스의 조정과정과 안정조건

왈라스(Warlas)는 시장이 불균형상태일 때 **가격의 변동**에 의해 시장균형으로 되돌아간다고 보았다. 즉 가격이 상승하거나 하락함으로서 초과수요와 초과공급을 해소시키고 균형으로 되돌아간다는 것이다. 그래서 시장균형이 안정적이기 위해서는 실제 시장가격이 균형가격보다 높을 경우에는 초과공급이 존재하고, 실제 시장가격이 균형가격보다 낮을 경우에는 초과수요가 존재하여야만 한다. 시장에 초과수요가 존재하면 상품의 가격이 상승하고, 초과공급이 존재하면 상품의 가격이 하락한다. 이러한 **가격조정과정**은 초과수요나 초과공급이 완전히 해소될 때까지 계속 진행되기 때문에 결국 시장불균형이 완전히 해소되고 시장균형으로 되돌아간다고 본다. 따라서 왈라스의 가격조정과정에 의한 균형의 안정성 여부는 수요곡선과 공급곡선의 기울기에 의존한다.

시장균형이 안정적이기 위해서는 수요곡선의 기울기가 공급곡선의 기울기보다 작아야한다. 반면에 수요곡선의 기울기가 공급곡선의 기울기보다 크면 시장균형은 불안정적이다. 따라서 **왈라스의 가격조정과정에 의한 균형의 안정조건**은 다음과 같다.

$$공급곡선의 \ 기울기 \ > \ 수요곡선의 \ 기울기 \qquad\qquad (2A.1)$$

<그림 2A-1> (a)는 수요곡선과 공급곡선의 기울기가 일반적인 형태로서 수요곡선의 기울기는 음($-$)이고, 공급곡선의 기울기는 양($+$)인 경우이다. 실제 가격이 균형가격보다 낮은 P_1이면, 그림에 표시된 만큼의 초과수요가 시장에 존재하므로 P_1의 가격은 유지될 수 없으며, 화살표 방향으로 가격이 상승하게 된다. 한편 실제 가격이 균형가격보다 높은 P_2인 경우에는 초과공급이 존재하므로 P_2의 가격도 역시 유지되지 못하고, 화살표 방향으로 가격이 하락한다. 이 경우 실제 가격이 균형가격보다 높으면 균형가격 방향으로 하락하고, 균형가격보다 낮으면 균형가격 방향으로 상승하여 결국 균형가격에 도달하게 되므로 시장균형은 **안정적**이다.

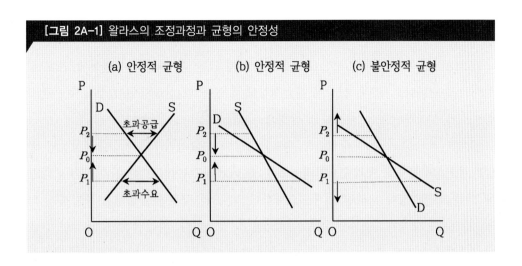

[그림 2A-1] 왈라스의 조정과정과 균형의 안정성

<그림 2A-1> (b)는 수요곡선과 공급곡선의 기울기가 모두 음(−)이지만, 공급곡선의 기울기가 수요곡선의 기울기보다 큰 경우이다. 이 경우에도 실제 가격이 P_1인 경우, 초과수요가 시장에 존재하여 화살표 방향으로 가격이 상승하게 된다. 가격이 P_2인 경우, 초과공급이 존재하므로 화살표 방향으로 가격이 하락한다. 따라서 이 경우에도 시장균형은 **안정적**이다.

<그림 2A-1> (c)는 수요곡선과 공급곡선의 기울기가 모두 음(−)이면서 공급곡선의 기울기가 수요곡선의 기울기보다 작은 경우이다. 실제 가격이 균형가격보다 낮은 P_1인 경우에도 초과공급이 시장에 존재하므로 화살표 방향으로 가격이 오히려 더 하락하게 된다. 한편 실제 가격이 균형가격보다 높은 P_2인 경우는 초과수요가 존재하므로 화살표 방향으로 가격이 상승한다. 따라서 실제 가격이 균형가격보다 높으면 계속 더 높은 쪽으로 이탈하게 되고, 균형가격보다 낮으면 계속 더 낮은 쪽으로 이탈하게 된다. 그러므로 시간이 경과함에 따라 가격이 점점 균형가격에서 멀어지므로 시장균형은 **불안정적**이다.

왈라스의 조정과정에서는 시장불균형이 존재할 때 가격의 변화가 중심적 역할을 한다. <그림 2A-1> (a)와 (b)에서와 같이 초과공급과 초과수요가 각각 가격의 하락과 상승을 통하여 해소되면서 시장가격이 항상 균형가격으로 돌아가려는 경향이 있을 때 시장균형은 안정성을 갖는다. 따라서 시장균형이 안정적이기 위해서는 수요곡선의 기울기가 공급곡선의 기울기보다 작아야한다.

(2) 마샬의 조정과정과 안정조건

마샬(Alfred Marshall)은 시장이 불균형상태에 있을 때 **산출량의 변동**에 의해 균형으로 수렴한다고 본다. 시장이 불균형상태에 있을 때 산출량이 증가되거나 감소함으로써 시장불균형을 해소하고 균형으로 되돌아간다고 보았다.

일정한 공급량 수준에 대응하는 수요곡선상의 수요가격(P_D)과 공급곡선상의 공급가격(P_S)의 차이를 **초과수요가격**(excess demand price)이라고 한다. 마샬의 산출량에 의한 조정과정에 의하면 초과수요가격이 양(+)인 경우에 공급량은 증가하게 되고, 초과수요가격이 음(−)인 경우에 공급량은 감소한다. 따라서 실제 공급량이 균형수급량보다 적은 수준에서는 초과수요가격이 양(+)이 되고, 반면에 실제 공급량이 균형수급량보다 많은 수준에서는 초과수요가격이 음(−)이 되어야만, 시장균형이 안정적이게 된다.

<그림 2A-2> (a)는 공급곡선의 기울기가 양(+)이고, 수요곡선의 기울기는 음(−)인 경우이다. 실제 공급량이 균형수급량보다 적은 Q_1인 경우에는 초과수요가격이 양(+)이기 때문에 실제 공급량이 증가한다. 반면에 실제 공급량이 균형수급량보다 많은 Q_2인 경우에는 초과수요가격이 음(−)이기 때문에 공급량은 감소한다. 그래서 시장이 불균형일 때 산출량의 조정에 의해 원래의 균형상태로 되돌아가게 되므로 시장균형은 **안정적**이다.

<그림 2A-2> (b)는 공급곡선의 기울기가 수요곡선의 기울기보다 크지만 음(−)

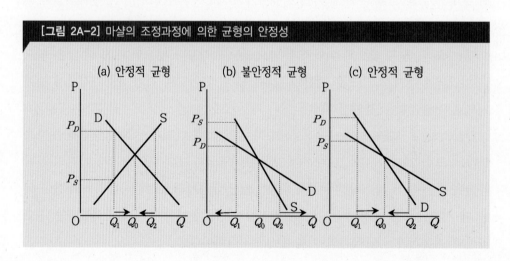

[그림 2A-2] 마샬의 조정과정에 의한 균형의 안정성

인 경우이다. 이 경우 공급량이 균형수급량보다 적은 Q_1인 경우에는 초과수요가격이 음($-$)이기 때문에 실제 공급량은 오히려 감소한다. 반면에 실제 공급량이 균형수급량보다 많은 Q_2인 경우에는 초과수요가격이 양($+$)이기 때문에 공급량이 오히려 증가한다. 그래서 이 경우의 시장균형은 **불안정적**이다.

<그림 2A-2> (c)는 수요곡선과 공급곡선의 기울기가 모두 음($-$)이면서, 공급곡선의 기울기가 수요곡선의 기울기보다 작은 경우이다. 실제 공급량이 균형수급량보다 적은 Q_1인 경우에는 초과수요가격이 양($+$)이기 때문에 실제 공급량이 증가한다. 반면에 실제 공급량이 균형수급량보다 많은 Q_2인 경우에는 초과수요가격이 음($-$)이기 때문에 공급량은 감소한다. 그래서 공급량이 균형수급량보다 적으면 균형수급량 방향으로 증가하고, 공급량이 균형수급량보다 많으면 균형수급량 방향으로 감소하므로 이 경우의 시장균형도 **안정적**이다.

<그림 2A-2>에서 (a)와 (c)는 균형이 안정적인 반면에 (b)는 균형이 불안정적이다. 마샬의 산출량에 의한 조정과정에서 균형이 안정적일 조건은 다음과 같다.

$$\frac{1}{공급곡선의\ 기울기} > \frac{1}{수요곡선의\ 기울기} \tag{2A.2}$$

(3) 거미집이론의 조정과정과 안정조건

거미집이론의 조정과정은 수요량과 가격은 즉각적으로 반응하여 움직이지만, 공급량은 일정한 시차를 두고 움직이는 상황을 전제로 한다. 예컨대, 농축산물의 경우, 소비자들은 가격 변화에 따라 즉시 소비량을 변화시키지만, 농축산업자들은 공급량을 즉시 변화시킬 수 없다. 농축산물의 경우 생산에 상당한 기간이 필요하여 가격의 변화에 즉각적으로 반응해서 공급량을 조절할 수 없다. 일정한 시차를 두고 가격과 공급량이 변화되어 가는 과정이 마치 거미집 모양과 같다고 하여 **거미집 조정과정**(cobweb adjustment process)이라고 한다. 거미집 조정과정에서도 시장균형이 안정적인가의 여부는 수요곡선과 공급곡선의 기울기에 의존한다.

<그림 2A-3> (a-1)은 수요곡선 기울기의 절대값이 공급곡선 기울기의 절대값보다 작은 경우이다. 이 경우 가격이 균형가격으로 수렴해간다. 최초의 가격이 P_0로 균형가격(P_E)보다 낮게 주어진 경우, 제1기의 공급량은 이전시기의 가격인 P_0를 기

준으로 결정되므로 공급곡선상의 a점에 대응하는 S_1으로 결정된다. 제1기의 가격은 수요곡선상의 b점에 대응하는 P_1이 된다. 이어서 제2기의 공급량은 제1기의 가격

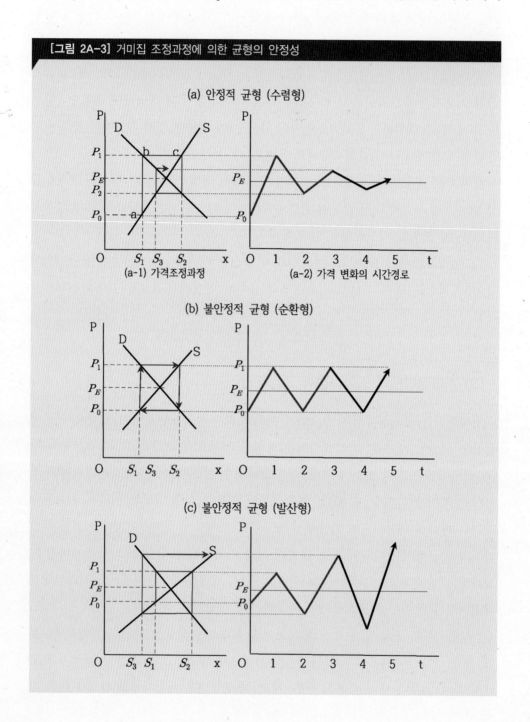

[그림 2A-3] 거미집 조정과정에 의한 균형의 안정성

(a) 안정적 균형 (수렴형)

(a-1) 가격조정과정   (a-2) 가격 변화의 시간경로

(b) 불안정적 균형 (순환형)

(c) 불안정적 균형 (발산형)

P_1을 기준으로 결정되므로 공급곡선상의 c점에 대응하는 S_2로 결정된다. 이러한 과정이 계속 반복되면 가격은 결국 균형가격(P_E)으로 수렴하게 된다. 결국 이 경우의 시장균형은 **안정적**이다.

한편 균형에서 이탈한 후 다시 균형에 도달할 때까지의 가격의 변화를 그림으로 나타낸 **가격 변화의 시간경로**는 <그림 2A-3> (a-2)와 같은 형태가 된다. 균형이 안정적인 경우, 가격이 균형가격으로부터 이탈하면 가격이 균형가격 P_E를 중심으로 변동하는데, 시간이 경과됨에 따라 그 변동폭이 점차 줄어들어 결국 균형가격 P_E로 수렴하게 된다.

<그림 2A-3> (b)는 수요곡선과 공급곡선 기울기의 절대값이 같은 경우이다. 이 경우에는 시간이 충분히 경과된 후에도 가격이 균형가격(P_E)으로 수렴하지 못하고 P_1과 P_2가 반복적으로 나타나게 된다. 따라서 가격과 공급량은 일정한 범위에서 반복 순환하게 되어 균형에 도달하지 못하기 때문에 균형은 불안정적이다.

<그림 2A-3> (c)의 경우는 수요곡선 기울기의 절대값이 공급곡선 기울기의 절대값보다 큰 경우이다. 이 경우에도 시간이 경과될수록 가격이 점차 균형가격(P_E)으로부터 멀어진다. 시장의 가격이 균형가격으로 수렴하지 못하고 가격의 변동폭이 점점 더 커지기 때문에 이 경우의 시장균형도 불안정적이다.

<그림 2A-3>의 세 가지 가운데 (a)는 균형이 안정적이지만, 반면에 (b)와 (c)는 균형이 불안정적이다. 각각의 경우 수요곡선과 공급곡선의 기울기를 비교하여 보면, 거미집의 조정과정에서 균형이 안정적일 조건은 다음과 같다.

$$|수요곡선의 기울기| < |공급곡선의 기울기| \tag{2A.3}$$

PART 02

소비자이론

소비자의 효용극대화 행위는 기본적으로 소비자의 주관적인
선호체계와 객관적으로 주어진 예산제약이 상호 연관되어
만들어진 소비자의 합리적 선택행위이다. 소비자의 수요행위는
바로 이러한 합리적 선택의 결과로 나타나는 현상이다. 그래서
제2편에서는 소비자의 주관적인 선호체계와 객관적인 예산제약에
대해 살펴본 후, 소비자의 최적선택행위가 시장에서의 수요와
수요곡선으로 나타나는 과정을 살펴본다. 한편 불확실성하에서는
소비자의 선택이 어떻게 이루어지는지에 대해서도
기대효용이론과 상황–선호접근법을 이용하여 살펴본다.

Chapter 03

소비자 선호체계

소비자의 선호의 차이가 시장에서 소비 선택의 차이로 나타나기
때문에 소비자의 효용극대화를 위한 최적선택 행위를 분석하기
위해서는 선호체계의 특성에 대해 알아야 한다. 이 장에서는 소비자의
선호체계를 선호관계와 효용함수를 이용하여 표현하는 방법에 대해
알아본다. 더 나아가 효용함수를 무차별곡선이라는 그림으로 옮겨
표현하는 방법과 무차별곡선의 특성에 대해 알아본다.

제1절　선호관계

1. 선호관계와 선호체계

(1) 소비 선택의 대상 : 상품묶음과 상품공간

우리는 일상생활에서 많은 종류의 상품을 소비한다. 그리고 우리가 소비생활에서 선택할 수 있는 상품의 수도 아주 많다. 하지만 소비자이론에서는 그림을 이용하여 편리하게 분석하기 위해 소비자가 선택할 수 있는 상품이 오직 두 가지 종류(X재, Y재)밖에 없다고 가정한다. 왜냐하면 소비자가 선택할 수 있는 상품이 세 가지 이상인 경우 그림을 통한 분석은 가능하지만, 3차원의 그림으로 나타내야 하므로 매우 복잡하다. 반면에 상품이 두 가지만 존재하는 경우 2차원 평면의 그림으로 정확하게 나타낼 수 있다. 그 때문에 소비자행동에 대한 분석을 2차원 평면의 그림을 통하여 보다 직관적이고 쉽게 설명할 수 있다.

또한 소비자들이 선택할 수 있는 것은 두 가지 상품의 묶음이라고 가정한다. 소비자가 선택하는 두 상품의 소비량을 각각 x, y로 표기하면, 두 상품의 소비량을 하나로 묶은 것을 (x, y)로 표기하고, 이것을 **상품묶음**(commodity bundle) 또는 **소비묶음**(consumption bundle)이라고 부른다.

한편 소비자가 선택할 수 있는 상품묶음을 모두 모아 놓은 집합을 **상품공간**(commodity space) 또는 **소비공간**(consumption space)이라고 부른다. 두 가지 상품만 존재하고 선택 가능한 상품묶음이 두 가지 상품의 수량으로 구성되어 있다고 가정하면, 상품공간은 2차원 평면의 제1사분면이 된다. 그리고 하나의 상품묶음(x, y)은 <그림 3-1>과 같은 2차원 상품공간의 한 점으로 나타낼 수 있다. 따라서 <그림 3-1>과 같은 상품공간의 모든 점들은 특정한 상품묶음을 각각 나타내고 있다. 편의상 앞으로 상품공간의 각 상품묶음을 A, B, C 등으로 표시한다. A점은 X재(빵) 5개와 Y재(사과) 10개로 구성된 상품묶음 A = (5, 10)을 나타내며, B점은 빵 10개와 사과 5개로 구성된 상품묶음 B = (10, 5)를 나타낸다.

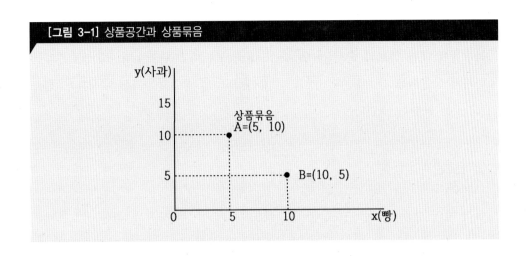

[그림 3-1] 상품공간과 상품묶음

(2) 선호관계와 선호체계

① 선호관계의 의의

소비자이론에서 소비자들의 선택대상은 상품묶음(x, y)이고, 소비자의 선택행위는 자신의 소득으로 구입할 수 있는 상품묶음 가운데에서 가장 큰 만족감을 주는 상품묶음을 선택하는 과정이다. 따라서 소비자가 상품공간에 존재하는 수많은 상품묶음 가운데 어느 것을 좋아하고 싫어하는지를 알아야 한다. 즉 상품묶음에 대한 소비자의 선호관계를 알아야 한다.

<그림 3-1>의 상품공간에서 소비자가 상품묶음 A와 B 가운데 어느 하나를 선택해야 한다면 소비자는 어떤 상품묶음을 선택할 것인가? 상품묶음 A는 B에 비해 사과의 수량은 많지만 빵의 수량이 적고, 상품묶음 B는 A보다 사과의 수량은 적지만 빵의 수량은 많다. 이 때 소비자는 A와 B 둘 중의 어느 하나를 더 좋아하든지 아니면 둘을 똑같이 좋아하는 경우도 있을 것이다. 결국 소비자가 두 가지 상품묶음 A와 B 가운데서 어느 상품묶음을 더 좋아하여 선택할 것인지는 그 소비자가 갖고 있는 선호관계에 의하여 결정된다.

여러 개의 상품묶음이 있을 때 소비자는 자신이 좋아하는 정도에 따라 상품묶음들을 순서대로 배열할 수 있다. 즉 여러 개의 상품묶음이 있을 때 가장 좋아하는 상품묶음을 첫 번째로 놓고, 그 다음으로 좋아하는 것을 두 번째로 놓는 방식으로

상품묶음들을 배열할 수 있다. 이처럼 소비자의 **선호관계**(preference relation)는 상품묶음들에 대한 **선호의 순서**(preference ordering)를 매긴 관계이다. 즉 선호관계는 소비자가 상품묶음 가운데 어느 것을 더 좋아하고, 덜 좋아하는가를 표시하는 '선호의 순서'를 표현한 것이다.

② 선호관계의 종류

여러 개의 상품묶음이 존재하는 경우에도 두 개의 상품묶음에 대한 선호관계는 다음과 같이 표현할 수 있다. 두 가지 상품묶음을 좋아하는 정도를 서로 비교할 때, 어느 상품묶음(A)을 다른 상품묶음(B)보다 '분명히 더 선호한다' 하거나 '차이가 없이 선호한다'라고 표현한다. 그리고 이러한 소비자의 선호관계는 $\gtrsim$라는 기호로 표현한다.

두 개의 상품묶음에 대한 소비자의 선호관계는 약선호관계, 강선호관계 및 무차별관계로 구분하여 표현한다. 첫째, **강선호관계**(strict preference relation) : 소비자가 상품묶음 A 또는 B를 선택할 수 있는 상황에서 소비자가 항상 A를 선택한다면 그 소비자는 A를 B보다 '분명히 더 선호한다'고 말할 수 있다. 이 때 A가 B보다 '**강하게 선호된다**'고 말하고, A>B로 표현한다. 이처럼 두 상품묶음 사이의 **강선호관계**를 >라는 기호로 표현한다.

둘째, **약선호관계**(weak preference relation) : 소비자가 두 상품묶음에 대해 A를 적어도 B만큼은 선호할 경우, 이 때 'A를 B보다 더 선호하거나 또는 적어도 B와는 차이가 없다(무차별하다)'고 말할 수 있다. 이때 A가 B보다 '**약하게 선호된다**'고 말하고, A$\gtrsim$B로 표현한다. 이처럼 두 상품묶음 사이의 **약선호관계**를 $\gtrsim$라는 기호로 표현한다. 약선호관계는 A를 B보다 더 선호하거나 또는 A와 B를 무차별하게 생각하는 것을 모두 포함하는 개념이다.

셋째, **무차별관계**(indifference relation) : 그리고 소비자가 두 상품묶음을 선호하는데 차이가 없을 경우, 소비자는 A와 B를 같은 정도로 좋아한다고 말할 수 있다. 이 때 A와 B는 '**무차별하게 선호한다**'고 말하고, A~B로 표현한다. 이처럼 두 상품묶음 사이의 **무차별관계**를 ~라는 기호로 표현한다.

③ 선호체계

소비자들은 이러한 선호관계를 이용하여 수많은 상품묶음에 자신의 선호에 따라 순서를 매길 수 있다. 그런데 상품묶음에 대한 선호순서의 유형, 즉 선호관계의 유형은 사람에 따라 다르다. 따라서 소비자의 선호관계에 의해 형성되는 소비자의 선호체계도 사람마다 다르다고 볼 수 있다.

소비자의 선호관계에 의해 형성되는 **선호체계**(preference system)는 수많은 상품묶음들을 둘씩 비교하여 선호관계 기호($\gtrsim$)로 설정된 선호관계 전체를 통틀어 일컫는 말이다. 그러므로 각 소비자의 선호체계의 특성은 $>$, $\gtrsim$, $\sim$라는 기호를 통해 설정된 각자의 선호관계에 의해 규정된다.

2. 선호관계의 공리

소비자의 선호체계는 소비자의 선택행위와 밀접한 관련이 있다. 그래서 소비자들이 합리적으로 선택을 하려면 선호체계가 일관성을 가져야 한다. 먼저 소비자의 선호체계가 일관성을 갖기 위해서 충족하여야 할 조건을 알아보자.

(1) 완비성(completeness)

선호관계의 완비성은 소비자가 두 개의 상품묶음 중에 하나를 선택할 때 일관성을 요구하는 조건이다. 상품공간에 존재하는 어떠한 두개의 상품묶음 A와 B에 대해서 A$\gtrsim$B 또는 B$\gtrsim$A가 성립하면 선호관계가 완비성을 충족한다고 말한다.

완비성 : 모든 상품묶음 A와 B에 대해서 A$\gtrsim$B 또는 B$\gtrsim$A이다.

소비자는 어떤 두 상품묶음에 대해서도 어느 상품묶음을 다른 상품묶음보다 더 선호하거나 아니면 두 상품묶음에 대해 무차별하게 좋아하는지를 말할 수 있어야 한다는 것이다. 만약 소비자가 어느 상품묶음을 더 선호하는지를 잘 모르겠다고 한다면 완비성 공리를 충족시키지 못하는 것이다. 선호관계의 완비성이 충족하지 않으면 어떤 상품묶음 A와 B에 대하여 A$\gtrsim$B도 아니고 B$\gtrsim$A도 아니므로 A$>$B와 B$>$A가 동시에 성립한다. 그러므로 소비자의 선호체계는 일관성이 없어진다. 선호관

계의 완비성은 소비자가 어떠한 두개의 상품묶음이 주어지더라도 두 상품묶음에 대한 선호관계를 판단할 수 있어야 한다는 것이다.

(2) 이행성(transitivity)

선호관계의 이행성은 소비자가 세 개 이상의 상품묶음 중에서 하나를 선택할 때 일관성을 요구하는 조건이다. 상품공간에 속한 상품묶음 A, B, C에 대해서 A$\succsim$B이고, 동시에 B$\succsim$C가 성립할 때, A$\succsim$C가 성립하면 선호관계는 이행성을 충족한다고 말한다.

이행성 : 모든 A, B, C에 대해서 A$\succsim$B이고, 동시에 B$\succsim$C이면 A$\succsim$C이다.

A를 B보다 약하게 선호하고, 동시에 B를 C보다 약하게 선호한다면 A를 C보다 약하게 선호하여야 한다는 의미이다. 만일 소비가가 A를 B보다 약하게 선호하고 동시에 B를 C보다 약하게 선호한다고 하면서도 C를 A보다 약하게 선호한다고 하자. 그러면 소비자의 선택행위는 이행성의 공리를 충족시키지 못한다. 즉 이행성이 충족되지 않으면 A$\succsim$B이고 동시에 B$\succsim$C이지만 C$\succsim$A가 성립한다는 모순이 생긴다. 이러한 선호체계를 가진 소비자의 선택행위에는 일관성이 없다.

선호관계의 완비성과 이행성 공리는 소비자의 선호체계가 일관성을 가지기 위해서 충족하여야 할 최소한의 조건이다. 완비성과 이행성을 충족하는 선호체계를 **합리적 선호체계**(rational preference system)라고 말한다.

(3) 연속성(continuity)

선호관계의 연속성 공리는 소비자의 선호관계가 연속적으로 변화할 것을 요구하는 조건이다. 두 상품묶음의 양에 아주 작은 차이가 있는 경우, 소비자의 선호관계에도 아주 작은 차이밖에 없을 것을 요구하는 조건이다. 연속성 공리는 상품묶음에 포함된 상품량의 작은 차이에 의해 소비자의 선호관계에 급격한 변화가 있어서는 안 된다는 것이다.

연속성 : 어떤 상품묶음 A'가 A와 아주 작은 차이밖에 없을 경우, A가 B보다 강하게 선호될 때(A$>$B) A'도 B보다 강하게 선호된다(A'$>$B). 반대로 B가 A보다

강하게 선호될 때(B > A), B도 A'보다 강하게 선호된다(B > A').

연속성 공리는 선호관계와 효용함수의 관계를 설명할 때 필요한 개념이다. 연속성 공리는 선호관계를 **연속적인 효용함수**로 나타내기 위해 필요한 추가적 공리이다.[2)]

(4) 강단조성(strong monotonicity)

선호관계의 강단조성은 '더 많을수록 더 좋다(the more, the better)'라는 것을 의미한다. 두 상품묶음 A=(x_1, y_1), B=(x_2, y_2)에 대해 각 상품별로 어느 쪽이 더 많은 양을 포함하고 있는지 비교한다고 하자. 만약 다른 모든 상품에 대해서는 상품묶음 A가 B와 같지만, 최소한 하나의 상품에 대해서는 상품묶음 A가 B보다 더 많은 양을 포함하고 있다면, 소비자는 상품묶음 A를 B보다 더 선호한다는 공리이다.

강단조성 : 두 가지 상품묶음 A=(x_1, y_1), B=(x_2, y_2)에 대해서 $x_1 = x_2$이고 $y_1 > y_2$이면 상품묶음 A를 B보다 더 선호한다(A > B). 마찬가지로 $x_1 > x_2$이고 $y_1 = y_2$이면 상품묶음 A를 B보다 더 선호한다(A > B).

강단조성 공리는 소비자가 소비의 대상으로 고려하는 모든 상품은 소비량이 증가할수록 만족이 높아지는 상품, 즉 경제재(economic goods)라는 가정이다. 따라서 강단조성 공리에 의해 쓰레기나 오염물질 등과 같은 비재화(bads)의 경우는 고려대상에서 제외된다.

(5) 강볼록성(strong convexity)

선호관계의 강볼록성은 어떤 한 가지 상품만을 극단적으로 많이 소비할 수 있는

---

2) 연속성 공리를 충족하지 않는 선호관계로는 **사전편찬식 선호**(lexicographic preference)라는 것이 있다. 다음과 같은 선호관계를 사전편찬식 선호라고 한다. 두 개 상품묶음 A=(x_1, y_1)와 B=(x_2, y_2) 사이에 $x_1 > x_2$이면 y_1과 y_2의 크기에 상관없이 A가 더 선호되고, $x_1 = x_2$일 경우에는 $y_1 > y_2$이면 A가 더 선호되는 경우이다. 두 상품묶음 A=(x_1, y_1)와 B=(x_2, y_2) 사이에, 먼저 상품 X의 양에 차이가 있으면(즉, $x_1 > x_2$ 또는 $x_1 < x_2$), 상품 Y의 양은 상관없이 X의 양이 많은 상품묶음이 무조건 선호된다. 상품 X의 양이 같은 경우에 한해서, 상품 Y의 양이 많은 상품묶음이 강선호된다. 영어사전을 찾는 경우 알파벳 순서로 그 순서가 결정되는 것과 마찬가지이다.

상품묶음보다는 여러 가지 상품을 골고루 소비할 수 있는 상품묶음을 더욱 선호한 다는 가정이다. 강볼록성은 극단적으로 편중된 소비보다는 다양한 상품을 소비하는 것을 더 선호하는 소비생활의 일반적 현상을 수용하기 위한 기본가정이다. 예컨대, 상품묶음 A=(사과 10개, 빵 0개), B=(사과 0개, 빵 10개), C=(사과 5개, 빵 5개)가 있다고 했을 때, 이 세 가지 상품묶음 가운데 두 상품을 골고루 소비할 수 있는 상 품묶음을 더 선호한다는 기본가정이다. 상품묶음 C를 A보다 더 선호(즉, C>A)하 고, 또 C를 B보다 더 선호(즉, C>B)한다는 가정이다.

 제2절 **효용함수**

1. 효용함수와 선호관계

(1) 효용함수의 정의

두 개의 상품묶음 중에서 어느 것을 더 좋아하는가는 선호관계에 의해 표현할 수 있다고 말한바 있다. 그러나 선호관계는 매우 추상적인 개념이므로 그 자체만 이용 해서는 소비자의 합리적인 선택행위를 분석하기가 쉽지 않다. 이러한 어려움은 선 호관계를 효용함수로 바꾸어 주면 해결할 수 있다.

앞서 소비자의 선호체계가 완비성과 이행성의 공리를 충족하면 모든 상품묶음 사이에 일관성 있는 선호관계를 정할 수 있다고도 말한바 있다. 만약 두 가지 공리 가 충족되어 소비자의 선호체계에 일관성이 있다고 가정하면 상품묶음들을 선호하 는 순서로 배열할 수 있다. 이처럼 소비자가 상품묶음들을 선호하는 순서대로 배열 할 수 있는 경우, 각 상품묶음마다 선호의 순서를 표시하는 구체적인 숫자를 부여할 수 있다. 그렇게 하면 소비자가 주어진 상품묶음 가운데 어느 상품묶음을 가장 선호 하는지를 알 수 있다. 또한 소비자의 선호체계가 완비성과 이행성 공리 이외에도 선호관계의 연속성 공리를 충족시킨다면, 각 상품묶음마다 선호순서에 따라 숫자를 부여하는 연속적인 함수로 나타낼 수도 있다.

소비자의 선호체계를 함수형태로 표현한 것이 **효용함수**(utility function)이다. 효용함수는 소비자가 상품묶음을 소비하면서 얻게 되는 만족(satisfaction)과 그 상품묶음 사이의 관계를 함수형태로 나타낸 것이다. 일반적으로 효용함수는 효용(utility)의 머리글자인 U를 이용하여 U(·)의 형식으로 표시한다. 그래서 **효용함수 U(A)**는 소비자가 상품묶음 A를 선택하였을 때 소비자가 얻는 만족을 함수로 표현한 것이다. 소비자가 상품묶음 A=(x, y)의 소비로부터 얻는 만족(즉 효용)의 크기를 나타내는 숫자(real number)를 u로 표기하면, u와 효용함수 U(A) 사이의 관계는 다음과 같이 표현된다.

$$u = U(A) \tag{3.1}$$

여기서 u는 상품묶음 A = (x, y)를 선택하였을 때 구체적으로 소비자가 얻는 효용의 크기를 나타내는 숫자이다. 상품묶음 A, B, C를 효용함수 U(·)에 대입하면 각각 U(A), U(B), U(C)의 효용수준이 하나의 수치(numeric value)로 표현된다. 이와 같이 효용함수는 모든 상품묶음에 효용의 크기를 나타내는 수치를 부여하되, 선호하는 상품묶음에는 그렇지 않은 상품묶음보다 더 큰 수치를 부여하는 방법이다. 그래서 효용함수가 표현하는 수치의 순서대로 각 상품묶음을 배열해 놓으면 바로 소비자가 선호하는 상품묶음의 순서와 일치한다.

(2) 선호관계와 효용함수의 관계

앞서 선호관계와 효용함수는 소비자의 선호체계를 표시하는 두 가지 방법이라고 하였다. 그러면 선호관계와 효용함수 사이에 어떤 관계가 있을 것으로 예상할 수 있다. 선호관계($\succsim$)와 효용함수 U(·) 사이에 다음과 같은 관계가 있다.

두 상품묶음 A = (x_1, y_1), B = (x_2, y_2)에 대해서 소비자가 상품묶음 A를 B보다 선호한다는 것은 상품묶음 A로부터 얻는 효용이 B의 효용보다 크다는 의미이다. 즉 $A \succsim B$이면 $U(A) \geq U(B)$이고, $U(A) \geq U(B)$일 때 $A \succsim B$가 성립한다는 것이다. 이와 같이 $A \succsim B$일 때 $U(A) \geq U(B)$이고, $U(A) \geq U(B)$일 때 $A \succsim B$가 성립하면, '효용함수 U(·)가 선호관계($\succsim$)를 대표한다'라고 말한다.

따라서 효용함수가 선호관계를 대표할 수 있다고 가정하면, 상품묶음 A와 B 사이에 어떤 선호관계가 있는가를 알기 위해서는 효용함수인 U(A)와 U(B)의 수치를 비교하면 된다. 효용함수로 선호관계를 나타낸 경우, 더 큰 수치가 부여된 효용함수가 선호되는 선택임을 의미한다. 상품묶음 A와 B를 비교할 때 U(A) > U(B)이면 A > B이다. 즉 A가 B보다 강하게 선호된다는 것을 의미한다. 그리고 U(A)=U(B)이면 A~B이다. 즉 상품묶음 A와 B가 무차별하다는 의미이다.

한편 이와 같이 선호관계를 효용함수로 나타낼 수는 있지만, 모든 선호관계를 효용함수로 나타낼 수 있는 것은 아니다. 선호관계를 효용함수로 나타내기 위해서는 일정한 조건이 충족되어야 한다. 선호관계가 일정한 조건을 충족시키지 않으면 효용함수로 나타낼 수 없다.

첫째, 선호관계가 완비성 공리를 충족하여야 한다. 예를 들어 상품묶음 A와 B에 대해 A > B이고 동시에 B > A인 선호관계는 효용함수로 나타낼 수 없다. 이러한 선호관계를 효용함수로 나타낸다면 우선 A > B이므로 U(A) > U(B)이어야 한다. 그리고 동시에 B > A이므로 U(B) > U(A)이어야 한다. 효용함수 U(A)와 U(B)는 효용의 크기를 나타내는 수치이므로 U(A) > U(B)와 U(B) > U(A)의 관계가 동시에 성립할 수는 없다. 따라서 A > B이고 동시에 B > A인 선호관계는 효용함수로 나타낼 수 없다. 그러므로 주어진 선호관계가 효용함수로 대표된다면, 선호관계는 반드시 완비성을 충족하여야 한다.

둘째, U(A) > U(B)이고 동시에 U(B) > U(C)이면 반드시 U(A) > U(C)이어야 한다. 주어진 선호관계가 효용함수로 대표될 수 있으려면, A≿B이고 동시에 B≿C이면 반드시 A≿C가 성립하여야 한다는 것을 의미한다. 그런데 A≿B이고 동시에 B≿C일 때 A≿C가 성립하는 조건은 이행성 공리이다. 따라서 선호관계가 효용함수로 대표되기 위해서는 선호관계가 반드시 이행성 공리도 충족하여야 한다.

앞서 완비성과 이행성을 충족하는 선호관계를 합리적 선호체계라고 하였다. 그러므로 선호관계가 합리적일 경우에만 효용함수로 나타낼 수 있고, 합리적이지 않은 선호관계는 효용함수로 나타낼 수 없다는 것을 알 수 있다. 결국 합리적인 선호체계(완비성과 이행성 공리를 충족하는 선호체계)는 선호관계를 효용함수로 나타내기 위한 필요조건이다. 그러므로 선호관계의 완비성과 이행성 공리는 소비자의 선호체계가 일관성을 가지기 위해서 충족하여야 할 최소한의 조건일 뿐만 아니라 선호체계가 합리적이기 위한 필요조건이다.

2. 기수적 효용함수와 서수적 효용함수

일반적으로 소비자의 선택행위를 분석하는데 있어 선호관계보다는 효용함수가 다루기 쉽기 때문에 이후의 논의에서는 효용함수로 표현되는 선호체계만을 활용한다. 그래서 처음부터 소비자의 선호체계가 효용함수로 주어진다고 가정한다. 그런데 효용함수를 활용하는데 있어 한 가지 문제가 있다. 하나의 선호관계를 나타내는 효용함수가 유일하게 하나만 있는 것이 아니라는 것이다. 동일한 선호관계를 두 가지 효용함수로 나타낼 수 있기 때문이다. 효용의 두 가지 개념인 기수적 효용과 서수적 효용을 이용하면 선호관계를 기수적 효용함수와 서수적 효용함수로 나타낼 수 있다.

(3.1)식에서 상품묶음 A와 B에 대한 효용함수인 U(A)와 U(B)는 각각 효용수준을 나타내는 수치(u)로 표현된다. 그런데 이러한 효용함수 U(·)가 상품묶음 A와 B 사이의 선호관계(≿)를 나타낸다는 것은 단지 효용함수의 서수적 성질만을 사용하고 있다는 의미이다. 이와 같이 순서를 나타내는 숫자의 서수적 성질만을 이용하는 효용함수를 **서수적 효용함수**(ordinal utility function)라고 한다.

반면에 순서뿐만 아니라 크기를 나타내는 숫자의 기수적 성질도 함께 이용하는 효용함수를 **기수적 효용함수**(cardinal utility function)라고 부른다. 예를 들어 U(A) = 200이고. U(B) = 100일 경우, 서수적 효용함수는 상품묶음 A가 B보다 더 큰 수치의 효용을 주기 때문에 단지 A를 B보다 더 선호한다는 것만을 나타낸다. 반면에 기수적 효용함수는 상품묶음 A가 B보다 100단위만큼 또는 2배만큼 더 큰 효용을 준다는 것까지도 나타낸다.

그런데 서수적 효용함수와 기수적 효용함수는 그 형태에 차이가 있는 것은 아니다. 단지 효용의 크기로 부여된 수치(u)를 어떻게 해석하는지가 다를 뿐이다. **서수적 효용함수**는 효용의 순서에만 의미를 부여하고, 절대적인 크기에는 의미를 부여하지 않는다. 서수적 효용함수는 어느 상품묶음이 다른 것과 비교해서 더 선호되는가에만 의미를 부여한다. 즉 선호의 순서에만 의미를 부여한다. 그래서 서수적 효용

함수에서 숫자 자체는 아무런 의미를 지니지 않으며, 서수적 효용함수에서 숫자 값의 크고 작음은 단지 어떤 상품묶음의 선호순서를 나타내는 것에 불과하다. 세 개의 상품묶음 A, B, C 가운데서 A를 B보다 선호하고, B를 C보다 선호한다고 가정하자. 즉 A≥B이고, B≥C이라고 하자. 그리고 선호의 순서대로 U(A) = 3, U(B) = 2, U(C) = 1을 부여하는 효용함수와 U(A) = 5, U(B) = 4, U(C) = 3을 부여하는 효용함수가 있다고 하자. 두 종류의 효용함수는 모두 더 선호하는 상품묶음에 더 큰 숫자 값을 부여하여, 선호하는 순서에 따라 각 상품묶음에 순서를 매기고 있다. 그러므로 두 종류의 효용함수는 모두 유효한 서수적 효용함수가 된다. 이처럼 서수적 효용함수는 선호의 순서에만 관심을 가지므로 선호의 순서를 변화시키지 않는 한 효용함수를 어떻게 변환시키더라도 원래의 효용함수와 똑같은 선호를 나타내는 효용함수가 된다.[3]

제3절 무차별곡선

1. 무차별곡선과 선호관계

(1) 무차별곡선의 개념

소비자이론의 모든 결과는 서수적 효용함수만을 가지고도 도출할 수 있으므로 이후부터는 서수적 효용함수를 이용하여 설명한다. 서수적 효용함수가 나타내는 선호관계의 특징을 잘 나타내는 것이 바로 무차별곡선의 개념이다. 그래서 소비자의

---

3) 함수의 형태를 이처럼 변환시키는 것을 단조변환(monotone transformation)이라 한다. 단조증가함수인 경우에 단조변환이 가능하다. 단조증가함수는 두 실수 a와 b에 대해서 a〉b일 때 f(a)〉f(a)가 성립하는 함수 f()를 말한다. 서수적 효용함수는 단조변환이 가능하지만, 기수적 효용함수는 불가능하다.

선호체계를 나타낼 수 있는 무차별곡선을 정의하기 위하여, 선호관계가 항상 완비성, 이행성, 연속성 공리를 충족시킬 뿐만 아니라 이외에도 선호관계가 강볼록성과 강단조성 공리도 충족시킨다고 가정한다.

이제 무차별곡선이 서수적 효용함수로부터 도출되는 과정과 무차별곡선의 특성에 대해 알아보자. 소비자가 어떤 상품묶음, (x, y)를 선택했을 때 얻는 효용의 크기를 나타내는 효용함수가 U(x, y)로 주어졌을 경우, 이 상품묶음과 똑같은 크기의 효용을 주는 상품묶음들의 집합에 대해 생각해보자. 예컨대, U(x, y) = 100인 상품묶음들의 집합은 효용수준이 똑같이 100단위인 상품묶음들의 집합이 될 것이다. 이와 같이 효용수준이 100단위인 상품묶음들은 상품공간에서 수없이 많이 존재할 것이다.

<표 3-1>은 두 가지 상품(X재와 Y재)의 수많은 조합(즉, 상품묶음) 중에서 소비자에게 똑같이 100단위의 효용(utility)을 주는 몇 가지 조합을 예로 나타낸 것이다. 소비자에게 똑같은 크기의 효용을 주는 조합들은 상품묶음 A부터 E까지의 조합 이외에도 수없이 많이 존재할 것이다.

<그림 3-2>는 X재와 Y재의 상품공간에 표시한 무차별곡선들을 보여주고 있다. 이 가운데 u_1곡선은 <표 3-1>에 제시된 100단위의 효용을 주는 상품묶음들을 X재와 Y재의 상품공간에 표시하고 연결한 그래프이다. 이와 같이 상품공간에서 소비자에게 똑같은 크기의 효용을 가져다주는 상품묶음(x, y)들의 집합을 연결한 그래프를 **무차별곡선**(indifference curve)이라고 한다. 하나의 무차별곡선(예, u_1) 위에 있는 상품묶음들은 소비자에게 똑같은 단위의 효용(즉, 100단위)을 주기 때문에 어떤 상품묶음을 선택하더라도 소비자의 효용수준에 차이가 없고 무차별하게 느껴진다는 의미에서 무차별곡선이라고 한다. 무차별곡선을 선호관계로 정의하면, 무차별곡선은 선호관계에서 무차별하다는 것을 나타내는 부호 '~'로 연결될 수 있는 모든 상품묶음들을 연결해 놓은 선이다.

[표 3-1] 무차별한 상품묶음 : U(x, y)=100인 상품묶음 (예시)

상품묶음	A	B	C	D	E
X재 수량 (x)	12	8	5	3	2
Y재 수량 (y)	2	4	6	8	10

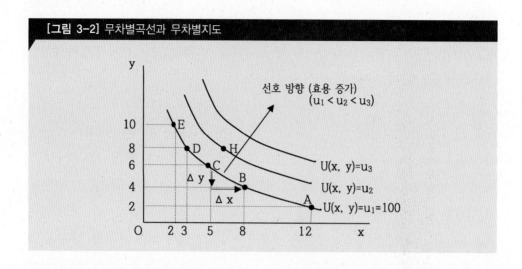

[그림 3-2] 무차별곡선과 무차별지도

(2) 무차별곡선의 특성

무차별곡선은 서수적 효용함수로부터 도출되기 때문에 무차별곡선의 모양과 특성은 소비자의 선호체계를 나타내는 효용함수의 구체적인 내용을 반영한다. 앞에서 소비자의 선호체계가 일관성을 가지기 위해 충족해야하는 조건들과 분석의 편의를 위한 추가조건들을 살펴본바 있다.

선호관계가 완비성, 이행성, 연속성, 강단조성, 강볼록성 공리를 충족하고 있을 경우 무차별곡선은 어떤 모양과 특성을 가질까? 소비자의 합리적 선호체계를 나타내는 무차별곡선은 다음과 같은 다섯 가지 특성을 갖는다.

첫째, 상품공간의 모든 상품묶음은 그 점을 지나는 하나의 무차별곡선을 반드시 갖는다.

둘째, 원점에서 멀리 떨어진 무차별곡선일수록 효용수준이 더 높다.

셋째, 무차별곡선은 우하향하는 모양을 갖는다.

넷째, 무차별곡선은 서로 겹치거나 교차할 수 없다.

다섯째, 무차별곡선은 원점에 대하여 볼록한 형태이다.

① 상품공간의 모든 상품묶음은 그 점을 지나는 하나의 무차별곡선을 반드시 갖는다.

한 상품공간에 무차별곡선은 하나만 존재하는 것이 아니고 수없이 많이 존재한다. 상품공간 안에 있는 한 점(즉, 상품묶음)과 똑같은 효용을 주는 상품묶음들이 반드시 존재하고, 그러한 상품묶음들을 연결하면 또 하나의 무차별곡선이 만들어진다. 이 특성은 선호관계의 완비성 공리로부터 나온 것이다. <그림 3-2>에서 보는 바와 같이 상품공간에 효용수준을 달리하는 u_1, u_2, u_3 등과 같은 무차별곡선을 얼마든지 그릴 수가 있다. 효용수준을 달리하는 무차별곡선들을 함께 모아 그려 놓은 것을 **무차별지도**(indifference map)라고 부른다.

② 원점에서 멀리 떨어진 무차별곡선일수록 효용수준이 더 높다.

선호관계의 강단조성 공리가 충족되면 두 상품의 소비량이 늘어날수록 효용은 증가한다. 무차별곡선이 원점에서 멀리 떨어져 있을수록 두 상품의 소비량이 증가하기 때문에 원점에서 멀리 떨어질수록 효용수준이 더 높은 무차별곡선이 된다. 따라서 무차별지도에서 오른쪽에 위치하는 무차별곡선일수록 더 높은 만족을 표시한다. 왜냐하면 어떤 한 무차별곡선보다 오른쪽 위에 있는 모든 상품묶음들은 소비자에게 그 무차별곡선상의 상품묶음보다 더 큰 효용을 주는 상품묶음들을 나타내기 때문이다. <그림 3-2>를 보면 효용수준이 각각 u_1, u_2, u_3 단위인 세 개의 무차별곡선이 그려져 있다. 상품묶음 C보다 H가 두 상품 x, y의 수량을 더 많이 구성하고 있으므로 소비자가 느끼는 효용수준은 $U(C) < U(H)$이어야 한다. 효용수준이 u_2인 무차별곡선이 u_1인 무차별곡선보다 원점에서 더 멀리 떨어져 있음을 알 수 있다. 따라서 무차별지도에서 원점에서 멀리 떨어진 무차별곡선일수록 소비자에게 더 큰 만족을 준다.[4]

③ 무차별곡선은 우하향하는 모양을 갖는다.

선호관계의 강단조성 공리가 충족될 경우, Y재의 소비가 고정된 상태에서 X재의 소비가 증가하면 소비자의 효용은 증가한다. 따라서 소비자가 똑같은 효용 수준을

---

[4] 무차별곡선에 붙어 있는 지수(즉, u_1, u_2, u_3)는 소비자가 얻는 효용의 크기를 나타내는 수치가 아니다. 다만 무차별곡선이 표시하는 선호의 순서만을 표시할 뿐이다. 그러므로 무차별곡선 u_2가 u_1보다 얼마나 더 큰 효용을 주느냐 하는 것은 알 수도 없고, 또 반드시 알 필요도 없다. 다만 무차별곡선 u_2에서 얻는 효용이 u_1에서 얻는 효용보다 크다는 사실만을 나타내는 서수적 의미를 가질 뿐이다.

유지하려면, 한 가지 상품의 소비량이 증가할 경우 다른 한 가지 상품의 소비량을 감소시켜야 한다. 즉 소비자가 동일한 무차별곡선 위에서 똑같은 효용수준을 얻기 위해서는 X재를 증가시키면 Y재를 감소시켜야 하고, 반대로 X재를 감소시키면 Y재를 증가시켜야 한다. 효용수준이 U(x, y) = u_1로 고정되어 있는 경우, 선호관계의 강단조성 때문에 x와 y는 서로 반대방향으로 움직인다는 것을 알 수 있다. 선호관계의 강단조성 때문에 두 상품 사이에 대체관계가 성립하고, 무차별곡선은 우하향하는 음(−)의 기울기를 갖게 된다. 만약 <그림 3-2>의 무차별곡선 u_1 위에 있는 점 C로부터 Y재의 소비량이 Δy(2단위)만큼 감소하더라도 X재의 소비량이 Δx(3단위)만큼 증가한다면, 소비자는 C점의 상품묶음과 똑같은 크기의 효용을 유지하면서 B점의 상품묶음으로 이동할 수 있다.

④ 무차별곡선은 서로 겹치거나 교차할 수 없다.

이 특성은 선호관계의 이행성 공리로부터 도출된 것이다. 효용수준이 다른 두 무차별곡선이 서로 겹치거나 교차하면 선호관계의 이행성 공리에 문제가 발생하게 된다. 만약 서로 다른 효용수준을 갖는 두 무차별곡선이 교차하게 되면 그 교차점에서는 두 무차별곡선의 효용수준이 서로 같다는 것을 의미한다. 그러므로 논리적으로 서로 다른 효용수준을 갖는 두 무차별곡선이 교차한다는 것은 모순이 된다.

무차별곡선이 서로 교차하지 않아야 하는 이유를 알아보기 위하여 효용수준이 다른 무차별곡선(u_1과 u_2)이 교차한다면 어떠한 모순이 발생하는가를 알아보자. <그림 3-3>에서 X재와 Y재는 모두 경제적 재화이며, 효용수준이 다른 두 무차별곡선이 서로 교차하고 있다고 가정하자.

상품묶음 A와 B는 무차별곡선 u_1 위에 있고, 상품묶음 A와 C는 무차별곡선 u_2 위에 있다. 따라서 상품묶음 A와 B는 똑같은 무차별곡선 u_1 위에 있기 때문에 효용수준이 같다. 즉 U(A) = U(B)이다. 그리고 상품묶음 A와 C도 똑같은 무차별곡선 u_2 위에 있기 때문에 효용수준이 같다. 즉 U(A) = U(C)이다. 소비자의 선호체계가 이행성의 공리를 충족시킨다면 상품묶음 B와 C도 무차별한 관계에 있으므로, 그 효용수준도 같아야 한다. 즉 U(B) = U(C)이어야 한다. 그러나 상품묶음 C는 B보다 X재와

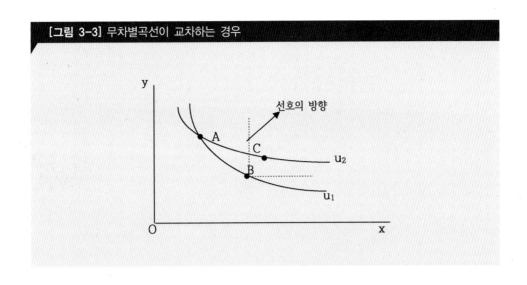

[그림 3-3] 무차별곡선이 교차하는 경우

Y재의 소비량이 모두 많은 상품묶음이기 때문에 상품묶음 C는 B보다 선호의 순서가 높은 상품묶음이다. 따라서 무차별곡선이 서로 교차한다면 소비자의 선호체계가 이행성 공리를 충족하지 않는 모순이 생긴다.

⑤ 무차별곡선은 원점에 대하여 볼록한 형태이다.

이 특성은 선호관계의 강볼록성 공리와 직접적인 관계가 있다. 선호관계의 강볼록성은 소비자가 한 가지 상품만 주로 소비하는 극단적으로 편중된 상품구성보다는 여러 가지 상품을 고르게 소비하는 다양성을 더 좋아한다는 소비생활의 일반적 경험을 수용하기 위한 가정이다.

<그림 3-4>에서 상품묶음 A = (2, 10)와 B = (12, 2)는 똑같은 무차별곡선 위에 있기 때문에 무차별한 선호관계에 있다. 소비자의 선호체계가 강볼록성 공리를 충족시킬 경우, A와 B를 연결한 직선 위에 있는 어떠한 상품묶음도 A나 B보다 선호순서가 높게 된다. 따라서 무차별관계에 있는 두 상품묶음 A와 B를 지나는 무차별곡선 u_1은 A와 B를 연결한 직선보다 아래에 위치하게 된다. 이와 같이 선호체계가 강볼록성 공리를 충족하면 무차별곡선은 선호의 방향과는 반대방향으로 원점에 대하여 볼록한 형태를 지닌다.

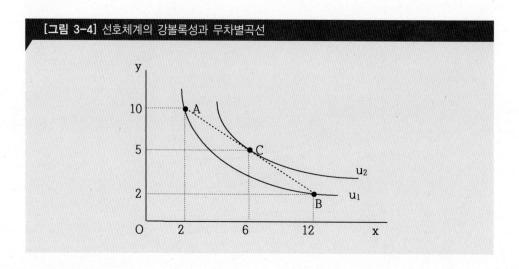

[그림 3-4] 선호체계의 강볼록성과 무차별곡선

2. 한계대체율

(1) 한계대체율의 개념 : 무차별곡선의 기울기

　　무차별곡선은 원점에 대하여 볼록하면서 우하향하는 음(−)의 기울기를 갖는다. 무차별곡선이 우하향하는 것은 선호관계의 강단조성 때문에 소비자가 한 상품의 소비량을 증가시킬 때 똑같은 수준의 효용을 얻기 위해서는 다른 상품의 소비량을 줄여야 한다는 것을 의미한다. 그런데 무차별곡선이 원점에 대하여 볼록한 형태를 갖는다는 특성은 특별한 의미가 있다. 무차별곡선이 원점에 대하여 볼록하다면 한 상품의 소비량이 증가함에 따라 똑같은 효용수준을 얻기 위해서 줄여야 하는 다른 상품의 수량이 점차 감소한다는 것을 의미한다.

　　그런데 무차별곡선 위에서 소비자가 한 상품(X재)의 소비량을 1단위를 증가시킬 때 종전과 똑같은 효용수준을 유지하기 위하여 감소시켜야 하는 다른 상품(Y재)의 수량을 **한계대체율**(marginal rate of substitution, MRS)이라고 부른다. X재와 Y재 사이의 한계대체율(MRS_{XY})은 소비자가 동일한 무차별곡선 위에 있기 위하여 X재 1단위를 더 얻는 대가로 포기할 용의가 있는 Y재의 수량이다. 그래서 X재를 증가시킬 때 X재와 Y재 사이의 **한계대체율**(MRS_{XY})은 Y재의 감소분(−△y)을 X재의 증가분(△x)으로 나눈 비율로 측정한다.[5]

$$\mathrm{MRS_{XY}} = \frac{-\Delta Y}{\Delta X} = -\ \text{무차별곡선의 기울기} \tag{3.2}$$

<그림 3-5>에서 A점에서 B점으로 X재가 1단위 증가함에 따라 동일한 효용수준을 유지하기 위해서는 Y재를 2단위가 줄여야 한다. 따라서 소비자의 선택이 A점에서 B점으로 이동하는데 따른 한계대체율은 2가 된다. 이것은 소비자가 X재 1단위를 더 얻는 대가로 Y재 2단위를 포기할 용의가 있다는 것을 의미한다. 이것은 X재 1단위와 교환할 용의가 있는 Y재의 수량을 의미한다. 일반적으로 한계대체율은 소비자에 따라 그 크기가 다르다. 그런 의미에서 두 상품 사이의 한계대체율을 **주관적 교환비율**(subjective exchange ratio)이라고 부른다.

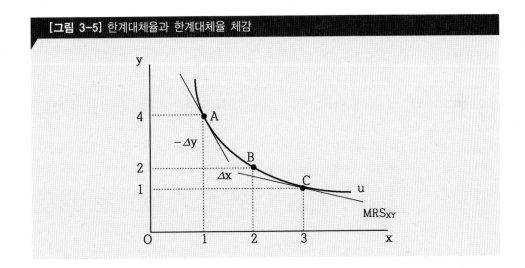

[그림 3-5] 한계대체율과 한계대체율 체감

한계대체율과 한계효용의 관계

한계대체율은 X재 1단위로부터 얻는 한계효용을 Y재의 수량으로 표시한 것으로 볼 수 있다. 주어진 하나의 무차별곡선 위에서는 소비자의 선택이 변하더라도 효용수준이 일정하게 유지된다. 그러므로 동일한 무차별곡선 위에서는 X재가 증가할 경우 그로 인

---

5) X재의 증가분(ΔX)을 아주 작게 잡으면 무차별곡선상의 한 점에서의 한계대체율을 정의할 수 있다. 무차별곡선 위의 한 점에서의 한계대체율은 그 점에서 그은 접선의 기울기의 절대값과 같다.
$$\mathrm{MRS_{XY}} = \left| -\lim_{\Delta x \to 0} \frac{\Delta Y}{\Delta X} \right| = \left| -\frac{dY}{dX} \right|$$

해 증가하는 효용수준을 그에 상응하는 만큼 Y재가 감소하여 상쇄시켜야 되기 때문이다. 즉 동일한 무차별곡선 위에 있으려면 효용수준의 변화는 0이 되어야 한다.

〈그림 3-5〉에서 소비자의 선택이 A점에서 B점으로 이동할 때 X재가 Δx만큼 변화해 생기는 효용의 변화는 X재의 한계효용(MU_X)에 X재의 변화분(Δx)을 곱한 값인 $MU_X \cdot \Delta x$로 평가할 수 있고, 마찬가지로 Y재가 Δy만큼 변화해 생기는 효용의 변화는 Y재의 한계효용(MU_Y)에 Y재의 변화분(Δy)을 곱한 값인 $MU_Y \cdot \Delta y$로 평가할 수 있다. 그리고 A점에서 B점으로 이동할 때 생기는 효용수준의 변화(Δu)는 두 가지 변화의 합이다. 그런데 A점과 B점이 모두 동일한 무차별곡선 위에 있어 효용수준의 변화(Δu)는 0이므로 다음 식이 성립한다.

$$\Delta u = MU_X \cdot \Delta x + MU_Y \cdot \Delta y = 0$$
$$MU_X \cdot \Delta x = -MU_Y \cdot \Delta y \qquad (3.3)$$

(3.3)식을 정리하여 (3.4)식과 같이 표현하면, 한계대체율(MRS_{XY})은 두 상품 사이의 한계효용(MU)의 비율과 같다는 사실을 확인할 수 있다.

$$MRS_{XY} = -\frac{\Delta Y}{\Delta X} = \frac{MU_X}{MU_Y} \qquad (3.4)$$

〈그림 3-5〉의 예에서 X재와 Y재 사이의 한계대체율이 2의 값을 갖는다는 것은 소비자가 X재 1단위에서 얻는 한계효용(MU_X)이 Y재 1단위에서 얻는 한계효용(MU_Y)의 두 배에 해당한다는 것을 의미한다.

(2) 한계대체율체감의 법칙

한계대체율(MRS_{XY})은 무차별곡선 위의 한 점에서 그은 접선의 기울기의 절대값이다. 그 값은 무차별곡선 위의 상품묶음의 구체적인 내용에 의해 결정되기 때문에 일반적으로 상품묶음이 달라지면 한계대체율의 값도 달라진다. <그림 3-5>에서 상품묶음 A, B, C는 모두 똑같은 무차별곡선 위에 있는 점들이다. 상품묶음 B는 A보다 X재가 1단위 더 많은 점이며, 상품묶음 C는 B보다 역시 X재가 1단위 더 많은 점이다. 소비자가 똑같은 무차별곡선 위에 있으면서 싱품묶음 A대신에 B를 소비한다면 소비자는 X재 1단위를 더 소비하기 위하여 Y재를 2단위 포기할 용의가 있다. 그러나 X재를 1단위 더 소비하기 위해서 상품묶음 B에서 C를 소비한다면 이때는

Y재를 1단위만 포기하면 된다.

이처럼 X재의 소비량이 증가함에 따라 X재 1단위를 더 소비하기 위하여 포기해야 하는 Y재의 수량은 점점 감소하게 된다. 이와 같이 무차별곡선이 원점에 대해서 볼록하다면, X재의 소비량이 증가함에 따라 똑같은 효용수준을 유지하면서 Y재를 X재로 계속해서 대체할 경우, 소비자가 Y재의 수량으로 평가한 X재 1단위의 주관적 가치인 한계대체율이 점차 감소하게 되는데, 이것을 **한계대체율체감의 법칙**(law of diminishing MRS)이라 한다.

한계대체율이 체감하는 이유는 다음과 같이 설명할 수 있다. 일반적으로 사람들은 자신들이 풍부하게 가지고 있는 상품보다는 희소하게 가지고 있는 상품을 더 중요하게 생각한다. 그렇기 때문에 소비자들이 한 상품의 소비량이 점차 증가함에 따라 그 상품에 대한 중요도는 상대적으로 낮게 평가하고, 반대로 소비량이 점차 감소되는 상품에 대한 중요도는 상대적으로 높게 평가하는 것을 반영한 것이다.

3. 특이한 형태의 무차별곡선

앞서 설명한 바와 같이 소비자의 선호체계가 선호관계의 강볼록성 공리를 충족할 경우에는 일반적으로 무차별곡선의 형태는 원점에 대해 볼록한 특성을 갖는다. 그러나 소비자의 선호체계가 강볼록성 공리를 충족시키는 경우에도 무차별곡선의 형태가 원점에 대해 볼록하지 않고 특이한 형태로 나타나는 경우도 있다. 앞서 효용함수를 도출하는데 이용된 선호관계의 강단조성 공리가 충족되지 않는 경우, 또는 상품들 사이의 관계를 특별히 규정하는 경우에도 원점에 대해 볼록하지 않는 특이한 형태의 무차별곡선을 얻을 수 있다.

(1) 두 상품이 완전한 대체재인 경우

두 상품이 완전대체재(perfect substitutes)인 경우, 소비자에게 두 가지 상품의 소비량의 합계만 중요하지 두 상품 가운데 어느 쪽을 더 많이 쓰고, 어느 쪽을 덜 쓰느냐는 문제가 되지 않는다. 이 경우 상품의 종류에 관계없이 소비량(x+y)의 크기에 의해 선호순서가 결정된다. 이처럼 두 상품이 완전대체재인 경우 <그림 3-6>의

(a)와 같이 무차별곡선은 직선 형태가 된다. 그리고 무차별곡선의 기울기는 음(−)으로서 일정한 값을 갖는다. 특히 1:1의 대체관계에 있을 경우에는 그 기울기가 −1이 된다. 소비자가 맥주를 매우 좋아해서 C사 맥주와 H사 맥주를 구분하지 않고 소비한다고 하자. 그러면 소비자에게 C사 맥주와 H사 맥주는 완전대체재이다. C사 맥주와 H사 맥주의 양을 각각 x와 y로 표시하면 이 소비자의 효용함수는 $U(x, y) = x + y$이고, 한계대체율(MRS_{XY})은 항상 1이 된다.

(2) 두 상품이 완전한 보완재인 경우

소비자가 두 상품을 항상 일정한 비율로만 소비할 경우, 그 소비자에게 두 상품은 완전보완재(perfect complements)가 된다. 완전보완재의 경우 소비자의 효용은 부

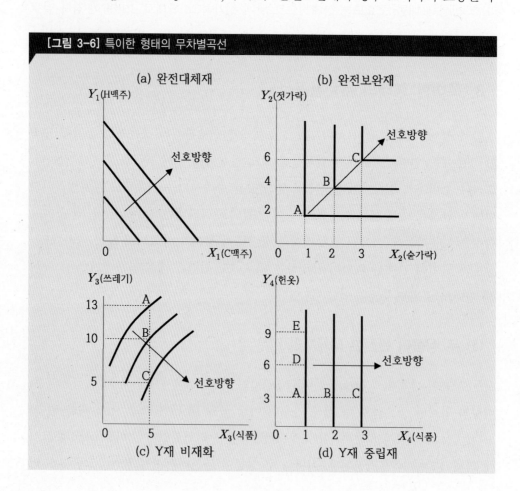

[그림 3-6] 특이한 형태의 무차별곡선

족한 상품의 양에 의해서 제한받는다. 한 가지 상품이 아무리 많아도 같은 비율로 다른 상품의 양이 늘어나지 않으면 효용은 증가하지 않는다. 그래서 완전보완재에 대한 소비자의 효용함수는 $U(x, y) = min(ax, by)$이고, 한계대체율(MRS_{XY})은 0이 된다. 예컨대, 신발의 경우는 오른쪽과 왼쪽이 항상 1:1의 결합으로 소비된다. 오른 쪽이나 왼쪽 신발 중 어느 한 쪽만 증가하는 것은 소비자에게 아무런 도움을 되지 못한다. 그러므로 이것은 원래의 상태와 무차별하기 때문에 동일한 무차별곡선상에 놓이게 된다. 그래서 완전보완재의 경우 <그림 3-6>의 (b)와 같이 무차별곡선은 L 자 형태가 된다. 두 가지 상품을 모두 더 많이 갖는 경우에는 소비자가 더 높은 만 족을 얻게 된다. 그림에서 화살표 방향으로 무차별곡선이 이동하면 소비자의 효용 은 증가한다. 그리고 완전보완재의 경우 두 상품의 소비비율이 꼭 1:1이 아니라도 상관없다.

(3) 하나가 부(−)의 효용을 가져다주는 비재화인 경우

공해나 쓰레기같은 비재화(bads)는 그 수량이 증가할수록 소비자의 효용은 감소 한다. 따라서 비재화는 단조성 공리를 충족시키지 못한다. Y재가 비재화이면 Y재의 소비량이 증가할수록 소비자의 효용수준은 감소한다. 따라서 Y재의 소비량이 증가 할 때 X재의 소비량도 같이 증가하여야만 소비자는 똑같은 효용을 얻을 수 있으며, 이는 무차별곡선이 우상향하여 기울기가 양(+)임을 의미한다. <그림 3-6>의 (c)는 두 상품(X재와 Y재) 중에서 Y재가 비재화(bads)인 경우의 무차별곡선들이다. 이 경 우 화살표 방향으로 무차별곡선이 이동하면 소비자의 효용은 증가한다. 즉 선호하 는 방향은 쓰레기(Y재)는 줄어들고 식품의 소비는 늘어나는 남동방향이다. 이 경우 에는 원점에서 멀리 떨어져 있는 무차별곡선일수록 더 높은 효용수준을 나타낸다는 특성이 성립하지 않는다.

(4) 하나가 중립재인 경우

중립재(neutral goods)는 그 소비량이 증가하더라도 소비자의 효용에 아무런 영향 도 주지 않는 상품을 말한다. 그래서 중립재도 역시 선호관계의 단조성 공리를 충족

시키지 못한다. 만약 Y재(헌옷)가 중립재인 경우라면 소비자의 효용수준은 X재(식품)의 소비량에만 의존하고, 중립재인 Y재의 수량과는 아무런 관계가 없다. 그러므로 X재(식품)가 많이 들어있는 상품묶음일수록 더 선호하게 되고, 중립재가 많은지 적은지는 소비자의 효용에 전혀 영향을 주지 않는다. 따라서 무차별곡선은 <그림 3-6>의 (d)에서 보는 바와 같이 Y재가 중립재인 경우 수직선이 되며, 화살표 방향으로 이동함에 따라 소비자의 효용은 증가한다. 만약 X재가 중립재인 경우 무차별곡선은 수평선의 형태를 갖게 된다.

(5) 지복점이 존재하는 경우

소비자가 상품묶음 중에서도 특별히 하나의 상품묶음에 집착하고 가장 좋아하는 경우, 그 상품묶음을 소비함으로써 만족의 극대화가 이루지게 된다. 이러한 상품묶음을 만족의 **지복점**(bliss point)이 존재하는 상품묶음이라고 한다. 한 상품공간에서의 지복점은 소비자의 효용이 극대화되어 더 이상 커질 수 없는 상품묶음을 의미한다. 이러한 상품묶음을 포만점(satiation point)이라고도 한다. 이 경우 소비자는 지복점에 해당하는 상품묶음보다 더 많은 수량을 갖는 상품묶음조차도 오히려 싫어하게 된다.

지복점이 존재하는 경우, 무차별곡선은 <그림 3-7>에서 보듯이 지복점을 정점으

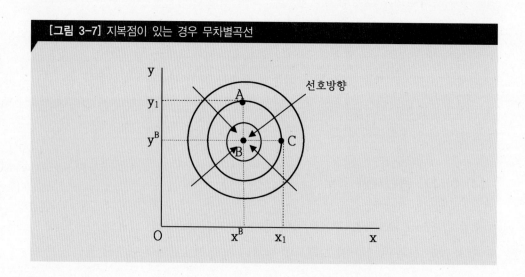

[그림 3-7] 지복점이 있는 경우 무차별곡선

로 등고선 모양으로 그려진다. 이 때 소비자의 효용이 증가하는 방향은 어떤 상태에 있든 지복점으로 이동하는 방향이다. <그림 3-7>에서 지복점을 $B = (x^B, y^B)$로 표시하면, 소비자는 다른 어떤 상품묶음보다 $B = (x^B, y^B)$를 더 선호한다. 지복점에 가까울수록 효용은 증가하고, 멀어질수록 효용은 감소한다. 그러므로 선호관계의 단조성이 성립하지 않는다. 예컨대 $y_1 > y^B$이지만 $U(A) < U(B)$가 성립되기 때문에 선호관계의 단조성 공리는 성립하지 않는다.

복습문제

1. 선호관계와 선호체계는 무엇을 뜻하는가?

2. 선호관계에 대한 각각의 공리가 의미하는 바는 무엇인가

3. 선호관계를 효용함수의 형태로 바꾸어 표현하는 이유는 무엇인가?

4. 하나의 선호관계를 대표하는 효용함수가 유일하지 않다는 것은 무엇을 뜻하는가?

5. 무차별곡선은 무엇이고, 주어진 효용함수로부터 어떻게 무차별곡선을 도출하는가?

6. 소비자의 합리적인 선호체계를 나타내는 무차별곡선은 어떤 모양과 특성을 갖는가?

7. 한계대체율은 무엇이고, 그 경제적 의미는 무엇인가?

8. 한계대체율체감의 법칙은 어떤 의미를 갖는가?

9. 선호체계의 유형에 따라 무차별곡선의 모양은 어떻게 달라지는가?

Chapter 04

소비자의 최적선택

소비자가 선택할 수 있는 상품묶음들은 예산의 제약을 받는다. 이
장에서는 소비자가 직면하는 예산의 제약이 구체적으로 어떤
것인지를 살펴 본 후, 소비자의 선호체계와 예산제약에 대한 논의를
결합하여 소비자가 어떻게 효용을 극대화하는 최적선택을 하는가를
살펴본다. 그리고 가격이나 소득 등 주어진 제약조건이 변화할 때
최적선택이 어떻게 바뀌는가를 알아보고, 수요곡선이 도출되는
과정도 살펴본다.

제1절 소비자의 예산제약

1. 예산집합과 예산선

(1) 예산제약과 예산집합

소비자의 효용극대화 행동은 기본적으로 소비자의 주관적인 선호체계와 객관적으로 주어진 예산제약이 상호 연관되어 만들어진 소비자의 선택행위이다. 제3장에서 설명한 소비자의 주관적 선호체계가 몇 가지 공리들을 충족할 경우, 소비자는 효용함수 U(x, y)로 표현되는 효용(u)수준을 극대화하려고 할 것이다. 그런데 현실적으로 소비자가 효용을 극대화하려고 할 경우 제약을 받게 된다. 구체적으로 소비자가 직면하는 제약은 일정기간동안에 상품 구입에 지출할 수 있는 소득이 일정하게 주어져 있다는 것이다. 소비자는 선호관계의 강단조성 공리에 따라 효용을 극대화하기 위해 보다 더 많은 상품을 소비하려고 할 것이다. 그렇지만 소비자는 자신이 지출할 수 있는 소득의 크기에 제약을 받을 수밖에 없다. 따라서 소비자는 일정기간동안에 지출할 수 있는 제한된 소득의 범위 내에서 상품을 소비하여 효용을 극대화해야 한다. 그래서 소비자의 주관적인 선호체계가 주어진 경우, 소비자의 효용극대화를 위한 선택행위는 소비자가 갖고 있는 **예산제약**(budget constraint)에 의해 결정된다.

소비자가 한 달에 지출할 수 있는 소득이 M원이고, 한 달 동안 두 가지 상품(X재와 Y재)만을 구입한다고 가정하자. 그리고 시장에서 X재와 Y재의 가격이 각각 P_X와 P_Y이라고 하고, X재와 Y재의 구입량은 x와 y라고 가정하자. 소비자가 두 가지 상품을 구입하는 경우 총지출액은 각 상품의 구입비용을 합계한 금액인 $(x \cdot P_X + y \cdot P_Y)$가 된다. 그러므로 상품묶음(x, y)을 소비하려면 $(x \cdot P_X + y \cdot P_Y)$만큼의 금액을 지출할 수 있는 구매력을 가지고 있어야 한다. 그런데 소비자가 지출할 수 있는 금액은 자신의 소득(M)을 초과할 수 없기 때문에 소비자의 **예산제약**은 다음과 같은 식으로 나타낼 수 있다.

$$(x \cdot P_X + y \cdot P_Y) \leqq M \tag{4.1}$$

(4.1)식의 조건을 **예산제약**(budget constraint)이라고 한다. 소비자의 소득(M)이 지출액보다 많거나 같으면, 즉 $(x \cdot P_X + y \cdot P_Y) \leqq M$이면, M만큼의 소득으로 상품묶음 (x, y)을 구매할 수 있다. 반면에 $(x \cdot P_X + y \cdot P_Y) > M$이면 소득이 부족하여 상품묶음 (x, y)를 구매할 수 없다. 그러므로 소비자가 예산이 제약되는 상황(즉, M원의 소득)에서 효용을 극대화하기 위해 선택할 수 있는 상품묶음들은 모두 (4.1)식의 예산제약조건을 충족하여야 한다. 즉 두 상품에 대한 지출의 합계가 반드시 자신의 소득보다 더 커서는 안 된다는 것이다. 결국 소비자가 선택할 수 있는 영역은 소비자가 갖고 있는 예산제약에 의해 결정된다.

한편 <그림 4-1>의 상품공간에 존재하는 상품묶음 가운데 (4.1)식의 예산제약조건을 충족하는 상품묶음의 집합을 **예산집합**(budget set)이라고 부른다. 따라서 예산집합은 상품공간 중에서 소비자가 선택할 수 있는 영역을 의미한다. 그런데 예산집합의 크기는 소비자의 소득(M)과 상품의 가격(P_X와 P_Y)에 의존한다. 똑같은 소득(M)이라 하더라도 구매할 수 있는 상품묶음은 각 상품의 가격에 따라서 달라진다. 마찬가지로 두 상품의 가격이 일정하다고 하더라도 소득수준(M)이 다르면 구매할 수 있는 상품묶음이 달라진다. 그러므로 예산집합은 각 상품의 가격과 소득에 의존

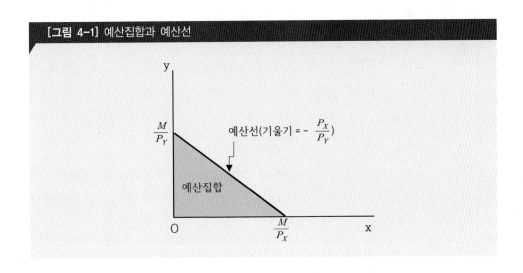

[그림 4-1] 예산집합과 예산선

한다. 예컨대, 현재 2만원의 예산으로 1,000원짜리 빵(X재)와 500원짜리 사과(Y재)를 구입하고자 하는 경우, 이 소비자의 예산집합은 (1,000x+500y)≦20,000원을 충족하는 상품묶음(x, y)의 집합이다.

(2) 예산선

① 예산선의 도출

소비자의 예산제약조건인 (4.1)식을 그림으로 나타내면 소비자가 선택할 수 있는 상품묶음들이 어떤 것들인지를 더 분명하게 알 수 있다. 그렇게 하기 위해 (4.1)식을 Y재의 구입량 y에 대해서 풀어서 전개하면 다음과 같이 된다.

$$y = \frac{M}{P_Y} - \frac{P_X}{P_Y} \cdot x \tag{4.2}$$

(4.2)식은 X재의 가격(P_X)과 Y재의 가격(P_Y)이 주어진 경우에 소비자가 일정소득(M)으로 구입할 수 있는 X재 수량과 Y재 수량의 관계를 나타낸다.

(4.2)식을 상품공간에 그림으로 나타내면, 기울기가 $-(P_X/P_Y)$이고, Y축의 절편은 (M/P_Y)이고, X축의 절편은 (M/P_X)인 직선을 얻게 되는데, 이를 **예산선**(budget line)이라고 부른다. **예산선**은 예산집합 중에서 소비자가 주어진 예산으로 최대한 구입할 수 있는 상품묶음들을 그림으로 나타낸 것이다. 예산선의 X축 절편인 (M/P_X)은 주어진 소득을 모두 X재의 구입에 지출할 때 구입할 수 있는 X재의 수량이고, 예산선의 Y축 절편인 (M/P_Y)은 주어진 소득을 모두 Y재의 구입에 지출할 때 구입할 수 있는 Y재의 수량이다. (4.2)식으로 구해진 Y축 절편과 X축 절편을 연결하면 예산선이 된다.

한편 <그림 4-1>에서와 같이 예산집합은 예산선 아래의 음영부분이 된다. 따라서 예산선은 소비자의 구매능력이나 소득수준을 나타내는 예산집합 중의 일부에 해당한다. 즉 **예산선**은 소비자가 선택할 수 있는 예산집합 중에서도 선호관계의 강단조성 공리에 따라 선택할 수 있는 최대한의 수량으로 구성된 상품묶음들의 집합을 연결한 선이다.

② 예산선의 기울기

(4.2)식에서 **예산선의 기울기**는 두 상품의 가격비율에 음(−)의 부호를 붙인 −(P_X/P_Y)와 같다. 예산선의 기울기가 갖는 의미에 대해 알아보자.

첫째, 예산선의 기울기가 음(−)이라는 것은 소비자가 한 상품(X재)를 더 구입하기 위해서는 반드시 다른 상품(Y재)의 구입량을 줄여야 한다는 것을 의미한다. 예산선상에 있는 상품묶음들은 소비자의 소득을 전부 사용해야만 선택할 수 있는 것들이다. 그렇기 때문에 소비자의 소득이 더 이상이 증가하지 않는 상황에서 한 상품의 구입량을 늘릴 수 있는 방법은 다른 상품의 구입량을 줄이는 방법밖에 없다. 따라서 한 상품의 구입량을 늘리면 반드시 다른 상품의 구입량은 감소하여야 한다.

둘째, 예산선의 기울기의 크기는 (P_X/P_Y)이다. 이것은 두 상품의 가격비율인 상대가격(relative price)을 나타낸다. 상대가격인 (P_X/P_Y)는 Y재로 표현한 X재의 **기회비용**을 의미한다. 상대가격은 X재 1단위를 더 구입하는 대가로 포기해야 하는 Y재의 수량을 의미한다. 이것은 X재 1단위와 교환되는 Y재의 크기를 의미하기 때문에 이 교환비율을 시장에서의 **객관적 교환비율**이라고 부른다.

2. 예산선의 변화

(1) 소득의 변화와 예산선의 이동

(4.2)식의 예산선은 상품의 가격과 소득이 변하면 그에 따라 변하게 된다. 두 가지 상품(X재와 Y재)의 가격은 변하지 않고 소비자의 소득(M)만 변화할 경우 예산선은 어떻게 변할까?

상품의 가격은 변하지 않고 소비자의 소득만 변하게 되면, <그림 4-2>에서 보는 바처럼 예산선의 기울기에는 아무런 변화가 없고, X축과 Y축의 절편만 소득이 변화된 크기만큼 커지거나 작아진다. 그렇기 때문에 예산선 자체만 오른쪽 위나 왼쪽 아래로 평행이동하게 된다. <그림 4-2>에서와 같이 두 상품의 가격이 일정불변일 때, 소득이 M_0에서 M_1으로 증가한다면 예산선은 오른쪽 위로 평행 이동하여 원점에서 더 멀어지게 된다. 반대로 소득이 M_0에서 M_2로 감소한다면 예산선은 왼쪽 아래로 평행 이동하여 원점에 더 가까워진다.

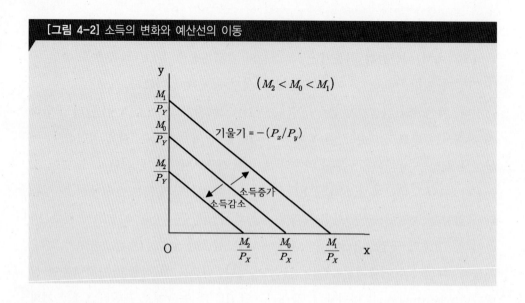

[그림 4-2] 소득의 변화와 예산선의 이동

(2) 가격의 변화와 예산선의 회전

소비자의 소득은 변하지 않고 두 가지 상품의 가격만 변할 경우, 예산선은 이동하지 않고 예산선의 기울기만 변하게 된다. X재와 Y재의 가격이 변하면 **두 상품의 상대가격**(P_X/P_Y)이 변하기 때문에 예산선의 기울기가 변하게 된다.

첫째, 소득과 Y재 가격은 불변인데 X재 가격만 변하는 경우를 보자. <그림 4-3>의 (a)는 X재의 가격만 변화하는 경우, 예산선의 변화를 나타낸 것이다. 이 경우 세로축(Y재)의 절편은 변하지 않고 가로축(X재)의 절편만 변하게 되어, 예산선은 세로축(Y재) 절편을 중심으로 회전한다. X재 가격이 P_{X0}에서 P_{X1}으로 하락하면 구매할 수 있는 X재 수량이 (M/P_{X0})에서 (M/P_{X1})으로 증가하기 때문에, 예산선의 기울기는 (P_{X0}/P_Y)에서 (P_{X1}/P_Y)으로 변하여 더욱 완만해진다. 반면에 X재의 가격이 P_{X0}에서 P_{X2}로 상승하면, 구매할 수 있는 X재의 수량이 감소하기 때문에 예산선의 기울기가 더 가파르게 된다.

둘째, 소비자의 소득과 X재 가격은 불변이고 Y재 가격만 변하는 경우를 살펴보자. <그림 4-3> (b)는 소득과 X재의 가격이 불변이고 Y재의 가격만 변하는 경우 예산선의 변화를 나타낸 것이다. 이 때 가로축(X재)의 절편은 변하지 않으며 세로축(Y재)의 절편만 변하게 되어, 예산선은 가로축 절편을 중심으로 회전한다. 즉 Y

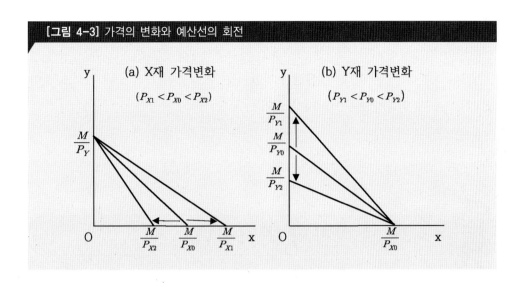

[그림 4-3] 가격의 변화와 예산선의 회전

재의 가격이 하락하면 구매할 수 있는 Y재의 수량이 증가하기 때문에 예산선의 기울기가 더 가파르게 되고, 반면에 Y재의 가격이 상승하면 구매할 수 있는 Y재의 수량이 감소하기 때문에 예산선의 기울기가 더 완만하게 된다.

셋째, 소비자의 소득이 불변이고 두 상품의 가격이 동시에 똑같은 비율로 변하는 경우, 예산선은 오른쪽이나 왼쪽으로 평행이동하게 된다. 이 경우 예산선의 기울기를 나타내는 상대가격은 변화하지 않고, 다만 가로축과 세로축의 절편만 움직인다. 그러므로 상품의 가격은 변화하지 않고 소득만 늘어나거나 줄어들 때와 같이 예산선이 오른쪽이나 왼쪽으로 평행 이동하게 된다.

(3) 소득과 가격의 동시적 변화와 예산선의 변화

첫째, 소비자의 소득과 두 상품의 가격이 동시에 똑같은 비율로 변하는 경우, 예산선의 기울기와 절편이 변하지 않으므로 예산선에는 어떤 변화도 일어나지 않는다. 소득과 가격의 변화비율이 얼마이든 간에 가격과 소득이 똑같은 비율로 변하면 예산집합에는 변화가 없다는 의미이다. 소비자의 소득이 2배로 증가되더라도 동시에 모든 가격이 2배로 상승하게 되면 소비자가 선택할 수 있는 예산집합에는 변화가 없다는 의미이다.

둘째, 두 상품의 가격이 모두 상승한 반면에 소비자의 소득은 감소한 경우에는

예산선이 안쪽으로 이동하여 예산집합이 작아질 것이다. 반대로 상품의 가격이 모두 하락한 반면에 소득은 증가한 경우에는 예산선이 바깥쪽으로 이동하게 되어 예산집합이 커진다. 물론 이 때 예산선의 기울기는 두 상품의 가격 중에서 어느 것이 상대적으로 더 변화하였는가에 따라 달라진다.

제2절 소비자의 최적선택

1. 소비자의 최적선택과 효용극대화

(1) 최적선택의 의의

소비자가 효용을 극대화하기 위하여 어떻게 소비하는 것이 합리적인 소비일까? 3장에서 소비자의 선호체계에 대해, 그리고 4.1절에서 소비자의 예산집합에 대해 설명하였다. 이제 예산집합과 선호체계를 결합하여, 소비자가 예산제약하에서 효용을 극대화하기 위해서는 어떤 선택을 해야 하는지를 알아보자.

소비자는 가능하면 보다 많은 상품을 소비하려는 욕구를 가지고 있다. 그러나 현실적으로 소비자가 지출할 수 있는 소득이 제한되어 있어 무한정 많은 상품을 소비할 수는 없다. 따라서 소비자는 자신에게 주어진 소득을 여러 가지 상품 사이에 효율적으로 배분하여 만족을 극대화하는 상품묶음을 선택해야 한다. 이렇게 소비자의 효용을 극대화하는 상품묶음을 선택하는 것을 소비자의 **최적선택**(optimal choice)이라고 한다. 그리고 이처럼 소비자가 합리적 소비를 통하여 주어진 소득으로 효용이 극대화가 되도록 소비하는 상태를 **소비자균형**(consumer equilibrium)이라고 한다. 한편 소비자의 선호체계를 효용함수로 표시할 경우에는 소비자균형과 최적선택을 **효용극대화**(utility maximization)라고 한다.

(2) 예산제약하의 효용극대화

예산제약하에서 소비자가 효용을 극대화하기 위해 어떤 선택을 하느냐는 소비자에게 주어진 **객관적인 예산제약**과 소비자의 **주관적인 선호체계**에 의해 결정된다. 앞서 설명한 바와 같이 소비자의 제한된 소득은 소비자가 선택할 수 있는 상품묶음들의 범위를 제한하는데, 이러한 예산제약조건을 예산선과 예산집합으로 나타낸 바 있다. 그렇다면 소비자가 예산제약하에서 효용을 극대화하려면 예산선 위의 상품묶음 가운데 어떤 것을 선택해야할 것인가? 이것을 결정해주는 것이 바로 무차별곡선이다. 합리적 소비자는 예산집합 범위 내에서 무차별곡선으로 표현되는 소비자의 선호체계에 따라 상품들을 구입하여 효용을 극대화하려고 한다. 그래서 소비자는 무차별곡선과 주어진 예산선이 접하게 되는 접점에서 자신의 효용을 극대화하는 상품묶음을 최적선택하게 된다. 이처럼 소비자의 최적선택점에서는 무차별곡선과 예산선이 서로 접하게 되고, 이 접점에서 소비자균형과 효용극대화가 이루어진다. 결국 소비자의 **최적선택**은 소비자의 소득과 상품가격이 주어진 경우, 소비자가 자신의 소득을 지출하여 얻을 수 있는 효용이 극대화되는 상품묶음이 된다.

<그림 4-4>는 무차별곡선과 예산선을 이용하여 소비자의 최적선택과 소비자균형을 찾는 그림이다. 소비자의 소득이 M이고, X재와 Y재의 가격이 각각 P_X와 P_Y이라 하면 예산선은 KL이 된다. 소비자는 소득 M으로 예산선 KL선상의 모든 점에 상응하는 상품묶음을 구입할 수 있다. 예컨대, A, B, C, D, E점 등은 소비자가 구입할 수 있는 상품묶음들이다. 그러면 이 가운데 어느 점이 소비자의 최적선택일까? 우선 소비자는 예산선 KL의 오른쪽 위에 있는 점(예, F점)들은 자신의 소득으로는 구입할 수 없기 때문에 선택할 수 없다. 한편 소비자는 예산선의 왼쪽 아래에 있는 점들은 선택하지 않을 것이다. 왜냐하면 자신의 소득으로 예산선의 왼쪽 아래에 있는 점들을 구입하는 것보다 더 큰 만족을 주는 점들이 존재하기 때문이다. 따라서 예산선 KL에 있는 점들만 고려하면 된다.

소비자는 예산선 위의 어느 점을 최적선택해야 할까? 소비자는 무차별곡선 u_1과 예산선이 만나는 A점과 E점은 선택할 수 있지만, 그 때 얻는 효용수준이 C점에서 얻는 효용수준보다 작기 때문에 선택하지 않을 것이다. 마찬가지 이유로 소비자는

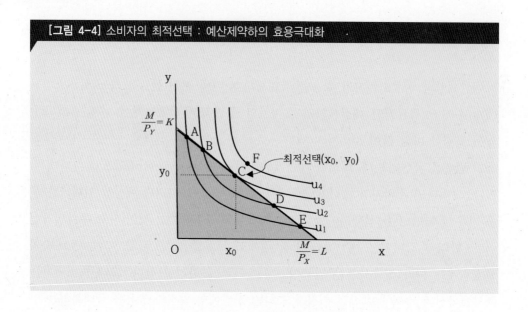

[그림 4-4] 소비자의 최적선택 : 예산제약하의 효용극대화

B점이나 D점도 선택하지 않을 것이다. 결국 소비자는 무차별곡선 u_3과 예산선 KL 이 접하는 C점을 선택할 것이다. 이때 C점의 상품묶음이 소비자의 최적선택이 된다. 왜냐하면 C점은 주어진 가격과 소득제약하에서 소비자가 얻을 수 있는 최대의 효용을 주는 무차별곡선인 u_3와 만나는 접점이기 때문이다. 이와 같이 소비자균형은 무차별곡선과 예산선이 접하는 점인 C점에서 이루어진다. 그러므로 C점의 상품묶음이 소비자의 최적선택이 된다. C점의 상품묶음은 (x_0, y_0)이므로 소비자는 X재를 x_0만큼, Y재를 y_0만큼 구매하고자 한다.

(3) 최적선택의 조건 : 효용극대화조건

이제 소비자가 효용을 극대화하는 **최적선택의 조건**을 알아보자. <그림 4-4>의 C 점에서와 같이 소비자의 최적선택과 효용극대화는 무차별곡선과 예산선이 서로 접하는 접점에서 이루어진다. 따라서 소비자가 최적선택하는 점에서는 무차별곡선의 기울기와 예산선의 기울기가 같아진다. 그런데 무차별곡선 기울기의 절대값은 두 상품사이의 한계대체율(MRS_{xy})이고, 예산선의 기울기는 두 상품의 상대가격(즉, P_X/P_Y)이다. 그러므로 예산제약하에서 효용을 극대화하는 소비자의 최적선택에서는 (4.3)식이 성립한다. 이것을 예산제약하에서의 **최적선택의 조건** 또는 **효용극대화 조건**이라고 한다.

$$\text{MRS}_{xy} = \frac{P_X}{P_Y} \qquad (4.3)$$

단, 예산제약 $x \cdot P_X + y \cdot P_Y = M$

일정한 소득으로 효용을 극대화하기 위해서 소비자는 위의 두 가지 조건을 동시에 충족하는 상품묶음을 선택해야 최적선택이 된다. 왜냐하면 소비자가 예산제약하에서 효용을 극대화하기 위해 최적선택한 상품묶음은 반드시 예산선상에 있어야만 소비지출액이 자신의 예산범위와 일치하기 때문이다. 즉 $x \cdot P_X + y \cdot P_Y = M$이 성립한다.

이제 (4.3)식의 조건이 지니는 경제적 의미를 알아보자. MRS_{xy}는 소비자가 두 상품을 교환할 때 주관적으로 적용하는 교환비율(즉, Y재로 표시한 X재의 주관적 교환비율)을 의미한다. 그리고 상대가격(P_X/P_Y)은 시장에서 객관적으로 적용되는 교환비율이다. 그러므로 (4.3)식의 최적선택조건은 소비자가 효용을 극대화하려면 자신의 주관적인 교환비율과 시장에서의 객관적 교환비율이 같게 해야 한다는 것을 의미한다. 그런데 상대가격은 이미 시장에서 정해져 있는 것이다. 그렇기 때문에 소비자가 효용을 극대화하려면 자신이 구입하고자 하는 상품의 수량을 조정하여 두 상품 사이의 한계대체율(MRS_{xy})이 상대가격과 일치하도록 해야 한다.

만일 어떤 상품묶음에서 두 가지 비율이 일치하지 않은 경우에는 소비자가 선택하고자 하는 상품묶음을 변경시키면 더 높은 효용을 얻을 수 있다는 것을 의미한다. 어떤 상품묶음에서 $\text{MRS}_{xy} > (P_X/P_Y)$이거나 $\text{MRS}_{xy} < (P_X/P_Y)$일 경우에는 소비자가 자신의 지출을 늘리지 않고서도 단지 선택하는 상품묶음을 조정함으로써 효용을 증가시킬 수 있기 때문에 그 상품묶음은 최적선택이라 할 수 없다. 그러므로 (4.3)식의 조건은 효용을 극대화하는 최적선택에서 반드시 성립하여야 하는 필요조건이다.

2. 선호의 유형과 최적선택

(1) 선호체계의 차이와 최적선택

소비자의 최적선택조건을 정리해보면, 소비자의 최적선택을 결정하는 요인으로 첫째는 소비자의 주관적인 선호체계이고, 둘째는 소비자의 객관적인 예산제약임을 알 수 있다. (4.1)식의 예산제약조건에는 소비자의 소득과 상품의 가격들을 포함하고 있다. 그렇기 때문에 소득과 가격이 변하면 소비자의 최적선택도 변하게 된다. 또한 동일한 예산제약조건을 가지고 있더라도 소비자의 선호체계가 다르면 최적선택이 역시 달라진다. 먼저 소비자의 선호체계에 차이가 있을 때 최적선택이 어떻게 달라지는가에 대해 알아보자. 그리고 예산제약을 결정하는 소득과 가격이 변하는 경우 최적선택이 어떻게 달라지는지에 대해서는 3절과 4절에서 다룬다.

동일한 예산제약을 가진 소비자들이 왜 서로 다른 소비행태를 보일까? 소비자 A와 B가 있는데 두 사람의 소득은 같지만, 두 사람이 선호하는 상품에는 차이가 있다고 가정하자. 그리고 소비자 A는 X재를 상대적으로 더 선호하고, 소비자 B는 Y재를 상대적으로 더 선호하여, 서로 선호체계가 다르다고 가정하자.

<그림 4-5>에서 두 소비자가 동일한 예산제약을 가지고 있기 때문에 동일한 예산선이 주어져 있다. 한편 소비자 A의 주관적 선호체계를 나타내는 무차별곡선은 u_A이고, 소비자 B의 무차별곡선은 u_B이다. 일반적으로 X재를 상대적으로 더 선호하는 소비자 A의 한계대체율이 더 크다. 왜냐하면 X재 1단위와 교환하고자 하는 Y재의 수량이 더 크기 때문이다. 이런 소비자 A의 무차별곡선들은 기울기가 상대적으로 더 가파르고 상품공간의 오른쪽 아래에 위치한다. 그래서 소비자 A의 최적선택은 예산선상에서 오른쪽 아래에 치우치게 된다. 소비자 A의 최적선택은 상품묶음 $a = (x_A, y_A)$가 되기 때문에 X재를 상대적으로 더 많이 수요하고 Y재를 더 적게 수요한다.

반면에 Y재를 상대적으로 더 선호하는 소비자 B는 무차별곡선의 기울기가 상대적으로 완만하면서 왼쪽 위쪽에 위치하게 된다. 그렇기 때문에 소비자 B의 최적선택은 예산선상에서 왼쪽 위쪽에 치우치게 된다. 소비자 B의 최적선택은 상품묶음 $b = (x_B, y_B)$가 되기 때문에 Y재를 상대적으로 더 많이 수요하고, X재를 더 적게 수요한다.

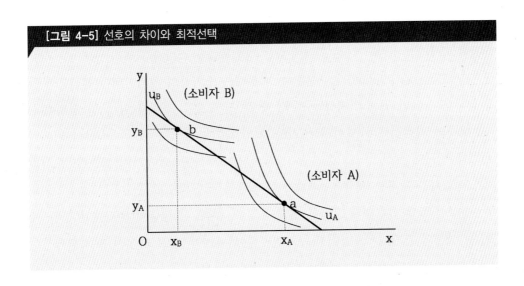

[그림 4-5] 선호의 차이와 최적선택

(2) 모서리해와 내부해

효용극대화조건인 (4.3)식이 성립하면 소비자의 효용은 자동적으로 극대화되는 것일까? 효용극대화조건이 성립한다고 해서 효용극대화가 자동으로 보상되는 것은 아니다. (4.3)식의 효용극대화조건은 무차별곡선이 볼록한 형태를 가지고 있을 경우에만 성립하는 효용극대화를 위한 필요조건이다. 만약 무차별곡선이 원점에 대하여 볼록한 형태를 가지고 있지 않다면, (4.3)식을 충족하는 상품묶음이라고 하더라도 효용극대화가 이루어지지 않을 수도 있다. 그렇다면 **(4.3)식의 효용극대화조건이 성립하지 않으면 효용은 결코 극대화될 수 없는 것일까?** 이 조건이 성립하지 않는다고 해서 효용극대화가 불가능한 것도 아니다. 무차별곡선이 원점에 대해 오목하거나 직선인 경우 등 특이한 형태인 경우에는 무차별곡선과 예산선의 기울기가 일치하여 서로 접하더라도 그 접점에서는 효용극대화가 이루어질 수 없다. 이런 경우에는 효용극대화가 이루어지는 점에서 무차별곡선과 예산선의 기울기가 반드시 일치해야할 필요는 없다.

왜 그런지 모서리해를 통해 알아보자. 예산선상의 점(상품묶음) 가운데서 X재나 Y재가 하나도 포함되지 않은 양쪽 끝에 위치하는 점(즉, x = 0이거나 y = 0인 상품묶음)을 **모서리점**(corner point)이라 한다. 예산제약하에서 효용극대화를 이룬 소비자가 예산선상의 상품묶음 가운데서 X재나 Y재가 하나도 포함되지 않은 예산선의 양쪽

끝에 위치하는 모서리점을 최적선택하는 경우를 **모서리해**(corner solution)라 한다. 반면에 모서리점이 아닌 다른 영역에 있는 상품묶음을 소비자가 최적 선택하는 경우를 **내부해**(interior solution)라고 부른다. 내부해는 소비자의 최적선택이 예산선의 양쪽 끝부분이 아닌 곳에 위치하는 경우, 즉 두 상품 모두 소비가 양(+)인 경우이다.

소비자의 최적선택이 모서리해(corner solution)가 될 경우 무차별곡선의 기울기(한계대체율)와 예산선의 기울기(두 상품의 상대가격)는 일치하지 않는다. 모서리해가 성립하는 경우는 첫째, 소비자가 한 상품을 극단적으로 좋아하는 경우, 둘째, 무차별곡선이 원점에 대해 오목한 형태인 경우, 셋째, 한 상품이 중립재인 경우, 넷째, 두 상품이 완전대체재이어서 무차별곡선이 직선인 경우, 다섯째, 무차별곡선이 우상향하는 경우 등이다.

(3) 특이한 선호체계와 모서리해

① 한 상품을 극단적으로 선호하는 경우

소비자가 한 상품을 다른 상품에 비해 극단적으로 더 좋아하는 선호체계를 갖는 경우의 예가 <그림 4-6>이다. (a)는 소비자가 Y재를 X재에 비해 극단적으로 더 좋아하는 경우이다. 이 경우에는 무차별곡선이 아주 완만하게 그려진다. 그래서 위쪽에 위치하는 무차별곡선일수록 효용수준이 더 크다. 소비자의 최적선택은 예산선의 한쪽 모서리인 A점에서 이루어진다. 소비자가 소득의 전액을 Y재 구입에만 사용하는 경우이다. A점에서 무차별곡선의 기울기(MRS_{xy})가 예산선의 기울기(P_X/P_Y)보다 작기 때문에 정상적인 경우라면 X재를 줄이고 Y재를 더 늘리면 효용이 증가한다. 그러나 소비자가 소득을 모두 Y재의 구입에만 사용하여 $x = 0$을 선택하였으므로 더 이상 줄일 X재가 없다. 따라서 소비자는 부득이 A점과 같은 모서리해를 선택할 수밖에 없다. <그림 4-6>의 (b)는 소비자가 X재를 Y재에 비해 극단적으로 더 좋아하는 경우이다. 이 경우에는 무차별곡선의 기울기가 아주 가파르게 된다. 그래서 오른쪽에 위치하는 무차별곡선일수록 효용이 더 크다. 소비자가 소득의 전액을 X재 구입에만 사용하는 경우이다. 소비자의 최적선택은 예산선의 한쪽 모서리인 B점에서 이루어진다.

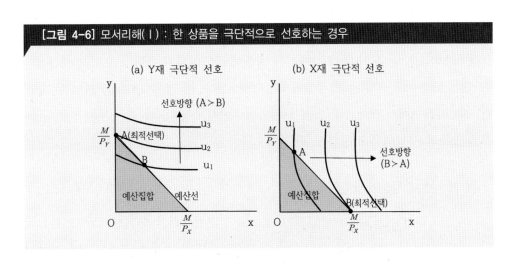

[그림 4-6] 모서리해(Ⅰ) : 한 상품을 극단적으로 선호하는 경우

② 무차별곡선이 원점에 대해 오목한 형태인 경우

<그림 4-7> (a)와 같이 소비자의 무차별곡선이 원점에 대하여 오목한 형태를 취하는 경우에도 소비자의 최적선택은 모서리해가 된다. 무차별곡선이 원점에 대해

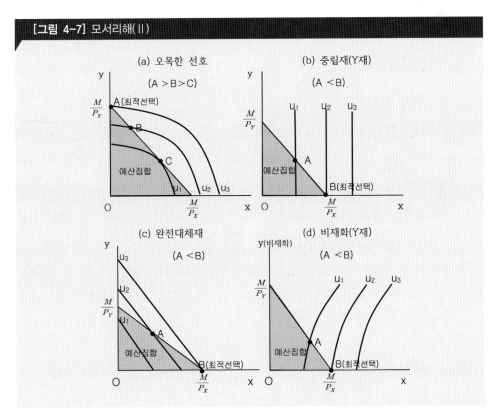

[그림 4-7] 모서리해(Ⅱ)

오목한 형태인 경우에도 원점에서 멀리 떨어져 있을수록 효용이 더 크다, 그래서 효용극대화조건이 충족되는 C점에서는 효용이 극대화되기 보다는 오히려 예산선상에 있는 점들 가운데 효용이 극소화되는 점이 된다. 이 경우에도 예산선의 한쪽 끝인 모서리점 A에서 소비자의 최적선택이 이루어지게 된다. 이 때 소비자는 소득 전부를 Y재의 구입에만 사용하게 된다.

③ 한 상품이 중립재인 경우

<그림 4-7> (b)는 Y재가 중립재인 경우로 무차별곡선이 수직선으로 나타나 있다. 중립재(neutral goods)는 소비를 증가시키더라도 소비자의 효용수준에 아무런 영향을 주지 않는 상품이다. 따라서 Y재가 중립재인 경우에는 무차별곡선이 수직선이 되고, X재의 수요량에 의해 소비자의 효용수준이 달라지기 때문에 오른쪽에 위치하는 무차별곡선일수록 효용이 더 크다. 그래서 이 경우에도 소비자는 효용을 극대화하기 위해 소득 전체로 X재(중립재가 아닌 상품)만 구입하므로 B점에서 최적선택이 이루어져 모서리해를 갖는다. 반면에 X재가 중립재인 경우에는 무차별곡선은 수평선으로 나타난다.

④ 두 상품이 완전대체재인 경우

두 상품이 완전대체재인 경우, <그림 4-7> (c)에서처럼 무차별곡선은 직선의 형태(기울기 -1)로 나타난다. 이 경우에는 소비자가 X재 1단위와 Y재 1단위 사이에 아무런 차이를 느끼지 못하므로 X재를 1단위 줄이고 대신에 Y를 1단위 추가하면 소비자의 효용은 종전과 같은 수준으로 유지된다. 이처럼 두 상품이 완전대체재라서 무차별곡선이 직선의 형태인 경우에도 원점에서 멀리 떨어져 있는 무차별곡선일수록 효용이 더 크다. 그래서 소비자의 효용을 극대화하는 최적선택은 모서리해인 B점에서 이루어지게 된다. <그림 4-7> (c)에서 소비자가 전체 소득으로 B점에 해당하는 X재만 구입할 때 가장 높은 무차별곡선 u_3에 도달할 수 있게 된다.

⑤ 한 상품이 비재화인 경우

<그림 4-7> (d)는 무차별곡선이 우상향하는 기울기를 갖는 특이한 형태를 취하고

있다. 이 경우 X재는 정상재이지만 Y재는 공해나 쓰레기같은 비재화(bads)이다. 이처럼 한 상품(Y재)이 비재화인 경우, 무차별곡선이 원점에 대해서 볼록하지만 무차별곡선의 모든 점에서의 접선의 기울기가 예산선의 기울기보다 더 크기 때문에 모서리해가 이루어진다. 그래서 소비자는 X재만을 구입함으로써 효용극대화를 달성할 수 있게 된다. <그림 4-7> (d)에서 소비자의 최적선택은 모서리해인 B점이 된다.

제3절 소득의 변화와 최적선택의 변화

1. 소득의 변화와 수요량의 변화

소비자의 예산집합에 변화가 생기면 소비자의 최적선택도 변한다. (4.1)식의 예산제약조건에 포함된 소득과 상품의 가격이 변하면 예산집합이 변하게 되고, 그에 따라 소비자의 최적선택과 각 상품의 수요량이 변하게 된다.

먼저 소비자의 소득이 변할 경우 소비자의 최적선택과 각 상품의 수요량이 어떻게 변하는지를 그래프를 이용하여 알아보자. 이를 위해 상품의 가격이나 소비자의 선호는 일정불변이라고 가정한다.

두 상품의 가격과 소비자의 선호는 일정불변인데 소비자의 소득만 변할 경우, 예산선은 기울기가 변하지 않고 단지 오른쪽 위나 왼쪽 아래로 평행 이동한다. <그림 4-8>은 소비자의 소득이 변할 때 최적선택이 변하여 각 상품의 수요량이 변하는 것을 보여주고 있다. 상품의 특성(즉, 정상재와 열등재)에 따라 그 결과가 다르다는 것을 알 수 있다.

(1) 정상재의 경우

X재와 Y재는 모두 정상재이고, 두 상품의 가격이 P_X, P_Y이고, 소비자의 소득이 M_0일 때 A점이 소비자의 최적선택이고, A에서 소비자균형이 성립하고 있다고 가정

하자. 정상재인 경우 소득이 증가하여 예산집합이 확대되면, <그림 4-8> (a)에서 보듯이 새로운 최적선택, B점에 대응하는 상품의 수요량은 증가한다.

<그림 4-8> (a)에서 소비자의 소득이 M_0에서 M_1으로 증가하는 경우, 예산선은 오른쪽 위로 평행 이동하면서 원점으로부터 멀어지게 된다. 이로 인해 소비자의 최적선택은 더 높은 효용수준을 나타내는 무차별곡선상의 B점에서 이루어진다. 따라서 B점에서 소비자는 소득이 증가하기 이전보다 두 상품(X재와 Y재)의 수요량을 증가시킨다. X재의 수요량은 x_0에서 x_1으로 증가하고, Y재의 수요량은 y_0에서 y_1으로 증가한다. 소득의 증가에 따라 X재와 Y재의 수요량이 증가하였으므로 두 상품 모두 정상재이다.

(2) 열등재의 경우

소비자의 소득이 증가할 때 상품의 수요량이 항상 증가하는 것은 아니다. 상품에 따라서는 소득이 증가할 때 오히려 수요량이 감소하는 상품도 있다. 열등재의 경우에는 소득이 증가할 때 오히려 그 상품의 수요량이 감소한다.

<그림 4-8> (b)는 X재가 열등재인 경우의 소득의 변화에 따른 최적선택의 변화를 보여주고 있다. 소득이 증가하여 예산집합이 확대되어 소비자의 새로운 최적선택이 B점에서 이루어진 경우이다. 이 경우 Y재의 수요량은 y_0에서 y_1으로 증가하였

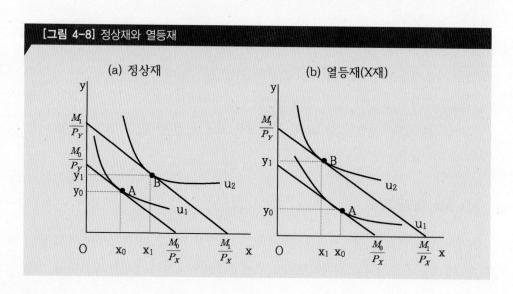

[그림 4-8] 정상재와 열등재

으로 Y재는 정상재이다. 그러나 X재는 열등재이므로 오히려 수요량은 x_0에서 x_1으로 감소하였다.

한편 상품공간에 존재하는 두 상품이 모두 열등재일 수는 없다. 왜냐하면 소득이 증가할 때 소득의 증가분을 모두 소비하려면 적어도 한 상품의 수요량은 증가하여야하기 때문이다. 이것은 소비자가 선택하고자 하는 상품묶음에 포함된 두 상품 중에서 적어도 한 상품은 정상재이어야 한다는 것을 의미한다.

2. 소득소비곡선과 엥겔곡선

(1) 소득소비곡선

① 소득소비곡선의 도출

이제 소득소비곡선과 엥겔곡선을 이용하여 상품의 성격에 따라 소득의 변화에 따른 소비자의 최적선택의 변화와 해당상품의 수요량이 어떻게 달라지는지를 알아보자. <그림 4-9>는 정상재의 경우 소비자의 소득이 증가할 때 소비자의 최적선택이 어떻게 변하는가를 보여주고 있다. 만약 소비자의 소득이 계속적으로 증가한다면 예산선이 오른쪽으로 평행 이동하면서 새로운 무차별곡선과 접하게 되고 소비자의 최적선택이 계속 변하는 것을 보여주고 있다. 이처럼 두 상품의 가격과 다른 조건이 일정한 상태에서 소비자의 소득이 계속 변함에 따라 옮겨지는 소비자의 최적선택(즉, 상품묶음 A, B, C 등)을 연결하여 얻은 궤적을 **소득소비곡선**(income consumption curve, ICC)이라 한다.

소득소비곡선은 다른 조건이 일정한 상태에서 소득만 변화할 때 그에 따라 상품의 수요량이 어떻게 변화하는가를 상품공간에 나타낸 것이다. 그래서 소득소비곡선(ICC)을 이용하면 소비자의 소득이 증가함에 따라 소비자에게 효용을 극대화시켜주는 두 상품의 소비량이 어떻게 변화하는지를 파악할 수 있다. 예를 들어, <그림 4-9> (a)에서 소비자의 소득이 M_0일 때 X재의 수요량은 x_0이고, Y재의 수요량은 y_0이지만, 소득이 M_1일 때는 X재의 수요량은 x_1으로 증가하고, Y재의 수요량은 y_1으로 증가한 것을 보여주고 있다. 따라서 소득소비곡선은 소비자의 소득규모와 소비

자가 구입하고자 하는 상품의 수요량에 대한 정보를 포함하고 있다.

② 상품의 성격과 소득소비곡선의 모양

소비자가 소비하고자 하는 상품이 정상재인가 열등재인가에 따라 소득소비곡선의 형태가 달라진다. 앞서 설명한 바와 같이 다른 조건들은 모두 불변이고 소득만 증가할 때 그에 따라 수요량이 증가하는 상품을 정상재라 하고, 반면에 소득이 증가할 때 오히려 수요량이 감소하는 상품을 열등재라 한다.

일반적으로 두 가지 상품(X재와 Y재)이 모두 **정상재일 경우**에는 <그림 4-9> (a)처럼 소득소비곡선이 오른쪽 위로 뻗어가는 우상향하는 형태를 갖는다. 이것은 소득이 증가함에 따라 두 상품에 대한 소비자의 수요량도 함께 증가한다는 것을 의미한다.

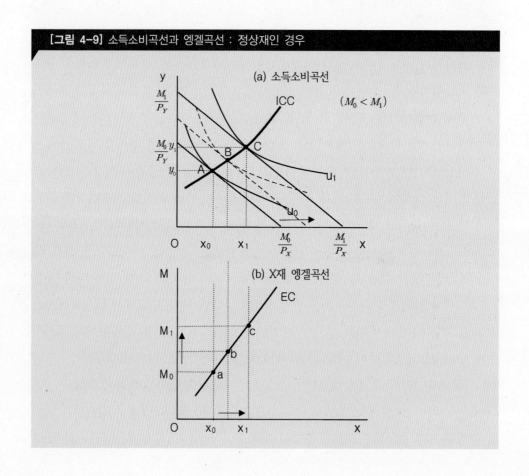

[그림 4-9] 소득소비곡선과 엥겔곡선 : 정상재인 경우

그러나 두 가지 상품(X재와 Y재)중 어느 한 가지 상품이 **열등재인 경우**, X재와 Y재 가운데 어느 것이 열등재이냐에 따라 소득소비곡선의 형태가 다르게 된다. <그림 4-10> (a)처럼 X재가 열등재이고 Y재는 정상재인 경우 소득이 증가함에 따라 소득소비곡선은 왼쪽 위로 향하는 좌상향하는 형태이고, 반면에 X재가 정상재이고 Y재가 열등재인 경우에는 소득이 증가함에 따라 소득소비곡선은 오른쪽 아래로 향하는 우하향하는 형태를 갖는다.

(2) 엥겔곡선

소득소비곡선은 각 소득수준에서 두 상품의 수요량이 얼마나 될 것인지에 대한 정보를 포함하고 있지만, 소득과 한 상품의 수요량 사이의 관계를 직접적으로 보여주지는 않는다. 하나의 상품에 초점에 맞추어 소득이 변화할 때 그 상품의 수요량이 어떻게 변하는가를 살펴볼 수도 있다. 소비자의 소득규모와 한 상품(X재)에 대한 수요량을 각각 하나의 축으로 하는 좌표평면에 옮길 수 있으면 소비자의 소득과 한 상품(X재)의 수요량 사이의 관계를 직접적으로 보여줄 수 있게 된다. 이러한 관계를 보여주는 것이 엥겔곡선이다.

<그림 4-9> (b)에서와 보는 바와 같이 엥겔곡선(Engel curve)이 바로 소비자의 소득과 한 상품(X재)의 수요량 사이의 관계를 직접적으로 보여준다. 구체적으로 X재에 대한 엥겔곡선은 소비자의 선호와 상품의 가격이 변하지 않고 일정한 상태에서 소득이 증가할 때 그에 따라 X재의 수요량이 어떻게 변하는가를 보여준다. 결국 **엥겔곡선**(Engel curve)은 여러 가지 소득수준에 상응하여 소비자가 구입하고자 하는 상품의 수요량을 나타내는 선이다.

엥겔곡선은 앞서 설명한 소득소비곡선으로부터 도출할 수 있다. <그림 4-9>의 (b)와 <그림 4-10>의 (b)는 각각 정상재와 열등재의 소득소비곡선으로부터 도출한 X재에 대한 엥겔곡선이다.

<그림 4-9> (a)에서 소비자의 소득이 M_0일 때 소비자의 최적선택이 A점이기 때문에 X재에 대한 수요량은 x_0단위이고, 그리고 소득이 M_1으로 증가한 경우 소비자의 최적선택이 C점으로 변하기 때문에 X재에 대한 수요량은 x_1단위가 된다. 이것을

<그림 4-9> (b)에서와 같이 세로축에 소득을 나타내고, 가로축에 X재의 수요량을 나타내는 좌표평면에 표시하면 각각 a점과 c점이 되고, 이러한 점을 연결하면 바로 우상향하는 모양의 X재에 대한 엥겔곡선이 도출된다.

그런데 엥겔곡선(EC)의 기울기는 소득규모별로 어떤 한 소비자의 특정상품에 대한 소비성향을 보여준다. 엥겔곡선의 기울기가 양(+)이면 그 상품은 정상재이고, 이 경우 소득이 증가함에 따라 그 상품의 수요는 증가하게 된다. 따라서 소득의 변화에 대한 수요의 변화는 양(+)의 값을 갖는다.

한편 <그림 4-10> (b)에 그려진 바와 같이 X재가 소득이 증가함에 따라 수요량이 줄어드는 열등재인 경우, 엥겔곡선의 기울기가 음(−)이고, 소득수준과 수요량의 변화가 서로 반대방향으로 나타나 소득수준과 수요량 사이에는 반비례의 관계를 갖

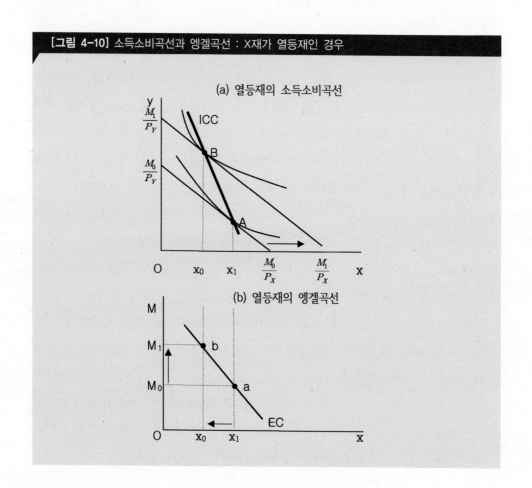

[그림 4-10] 소득소비곡선과 엥겔곡선 : X재가 열등재인 경우

(a) 열등재의 소득소비곡선

(b) 열등재의 엥겔곡선

게 된다. <그림 4-10> (a)에서 소득이 증가하여 소비자의 최적선택이 A점에서 B점으로 이동한다면, X재의 수요량은 x_1에서 x_0로 오히려 감소하게 된다. 따라서 (b)에서 열등재에 대한 엥겔곡선은 기울기가 음($-$)이고 오른쪽 아래로 향하는 우하향하는 모양이 된다.

제4절 가격의 변화와 최적선택의 변화

1. 가격의 변화와 수요량의 변화

앞에서 상품의 가격과 소비자의 선호는 일정불변인데 소비자의 소득만 변하는 경우 소비자의 최적선택과 소비자균형이 어떻게 변하는가를 살펴보고, 소득소비곡선과 엥겔곡선을 도출하였다. 이번에는 소비자의 소득과 선호는 일정불변인데 한 상품의 가격이 변할 때 소비자의 최적선택이 어떻게 변하는가를 살펴본다. 그리고 가격소비곡선을 이용하여 수요곡선을 도출한다.

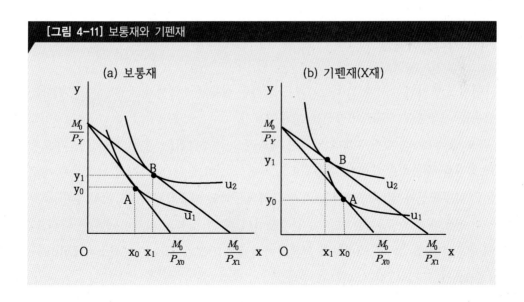

[그림 4-11] 보통재와 기펜재

<그림 4-11>은 소비자의 소득과 Y재의 가격은 일정불변인데 X재의 가격이 하락한 경우이다. X재의 가격이 P_{X0}에서 P_{X1}으로 하락한 경우 예산선이 세로축의 절편 (M/P_Y)을 중심축으로 하여 오른쪽으로 회전하게 된다. 그러면 예산선의 기울기가 이전보다 완만해지고 새로운 무차별곡선 u_2와 B점에서 접하게 된다. 따라서 새로운 최적선택은 B점이 된다. 그러나 상품의 성격에 따라 소비자의 최적선택과 수요량의 변화가 달라진다는 것을 알 수 있다.

<그림 4-11> (a)는 X재의 가격이 하락한 경우 X재의 수요량이 x_0에서 x_1으로 증가한 경우를 보여주고 있다. 이처럼 해당상품의 가격이 하락할 때 수요법칙이 적용되어 그 수요량이 증가하고, 가격이 상승할 때 그 수요량이 감소하는 상품을 **보통재**(ordinary goods)라고 한다.

그런데 어떤 상품의 경우에는 그 상품의 가격이 하락함에도 불구하고 그 수요량이 오히려 감소할 수도 있다. <그림 4-11> (b)는 X재의 가격이 하락하였지만 X재의 수요량은 x_0에서 x_1으로 감소한 경우를 보여주고 있다. 이 경우의 X재처럼 해당상품의 가격이 하락함에도 불구하고 그 수요량이 감소하는 상품을 기펜재(Giffen's goods)라고 한다.

2. 가격소비곡선과 수요곡선

(1) 가격소비곡선

이제 소비자의 소득과 Y재의 가격은 일정한 상황에서 X재의 가격만 계속 변하는 경우를 이용하여 가격소비곡선을 도출해보자.

<그림 4-12>와 같이 X재의 가격이 계속적으로 하락하는 경우, 예산선은 세로축의 절편을 중심축으로 하여 오른쪽으로 계속 회전하게 되고, 각각의 예산선은 새로운 무차별곡선과 접하게 되어 소비자의 최적선택도 이동하게 된다. 이와 같이 소비자의 선호와 소득 등 다른 조건이 일정불변일 때 한 상품의 가격이 변함에 따라 그에 대응하여 옮겨지는 소비자의 최적선택점들을 연결한 궤적을 **가격소비곡선**(price consumption curve, PCC)이라고 한다.

<그림 4-12> (a)에서 X재가 보통재인 경우, X재의 가격이 하락하면 보통재인 X 재의 수요량은 증가하게 되는 것을 볼 수 있다. 이와 같이 다른 조건이 일정불변일 때 한 상품의 가격이 변함에 따라 그 상품에 대한 소비자의 수요량이 변하는 것을 **가격효과**(price effect)라고 한다.

(2) 수요곡선

① 개별수요곡선의 도출

이제 가격소비곡선(PCC)으로부터 X재에 대한 수요곡선을 도출해보자. 어떤 상품의 가격이 변할 때 소비자의 최적선택 상품묶음에서 얻어진 그 상품에 대한 수량을 수요량(quantity demanded)이라고 한다. 한 상품(X재)에 대해서만 생각해보자. 한 상품(X재)의 가격이 변화할 때 소비자가 최적선택한 그 상품(X재)의 수요량이

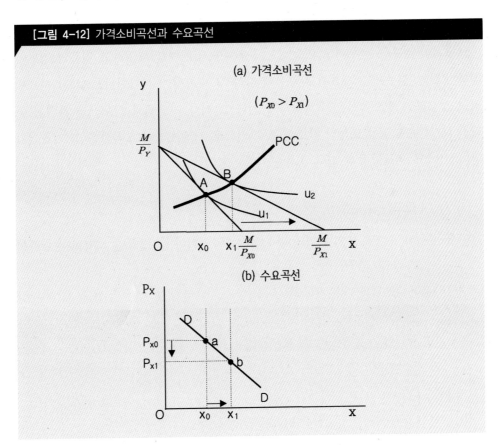

[그림 4-12] 가격소비곡선과 수요곡선

(a) 가격소비곡선

(b) 수요곡선

어떻게 변하는가를 살펴보면 그 상품(X재)에 대한 수요곡선을 도출할 수 있다.

<그림 4-12> (a)에서 X재의 가격이 P_{X0}에서 P_{X1}으로 하락함에 따라 소비자의 최적선택이 A점에서 B점으로 이동한다. 이에 따라 X재의 수요량은 x_0단위에서 x_1단위로 증가한다. 이때 X재의 가격과 X재의 수요량 사이에는 어떤 대응관계가 성립하는 것을 볼 수 있다.

다른 조건이 일정한 상태에서 한 상품의 가격이 변화할 때 그에 따라 그 상품의 수요량이 어떻게 변하는지를 그래프로 나타낸 것이 **수요곡선**(demand curve)이다. <그림 4-12> (a)에서 X재의 가격이 P_{X0}에서 P_{X1}으로 하락할 때 X재의 수요량은 최적선택 A점과 B점에 대응하는 수준인 x_0단위에서 x_1단위로 증가한다. 이러한 가격과 수요량 사이의 대응관계를 <그림 4-12> (b)처럼 세로축에 X재 가격(P_X)을 나타내고, 가로축에 X재 수요량(x)을 나타내는 좌표 평면에 옮겨 놓으면 <그림 4-12> (b)에서 a점과 b점이 된다. 이 때 a점과 b점을 연결하면 DD와 같은 우하향하는 수요곡선을 얻게 된다.

보통재의 경우는 물론이고 열등재의 경우에도 기펜재를 제외하고 열등의 정도가 심하지 않은 경우에는 가격이 하락함에 따라 그 수요량이 증가한다. 그래서 수요법칙이 성립하고 수요곡선은 우하향하게 된다. 그러나 기펜재의 경우에는 가격이 하락할 때 그 수요량이 오히려 감소한다. 그러므로 기펜재의 수요곡선은 그 기울기가 양(+)이어서 우상향하게 된다.

② 시장수요곡선의 도출

앞서 도출한 수요곡선은 개별소비자의 수요곡선이다. 그렇다면 시장의 수요곡선

[표 4-1] X재에 대한 개별수요와 시장수요

	X재 가격(원)	X재 수요량(매월, 개)			
		갑	을	병	시장
A	6,000	9	18	30	57
B	4,000	12	24	36	72
C	2,000	22	40	60	122
D	1,000	30	60	80	170

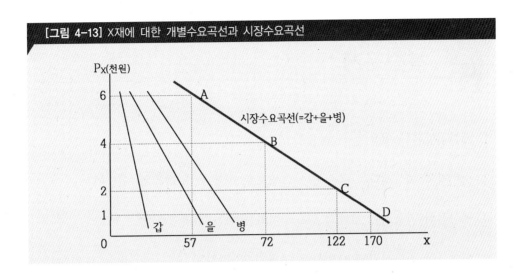

[그림 4-13] X재에 대한 개별수요곡선과 시장수요곡선

은 어떻게 도출할 수 있을까? 시장수요(market demand)는 일정한 가격수준에서의 모든 소비자의 개별수요량을 수평으로 합산한 것이다. 그래서 **시장수요곡선**(market demand curve)도 역시 모든 개별수요곡선들을 수평적으로 합산함으로써 도출할 수 있다. 편의상 상품시장에 갑, 을, 병 세 사람의 소비자만 존재한다고 가정한다.

　<표 4-1>과 <그림 4-13>은 X재에 대한 갑, 을, 병의 개별수요를 합산하여 시장수요를 도출하는 과정을 보여 준다. 각 가격수준에서 개별 수요량을 모두 합계하면 각 가격수준에 대응하는 시장수요량을 구할 수 있다. 한편 <그림 4-13>에서와 같이 각 가격수준에 대응하는 개별수요곡선을 수평으로 합산해서 나타내면 시장수요곡선을 도출할 수 있다.

복습문제

1. 예산집합은 무엇을 뜻하는가?

2. 소비자의 예산제약을 수식이나 그림으로 어떻게 나타낼 수 있는가?

3. 예산선의 기울기가 경제적으로 의미하는 바는 무엇인가?

4. 예산선을 변화시키는 요인들은 무엇인가? 각각의 요인들이 변할 경우 예산선은 어떻게 변하는가?

5. 소비자의 효용이 극대화되는 상품묶음을 어떻게 찾을 수 있는가?

6. 소비자의 최적선택은 무엇을 의미하고, 최적선택의 조건은 무엇인가?

7. 최적선택의 조건이 성립하면 항상 효용극대화가 이루어지는가?

8. 최적선택의 조건이 성립하지 않으면 효용극대화가 이루어질 수 없는가?

9. 소비자의 최적선택이 모서리해가 되는 경우는 어떤 경우인가?

10. 소득이 변할 경우 수요량은 어떻게 변화하는가? 소득이 늘어날 경우 수요량도 반드시 늘어나는가?

11. 소득소비곡선과 엥겔곡선은 각각 어떻게 구하는가? 그 모양은 상품의 성격에 따라 어떻게 달라지는가?

12. 가격소비곡선과 수요곡선은 각각 어떻게 구하는가? 그 모양은 상품의 성격에 따라 어떻게 달라지는가?

가격효과와 소비자후생

이 장에서는 가격 변화에 따른 수요량의 변화인 가격효과를
대체효과와 소득효과로 분해하고, 수요곡선이 우하향하는 이유에
대해 살펴본다. 한편 한 상품의 가격이 변화할 경우 소비자의
후생에도 영향을 준다. 어떤 상품의 가격이 하락하면 그 상품을 더
싼 가격에 살 수 있기 때문에 소비자의 후생이 증가한다. 이러한
소비자후생의 변화를 측정하는 개념들에 대해서도 살펴본다.

제1절 가격효과의 분해

1. 대체효과와 소득효과

(1) 가격효과

앞 장에서 살펴본 가격변화의 효과를 좀 더 자세하게 분석해보자. 상품의 가격이 변화할 때 소비자의 선택과 후생에 어떠한 변화가 생기는가에 대해 살펴보자. 상품의 가격이 변하면 소비자가 선택할 수 있는 예산집합의 크기와 상품묶음들의 범위가 변하게 된다. 상품의 가격이 하락하면 소비자의 예산집합의 크기가 커져서 소비자가 선택할 수 있는 상품묶음들의 범위가 확대되므로 소비자의 효용수준을 잠재적으로 증가시킬 수 있다. 반면에 상품의 가격이 상승하면 예산집합의 크기가 줄어들어 소비자의 선택범위가 축소되므로 소비자의 효용수준을 감소시키게 된다.

또한 수요에 영향을 미치는 다른 조건들이 일정불변일 때, 한 상품의 가격이 변함에 따라 그 상품에 대한 수요량이 변하는 것을 **가격효과**(price effect)라고 한다. 일반적으로 한 상품의 가격이 하락하면 그 상품에 대한 수요량이 증가하고, 상품의 가격이 상승하면 그 상품에 대한 수요량이 감소하는 수요의 법칙이 성립한다.

가격효과로 인해 수요의 법칙이 성립하는 이유는 두 가지 효과 때문이다. 하나는 한 상품의 가격 변화가 상품 사이의 상대가격을 변화시켜서 소비자가 상대적으로 비싸진 상품의 수요량은 줄이고 대신에 상대적으로 저렴해진 상품의 수요량을 증가시키는 **대체효과**(substitution effect) 때문이다. 다른 하나는 가격의 변화가 소비자의 실질소득을 변화시켜서 각 상품에 대한 수요량을 변화시키는 **소득효과**(income effect) 때문이다. 가격효과는 소득효과와 대체효과의 합성효과이다. 그래서 이론적으로 **가격효과**(price effect)는 **대체효과**와 **소득효과**로 나누어 분석할 수 있다.

(2) 소득효과와 대체효과

① 소득효과

우선 가격의 변화에 따른 소득효과에 대해 알아보자. 일반적으로 **소득효과**는 상품의 가격이 일정할 때 소비자의 소득이 변함에 따라 상품의 소비량이 변하는 것을 말한다. 그런데 소득효과는 소득이 일정불변하더라도 상품의 가격이 변하면 나타날 수 있다. 왜냐하면 소득과 다른 상품의 가격이 일정불변이라 하더라도 한 상품의 가격이 하락하거나 상승하면 소비자의 실질소득이 증가하거나 감소하기 때문이다. 이와 같이 한 상품의 가격변화가 소비자의 실질소득을 변화시켜 그 상품에 대한 수요량을 변화시키는 효과를 **소득효과**(income effect)라 한다. 이것은 상품 사이의 상대가격의 변화가 없는 상황에서 실질소득이 변화함으로써 생기는 효과를 의미한다.

그런데 상품의 성격에 따라, 즉 정상재인가 또는 열등재인가에 따라 소득효과에 의한 수요량의 변화 방향이 달라진다. 만약 한 상품의 가격이 하락하여 실질소득이 증가했을 때, 그 상품이 정상재라면 소득효과에 의해 수요량이 증가하지만, 반대로 열등재라면 소득효과에 의해 수요량이 감소하게 된다.

② 대체효과

다음으로 가격의 변화에 따른 **대체효과**(substitution effect)에 대해 알아보자. 한 상품(X재)의 가격이 하락하면 두 상품(X재와 Y재)간의 상대가격(P_X/P_Y)이 변하게 된다. X재의 가격이 Y재의 가격에 비해 상대적으로 저렴하게 된 반면에 Y재의 가격은 상대적으로 비싸진다. 그 때문에 소비자는 상대적으로 비싸진 Y재를 소비하는 대신에 상대적으로 저렴해진 X재의 소비로 대체하게 될 것이다. 이와 같이 한 상품의 가격이 변할 경우, 상대적으로 비싸진 상품의 소비를 줄이고 상대적으로 저렴하게 된 상품의 소비를 증가시키는 효과를 **대체효과**라 한다. 이것은 한 상품의 가격이 변할 때, 실질소득의 변화로 인한 소득효과를 제거한 상태에서 순전히 상대가격의 변화만으로 그 상품의 수요량이 변하는 효과를 의미한다.

(3) 가격효과의 크기

한 상품의 가격변화가 그 상품의 수요량 변화에 미치는 영향은 바로 가격효과의 크기에 의해 결정된다. 그런데 **가격효과**는 대체효과와 소득효과의 합성효과이기 때문에 가격효과의 크기는 대체효과와 소득효과의 크기에 의해 결정된다. 한 상품의 가격이 하락한 경우, 대체효과는 가격이 하락한 상품의 수요량을 언제나 증가시키지만, 소득효과는 그 상품의 종류에 따라 수요량에 미치는 효과가 다르다.

한 상품의 가격이 하락한 경우, **대체효과**는 상품의 종류에 관계없이 항상 그 상품의 수요량을 증가시키기 때문에 항상 양(+)의 값을 가진다. 그러나 **소득효과**는 정상재인 경우에는 양(+)의 값을 가져 수요량을 증가시키지만, 열등재인 경우에는 소득효과가 항상 음(−)의 값을 가지기 때문에 오히려 수요량을 감소시킨다. 그러므로 정상재의 경우, 대체효과와 소득효과는 둘 다 항상 양(+)의 값을 갖는다. 반면에 열등재의 경우, 대체효과와 소득효과가 서로 반대방향으로 작용한다. 따라서 열등재의 가격이 변하는 경우, 그 열등재에 대한 가격효과의 크기는 대체효과(+)와 소득효과(−)의 상대적 크기에 의해 결정된다.

2. 정상재의 가격효과 분해 : Hicks 방식

다른 조건들이 모두 불변인 상태에서 한 상품의 가격만 변화하는 경우, 가격효과로 인한 그 상품의 수요량 변화는 대체효과에 의한 수요량 변화와 소득효과에 의한 수요량 변화로 분해할 수 있다. 가격효과를 대체효과와 소득효과로 분해하는 이유는 '**왜 수요곡선이 우하향하는가?**'라는 질문에 대답하기 위해서이다.

(1) 정상재(X재) 가격이 하락한 경우

먼저 X재와 Y재가 모두 정상재인 경우의 가격효과를 분해하는 과정을 그림을 통하여 살펴보자. <그림 5-1>은 가격효과를 소득효과와 대체효과로 분해하는 과정을 보여주고 있다. 소비자의 소득이 M_0이고, X재와 Y재의 가격이 각각 P_X, P_Y이고, 이에 따른 예산선은 EF이다. 이때 예산선 EF와 무차별곡선 u_0가 서로 접하는 A점이 소비자의 최적선택 상품묶음이라고 가정하자.

다른 조건들(소득이나 Y재의 가격)은 모두 불변인데 X재의 가격만 P_{X0}에서 P_{X1}으로 하락하면 예산선이 EF에서 EF'로 이동한다. 그러면 소비자의 최적선택(즉, 소비자균형점)도 A점에서 B점으로 이동하게 되고, 이 때 X재의 수요량은 x_0에서 x_2로 증가한다. 이처럼 X재의 수요량이 $x_0 x_2$만큼 증가한 것을 X재의 가격하락으로 인한 **가격효과**라고 부른다. 그럼 이 가격효과 중에서 어느 만큼이 대체효과이고 어느 만큼이 소득효과일까?

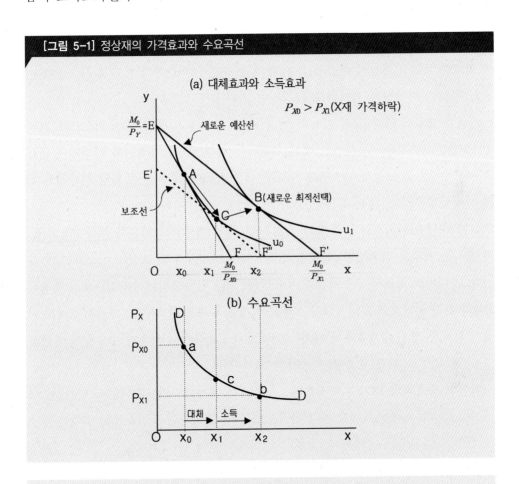

[그림 5-1] 정상재의 가격효과와 수요곡선

① 가격효과 : 가격 하락($P_{X0} \rightarrow P_{X1}$) ⇒ 예산선 변화(EF → EF')
           ⇒ 최적선택 이동(A → B) ⇒ 수요량 증가($x_0 \rightarrow x_2$)
② 대체효과 : 점 A에서 C점까지의 변화 ⇒ 수요량 증가($x_0 \rightarrow x_1$)
③ 소득효과 : 점 C에서 B점까지의 변화 ⇒ 수요량 증가($x_1 \rightarrow x_2$)

이제 x_0x_2 크기의 가격효과를 대체효과와 소득효과로 분리해보자. 대체효과는 실질소득의 변화가 아닌 상대가격의 변화만으로 수요량이 변하는 효과이다. 따라서 가격효과 중에서 대체효과의 크기를 분리하기 위해서는 실질소득의 변화로 인한 소득효과를 제거해야 한다.[6]

가격효과 중에서 소득효과를 제거시킨 대체효과만을 분리하기 위해서는 실질소득을 가격변화 이전의 수준에 고정시켜야 한다. 실질소득을 가격변화 이전의 수준으로 고정시키고 상대가격의 변화에 따른 대체효과만을 측정하기 위해서는 보조선(즉, 가상의 예산선)이 필요하다. 가격효과에서 대체효과와 소득효과를 분리하기 위해 필요한 보조선(가상의 예산선)은 기존의 무차별곡선(u_0)과 접하면서 가격변화 이후의 새로운 예산선과 평행하도록 그려야 한다.[7]

이러한 요령에 따라 그린 가상의 예산선이 <그림 5-1>에서 굵은 점선으로 표시된 EF"이다. 이것은 <그림 5-1>에서 소비자의 실질소득을 가격변화 이전의 수준과 똑같은 수준으로 고정시키기 위해 새로운 예산선 EF'를 왼쪽으로 평행 이동시켜 원래의 무차별곡선(u_0)과 접하는 가상의 예산선을 그은 것과 같다.

이제 대체효과에 의한 수요량의 변화는 가상의 예산선이 기존의 무차별곡선(u_0)과 접하는 새로운 접점(C점)과 최초 최적선택(소비자균형)인 A점을 비교하면 알 수 있다. 소비자의 최적선택이 기존의 무차별곡선(u_0) 위의 A점에서 C점으로의 이동은 X재의 가격 하락으로 인해 Y재를 X재로 대체한 효과를 나타낸다. 따라서 X재의 가격이 하락한 경우 **대체효과의 크기**는 가격효과 x_0x_2중에서 최초의 수요량 x_0에서 x_1으로 변화한 x_0x_1만큼 수요량이 증가한 크기이다.

한편 **소득효과의 크기**는 가격효과 x_0x_2중에서 대체효과의 크기인 x_0x_1만큼 뺀 나머지 x_1x_2이다. 이것은 X재의 가격 하락으로 인해 소비자의 실질소득이 증가하여 소

---

6) 실질소득을 어떻게 해석하느냐에 따라 힉스(Hicks) 방식과 슬러츠키(Slutsky) 방식으로 나누어지는데, 대부분 힉스 방식을 이용한다. 본서에서도 힉스 방식을 설명하고 부록에서 슬러츠키 방식을 설명한다.

7) 보조선은 가격변화 이전의 실질소득수준을 유지하면서 새로운 예산선과 평행하는 특성을 갖는다. 가격변화 이전의 실질소득을 유지한다는 것은 보조선이 원래의 무차별곡선과 접해야 한다는 의미이다.

비자의 예산선이 EF″에서 EF로 오른쪽으로 평행 이동한 결과와 같은 효과이다. 따라서 소득효과에 의해 정상재인 X재의 수요량은 x_1에서 x_2로 x_1x_2만큼 증가한 것임을 알 수 있다.

이상에서 정상재인 X재의 가격이 하락할 때 대체효과와 소득효과는 모두 같은 방향(+)으로 작용하여 X재의 수요량을 증가시킨다는 것을 알 수 있다. 그러므로 대체효과와 소득효과의 합성효과인 가격효과에 의해서도 X재의 수요량이 역시 증가한다. 정상재인 X재의 가격이 P_{X0}일 때 수요량은 x_0이고, 가격이 하락하여 P_{X1}일 때는 가격효과에 의해 수요량이 x_2로 증가한다. 이것을 가로축에 수요량을 나타내고, 세로축에 가격을 나타내는 좌표 평면에 옮겨 그리면 <그림 5-1> (b)와 같은 정상재(X재)에 대한 수요곡선이 도출된다. 정상재의 경우 가격효과에 의해 그 상품의 가격과 수요량이 서로 반대방향으로 움직이기 때문에 '수요의 법칙'이 성립하게 된다. 그래서 <그림 5-1> (b)에서와 같이 정상재의 수요곡선은 기울기가 음(−)인 우하향하는 형태로 나타난다.

(2) 정상재(X재) 가격이 상승한 경우

<그림 5-2>는 정상재인 X재의 가격이 상승하는 경우, 가격효과를 대체효과와 소득효과로 분해한 것이다. X재의 가격이 P_{X1}에서 P_{X2}로 상승하는 경우, 예산선은 EF에서 EF′로 변동되고, 소비자의 최적선택도 A에서 B로 이동하게 되고, 이 때 X재의 수요량이 x_1에서 x_2로 감소하여 x_1x_2만큼의 가격효과가 나타난다.

이제 X재의 가격이 상승한 경우, 가격효과로 인한 수요량의 변화인 x_1x_2를 대체효과와 소득효과로 분리해보자. 우선 소득효과를 제거시킨 대체효과만을 분리하기 위해 실질소득을 가격상승 이전과 동일한 수준이 유지되도록 만들어야 한다. 이렇게 실질소득을 가격상승 이전 수준에 유지하기 위해서는 가격상승으로 생긴 새로운 예산선 EF′를 이번에는 오른쪽으로 평행 이동시켜야 한다. 그렇게 하여 원래의 무차별곡선(u_1)과 접하도록 가상의 예산선(즉, 굵은 점선 EF″)을 그은 다음 새로운 접점인 C점과 최초의 균형점인 A점을 비교하면 된다. 이 때 소비자의 최적선택이 A점에서 C점으로 이동한 것은 대체효과이고, 이로 인해 X재의 수요량이 x_1x_3만큼 감

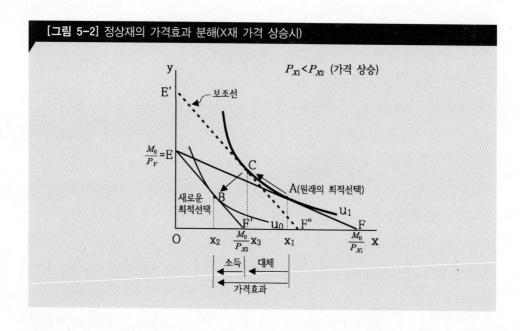

[그림 5-2] 정상재의 가격효과 분해(X재 가격 상승시)

소한다. 그리고 최적선택이 C점에서 B점으로 이동한 것은 소득효과이고, 이로 인해 X재의 수요량이 x_3x_2만큼 감소한다.

이상에서 정상재인 X재의 가격이 상승하는 경우에도 대체효과와 소득효과는 같은 방향(−)으로 작용하기 때문에 가격효과에 의해서 X재의 수요량은 역시 감소한다. 결국 정상재의 경우 가격이 상승하는 경우에도 가격효과에 의해 그 상품의 가격과 수요량이 서로 반대방향으로 변화한다. 따라서 이 경우에도 '수요의 법칙'이 성립하기 때문에 수요곡선이 역시 우하향하는 형태가 된다.

3. 열등재의 가격효과 분해

(1) 열등재의 가격효과와 수요곡선

소비자의 소득이 증가할 때 모든 상품의 수요량이 증가하는 것은 아니다. 열등재의 경우 소득이 증가할 때 오히려 수요량이 감소한다. 즉 상품의 가격이 하락하면 실질소득은 증가하지만, 열등재의 수요량은 감소한다. 그렇지만 일반적으로 열등재의 가격이 하락한 경우 양(+)의 대체효과가 음(−)의 소득효과보다 크다. 그래서 일반적인 열등재의 경우 가격효과는 양(+)의 값을 가지게 된다. 이 경우 가격이 하락하면 그 상품의 수요량이 증가시키기 때문에, 열등재의 수요곡선도 역시 우하향하게 된다.

<그림 5-3>은 X재가 열등재인 경우 가격 변화의 효과와 수요곡선을 보여주고 있다. 열등재인 X재 가격이 P_{X0}에서 P_{X1}으로 하락하였고, 이에 따라 예산선은 EF에서 EF'로 이동하였고, 소비자의 최적선택이 A점에서 B점으로 이동하였다고 가정하자. 열등재인 X재의 가격이 하락하면, X재의 수요량은 양(+)의 대체효과에 의해 x_0에서 x_1으로 증가한다. 그러나 음(−)의 소득효과에 의해 X재의 수요량은 오히려 x_1에서 x_2로 감소한다.

이와 같이 열등재의 가격이 하락할 때 대체효과와 소득효과는 그 상품의 수요량을 서로 반대 방향으로 변화시킨다. 그러나 가격이 하락한 경우, 양(+)의 대체효과에 의한 수요량의 증가가 음(−)의 소득효과에 의한 수요량의 감소보다 더 크다. 그

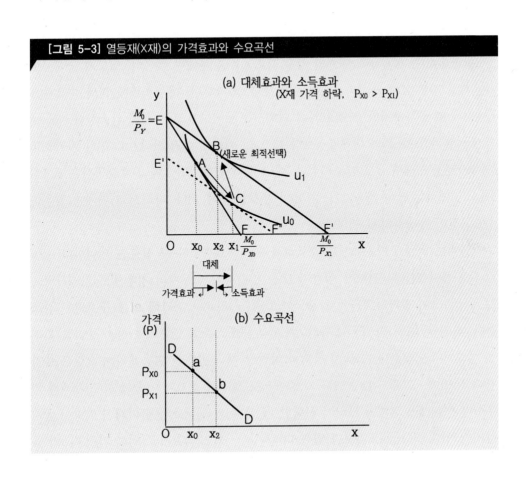

[그림 5-3] 열등재(X재)의 가격효과와 수요곡선

119

래서 열등재의 경우에도 가격이 하락하면 수요량이 증가하기 때문에 열등재인 X재의 수요곡선의 기울기도 음(−)의 부호를 갖고 우하향하게 된다.

(2) 기펜재의 가격효과와 수요곡선

열등재 중에서도 열등의 정도가 아주 큰 상품이 있을 수 있다. 열등의 정도가 아주 커서 가격이 하락할 때 음(−)의 소득효과가 양(+)의 대체효과보다 클 수 있다. 이 경우라면 그 상품에 대한 가격효과는 음(−)의 값이 되므로, 상품의 가격이 하락할 때 수요량이 오히려 감소하게 된다. 이것은 일반적인 수요법칙에 위배되는 예외적인 경우이다. 이와 같이 가격이 하락할 때 수요량이 오히려 감소하는 현상을 **기펜의 역설**(Giffen's paradox)이라 한다. 그리고 이처럼 어떤 상품의 가격이 하락할 때 그 상품의 수요량이 오히려 감소하는 특별한 열등재를 **기펜재**(Giffen's goods)라고 한다. 기펜재에 대한 수요곡선은 오른쪽 위로 올라가는 우상향하는 형태를 갖는다.

<그림 5-4>는 X재가 기펜재인 경우 가격효과를 분해한 것이다. 열등재 중에서도 기펜재인 경우 X재 가격이 P_{X0}에서 P_{X1}으로 하락하면, 대체효과에 의해 수요량은 x_0에서 x_1로 증가하지만, 소득효과에 의해서는 x_1에서 x_2로 오히려 감소한다. 음(−)의 소득효과가 양(+)의 대체효과보다 더 크기 때문에 가격 하락으로 인한 가격효과는 수요량을 x_0에서 x_2로 감소시킨다. 이에 따라 기펜재인 X재의 수요곡선은 <그림 5-4> (b)에서와 같이 기울기가 양(+)의 부호를 갖게 된다. 따라서 기펜재의 경우는 수요곡선이 우상향하게 된다.

기펜재는 열등재 가운데서도 소득효과가 대체효과보다 큰 상품을 의미한다. <그림 5-3>에서 열등의 정도가 심하지 않는 일반적인 열등재의 경우에도 가격하락으로 실질소득이 증가하였음에도 불구하고 음(−)의 소득효과에 의해 수요량은 감소한다. 하지만 음(−)의 소득효과가 양(+)의 대체효과로 인한 수요량의 증가를 완전히 상쇄시키지 못한다. 그래서 가격이 하락할 때 일반적인 열등재의 수요량은 증가한다. 반면에 <그림 5-4>는 열등재 중에서도 열등의 정도가 아주 심한 기펜재의 경우이다. 기펜재인 X재의 가격이 하락할 때 양(+)의 대체효과에 의해 수요량이 증가하지만, 양(+)의 대체효과보다 훨씬 더 큰 음(−)의 소득효과로 인해 가격효과가 음

(―)이 된다. 그래서 기펜재인 X재의 가격이 하락하더라도 음(―)의 가격효과로 인해 기펜재의 수요량은 오히려 감소하는 것으로 나타난다.

그런데 열등재와 기펜재를 구분할 때 유의할 점이 있다. **열등재**는 소득이 증가하는 경우 수요량이 감소하고, 소득이 감소하는 경우 오히려 수요량이 증가하는 상품이다. **기펜재**는 열등재 중에서도 가격이 하락하는 경우 수요량이 감소하고, 가격이 상승하는 경우 오히려 수요량이 증가하는 상품을 말한다. 따라서 기펜재는 반드시 열등재이지만, 그러나 열등재이라고 해서 반드시 기펜재가 되는 것은 아니다.

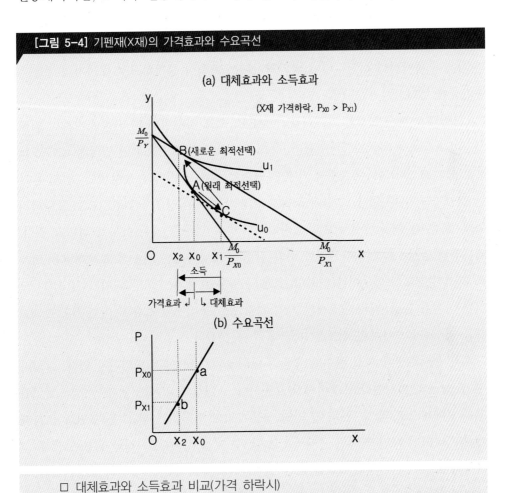

[그림 5-4] 기펜재(X재)의 가격효과와 수요곡선

□ 대체효과와 소득효과 비교(가격 하락시)

① 정상재 : 소득효과 (+) + 대체효과 (+) = 가격효과 (+) > 0

② 열등재 : 대체효과 (+) > 소득효과 (−) = 가격효과 (+) > 0

③ 기펜재 : 대체효과 (+) < 소득효과 (−) = 가격효과 (−) < 0

제2절 소비자후생 변화의 측정

1. 보상변화와 대등변화

(1) 소비자후생 변화의 측정

상품의 가격이 변하면 소비자의 선택이 바뀌고 그로 인해서 효용도 변한다. 상품의 가격이 하락하면 이전보다 소비자의 실질구매력이 증가하므로 소비자의 효용은 증가하게 된다.

<그림 5-5>에서 X재의 가격이 P_{X0}에서 P_{X1}으로 하락함에 따라서 소비자의 최적 선택이 A점에서 B점으로 바뀌었다. 동시에 소비자의 효용도 무차별곡선 u_0에서 u_1으로 증가하였다. 이 때 X재의 가격 하락으로 인해 소비자 효용이 어느 정도 증가한 것인지는 알 수 없다. 그런데 소비자 효용이 증대한 정도를 객관적으로 표현하기 위해 '효용수준이 u_0에서 u_1으로 증가하였다'라고 말하는 것은 아무런 의미가 없다. 왜냐하면 앞서 제4장에서 설명한 바와 같이 무차별곡선은 서수적 효용개념을 전제로 그려진 것이기 때문이다. 서수적 효용의 경우 효용의 순서만 의미가 있고, 그 크기는 의미가 없다. 따라서 X재의 가격 하락으로 소비자의 효용이 이전보다 높아졌다는 것 이외는 아무런 정보를 제공해 주지 못한다.

소비자의 후생이나 그 변화를 효용의 단위로 측정하는 것은 의미가 없다. 그렇다면 한 상품의 가격변화가 소비자의 효용이나 구매력에 미치는 영향이 어느 정도인지를 구체적으로 알 수 없을까? 만일 상품가격의 변화로 인한 효용의 변화를 **화폐가치**로 나타낼 수만 있다면 구체적으로 알 수 있을 것이다. 이러한 필요에 의해 소비자의 효용이나 후생의 변화를 객관적인 화폐가치로 측정하기 위해 **보상변화**와 **대등변화**라는 개념을 이용한다. 아래에서 설명할 보상변화나 대등변화는 가격변화로 인한 효용의 변화를 모두 화폐가치로 측정하고 있다.

한편 상품의 가격이 하락하면 소비자의 효용이 커지는 이유는 <그림 5-5>의 점

B에서 알 수 있듯이 소득효과가 포함되어 있기 때문이다. 이처럼 가격의 하락으로 인한 효용의 증가에는 소득효과가 포함되어 있기 때문에 일반적인 수요곡선을 이용해서는 소비자의 효용변화를 정확하게 측정할 수 없다. 이러한 측면에서 가격이 변화할 때 소비자의 후생이 얼마나 변화하는가를 정확하게 측정하려면 이러한 소득효과를 제거해 준 새로운 수요곡선(즉, **보상수요곡선**)을 이용하여야 한다. 가격변화로 인한 효용의 변화 가운데 소득효과를 제거해주기 위해 보상변화와 대등변화라는 개념을 이용한다.

앞으로 분석의 편의를 위해 Y재를 X재 이외의 다른 모든 상품을 복합적으로 나타내는 **복합재**(composite goods)로 가정하고, 그리고 복합재인 Y재는 그것을 구입하는데 지출한 금액으로 측정하기로 한다. 이렇게 하면 복합재인 Y재 1단위의 가격(P_Y)은 1이 되고, 그리고 예산선의 세로축 절편은 소득의 크기와 같아지게 되며, 예산선의 기울기인 상대가격도 X재의 가격(P_X)과 같아지게 된다.

(2) 보상변화

보상변화와 대등변화 개념을 이용하여 가격의 변화로 인한 소비자의 효용 변화를 금액으로 측정하고, 소득효과를 제거하는 방법에 대해 알아보자. 우선 보상변화에 대해 알아보자.

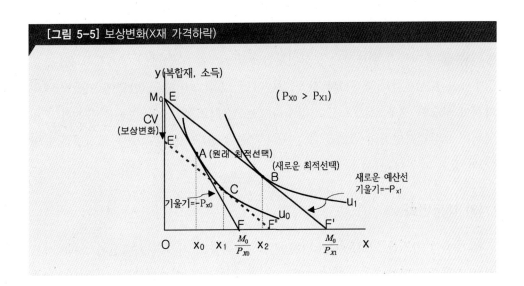

[그림 5-5] 보상변화(X재 가격하락)

　보상변화(CV, compensating variation)는 한 상품의 가격에 변화가 일어난 이후의 소비자의 효용수준(실질소득)을 가격변화가 일어나기 이전의 수준으로 되돌려 놓기 위해 보상해주어야 할 금액으로 정의된다. 즉 보상변화는 소비자에게 가격이 변화하기 이전의 원래의 효용과 동일한 효용을 보장하려 할 때 '**새로운 가격**'을 기준으로 하여 보상해주어야 할 금액이다. 그래프에서 보상변화는 소비자의 무차별곡선을 가격변화가 일어나기 이전의 원래 수준으로 되돌려 놓기 위해서 필요한 금액(소득의 변화)이다. 그러므로 보상변화는 가격변화로 인한 소비자의 후생변화를 화폐단위로 나타내 주는 금액이라고 할 수 있다.

　이제 보상변화의 개념과 그 크기를 <그림 5-5>를 이용하여 구체적으로 알아보자. <그림 5-5>에서 X재의 가격이 P_{X0}에서 P_{X1}으로 하락하였을 때, 예산선이 EF에서 EF'로 변하고, 그로 인해 소비자의 최적선택도 A점에서 B점으로 이동하고, 소비자의 효용도 무차별곡선 u_0에서 u_1으로 더 커졌다. 소비자의 효용수준을 원래의 수준(즉, 원래의 무차별곡선 u_0)으로 되돌리려면 새로운 예산선 EF'를 원래의 무차별곡선(u_0)과 접하도록 가상의 예산선(굵은 점선)인 EF''의 위치까지 밑으로 평행 이동시켜 끌어내려야 한다. 이렇게 하는 데 필요한 소득(금액)의 변화를 **보상변화**라 한다. <그림 5-5>에서 소비자의 효용수준을 가격변화 이전의 원래 수준으로 되돌려 놓기 위해서는 보상변화(EE' 크기)만큼의 금액을 소득에서 공제해야 한다는 것을 보여주고 있다.

　이처럼 어떤 상품의 **가격이 하락한 경우**, 실질소득이 증가하므로 원래의 실질소득 수준을 유지하기 위해서는 보상변화만큼의 금액을 소득에서 공제해야 한다. 이 경우에는 보상변화가 **음(−)의 값**을 갖는다는 것을 의미한다. 반면에 어떤 상품의 **가격이 상승한 경우**, 실질소득이 감소하므로 원래의 실질소득 수준을 유지하기 위해서는 보상변화만큼의 금액을 소득에 추가해야 한다. 이 경우에는 보상변화가 **양(+)의 값**을 갖는다는 것을 의미한다.

(3) 대등변화

　한 상품의 가격을 인하하여 소비자의 실질소득을 증가시키는 대신에 소비자에게 실제 소득으로 얼마만큼을 더해주면 그 상품의 가격을 인하한 것과 대등한 효과를 갖을까? 이러한 의문에 답을 주는 것이 대등변화라는 개념이다.

대등변화(equivalent variation, EV)는 한 상품의 가격이 변화하기 이전의 효용수준(원래의 실질소득수준)을 가격이 변화된 이후의 새로운 효용수준으로 올리거나 내리기 위해 필요한 소득(금액)으로 정의된다. 즉 대등변화란 소비자에게 가격이 변화된 이후의 새로운 효용수준과 대등한 효용수준을 보장하려 할 때, 가격변화 이전의 '**원래 가격**'을 기준으로 하여 조정해 주어야 할 금액(소득의 변화)을 말한다. 이것은 상품의 가격변화로 인한 효용수준의 변화효과와 소득의 변화로 인한 효용수준의 변화효과를 대등한 것으로 본다는 의미이다.

<그림 5-6>에서 원래 소비자의 소득이 M_0이고, X재의 가격이 P_{X0}이고, 예산선이 EF일 때, 최초 소비자균형(최적선택)점은 무차별곡선 u_0와의 접점인 A점에서 달성되고 있다고 가정하자. 이때 X재 가격이 하락할 경우, 소비자의 최적선택은 A점에서 B점으로 변한다.

대등변화를 구하려면 <그림 5-6>에서 보는 바와 같이 원래의 예산선 EF를 '새로운 효용' 수준을 나타내는 무차별곡선 u_1과 접하도록 점선 EF″의 위치로 위쪽으로 평행 이동시켜 끌어 올려야 한다. 이때 원래의 예산선 EF에서 굵은 점선으로 표시된 가상의 예산선 EF″에 이르는 수직거리가 바로 대등변화의 크기이다.

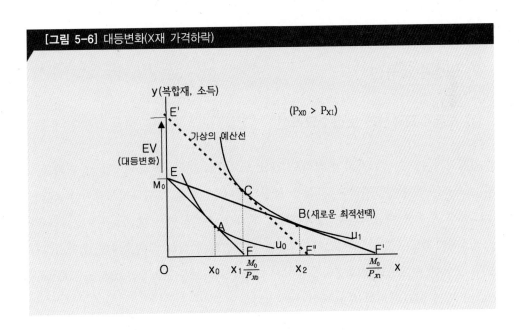

[그림 5-6] 대등변화(X재 가격하락)

(4) 보상변화와 대등변화 비교

보상변화와 대등변화는 상품의 가격변화로 인한 소비자의 후생변화를 화폐단위 (즉, 소득)로 나타내준다는 점에서는 같다. 그러나 보상변화와 대등변화는 측정하는 기준이 서로 다르다. 소비자의 후생변화를 비교할 때 기준이 되는 효용수준을 가격 변화 이전의 것으로 하느냐 아니면 가격변화 이후의 것으로 하느냐에 따라 다르다. **보상변화**는 가격변화가 일어난 이후의 효용수준을 원래의 효용수준으로 되돌리기 위해 필요한 '새로운 가격기준' 소득의 변화이다. 반면에 **대등변화**는 가격변화 이전 원래의 효용수준을 가격 변화 이후의 새로운 효용수준으로 변화시키기 위해 필요한 '원래 가격기준' 금액의 변화를 의미한다는 점에서 차이가 있다. 그래서 보상변화와 대등변화는 항상 반대의 부호를 갖는다. 가격이 하락할 경우, 보상변화는 (−)이고, 대등변화는 (+)이다. 반면에 가격이 상승할 경우, 보상변화는 (+)이고, 대등변화는 (−)이다. 비교하는 방향이 반대쪽으로 되어 있기 때문에 불가피하게 나오는 현상 이다.

그렇다면 보상변화와 대등변화의 절대값은 서로 똑같은 것일까? 똑같은 크기의 가격변화에 대해서 보상변화와 대등변화가 절대값으로 똑같은 크기의 변화로 계산 되는 것이 아니다. 왜냐하면 두 가지 개념이 서로 다른 관점에서 소비자 후생의 변 화를 평가하고 있기 때문에 두 가지의 크기는 약간의 차이가 있다.

2. 보상수요곡선

(1) 보통수요곡선과 보상수요곡선

이제까지 한 상품의 가격의 변화로 인한 수요량의 변화(즉 가격효과)는 대체효과 와 소득효과의 합성효과라는 사실을 설명하였다. 그런데 이제까지 4장이나 <그림 5-1>에서 도출한 수요곡선은 가격변화의 효과를 분석하면서 대체효과뿐만 아니라 소득효과까지도 포함한 것이었다. 이처럼 가격변화에 의한 대체효과와 소득효과를 모두 포함한 수요량의 변화를 나타내는 수요곡선을 **보통수요곡선**(ordinary demand curve) 또는 **Marshall의 수요곡선**이라 한다.

보통수요곡선의 경우, 가격변화에 의한 수요량의 변화에 소득효과에 의한 수요량의 변화분까지도 포함하고 있기 때문에 <그림 5-1>에서 똑같은 하나의 보통수요곡선 위에 있는 점들이라 할지라도 a점에서보다 b점에서의 소비자의 실질소득, 즉 효용수준(u_1)은 더 높아지게 된다. 그렇다면 가격효과에 의한 수요량의 변화 중에서 소득효과를 제거하고 대체효과에 의한 수요량의 변화만을 고려한다면 수요곡선은 어떻게 변할까?

보통수요곡선에서 소득효과에 의한 수요량의 변화분을 제거하고 대체효과만을 고려한 수요곡선을 도출할 수 있다. 이처럼 가격효과 중에서 소득효과에 의한 수요량의 변화분을 제거하고 대체효과에 의한 수요량의 변화만을 나타내는 수요곡선을 **보상수요곡선**(compensated demand curve) 또는 **Hicks의 수요곡선**이라고 부른다. 결국 '보통수요곡선'은 가격변화로 인한 대체효과와 소득효과를 모두 고려한 곡선이고, '보상수요곡선'은 가격변화로 인한 실질소득의 변화(즉, 소득효과)를 제거하고 대체효과만을 반영하여 도출한 수요곡선이다.

(2) 보상수요곡선의 도출

보통수요곡선에서 보상수요곡선을 분리해내기 위해서는 가격효과 중에서 소득효과를 제거하고 대체효과에 의한 수요량 변화만을 따로 분리해야 한다. 따라서 보상수요곡선을 도출하기 위해서는 가격 변화로 인해 생기는 실질소득의 변화를 계속 제거해서 소득효과가 발생하지 않도록 해주어야 한다. 가격이 하락하는 경우, 소비자의 실질소득이 증가하기 때문에 늘어난 실질소득을 가격변화 이전의 수준이 되도록 하려면 소득을 적절히 감소시켜주어야 한다. 반대로 가격이 상승하는 경우, 실질소득이 감소하기 때문에 줄어든 실질소득이 가격 변화 이전의 수준이 되도록 하려면 소득을 적절히 증가시켜주어야 한다. 이렇게 실질소득이 원래의 수준에 머물도록 하기 위해 소득을 증가시키거나 감소시키는 것을 앞에서 **소득의 보상변화**라고 설명한바 있다.

<그림 5-7>은 보상수요곡선을 도출하는 과정을 보여주고 있다. <그림 5-7>에서 다른 조건들은 일정불변인 채 X재의 가격만 P_{X0}에서 P_{X1}으로 하락하거나 또는 P_{X2}로 상승하는 경우의 가격효과를 **Hicks방식**에 따라 대체효과와 소득효과로 분해하

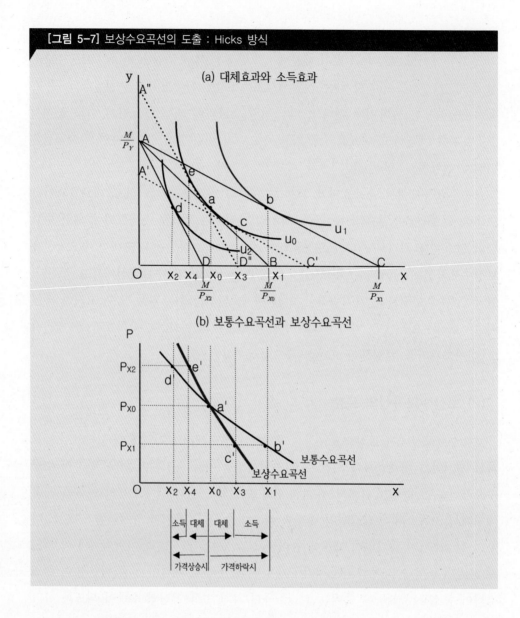

[그림 5-7] 보상수요곡선의 도출 : Hicks 방식

(a) 대체효과와 소득효과

(b) 보통수요곡선과 보상수요곡선

고 있다. **보상수요곡선**은 가격 변화로 유발된 소득효과를 제거하고 대체효과에 의한 수요량의 변화만을 고려하여 도출한 것이다. X재의 가격이 하락할 때 대체효과에 의해 X재의 수요량은 x_0에서 x_3로 증가하고, 가격이 상승할 때 대체효과에 의해 x_0에서 x_4로 감소한다. 따라서 X재의 가격이 P_{X0}에서 하락하거나 상승하는 경우에 대체효과만을 고려하여 수요량의 변화를 표시하면 <그림 5-7> (b)에서 점 e', a', c'를 지나는 보상수요곡선을 얻게 된다.

(3) 보상수요곡선과 보통수요곡선의 비교

대체효과만을 고려한 보상수요곡선은 대체효과와 소득효과를 모두 반영하는 보통수요곡선과 비교하면 다음과 같은 차이를 갖는다.

첫째, 보상수요곡선의 기울기는 항상 음(−)이다. 보통수요곡선은 기펜재의 경우 양(+)의 기울기를 갖는다. 반면에 보상수요곡선은 소비자의 선호관계가 강볼록성 공리를 충족시키는 한 대체효과만을 반영한 것이기 때문에 그 기울기가 항상 음(−)이다. 따라서 수요법칙이 반드시 성립한다.

둘째, 정상재의 경우에는 보상수요곡선의 기울기가 보통수요곡선의 기울기보다 더 가파르게 되고, 반면에 열등재의 경우에는 보상수요곡선의 기울기가 보통수요곡선의 기울기보다 더 완만하게 된다.

3. 소비자잉여

가격의 변화로 인한 소비자후생의 변화를 객관적인 화폐단위로 측정하는 방법으로는 앞서 설명한 보상변화와 대등변화를 이용하는 것이 가장 정확한 방법이다. 그러나 이 방법을 이용하려면 효용(u)의 크기를 화폐가치로 나타낼 수 있어야 하는데, 그렇게 하려면 Y재를 복합재로 가정하고, 복합재를 지출금액으로 표시할 수 있다는 가정을 추가하여야 한다. 그런데 그 지출금액은 소비자의 효용수준을 나타내는 무차별곡선의 서수적 효용(u)의 크기에 의존하는데, 서수적 효용은 선호의 순서만 나타내지 효용의 절대적 크기는 의미가 없다.

따라서 복합재의 지출금액(즉, 화폐가치)으로 표시한 보상변화나 대등변화를 실제로 측정하는 데에 한계가 있다. 그 대신에 이론적인 엄밀성은 조금 떨어지지만 수요곡선만으로 소비자의 후생을 측정하는 **소비자잉여**(consumer's surplus)이라는 개념을 이용한다. 수요곡선은 한 상품의 가격과 그 수요량 사이의 관계를 나타내므로 관측이 가능하다. 따라서 소비자잉여는 보상변화나 대등변화와 달리 보이지 않는 효용의 크기에 의존하지 않는다. 이것 때문에 수요곡선으로 측정하는 소비자잉여를 가격의 변화로 인한 효용이나 후생의 변화를 금액으로 측정하는데 많이 사용한다.

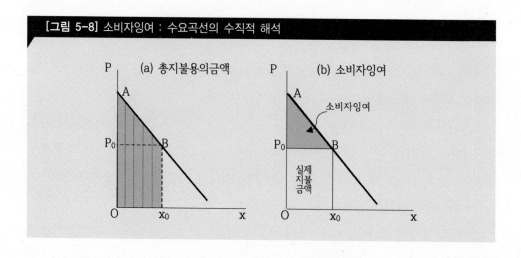

[그림 5-8] 소비자잉여 : 수요곡선의 수직적 해석

소비자잉여는 수요곡선의 수직적 해석을 이용하여 측정한다. <그림 5-8> (a)에서와 같이 X재의 수요량이 x_0일 때, 수요곡선의 높이(B점)에 대응하는 가격수준인 P_0는 x_0번째 단위를 소비하기 위해서 소비자가 지불할 용의가 있는 최대가격, 즉 **소비자 유보가격**(reservation price)을 의미한다. 가격이 P_0일 경우 소비자들은 x_0만큼 소비하고자 한다. 그래서 원점부터 x_0까지의 수요곡선 높이를 모두 합계하면, 수요곡선 아래의 음영부분인 $OABx_0$의 면적이 된다. 이 면적은 소비자가 x_0만큼을 소비함으로써 얻는 편익의 대가로 지불할 용의가 있는 최대금액을 나타내기 때문에 소비자의 **총지불용의금액**이라고 한다.

그러나 소비자가 x_0만큼을 얻기 위해서 실제로 지불하는 금액은 X재의 1단위당 가격(P_0)에 구입수량(x_0)을 곱한 금액인 사각형 OP_0Bx_0에 불과하다. 따라서 소비자가 지불할 용의가 있는 최대금액에서 실제로 지불하는 금액을 빼면 차액이 남는데, 이를 **소비자잉여**(consumer's surplus)라고 부른다. <그림 5-8> (b)에서 소비자의 크기는 삼각형 P_0AB의 면적에 해당하는 크기이다.

한편 소비자잉여는 시장에서 주어진 가격에서 소비자가 원하는 수요량만큼을 소비했을 때 소비자가 얻는 이득을 의미한다. 그러므로 소비자잉여의 크기는 단위당 시장가격의 수준에 따라서 달라진다. <그림 5-9>에서 한 상품의 가격이 P_0에서 P_1으로 하락하는 경우라면, 소비자잉여는 음영부분만큼 증가한다. 반대로 가격이 P_1에서 P_0로 상승하는 경우라면, 소비자잉여는 같은 크기만큼 감소한다.

[그림 5-9] 가격변화에 따른 소비자잉여의 변화

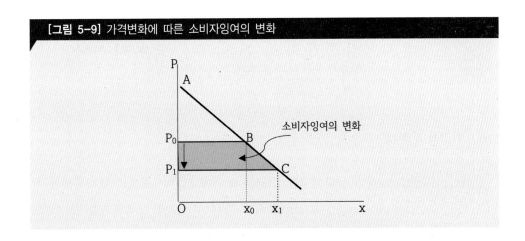

복습문제

1. 대체효과와 소득효과란 각각 무엇이며 어떻게 그림으로 나타내는가?

2. 대체효과와 소득효과가 작용하는 방향에 어떤 차이가 있는가?

3. 소득효과만 볼 경우 수요량과 가격은 서로 같은 방향으로 움직이는가?

4. 정상재의 가격이 변화한 경우, 가격효과를 대체효과와 소득효과로 분해하고, 우하향하는 수요곡선을 도출할 수 있는가?

5. 기펜재의 가격이 변화한 경우, 대체효과와 소득효과가 어떻게 작용하게 되는지 그림을 통해 설명할 수 있는가?

6. 상품 가격의 변화에 따른 소비자후생의 변화를 측정하는 개념에는 어떠한 것들이 있는가? 이들의 특징은 각각 무엇인가?

7. 보상수요곡선과 보통의 수요곡선의 차이는 무엇인가?

8. 소비자잉여는 무엇이며 어떻게 측정한 것인가?

부록 5A. 가격효과의 분해 : 슬러츠키 방식

(1) 가격효과 분해

앞에서 <그림 5-1>을 사용하여 힉스(Hicks) 방식에 의한 가격효과 분해방법을 설명하였다. 슬러츠키(Slutsky)는 힉스의 방식과 다른 방식으로 가격효과를 분해하고 있다. 실질소득을 정의하는 방법, 즉 가상의 예산선을 긋는 방법에 차이가 있다.

<그림 5A-1>에서 두 상품(X재와 Y재)의 가격이 각각 P_{X0}, P_Y이고, 소득이 M_0일 때 최초 소비자균형점이 A로 표시되어 있다. 또한 Y재의 가격과 소득은 변하지 않고 X재의 가격이 P_{X1}으로 하락할 경우, 새로운 소비자균형점은 <그림 5A-1>에서 B점으로 표시되어 있다. 이 때 X재의 가격 하락으로 인한 가격효과의 크기는 x_0x_2이다.

이제 <그림 5A-1>에서 슬러츠키 방식으로 가격효과를 대체효과와 소득효과로 분해해보자. 슬러츠키는 힉스 방식과는 약간 다르게 소득효과를 구한다. 즉 가격의 변화로 인한 새로운 예산선 EF'를 힉스 방식처럼 최초의 무차별곡선 u_0와 접할 때까지 왼쪽으로 평행 이동하는 것이 아니라, 슬러츠키는 초기 소비자균형점인 A점을 지날 때까지만 왼쪽으로 평행 이동시킨다. 슬러츠키 방식은 가격변화 이전의 소비자균형점 A를 지나면서 기울기는 가격변화 이후의 상대가격과 같게 되도록 가상의 예산선을 그린다. 슬러츠키 방식의 가상의 예산선은 <그림 5A-1>에서 A점을 통과하는 점선 EF"로 표시되어 있다. 이 가상의 예산선이 새로운 무차별곡선과 만나는 점을 기준으로 가격효과를 소득효과와 대체효과로 분리한다. X재의 가격이 하락한 경우, 소비자균형점이 A에서 B로 이동하는데, 이 변화를 **가격효과**라고 한다. 가격효과의 크기에 대해서는 힉스의 가격효과와 차이가 없다. 하지만 슬러츠키 방식에서는 A에서 C까지의 수요량 변화를 **대체효과**라고 하고, C에서 B까지의 변화를 **소득효과**라고 한다. X재의 가격 하락으로 인한 수요량의 변화인 x_0x_2의 가격효과 중에서 x_0x_1은 대체효과이고, x_1x_2는 소득효과의 크기이다.

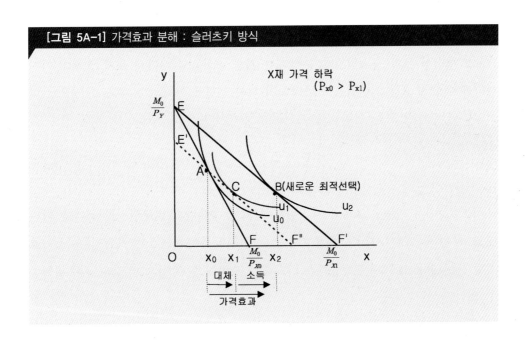

[그림 5A-1] 가격효과 분해 : 슬러츠키 방식

(2) 슬러츠키 방정식 유도

<그림 5A-1>을 통하여 가격효과를 대체효과와 소득효과로 나누어 분석하는 것을 수학적으로 표현한 것을 **슬러츠키 방정식**(Slutsky equation)이라 한다. <그림 5A-1>에서 X재 가격의 하락으로 인한 가격효과는 X재의 수요량이 $x_0 x_2$만큼 증가한 것이다. 그런데 가격효과인 $(x_2 - x_0)$만큼의 수요량 증가분은 다음과 같이 바꾸어 표현할 수 있다.

$$(x_2 - x_0) = (x_1 - x_0) + (x_2 - x_1) \tag{5A.1}$$

가격효과인 $(x_2 - x_0)$를 대체효과를 나타내는 $(x_1 - x_0)$와 소득효과를 나타내는 $(x_2 - x_1)$로 나눈 것이다. 이제 Δ(증가분) 표시를 이용하여, 수요량의 변화를 Δx로 표기하면 식(5A.1)을 다음과 같이 표현할 수 있다.

$$\Delta x = \Delta x^s + \Delta x^m \tag{5A.2}$$

여기서 위첨자 s는 대체효과, m은 소득효과를 표시한다. 식(5A.2)는 결국 화폐소득(M)이 일정한 상태에서 가격이 변화할 경우, 그에 따라 수요량이 전체적으로 어

떻게 변화하는가를 보여주고 있다. 한편 식(5A.2)는 변화량($\triangle$)으로 표시되어 있는데, 그 변화를 보다 구체적으로 분석하기 위해 변화율로 나타내 보자. X재의 가격하락에 대한 수요량의 변화율로 나타내기 위해 양변을 가격의 변화분($\triangle P_X$)으로 나누어주면 다음과 같은 변화율로 표시된 식을 얻는다.

$$\frac{\triangle X}{\triangle P_X} = \frac{\triangle X^s}{\triangle P_X} + \frac{\triangle X^m}{\triangle P_X} \qquad (5A.3)$$

식(5A.3)에서 좌변은 X재의 가격변화에 의한 수요량의 변화인 가격효과를 나타내고, 우변의 $(\triangle X^s / \triangle P_X)$는 **대체효과**를 나타내며, 우변의 $(\triangle X^m / \triangle P_X)$은 **소득효과**를 나타낸다. 그런데 소득효과를 나타내는 우변의 둘째 항은 다음과 같이 변형할 수 있다.

$$\frac{\triangle X^m}{\triangle P_X} = \frac{\triangle X^m}{\triangle M} \cdot \frac{\triangle M}{\triangle P_X} \qquad (5A.4)$$

식(5A.4)의 우변에서 $(\triangle M / \triangle P_X)$은 X재의 가격하락으로 인한 실질소득의 증가를 의미하고, $(\triangle X^m / \triangle M)$은 실질소득의 변화로 인한 수요량의 변화분을 의미한다.

한편 소득효과는 소득이 변화할 때 그에 따른 수요량의 변화이다. 그러므로 소득효과를 소득의 변화에 대한 수요량 변화의 비율로 나타낼 수 있다. 이를 위해 X재가격이 변화할 때 실질소득이 얼마나 변화하는지를 보여주는 식인 (5A.5)식을 이용해야 한다. X재 가격의 하락으로 인한 실질소득의 증가는 다음과 같이 표현할 수 있다.

$$\triangle M = - X \cdot \triangle P_X \qquad (5A.5)$$

(5A.5)식은 X재를 X만큼 소비하고 있는 경우, 그 가격이 $\triangle P_X$만큼 변화한다면 그에 따른 실질소득의 변화분은 $\triangle M$이 된다는 의미이다. 실질소득의 변화분을 나타내는 우변에 $(-)$의 부호를 붙인 것은 가격의 변화방향과 실질소득의 변화방향이 항상 반대이기 때문이다. 이제 식(5A.5)를 식(5A.4)에 대입하여 정리하면 다음과 같이 된다.

$$\frac{\triangle X^m}{\triangle P_X} = - X \cdot \frac{\triangle X^m}{\triangle M} \qquad (5A.6)$$

이 식을 식(5A.3)의 우변 둘째 항에 대입하여 정리하면 다음 식을 얻게 된다.

$$\frac{\Delta X}{\Delta P_X} = \frac{\Delta X^s}{\Delta P_X} - X \cdot \frac{\Delta X^m}{\Delta M} \qquad (5A.7)$$

(5A.7)식을 **슬러츠키 방정식**이라 한다. 이 식은 가격효과가 대체효과와 소득효과의 합으로 구성되어 있다는 사실을 수식으로 보여 주고 있다.

(3) 슬러츠키 방정식의 내용

슬러츠키 방정식을 이용하면 가격이 변화할 때 그에 따라 수요량이 어떻게 변화하는가를 구체적으로 알 수 있다. **정상재의 경우**, 소득이 증가할 때 그 상품의 수요량도 증가하기 때문에 $(\Delta X^m/\Delta M)$은 (+)의 값을 갖지만, 소득효과인 우변 둘째 항 전체는 (−)가 된다. 그런데 정상재의 경우 가격과 수요량이 반대로 변하기 때문에 대체효과인 우변 첫째 항은 항상 (−)이다. 그 때문에 정상재의 경우 소득효과와 대체효과는 서로 같은 방향으로 작용한다. 그 결과 소득효과와 대체효과를 함께 고려한 가격효과도 역시 (−)가 된다. 이것은 좌변의 가격효과가 음이 되는 것을 의미한다. 결과적으로 정상재의 경우, 수요곡선이 우하향하는 이유도 가격과 수요량이 반대 방향으로 움직이기 때문이라는 사실을 알 수 있다.

열등재의 경우에는 소득과 수요량이 서로 반대 방향으로 움직이기 때문에 $(\Delta X^m/\Delta M)$은 항상 (−)의 값을 갖는다. 그렇지만 소득효과인 우변 둘째 항 전체는 (+)가 된다. 한편 열등재의 경우에도 대체효과는 항상 (−)이다. 그런데 보통의 열등재인 경우에는 (−)의 대체효과가 (+)의 소득효과보다 더 크기 때문에 (−)의 대체효과와 (+)의 소득효과를 합계한 가격효과는 (−)가 된다. 결과적으로 열등재의 경우에도 가격과 수요량은 서로 반대 방향으로 움직이고, 이로 인해 수요곡선이 우하향한다는 사실을 알 수 있다.

Chapter 06

불확실성과 소비자선택

이 장에서는 불확실성하에서 소비자의 선택행위를 분석하는 이론적 기초와 접근법에 대해 살펴본다. 불확실성에 직면한 소비자의 합리적 의사결정에 관한 폰 노이만–모겐스턴의 기대효용이론을 살펴 본 후, 불확실성하에서의 소비자의 선택행위를 상황조건부 상품이라는 개념을 이용하여 분석하는 상황–선호접근법에 대해 살펴본다.

제1절 불확실성하에서의 선택

1. 불확실성과 위험부담

(1) 확실성과 불확실성

우리의 일상적인 삶은 그 자체가 곧 경제활동의 연속이다. 우리는 경제활동과정에서 자원의 희소성으로 인해 모든 것을 선택해야 한다. 그런 의미에서 일상생활은 바로 선택의 연속이며, 선택의 생활이라고 할 수 있다. 개인들뿐만 아니라 기업도 정부도 예외 없이 희소성의 문제에서 벗어날 수 없기 때문에 의사결정을 내릴 때 역시 선택해야 한다. 그런데 이러한 선택은 거의 대부분 불확실한 요소를 포함하고 있다. 우리가 일상생활에서 항상 직면하는 선택뿐만 아니라 기업의 투자활동이나 정부의 정책결정도 역시 대부분 **불확실성**(uncertainty)하에서 이루어지는 경우가 많다.

현실적으로 소비자의 소비선택도 불확실한 상황에서 이루어지는 경우가 많다. 그런데 앞서 3, 4, 5장에서 설명한 소비자이론은 모든 것이 확실한 상황에서 소비자가 주어진 예산으로 어떻게 합리적으로 선택하는가를 분석한다. 앞서의 소비자선택이론이 전제하는 확실한 상황, 즉 **확실성**(certainty)이란 경제주체가 선택하는 한 가지 의사결정에 반드시 하나의 결과가 나오게 되는 현상, 즉 인과관계가 분명한 현상을 말한다. 그러나 현실적으로는 경제주체가 선택한 한 가지 의사결정에 대해 두 가지 이상의 결과가 나오는 경우가 많다. 예컨대, 건물에 대한 화재보험에 가입하는 경우, 화재가 발생할 것인지 아니면 발생하지 않을 것인지에 대해서는 미리 알 수가 없다. 이 경우 그 결과를 미리 예상할 수 없는 상황에서 선택해야 한다. 따라서 보험 가입을 선택하는 의사결정에 대해서도 두 가지 결과를 예상할 수 있다. 하나는 화재가 발생하여 보상을 받는 것과 다른 하나는 화재가 발생하지 않아 보험료만 손해 보는 것이다. 이러한 점에서 보험 가입이라는 소비자의 의사결정은 확실성하에서의 선택과는 구별되는 불확실성하에서 이루어지는 선택행위가 된다. 보험 가입이나 복권 구입 등과 같이 하나의 선택행위에 수반되어 나타날 수 있는 상황이 여러 가지 존재하고, 각 상황에 따라 그 결과가 달라지는 경우를 **불확실성**(uncertainty)이 존재 한다고 말한다.

(2) 불확실성하에서의 선택과 위험부담

불확실성이 존재하는 경우에는 한 가지 선택행위에 수반되어 여러 가지 상황에 따른 결과가 나타날 수 있는데, 이 경우 실현될 수 있는 모든 가능한 상황과 그 결 과를 모아 둔 집합을 **상황집합**(set of state)이라고 한다. 예컨대, 화재보험에 가입하 는 선택행위의 경우, 상황집합은 화재가 발생하는 상황과 화재가 발생하지 않는 상 황으로 구성된다. 복권의 경우에는 복권의 종류에 따라 상황집합이 복권에 당첨되 는 경우와 당첨되지 않는 경우로 구성될 수도 있고, 1등부터 시작해서 2등, 3등, ……, 당첨되지 않는 경우 등 여러 가지 상황으로 구성될 수도 있다.

한편 상황집합에 포함되어 있는 각각의 특정한 상황들은 그 상황들이 실현될 가 능성, 즉 **확률**(probability)에 의하여 그 특성이 결정된다. 그렇기 때문에 어떤 상황 의 발생확률이 100%가 아닌 이상 소비자가 불확실성하에서 의사결정을 선택하면 그 선택의 결과로서 반드시 어느 정도의 **위험**(risk)을 부담하게 된다.. 이러한 위험부 담에 대한 태도는 사람마다 다르다. 어떤 사람은 위험을 기피하려는 성향을 보이기 도 하고, 반면에 기꺼이 어느 정도의 위험을 즐기는 사람도 있다. 이와 같이 위험부 담에 대한 태도가 사람마다 모두 다르기 때문에 불확실한 상황에서의 선택이 서로 다르게 나타날 수 있다.

그렇다면 불확실성이 존재하는 상황에서는 소비자가 어떻게 선택하는 것이 합리 적일까? 앞서 소비자이론을 통해 확실성하에서의 합리적 선택에 대해서는 배운 바 있다. 그렇지만 불확실성하에서 선택이 이루어지는 경우에는 위험(risk)이라는 요인 이 소비자의 선택에 영향을 준다. 따라서 확실성하의 소비자이론과는 별도로 불확 실성하에서의 소비자선택에 관한 이론이 필요하다. 소비자의 선택행위에 불확실성 과 위험 요인을 포함하여 분석하는 접근방식으로는 **기대효용이론**(expected utility theory)과 **상황-선호접근법**(state-preference approach)이 있다. 아래에서는 두 가지

접근방식을 차례대로 소개하고, 이 접근방식들이 현실적으로 어떻게 응용되고 있는가에 대해서 살펴본다.

2. 소비선택의 대상과 기준

(1) 불확실성하에서의 선택 대상

확실한 상황에서 소비자의 선택행위는 여러 가지 상품묶음 중에서 그 효용의 크기를 비교하여 하나의 상품묶음을 선택하는 것이다. 그렇지만 불확실성이 존재하는 경우에는 하나의 선택행위에 여러 가지 상황과 결과가 수반되어 나타난다. 그래서 불확실성이 존재하는 경우에 소비자가 선택할 수 있는 대상은 특정한 상품 그 자체가 아니라 하나의 선택에 수반되어 나타날 수 있는 여러 가지 상황, 즉 상황집합 가운데서 하나의 **특정한 상황**이다.

복권을 구입하는 경우를 사례로 들어보자. 복권의 가격이 1,000원짜리이고, 복권의 당첨 상금이 2,000원이며, 그 당첨확률은 0.4라고 가정하자. 이 경우 복권을 구입할 것인가 말 것인가가 불확실성하에서의 소비선택의 대상이 된다. 그런데 소비자는 복권의 당첨여부를 알 수 없는 불확실한 상황에서 구입여부를 결정해야 한다. 복권을 구입하기로 결정할 경우, 그 결과는 0.4의 확률로 2,000원에 당첨되든가 아니면 0.6의 확률로 당첨되지 않아 구입대금 1,000원을 잃는 결과가 나타난다. 반면에 복권을 구입하지 않으면 확실하게 현금 1,000원을 가지고 있게 되는데, 이것은 1,000원을 1의 확률로 가지게 된다는 의미이다. 이처럼 복권을 구입하는 상황과 구입하지 않는 상황에 따라 그 결과가 달라진다. 따라서 소비자는 복권을 구입하지 않고 1,000원의 현금을 확실하게 가지고 있는 상황과 복권을 구입하여 현금이 2배가 되거나 0원이 되는 상황 중에서 하나의 상황을 선택해야 한다.

(2) 불확실성하에서의 선택 기준

불확실성이 존재하여 실현되는 상황에 따라 그 결과가 달라지는 경우, 여러 가지 상황 가운데서 어떤 상황을 선택하는 것이 합리적일까? 위의 예에서 복권을 구입하는 것이 합리적일까 구입하지 않는 것이 합리적일까? 두 가지 중 하나를 선택하기 위해서는 소비자에게 합리적 선택의 기준이 있어야 한다. 일반적으로 합리적인 소비자라면 두 가지 중에서 만족도가 큰 상황을 선택할 것이다. 그렇기 때문에 소비자가 그 중 하나를 선택하기 위해서는 두 가지 상황들이 주는 각각의 만족도를 비교할 수 있어야 한다. 그렇다면 불확실성하에서 선택해야 하는 각각의 **특정한 상황**이 소비자에게 주는 만족도를 알 수 있는 적절한 기준은 무엇일까?

① 기대치와 상트 페테르부르크의 역설

복권의 경우처럼 불확실성이 존재하는 경우에는 어떤 상황이든 반드시 발생할 확률을 갖고 있다. 그래서 불확실성하에서 선택의 기준으로 사용할 수 있는 척도로 통계학에서 사용하는 기대치(expected value)를 고려해볼 수 있다.

기대치(expected value)는 어떤 결과가 나올지 불확실한 상황에서 기대되는 결과의 크기로 정의된다. 따라서 어떤 상황에 대한 **기대치는 그 상황이 발생되었을 때 얻는 결과(W)에 그 상황이 발생할 확률(p)을 곱한 값**으로 구해진다. 불확실성하에서 실현될 여러 가지 상황의 결과로 주어지는 소득이나 재산의 금액을 **W**로 표기하고, 그 기대치를 **E(W)**로 표기하면, 다음과 같은 식으로 구해진다.

$$E(W) = \sum_{i=1}^{N} (상황별 \ 발생확률, \ p_i) \times (상황별 \ 결과, \ W_i)$$

$$E(W) = p_1 W_1 + p_2 W_2 + \quad \cdots\cdots \quad + p_N W_N \tag{6.1}$$

모든 상황에 대해 각각의 기대치를 구할 수 있다면 기대치가 하나의 선택기준이 될 수도 있다. 복권(**L**, lottery)의 경우에 기대치가 불확실성하에서 선택의 기준이 될 수 있는지를 알아보자. 이 복권의 당첨확률은 p이고, 탈락확률은 (1−p)이다, 당첨금으로 W_1의 상금을 받을 수 있고, 당첨되지 않았을 때는 W_2의 상금을 받을 수 있다고 가정하자. **복권의 기대치**를 **E(L)**로 표기하면 다음과 같다.

$$E(L) = p \times W_1 + (1-p) \times W_2 \tag{6.2}$$

만약 2,000원의 상금에 당첨될 확률이 0.4이고, 당첨되지 않아 복권 구입금을 잃

고 소득이 0원일 확률이 0.6이라면, 복권을 구입하는 상황(L_1)에 대한 기대치 $E(L_1)$
은 800원이 된다. 즉 $E(L_1) = (0.4 \times 2{,}000원) + (0.6 \times 0원) = 800원$이다. 반면에 복권을
구입하지 않는 상황(L_2)에 대한 기대치 $E(L_2)$는 현금 1,000원이다. 그래서 복권의 경
우 기대치를 선택의 기준으로 사용하는 경우, 사례로 든 이 복권을 구입하는 것이
불리하다는 것을 알 수 있다.

현재 시중에서 판매되는 복권의 기대치도 반드시 복권의 가격보다 낮게 되도록
개발되어 있다. 그렇지 않을 경우 복권발행기관이 손해를 볼 수밖에 없다. 이처럼
복권의 기대치가 복권의 가격보다 낮은데도 불구하고 많은 사람들이 복권을 구입하

상트 페테르부르크의 역설

17~18C 당시 러시아 상트 페테르부르크시의 카지노에서는 동전던지기 게임이 벌어
지고 있었다. 게임의 규칙은 게임의 참가자가 동전의 앞면이 나올 때까지 계속해서 동
전을 던지고, 앞면이 나오면 던지기를 멈추는 것이다. 즉 동전의 뒷면이 나올 경우 계속
동전을 던질 수 있지만, 앞면이 나오면 게임을 종료하게 된다. 그리고 동전을 던진 횟수
에 따라 상금을 받는데, 만약 동전을 한 번 던져 앞면이 나오면 2달러, 두 번 던져 앞면
이 처음 나오면 4달러, 세 번 던져 앞면이 처음 나오면 8달러씩으로 상금을 받는다. 처
음 앞면이 나올 때까지 던진 횟수가 N번이라면 그 횟수에 따라 2^N달러의 상금이 지급
된다. 그래서 이 게임에서 얻을 수 있는 기대치는 무한대(∞)이다. 앞면이 나올 확률이
1/2이기 때문에 이 게임의 기대치는 다음과 같이 구해진다.

$$E(w) = \frac{1}{2} \times 2 + \left(\frac{1}{2}\right)^2 \times 2^2 + \left(\frac{1}{2}\right)^3 \times 2^3 \cdots\cdots \left(\frac{1}{2}\right)^N \times 2^N$$

$$= 1 + 1 + 1 + 1 + \cdots\cdots + 1 = \infty$$

이처럼 상트 페테르부르크의 카지노에서 벌어진 동전던지기 게임에서 기대되는 상금
의 기대치는 무한대(∞)가 된다. 따라서 게임 참가자가 상금의 기대치를 선택의 기준으
로 해서 게임 참가여부를 결정한다면 게임의 참가비가 비싸더라도 누구나 이 게임에 참
가할 것이다. 그러나 실제로 게임의 참가비가 그다지 비싸지도 않은데도 불구하고 이
게임에 참가한 사람은 많지 않았고, 참가하더라도 상대적으로 아주 작은 돈만 걸었다.
게임 상금의 기대치를 선택의 기준으로 볼 때 참가자에게 절대 유리한 게임임에도 불구
하고 사람들이 이 게임에 참가하지 않으려고 하는 이해할 수 없는 현상이었다.

고 있고 복권사업이 번창하고 있다. 그렇다면 가격보다 기대치가 낮은 복권을 구입하는 사람들은 비합리적인 사람들일까? 사람들이 비합리적이어서 복권을 구입하는 것이 아니다. 실제로 불확실성하에서 선택해야 할 경우 어떤 상황에 대한 기대치가 합리적인 선택의 기준이 될 수가 없기 때문이다.

불확실한 상황에서 선택할 때 기대치가 선택의 기준이 될 수 없는 이유는 스위스 수학자 베르누이(Nicholas Bernoulli)가 처음으로 제기한 **상트 페테르부르크의 역설**(St. Petersburg's paradox)에 의해서도 설명될 수 있다.

② 기대효용

상트 페테르부르크의 역설은 결국 불확실성하에서 사람들이 어떤 상황에 대한 기대치를 선택의 기준으로 사용하지 않는다는 점을 보여주고 있다. 그렇다면 불확실성하에서 합리적인 의사결정과 선택의 기준은 무엇일까?

기대효용이론에 의하면 합리적 선택의 기준은 불확실한 상황에서 기대되는 소득이나 재산과 같은 금전적 기대치가 아니라 어떤 상황에서 얻을 수 있는 효용의 기대치인 **기대효용**(expected utility)이라는 것이다.

기존의 소비자이론에서는 합리적 선택의 기준이 소비하는 상품으로부터 얻는 효용(utility)이다. 그렇지만 기대효용이론(expected utility theory)에서는 불확실성이 존재하는 상황에서의 합리적 선택의 기준으로 각각의 상황으로부터 얻어지는 **기대효용**(expected utility)이라는 개념을 사용한다. 불확실성하에서 소비자는 기대효용의 크기를 선택의 기준으로 사용한다는 것이다.

제2절 기대효용이론

1. 기대효용이론의 기초

(1) 기대효용이론의 기본공리

기대효용이론은 불확실성하에서의 합리적 선택행위를 기대효용의 극대화를 추구하는 행위로 분석하는 접근방식이다. 폰 노이만(von Neumann)과 모겐슈테른(O. Morgenstern)에 의해 개발된 이론인데, 불확실성하에서의 합리적 선택행위를 설명하기 위해 기대효용함수(expected utility function)를 사용한다.

기대효용이론도 앞서 제3장 1절에서 설명한 확실성하의 소비자이론의 선호체계와 마찬가지로 불확실성에 직면한 합리적 소비자의 선호체계가 만족시켜야 할 다섯 개의 기본공리를 전제하고 만들어진 것이다.

① 완비성(completeness)

불확실한 자산(복권 등)에서 발생할 수 있는 두 가지 상황의 결과(즉, 상황 1의 결과인 소득 W_1과 상황 2의 결과인 W_2)를 서로 비교할 때, 소비자가 하나의 결과를 다른 결과보다 더 선호한다든가 아니면 양자 사이에 무차별하다고 판단할 수 있다는 기본가정이다. 즉 W_1과 W_2에 대한 선호관계를 $W_1 > W_2$, $W_1 > W_2$ 또는 $W_1 \sim W_2$로 표현할 수 있다는 것이다. 한편 소비자가 W_1을 W_2보다 선호하고, W_2를 W_3보다 선호하면, W_1은 W_3보다 선호된다는 의미에서 소비자는 제3장에서 배운 **이행성** 공리를 만족하게 된다. 이 공리에 의해 소비자가 합리적인 소비선택을 할 수 있다는 의미에서 **합리성**(rationality) 공리라고도 한다.

② 연속성(continuity)

확률 p로 상금 W_X를 주는 복권(lottery)인 $L_X(p)$가 존재한다고 하자. 만약 확률이 p = 1이면 소비자가 불확실한 재산인 복권 $L_X(p)$를 확실한 재산인 현금(C)보다 더 선호하고, 확률이 p = 0이면 소비자가 불확실한 재산인 복권 $L_X(p)$보다 확실한 재산인 현금 (C)을 더 선호한다고 하자. 그렇다면 어떤 확률 p(단, 0 < p < 1)의 값에서 소비자가 불확실한 재산인 복권 $L_X(p)$와 확실한 재산인 현금(C) 사이에 아무런 차이를 느끼지 못하게 되는 확률 p가 존재한다는 기본가정이다.

③ 독립성(independence)

서로 같은 확률 p로 각각 W_1과 W_2를 상금으로 주는 두 가지 복권, $L_1(p)$와 $L_2(p)$가 존재한다고 하자. 만약 소비자가 상금 W_1과 W_2 사이에 아무런 차이를 느끼지 못한다면 $L_1(p)$와 $L_2(p)$는 서로 무차별하다는 기본가정이다. 그러나 소비자가 상금 W_1을 W_2보다 더 선호하면 복권 $L_1(p)$는 $L_2(p)$보다 선호된다.

④ 부등확률(unequal probability)

당첨금으로 똑같은 상금(W)을 주지만, 당첨확률이 서로 다른 두 가지 복권, $L(p_1)$과 $L(p_2)$가 존재할 경우, 소비자는 두 가지 복권 중에서 확률(p)이 더 높은 복권을 더 선호한다는 기본가정이다. 즉 $p_1 > p_2$인 경우, 복권 $L(p_1)$을 복권 $L(p_2)$보다 선호한다는 것이다.

⑤ 복합확률(compound probabilities)

확률 p로 W_X의 상금을 주는 복권인 $L_X(p)$가 있는데, 이 복권의 당첨금을 현금으로 직접 주지 않고 또 다른 복권을 준다고 하자. 만약 첫 번째 복권의 당첨금인 W_X라는 결과가 실현될 확률만 같아질 수만 있다면, 소비자는 복권에 의한 의사결정과정을 몇 단계 거치든 전혀 개의치 않는다는 공리이다.

불확실성하에서의 소비자의 선호체계가 위와 같은 다섯 가지 공리를 충족하는 경우에 **폰 노이만-모겐슈테른의 효용함수**로 나타낼 수 있다.

(2) 기대효용과 기대효용함수

기대효용이론에서는 기대효용의 크기를 선택의 기준으로 사용하여 불확실성하에서 의사결정이 이루어진다고 본다. 그렇다면 기대효용이란 무엇일까?

기대효용(expected utility, **EU**)은 어떤 불확실한 상황에서 나타날 것으로 예상되는 결과에서 얻을 수 있는 **효용에 대한 기대치**를 말한다. 앞서 (6.1)식에서 기대치 E(W)를 계산할 때는 각 상황별 결과로 주어진 소득(즉, W) 자체를 사용하였다. 그렇지만 기대효용은 상황별 결과로 주어진 소득(W) 자체를 사용하는 것이 아니라 그 상황별 결과로 주어진 소득(W)으로부터 얻을 수 있는 효용, 즉 U(W)를 사용하여 기대치를 계산한다는 점에 차이가 있다.

기대효용은 어떤 상황이 발생하였을 때 그 결과로 주어진 소득(W)으로부터 얻는 효용, U(W)를 그 상황이 발생할 확률(p)로 곱하여 합계한 값이다. **기대효용**을 **EU(W)**로 표기하면 다음과 같이 구해진다.

$$EU(W) = \sum_{i=1}^{N} (상황별\ 발생확률,\ p_i) \times [상황별\ 결과의\ 효용,\ U(W_i)]$$

$$EU(W) = p_1 U(W_1) + p_2 U(W_2) + \cdots\cdots + p_N U(W_N) \tag{6.3}$$

(6.3)식에서 각 상황별 결과에 대한 효용수준을 나타내는 **U(W)**의 모양이 제3장 2절에서 배운 일반적인 효용함수의 형태와 같다. 그렇지만 폰 노이만-모겐슈테른에 의해 정립된 것이기 때문에 기대효용의 계산에 사용된 **U(W)**와 같은 효용함수를 **폰 노이만-모겐슈테른의 효용함수**(utility function) 또는 **기대효용함수**(expected utility function)라고 부른다.

(3) 복권의 구입 결정

이제 복권(L, lottery)에 대한 기대효용을 이용하여 어떤 사람이 복권을 구입할 것인가 하지 않을 것인가를 선택하는 행위를 알아보자.

먼저 복권에 대한 기대효용을 계산해보자. W_1의 상금에 당첨될 확률이 p이고, W_2의 상금에 당첨될 확률이 (1−p)인데, 각 상황별 결과로 주어진 상금 W_1과 W_2에서 얻는 효용수준을 $U(W_1)$과 $U(W_2)$라고 가정하자. 만약 소비자가 이 복권을 구입한다면, 복권(L)에 대한 기대효용, EU(L)은 다음과 같이 구해진다.

$$EU(L) = p \times U(W_1) + (1-p) \times U(W_2) \tag{6.4}$$

(6.4)식에서 소비자가 복권을 구입함으로써 얻는 기대효용, EU(L)은 복권을 구입한 결과의 하나인 W_1로부터 얻는 효용 $U(W_1)$을 확률 p로, 또 다른 한 가지 결과인 W_2로부터 얻는 효용 $U(W_2)$를 확률 $(1-p)$로 각각 가중 평균한 값이다. 이것은 불확실성하에서 복권을 구입하는 경우 예상되는 기대효용의 크기를 나타낸다. 그러므로 복권 구입자에 의한 W_1과 W_2에 대한 효용수준인 $U(W_1)$과 $U(W_2)$가 얼마인지 알면 복권의 기대효용을 계산할 수 있다.

기대효용이론에 의하면, 어떤 사람이 복권을 구입하는 것은 복권을 구입하는 상황(L_1)에서의 기대효용이 구입하지 않는 상황(L_2)에서의 기대효용보다 더 크기 때문이라는 것이다. 마찬가지로 어떤 사람이 보험에 가입하는 경우라면 가입하였을 때의 기대효용이 가입하지 않았을 때의 기대효용보다 더 크다는 것을 의미한다. 앞서 복권의 예에서 복권(L)을 구입하여 당첨되는 경우 2,000원의 상금을 받게 되므로 효용수준은 U(2,000)이고, 당첨되지 않으면 소득이 0원이므로 그 효용은 U(0)이다. 그러므로 복권을 구입하는 경우(L_1)의 기대효용, $EU(L_1)$을 계산하면 다음과 같다.

$$EU(L_1) = 0.6 \times U(0) + 0.4 \times U(2,000)$$

한편 복권을 구입하지 않는 경우(L_2)의 기대효용은 다음과 같다.

$$EU(L_2) = 1 \times U(1,000) = U(1,000)$$

여기서 기대효용이론에 따르면 어떤 사람이 복권(L)을 구입하는 것은 그 사람에게는 $EU(L_1) \geq EU(L_2)$이기 때문이라는 것이다.

2. 위험에 대한 태도와 효용함수의 형태

(1) 위험부담에 대한 태도

① 기대효용의 결정요인

앞서 복권의 예와 같이 기대효용이론에 의하면 불확실성하에서의 선택은 기대효용의 크기에 의해 결정된다. 따라서 똑같은 기회가 주어졌을 때 사람마다 다른 선택을 한다는 것은 사람마다 그 상황에 대한 기대효용의 크기가 다르다는 것을 의미한

다. 그렇다면 (6.3)식이나 (6.4)식의 기대효용 계산식에서 각 상황별 결과(W)에 대한 효용인 $U(W_1)$과 $U(W_2)$의 크기는 어떻게 알아낼 수 있을까?

각 상황별 결과에 대한 효용수준, $U(W)$의 크기는 바로 소비자의 선호체계에 의해 결정된다. 구체적으로는 소비자가 갖고 있는 위험부담에 대한 태도가 각 상황별 결과에 대한 효용수준, $U(W)$의 크기를 결정하는 데 중요한 역할을 한다. 그런데 위험부담에 대한 태도는 사람에 따라서 다르다. 그래서 불확실한 상황에서 위험부담이 따르는 선택행위에 있어서 사람들은 똑같은 기회가 주어져도 그 선택은 사람마다 각각 달라질 수 있다.

② 위험에 대한 태도 구분 기준

기대효용이론에 의하면, 불확실성하에서 소비자는 각 상황별 결과(W)로부터 얻는 효용의 기대치인 **기대효용**과 상황별 결과의 기대치에서 얻는 효용인 **기대치의 효용**을 서로 비교하여 합리적 선택을 하게 된다. 그래서 불확실성하에서 소비자가 각 상황별 결과로부터 얻을 수 있는 기대효용과 기대치의 효용을 비교하여 어느 것을 더 선호하느냐를 기준으로 위험부담에 대한 태도를 구분한다.

복권(L)의 경우를 예로 들어 기대치의 효용 개념에 대해 알아보자. 복권에 대한 기대치, E(L)은 앞서의 (6.2)식에서 $[p \cdot W_1 + (1-p) \cdot W_2]$로 계산한 바 있다. 그러므로 복권에 대한 **기대치의 효용**을 U[E(L)]로 표기하면 다음과 같이 나타낼 수 있다.

$$U[E(L)] = U[p \cdot W_1 + (1-p) \cdot W_2] \tag{6.5}$$

(6.5)식의 복권(L)에 대한 기대치의 효용과 (6.4)식의 복권에 대한 기대효용 개념을 이용하면 소비자들의 위험에 대한 태도를 구분할 수 있다.

위험부담에 대한 사람들의 태도는 다양한 형태를 취하고 있지만, 분석의 편의상 크게 세 가지로 분류한다. 즉 위험을 기피하느냐, 애호하느냐, 중립적이냐에 따라 위험기피적인 사람, 위험애호적인 사람, 위험중립적인 사람으로 구분한다. 기대효용보다 기대치의 효용을 더 선호하면, 즉 EU(L) < U[E(L)]이면 위험기피적인 사람이다. 반면에 기대효용을 기대치의 효용보다 더 선호하면, 즉 EU(L) > U[E(L)]이면 위험애호적인 사람이다. 기대효용과 기대치의 효용이 무차별하면, 즉 EU(L)~

U[E(L)]이면, 위험중립적인 태도를 갖는 사람으로 분류한다.

(2) 기대효용함수의 도식화 : 효용곡선 도출

<그림 6-1>은 앞서 예로 든 복권(L)에 대한 폰 노이만-모겐슈테른의 효용함수를 그림으로 나타낸 것이다. 불확실성하에서 상황별로 발생 가능한 결과인 소득규모 (W)를 가로축에, 그리고 각 상황별 결과로 주어지는 소득(W)에 대한 기대효용, EU(W)와 기대치의 효용, U[E(W)]를 세로축에 나타낸 것이다.

① 기대치의 효용 도식화

<그림 6-1>에서 각 상황별 결과의 기대치에 대한 효용 수준, U[E(W)]를 각각 나타내는 a점과 b점은 순전히 임의로 선택한 점들이다. 즉 a점의 U(0)는 당첨되지 않아 1,000원을 잃고 소득(W)이 0원일 때의 효용이고, b점의 U(2,000)는 당첨금으로 받는 2,000원의 효용을 임의의 수준으로 나타낸 것이다. 왜냐하면 소비자의 선호체계(즉, 위험에 대한 태도)에 따라 U(0)와 U(2,000)의 크기가 달라지기 때문이다. 효용함수인 U(W)는 효용수준을 나타내기 때문에 1,000원을 잃고 소득규모가 0원인 결과에 대한 효용 크기가 반드시 U(0)=0일 필요는 없다는 것을 의미한다. 그리고 소득(W)이 증가하면 만족도도 높아지므로, 소득(W)이 클수록 효용수준도 크다. 그래서 효용함수는 소득(W)에 대해 **증가함수**이므로, 그림으로 나타내면 a점과 b점을 연결한 U(W)처럼 우상향하는 모양을 갖게 된다.

② 기대효용 도식화

당첨확률이 0.4인 복권을 구입한 경우(L_1)의 기대효용을 $EU(L_1)$이라고 하면, (6.4)식의 정의에 의해 $EU(L_1)=[0.6 \times U(0)+0.4 \times U(2,000)]$가 된다. 이것은 당첨되지 않는 경우의 효용인 U(0)와 당첨금의 효용수준인 U(2,000)를 각각의 확률로 곱한 가중 평균값이다. 그래서 <그림 6-1>에서 $EU(L_1)$은 a점과 b점을 각 상황별 확률의 비율인 4:6의 비율로 분할하는 c점에서의 높이가 된다. c점에 대응하는 가로축 좌표인 800원은 복권에 대한 기대치이다. 즉 E(L)=(0.6 × 0+0.4 × 2,000)=800원이다.

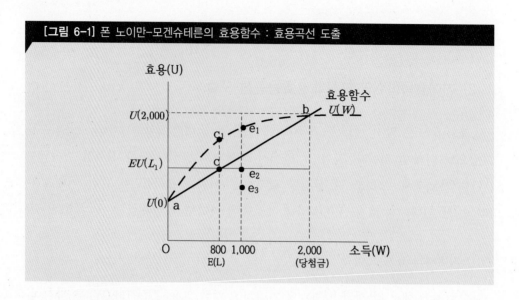

[그림 6-1] 폰 노이만–모겐슈테른의 효용함수 : 효용곡선 도출

일단 두 기준점(a점과 b점)이 정해진 다음에는 어떤 임의의 소득(W)수준에 대한 기대효용의 크기를 나타내는 점의 위치는 소비자의 선호체계에 의해 정해진다. 구체적으로는 소비자가 갖고 있는 위험에 대한 태도가 그 점의 높이(기대효용의 크기)를 결정하는 데 중요한 역할을 한다. 예컨대, **복권을 구입하지 않은 경우**(L_2)의 현금 1,000원(구입가격)에 대한 기대효용의 크기를 나타내는 점의 위치에 대해 알아보자. 현금 1,000원에 대한 기대효용인 EU(1,000)은 U(1,000)의 크기와 같다. 왜냐하면 복권을 구입하지 않는 경우 1000원을 가질 확률이 1이므로, 현금 1,000원으로부터 얻는 기대효용은 EU(1,000) = U(1,000) × 1이기 때문이다. 그런데 소비자의 선호체계(즉, 위험에 대한 태도)에 따라 U(0)와 U(2,000)의 크기뿐만 아니라 복권을 구입하지 않았을 때의 현금 1,000원(복권가격)에 대한 기대효용, U(1,000)의 크기도 사람마다 다르다.

만약 **위험기피자의 경우**처럼 복권을 구입한 경우의 기대효용, $EU(L_1)$보다 복권을 구입하지 않았을 때의 현금 1,000원에 대한 기대효용, U(1,000)의 크기가 더 크다면, U(1,000)의 크기를 나타내는 점은 e_1점처럼 c점보다 높게 위치할 것이다. 반면에 **위험애호자의 경우**처럼 U(1,000)의 크기가 복권구입시의 기대효용, $EU(L_1)$수준보다 작다면 e_3점처럼 c점보다 낮게 위치할 것이다. 한편 **위험중립자의 경우**처럼 U(1,000)의 크기가 복권구입시의 기대효용, $EU(L_1)$과 같다면, e_2점처럼 c점과 같은 높이에 위치할 것이다.

위와 같은 도출과정을 임의의 다른 소득(W)수준에 대해서도 계속 반복해서 적용할 수 있다. 다른 소득수준에 대해 똑같은 도출과정을 반복하면 각각의 기대효용의 크기에 위치하는 점들을 얻을 수 있다. **위험기피자의 경우**에는 위와 같은 과정을 거쳐 얻은 점들(a, c_1, e_1, b 등)을 연결하면 <그림 6-1>에서 굵은 점선으로 표시된 곡선을 얻게 된다. 이것이 바로 위험기피적인 사람의 폰 노이만-모겐슈테른의 기대효용함수를 그림으로 표현한 **효용곡선**이 된다.

(3) 위험에 대한 태도와 효용함수 형태

이제 기대효용과 기대치의 효용을 이용하여 소비자의 위험에 대한 태도에 따른 효용함수의 형태와 그 특성에 대해 알아보자. <그림 6-2>, <그림 6-3>, <그림 6-4>는 위험부담에 대한 태도에 따른 폰 노이만과 모겐슈테른의 효용함수를 그림으로 나타낸 **효용곡선**이다.

① 위험기피자 : 오목한 형태의 효용곡선 $= U_1(W)$

만약 위험기피적인 사람이라면 위험이 있는 불확실한 복권을 갖는 것보다는 위험이 없는 확실한 소득(복권 상금의 기대치에 해당하는 소득)을 갖는 쪽을 더욱 선호할 것이다. 왜냐하면 위험기피자의 입장에서 볼 때 복권의 기대효용, $EU(L)$이 복권 상금의 기대치가 주는 효용, $U[E(L)]=U(800원)$보다 작기 때문이다. 즉 $EU(L)$ < $U(800)$이다. 이것은 복권의 기대효용 계산식인 (6.4)식과 기대치의 효용을 계산하는 (6.5)식을 이용하면 다음과 같이 표현할 수 있다.[8]

$$EU(L) \; < \; U[E(L)]$$
$$p \cdot U(W_1) + (1-p) \cdot U(W_2) \; < \; U[p \cdot W_1 + (1-p) \cdot W_2] \tag{6.6}$$

위험기피적인 태도를 나타내는 이러한 형태의 효용함수를 그림으로 나타내면, 효

---

8) 위험기피적인 태도를 나타내는 (6.6)식의 조건은 수학에서 강오목함수(strictly concave function)의 정의와 일치한다. 그래서 위험기피자의 효용곡선은 오목한 모양을 갖는다.

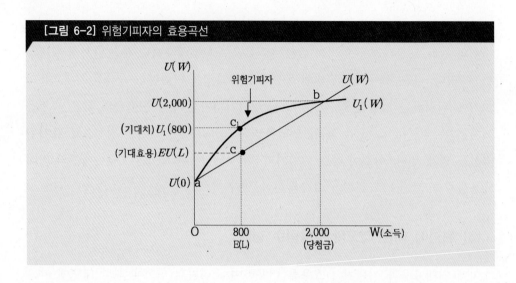

[그림 6-2] 위험기피자의 효용곡선

용곡선은 <그림 6-2>에서 $U_1(W)$와 같이 소득규모를 나타내는 가로축에 오목하게
우상향하는 모양을 갖게 된다. 이 경우 소득(W)이 증가할수록 한계효용, **MU(W)**는
감소한다.

<그림 6-2>에서 위험기피자의 경우, 복권의 기대치(현금 800원)에 대한 효용인
$U_1(800)$의 크기를 나타내는 c_1점이 복권의 기대효용, EU(L)의 크기를 나타내는 c점
보다 높게 위치한다. 이것은 위험이 있는 불확실한 복권보다 확실한 소득을 더 선호
하기 때문에 복권을 구입하지 않는다는 것을 의미한다. 이렇게 오목한 형태의 효용
함수를 갖고 있는 사람들은 위험이 존재하는 불확실성보다는 확실성을 더 선호하기
때문에 **위험기피자**라고 한다.

② 위험중립자 : 직선 형태의 효용곡선 = $U_2(W)$

한편 위험에 중립적인 사람이라면 복권 상금의 기대치(800원)를 확실하게 갖는
것과 위험이 있는 복권을 갖는 것에 대해 무차별할 것이다. 왜냐하면 위험중립자의
입장에서는 불확실한 복권의 기대효용과 확실한 소득(복권의 기대치와 같은 현금)
에 대한 효용이 같기 때문이다. **EU(L)=U(800원)**이다. 이러한 관계는 복권의 기대
효용 계산식인 (6.4)식과 기대치의 효용을 계산하는 (6.5)식을 이용하면 다음과 같이
표현할 수 있다.

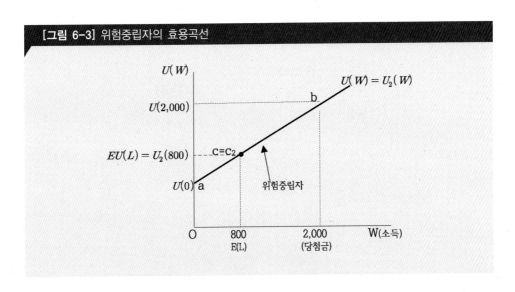

[그림 6-3] 위험중립자의 효용곡선

$$p \cdot U(W_1) + (1-p) \cdot U(W_2) \ = \ U[p \cdot W_1 + (1-p) \cdot W_2] \tag{6.7}$$

위험중립적인 태도를 나타내는 (6.7)식과 같은 형태의 효용함수를 그림으로 나타내면, <그림 6-3>에서 $U_2(W)$처럼 a점과 b점을 연결한 직선의 모양을 갖게 된다. 이 경우 소득이 증가하더라도 한계효용, **MU(W)**는 일정하다.

이 경우 복권의 기대치에 대한 효용, $U_2(800)$의 크기가 복권의 기대효용, EU(L)의 수준을 나타내는 c점의 높이와 같게 나타난다. 이러한 직선 형태의 효용함수를 갖고 있는 사람은 확실한 소득과 위험이 존재하는 불확실한 복권에 대해 무차별하기 때문에 **위험중립자**라고 한다.

③ 위험애호자 : 볼록한 형태의 효용곡선 = $U_3(W)$

한편 위험부담을 즐기는 사람이라면 확실한 소득을 갖는 쪽보다는 위험이 있는 불확실한 복권을 갖는 것을 더욱 선호할 것이다. 왜냐하면 위험애호자의 입장에서는 복권의 기대효용이 확실한 소득(복권의 기대치에 해당하는 현금)에 대한 효용보다 크기 때문이다. **EU(L) 〉 U(800원)**이다. 이러한 관계는 (6.4)식과 (6.5)식을 이용하면 다음과 같이 표현할 수 있다.

$$[p \cdot U(W_1) + (1-p) \cdot U(W_2)] \ > \ U[p \cdot W_1 + (1-p) \cdot W_2] \tag{6.8}$$

위험애호적인 태도를 나타내는 (6.8)식과 같은 형태의 효용함수를 그림으로 나타

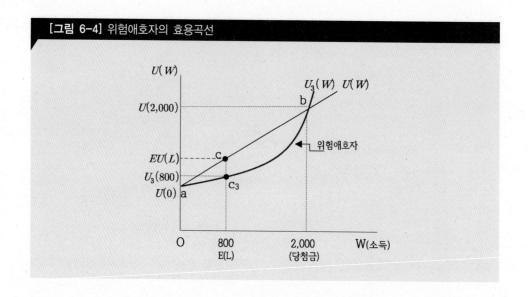

[그림 6-4] 위험애호자의 효용곡선

내면, <그림 6-4>에서 $U_3(W)$처럼 소득규모를 나타내는 가로축에 볼록하게 우상향하는 모양을 갖게 되어, 소득이 증가할수록 한계효용, $MU(W)$도 증가한다.

이 경우 확실한 소득인 복권의 기대치에 대한 효용인 $U_3(800)$의 크기를 나타내는 c_3점이 복권의 기대효용인 $EU(L)$을 나타내는 c점보다 낮게 위치하게 된다. 이것은 복권의 기대치에 해당하는 확실한 현금보다는 불확실한 복권을 더 선호하기 때문에 복권을 구입한다는 의미이다. 이러한 볼록한 형태의 효용함수를 갖는 사람은 확실성보다는 오히려 위험이 존재하는 불확실성을 더 선호하기 때문에 **위험애호자**라고 한다.

이상에서 위험에 대한 태도에 따라 효용함수의 형태가 위험기피적인 경우에는 가로축에 오목한 형태이고, 위험애호적인 경우에는 볼록한 형태이며, 위험중립적인 경우에는 우상향하는 직선의 형태가 된다는 것을 확인할 수 있다.

3. 확실성 등가소득과 위험프리미엄

(1) 확실성 등가소득

① 확실성 등가소득의 개념

위험에 대한 태도에 따라 소비자의 효용함수가 어떻게 다르게 나타나는지를 알아보았다. 이제 이러한 내용을 바탕으로 위험에 대한 태도에 따라 소비자들이 위험

(risk)을 어떻게 평가할 것인가에 대해서도 알아보자. 이것을 알아보기 위해서는 확실성 등가소득이라는 개념을 알아야 한다.

복권의 예에서 위험기피적인 사람의 효용함수를 고려해보자. 위험기피자는 기대치가 800원이지만 위험이 있는 불확실한 복권보다는 확실한 소득(복권의 기대치와 같은 금액)의 현금 800원을 더 선호한다. 따라서 위험기피자의 입장에서는 복권의 가격(1,000원)이 너무 비싼 것이고, 복권의 가격이 떨어지지 않는다면 복권을 구입하지 않을 것이다.

그렇다면 **위험기피자가 복권을 구입하기 위해 지불할 용의가 있는 가격은 얼마일까?** 이것은 복권의 기대효용인 EU(L)과 동일한 크기의 효용을 주는 확실한 금액(W_C)을 찾으면 된다. 즉 이 금액은 EU(L) = U(W_C)를 만족하는 W_C에 해당하는 금액이다. 이 확실한 금액(W_C)은 불확실한 복권과 효용수준에서 아무런 차이가 없기 때문에 복권과 교환할 용의가 있는 금액이 되는데, 이 금액을 그 복권의 **확실성 등가소득**(certainty equivalent income, CE)이라고 한다. **확실성 등가소득**(CE)은 불확실한 복권의 기대효용과 똑같은 크기의 효용을 주는 확실한 소득(W)의 크기를 의미한다.

② 위험에 대한 태도와 확실성 등가소득의 크기

<그림 6-5>를 통해 위험에 대한 태도가 서로 다른 소비자들의 확실성 등가소득(CE)에 대해 알아보자. <그림 6-5>에서 복권의 기대효용 수준은 세로축에 표시된 EU(L)의 높이임을 알 수 있다. EU(L)의 기대효용과 동일한 수준의 효용을 주는 확실한 금액을 찾기 위해서는 EU(L) 수준에서 수평선을 그어 각각의 효용함수 U(W)와 만나는 점을 찾아 그에 대응하는 소득(W)수준을 찾으면 된다.

위험기피자의 경우에는 EU(L) 수준에서 그은 수평선이 기대효용곡선 U_1(W)와 만나는 점(d_1)을 찾으면 된다. 이 d_1점에 대응하는 수준의 확실한 금액이 바로 위험기피자의 이 복권에 대한 확실성 등가소득(CE)인데, d_1점에 대응하는 가로축 크기인 CE_1이 된다. 이것은 위험기피자의 경우 기대치인 800원인 복권의 가격이 CE_1보다 높으면 복권을 구입하지 않는다는 의미이다.

위험애호자의 경우에는 효용곡선이 U_3(W)이므로 복권의 기대효용인 EU(L)와 동

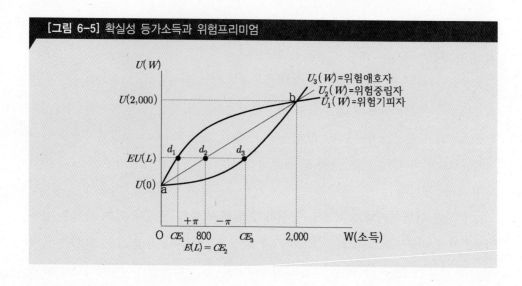

[그림 6-5] 확실성 등가소득과 위험프리미엄

일한 효용을 주는 확실한 금액인 확실성 등가소득은 d_3점에 대응하는 가로축의 크기인 CE_3가 된다. 이것은 위험애호자의 경우 복권의 가격이 복권의 기대치보다 높더라도 CE_3수준(최대지불용의가격)이 될 때까지는 복권을 계속 구입한다는 의미이다.

위험중립자의 경우에는 효용곡선이 $U_2(W)$이므로 복권의 기대효용인 $EU(L)$와 동일한 효용을 주는 확실한 금액인 확실성 등가소득은 d_2점에 대응하는 가로축의 크기인 CE_2가 되어, 복권의 기대치와 같게 된다. 이것은 위험중립자의 경우 복권의 가격이 적어도 복권의 기대치와 같아야 복권을 구입한다는 의미이다.

(2) 위험프리미엄

① 위험프리미엄의 개념

확실성 등가소득(CE)과 관련된 개념으로 위험프리미엄이라는 개념이 있다. **위험프리미엄**(risk premium)은 소비자가 불확실성하에서 선택할 때 위험부담을 회피하기 위해 지불할 용의가 있는 금액인데, 이것은 **위험비용**(cost of risk)을 의미한다.

복권의 경우 위험프리미엄은 위험이 있는 불확실한 복권을 확실한 소득(현금)으로 교환하기 위해 지불할 용의가 있는 금액이다. 따라서 복권에 대한 **위험프리미엄**(π)은 불확실한 복권의 기대치 E(L)과 확실성 등가소득(CE)의 차이를 의미한다.

$$위험프리미엄(\pi) = E(L) - CE \tag{6.9}$$

다른 한편으로 위험프리미엄(π)은 소비자가 위험부담을 감수하는 보상으로 더 받아야 하는 금액을 의미한다고 볼 수도 있다. 그런 의미에서 위험프리미엄(π)의 크기도 소비자가 위험부담에 대해 어떠한 태도를 가지느냐에 따라 달라진다.

② 위험에 대한 태도와 위험프리미엄의 크기

<그림 6-5>에서 소비자의 위험에 대한 태도에 따라 위험프리미엄의 크기가 어떻게 다른지를 살펴보자. 위험중립자의 경우에는 복권에 대한 기대치 $E(L)$와 확실성등가소득(CE_2)이 항상 같기 때문에 위험프리미엄(π)은 항상 0이다.

그러나 위험기피자의 경우에는 불확실한 복권에 대한 기대치인 $E(L)$가 확실성등가소득인 CE_1보다 크기 때문에 위험프리미엄은 항상 양(+)의 값을 갖는다.

반면에 위험애호적인 사람의 경우에는 기대치인 $E(L)$보다도 확실성 등가소득(CE_3)이 더 크기 때문에 위험프리미엄(π)은 항상 음(−)의 값을 갖게 된다. 이것은 위험애호자가 확실한 기대치에 웃돈을 얹어서라도 복권을 구입할 용의가 있다는 것을 의미한다. 예컨대, 앞서의 예에서 복권의 상금에 대한 기대치(800원)이 복권의 구입가격(1,000원)보다 작은 데도 불구하는 구입하는 것은 바로 위험애호자가 웃돈을 얹어주고 구입하는 것과 같은 것이다.

제3절 상황−선호접근법

1. 상황조건부 상품과 상품공간

(1) 상황−선호접근법의 의의

앞서의 기대효용이론에서는 불확실성하에서의 선택기준으로 기대효용 개념을 이용한다. 그런데 상황-선호접근법은 불확실성하에서의 소비자의 최적선택을 상황조건부 상품과 무차별곡선 개념을 이용하여, 상황조건부 상품에 대한 선택의 문제로

접근하는 방식이다. 그런 면에서 상황-선호접근법은 기존의 무차별곡선이론과 유사한 분석기법이라 할 수 있다. 상황조건부 상품이라는 개념을 이용하면, 불확실성하에서의 소비자의 최적선택을 기존 무차별곡선이론에서와 같이 예산선과 무차별곡선을 이용하여 분석할 수 있다.

또한 기존의 무차별곡선이론에서와 같이 상황-선호접근법에서도 소비자는 주어진 예산제약하에서 자신의 기대효용을 극대화한다고 가정하고 있다. 그러나 상황-선호접근법과 기존의 무차별곡선이론은 소비자가 선택해야하는 대상에 근본적인 차이가 있다. 기존의 무차별곡선이론에서는 현재 구입할 수 있는 두 상품의 조합을 선택하지만, 반면에 상황-선호접근법에서는 실현되는 상황에 따라 그 크기가 달라지는 **상황조건부 상품**을 선택한다는 점에서 차이가 있다.

(2) 상황조건부 상품과 상품공간

그럼 불확실성하에서 소비자가 선택의 대상으로 이용하는 상품인 상황조건부 상품이란 무엇일까? **상황조건부 상품**(state contingent commodity)은 불확실성하에서 소비자가 선택할 수 있는 여러 가지 상황이 존재하고, 그 상황집합 중에서 실현된 상황에 따라 그 결과의 크기가 달라지는 상품을 말한다. 예컨대, 화재보험의 경우 보험가입자는 일정한 보험료를 납부한 후 화재가 발생하면 보험금을 받지만, 화재가 발생하지 않으면 보험금을 받지 못한다. 이처럼 화재가 발생하느냐 발생하지 않느냐의 상황에 따라 되돌려 받는 금액이 달라지기 때문에 화재보험은 상황조건부 상품이다. 물론 복권의 경우에도 역시 당첨되느냐 되지 않느냐의 상황에 따라 가치가 달라지기 때문에 상황조건부 상품이다.

이제 화재보험의 경우, 건물주(보험가입자)의 재산상황을 상황조건부 상품을 이용하여 상품공간에 표현해보자. 화재가 발생하는 상황 1에서의 재산(W_1)과 발생하지 않는 상황 2에서의 재산(W_2)을 각각 하나의 상황조건부 상품으로 취급하면, 보험가입자의 재산상황은 두 가지 상황조건부 상품의 조합으로 표현할 수 있다. 즉 W_1과 W_2의 보유량을 (W_1, W_2)로 나타낼 수 있는데, 두 가지 상황조건부 상품으로 구성된 **상품묶음**에 해당한다. 그리고 두 가지 상황조건부 상품의 보유량에 따라서 재산상황은 다양하게 변할 수 있는데, 고려할 수 있는 모든 (W_1, W_2)를 포함하는

상황조건부 상품의 특성

상황조건부 상품의 특성은 다음과 같다. 첫째, 상황조건부 상품은 그 결과가 제공되는 상황을 반드시 조건으로 명시하여 판매하는 상품이다. 예컨대, 동전던지기 게임에서 '동전을 던져 앞면이 나오면 1만원을 제공한다' 또는 자동차보험에서 '자동차사고가 나면 최대 1억원까지 보상한다' 라는 식으로 각 상황에 대한 조건과 그 결과를 명시하면 바로 상황조건부 상품이 된다.

둘째, 상황조건부상품은 대부분 그 상품의 물리적 특성이 아니라, 그 상품에 내포되어 있는 상황이 발생할 가능성, 즉 **확률**(probability)에 의해 특성이 결정된다. 예를 들어 자동차보험의 경우 사고가 일어날 확률(p)을 0.1로 하고, 사고가 나지 않을 확률을 0.9로 할 수도 있고, 사고가 일어날 확률을 0.4로 하고, 사고가 나지 않을 확률을 0.6으로 할 수도 있다. 이처럼 동일한 상황에 대해 어떠한 확률(p)을 부여하느냐에 따라 서로 다른 상품이 된다. 물론 각각의 상황에 부여된 확률의 합은 항상 1이 된다.

셋째, 상황조건부상품의 특성은 상품을 제공하는 측과 제공받는 측의 계약에 의해서 만들어진다. 처음부터 일정한 가치를 지닌 상품이 아니라 실제로 명시된 상황이 실현되거나 조건이 충족되었을 때 비로소 계약에 의해 약속한 금액을 요구할 수 있는 권리를 갖는 상품이 된다. 예컨대, 화재보험에 가입하더라도 무조건 보험금을 타는 것이 아니라 화재가 발생하는 상황이 나타날 경우에만 계약상으로 정해진 금액을 보험금으로 청구할 수 있다. 그래서 상황조건부 상품을 **조건부 청구권**(contingent claim)이라고도 한다.

상황집합은 상황조건부 상품으로 구성된 **상품공간**이 된다.

그림으로는 각 상황에 따른 보험가입자의 재산규모를 <그림 6-6>과 같은 상품공간에 나타낼 수 있다. 가로축은 화재가 발생하는 상황 1의 재산규모(W_1)을, 세로축에는 화재가 발생하지 않는 상황 2의 재산규모(W_2)를 나타낸다. 원래의 재산규모가 W_0이고, 화재의 발생확률은 p, 화재로 인한 손실액(loss)은 L원이라고 하자. 화재보험에 가입하지 않은 경우, 화재가 발생하면 L만큼의 손실을 보게 되므로 상황 1의 재산규모(W_1)는 원래의 재산에서 손실만큼 뺀 (W_0-L)가 된다. 반면에 화재가 발생하지 않으면 상황 2의 재산상태(W_2)는 원래의 재산(W_0)이 그대로 유지된다. 그러므로 이러한 두 가지 상황이 <그림 6-6>의 상품공간에서는 a점으로 표시된다. a점은 화재보험에 가입하려고 하는 사람(건물주)의 초기재산상황인 a = (W_0-L, W_0)를 나타낸다. 이것은 화재보험에 가입하려는 건물주의 **초기부존**(initial endowment)에 해당한다.

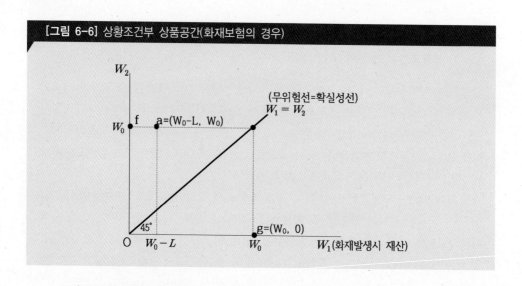

[그림 6-6] 상황조건부 상품공간(화재보험의 경우)

2. 무위험선과 등기대치선

(1) 위험의 크기와 무위험선

이제 <그림 6-6>의 상품공간에 존재하는 점, 즉 상품조합 (W_1, W_2)들이 상품공간상의 위치에 따라서 어떤 특성을 갖는지를 살펴보자. <그림 6-6>에서 45°선상에 위치하는 모든 점은 W_1과 W_2의 크기가 같다. 즉 화재가 발생하든 발생하지 않던 상황에 관계없이 두 가지 상황에서의 재산규모가 항상 똑같은 크기로 확정되어 있는 경우($W_1 = W_2$)이다. 그래서 이 45°선을 **확실성선**(certainty line)이라고 한다. 이처럼 **확실성선**은 어떤 상황이 발생하든지 관계없이 항상 재산의 크기가 동일한 점을 연결한 선이다.

물론 이 확실성선에 위치하는 점들 중에서도 원점에 가까운 점들은 그 재산규모가 작고, 원점에서 멀리 있는 점들은 재산규모가 크다는 차이는 있다. 그러나 확실성선에 위치하는 점들은 모두 화재의 발생 여부가 재산의 크기에 영향을 미치지 않으므로 화재의 위험으로부터 자유로운 상황을 나타낸다. 그래서 이 45°선을 **무위험선**(free-risk line)이라고도 한다.

반면에 무위험선에서 좌우로 떨어져서 가로축이나 세로축에 가까이 있는 점일수록 발생하는 상황에 따라서 재산규모에 큰 차이가 난다. 예컨대, 극단적으로 세로축에 있는 f점은 재산상황이 $f = (0, W_0)$인 점이다. 그러므로 화재가 발생하지 않으면 재산이 W_0이지만, 화재가 발생하면 재산이 0이므로 매우 큰 위험을 내포하고 있는 점이다. 반대로 가로축에 있는 $g = (W_0, 0)$는 화재가 발생하면 재산이 W_0가 되지만, 화재가 발생하지 않으면 재산이 0이 되는 상황을 나타낸다. W_1과 W_2의 수량에 차이가 많이 나는 점일수록 상황에 따라 재산의 크기에 차이가 많이 나고, 그만큼 큰 위험을 안고 있다는 의미이다.

(2) 상황조건부 상품묶음의 기대치와 등기대치선

① 상황조건부 상품묶음의 기대치

W_1과 W_2의 수량이 클수록 이를 가진 화재보험 가입자가 각 상황에서 받을 수 있는 금액(소득)의 크기도 커진다. 상황조건부 상품공간에서 임의의 상품묶음 (W_1, W_2)가 대표하는 재산상황을 기대치로 나타내면 각 상황별 재산의 크기를 비교할 수 있다. 임의의 상품묶음 (W_1, W_2)는 화재가 발생하면 재산의 크기가 W_1이고, 화재가 발생하지 않으면 재산의 크기가 W_2인 점이다. 그리고 화재의 발생확률과 발생하지 않을 확률이 각각 p와 $(1-p)$이라고 가정하자. 그러면 임의의 상황조건부 상품묶음 (W_1, W_2)의 기대치는 (6.4)식을 이용하면 다음과 같이 계산된다.

$$E(W) = p \cdot W_1 + (1-p) \cdot W_2 \tag{6.10}$$

먼저 **보험가입 이전의 초기부존상태**를 나타내는 a점에서 재산의 기대치를 계산해보자. 초기부존인 $a = (W_0-L, W_0)$점은 화재가 발생하는 상황과 발생하지 않는 상황 중에서 어떤 상황이 실현되느냐에 따라 재산의 크기가 달라지므로 불확실성이 내포된 점이다. a점에서 재산의 기대치 $E(W)$는 (6.10)식을 이용하면 다음과 같이 계산된다.

$$E(W) = p \cdot (W_0-L) + (1-p) \cdot W_0 = (W_0-pL) \tag{6.11}$$

이제 **보험가입 이후의 재산**에 대한 기대치를 계산해보자. 화재보험의 보험료가 기대손실액(즉, 손실액 L에 화재발생확률 p를 곱한 액수)과 같은 pL원이고, 화재발생시 손실액(즉, L원)을 **전액보상**해주는 보험상품이 있다고 하자. 이 보험에 가입한

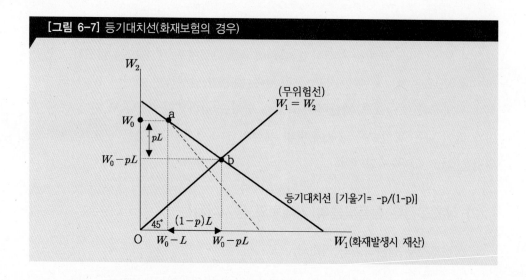

[그림 6-7] 등기대치선(화재보험의 경우)

다면 화재발생 여부와 관계없이 재산의 크기는 항상 원래의 재산(W_0)에서 보험료 (pL)를 뺀 ($W_0 - pL$)가 된다. 따라서 보험에 가입하였을 때 화재가 발생하는 상황 1과 발생하지 않는 상황 2의 재산규모를 <그림 6-7>의 상품공간에 나타내면 무위 험선상의 b점이 된다. 초기부존의 재산규모를 나타내는 a점에서 보험에 가입하게 되면 각 상황의 재산에 영향을 주게 되어 b = ($W_0 - pL$, $W_0 - pL$)점으로 이동하게 된 다. 이 b점은 45°선상에 위치하기 때문에 화재발생 여부와 관계없이 두 가지 상황에 서의 재산규모가 항상 같다. 즉 b점은 불확실성이 내포되지 않는 점이면서 재산의 기대치가 다음과 같이 계산되기 때문이다.

$$E(W) \;=\; p \cdot (W_0 - pL) + (1-p) \cdot (W_0 - pL) \;=\; (W_0 - pL) \qquad (6.12)$$

② 등기대치선의 도출

상품공간에서 기대치가 특정 수준으로 똑같은 상품묶음들을 모두 연결하면 어떤 형태가 될까? <그림 6-7>에서 보험가입자의 초기부존 a점과 똑같은 기대치를 갖는 상품묶음을 알아보자. (6.11)식과 (6.12)식을 통해 알 수 있듯이, a점과 b점에서 재산 의 기대치는 모두 ($W_0 - pL$)로 똑같다. 따라서 a와 b점을 연결하면 하나의 직선이 되는데, 이 직선상에 위치하는 모든 점들은 모두 a점과 똑같은 기대치를 갖게 된다. 이렇게 상황조건부 상품묶음 중에서 기대치가 똑같은 상품묶음을 연결한 선을 **등기**

대치선(iso-expected value line)이라고 한다.

등기대치선은 불확실성하에서 선택대상이 되는 상황조건부 상품묶음 중에서 초기부존 재산(a점)과 똑같은 크기의 기대치를 주는 상황조건부 상품묶음(W_1과 W_2)의 집합을 나타내는 선이라고 정의할 수 있다.

등기대치선은 상황조건부 상품묶음 중에서도 그 기대치인 $E(W_1)$과 $E(W_2)$가 똑같은 상품묶음 (W_1, W_2)의 집합이다. 그러므로 a점이나 b점과 기대치가 동일한 점들은 모두 (6.10)식으로 계산한 기대치가 ($W_0 - pL$)이어야 한다. 즉 $E(W) = p \cdot W_1 + (1-p) \cdot W_2 = (W_0 - pL)$을 충족해야 한다. 이것을 정리하면 등기대치선을 나타내는 (6.13)식을 구할 수 있다.

$$W_2 = -\left(\frac{p}{1-p}\right) \cdot W_1 + \left(\frac{W_0 - pL}{1-p}\right) \tag{6.13}$$

(6.13)식에서 **등기대치선의 기울기**는 두 가지 상황조건부 상품의 실현확률의 비율과 같은 $-p/(1-p)$이다. 등기대치선의 기울기는 각 상황의 실현확률(p)의 크기에 의해 영향을 받게 된다. 상황조건부 상품과 관련된 실현확률(p)이 변하면 등기대치선의 기울기도 변한다. 화재보험의 경우, 화재 발생시 손실액은 동일하면서 화재가 발생할 확률(p)이 높아질수록, 재산의 기대치는 작아진다. 그래서 확률이 높아질수록 재산의 기대치를 나타내는 점은 b점보다 원점에 가까운 쪽에 위치하게 되므로, 등기대치선은 굵은 점선처럼 초기부존(a점)을 중심으로 시계방향으로 회전하게 된다.

3. 소비자의 선호체계

(1) 상황조건부 상품에 대한 무차별곡선

① 개념

<그림 6-6>에서와 같이 (W_1, W_2)로 구성된 상황조건부 상품공간에서 각 점은 상황조건부 상품의 상품묶음이며, 각 상품묶음은 상황에 따라 소비자의 재산(W)이 어떻게 변하는지를 나타낸다. 효용함수 $U(W)$를 이용하면, 상품공간에 있는 **각 상품묶음(W_1, W_2)에 대한 기대효용**은 다음과 같은 식으로 구할 수 있다.

$$EU(W_1, W_2) = p \cdot U(W_1) + (1-p) \cdot U(W_2) \qquad (6.14)$$

이제 상황조건부 상품에 대한 무차별곡선(이하 **상황조건부 무차별곡선**)에 대해 알아보자. (6.14)식으로 구해지는 상황조건부 상품묶음에 대한 기대효용을 이용하면 소비자의 선호체계를 상품공간에서 무차별곡선으로 표현할 수 있다. 각 상황별 재산의 크기인 W_1과 W_2를 각각 별개의 상품으로 생각하면, 앞서 소비자이론에서 배운바 있는 일반상품에 대한 무차별곡선과 동일한 개념이 된다. 즉 **상황조건부 상품에 대한 무차별곡선**은 상황조건부 상품공간에서 **동일한 기대효용** $EU(W_1, W_2)$를 가져다주는 상품묶음 (W_1, W_2)들을 연결한 궤적이다.

② 특성

상황조건부 상품의 무차별곡선은 어떤 특성을 가지고 있을까? 기존 소비자이론에서 배운 일반 상품에 대한 무차별곡선은 네 가지 특성을 가지고 있다. 첫째, 우하향하며, 둘째, 원점에서 멀리 떨어져 있을수록 더 높은 만족수준을 나타내고, 셋째, 서로 교차하지 않으며, 넷째, 원점에 대해 볼록하다는 것이다. 이러한 기존 무차별곡선의 네 가지 특성을 상황조건부 무차별곡선도 그대로 가지고 있다. 또한 상황조건부 무차별곡선은 추가적인 특성을 하나 더 가지고 있다. 무차별곡선이 무위험선상에서 반드시 등기대치선과 접한다는 특성이다.

첫째, 상황조건부 무차별곡선도 우하향한다. 어떤 상황에서나 재산이 증가하면 만족도가 커진다, 그래서 한 가지 상황에서의 재산이 증가한 상태에서 동일한 만족수준을 유지하려면 다른 상황에서의 재산은 감소해야하기 때문에 상황조건부 무차별곡선도 우하향하게 된다. 화재보험의 경우, 상황 1의 재산(W_1)이 증가하면 그 효용 $U(W_1)$도 증가한다. W_1이 증가할 때 각 상황별 확률은 변하지 않으면 화재보험에 대한 기대효용이 동일한 수준으로 유지되기 위해서는 상황 2의 재산(W_2)이 감소하여야 한다. 그래서 상황조건부 무차별곡선도 우하향해야 한다.

둘째, 상황조건부 무차별곡선도 원점에서 멀수록 더 높은 만족수준을 나타낸다. 상황조건부 상품(W_1과 W_2)은 각 상황에서 주어지는 일정한 크기의 재산을 나타낸다. W_1과 W_2가 커질수록 재산이 증가하므로 만족도와 효용이 커지게 된다. 그러므로 원점에서 멀리 떨어져 있는 상황조건부 상품(W_1과 W_2)에 대한 무차별곡선도 더 높은 만족수준을 나타내는 특성을 갖는다.

셋째, 서로 교차하지 않는다는 특성도 무차별곡선의 정의에 따른 것이므로 상황조건부 상품의 무차별곡선에 대해서도 그대로 성립한다.

넷째 특성인 원점에 대해 볼록하다는 것은 상황조건부 상품의 무차별곡선에 대해서는 그대로 적용되지 않는다. 왜냐하면 상황조건부 무차별곡선은 <그림 6-8>에서 볼 수 있는 바와 같이 소비자의 위험에 대한 태도에 따라 그 형태가 달라지기 때문이다. 그렇다면 위험에 대한 태도에 따라 상황조건부 무차별곡선의 형태는 어떻게 달라질까?

(2) 위험에 대한 태도와 무차별곡선의 형태

위험에 대한 태도에 따른 무차별곡선의 형태를 상황조건부 무차별곡선의 한계대체율을 이용하여 알아보자. 일반상품 사이의 한계대체율은 두 상품의 한계효용(MU)의 비율이다(3.4식 참조). 두 상황조건부 상품(W_1과 W_2)에 대한 **한계대체율**(MRSw$_1$w$_2$)을 (6.14)식의 기대효용함수에서 구하면 다음과 같다.[9]

$$\text{MRSw}_1\text{w}_2 \left[= \frac{\Delta W_2}{\Delta W_1} \right] = \frac{MU(W_1)}{MU(W_2)} \left[= \frac{pEU'(W_1)}{(1-p)EU'(W_2)} \right] \tag{6.15}$$

(6.15)식의 상황조건부 상품에 대한 한계대체율(MRSw$_1$w$_2$)이 확실성하에서의 일반상품에 대한 한계대체율과 다른 점은 **한계기대효용**, EU'(W)에 확률(p)이 가중치로 부여되어 있다는 점이다.

이제 상황조건부 상품에 대한 한계대체율(MRSw$_1$w$_2$)을 이용하여 위험에 대한 태도에 따라 무차별곡선의 형태가 어떻게 달라지는지 알아보자.

첫째, **위험기피자의 경우** 효용함수는 앞서 (6.6)식과 같이 오목한 형태이다. 이처럼 소비자의 효용함수가 오목함수일 경우, 상황조건부 상품공간에서도 재산(W)이 증가함에 따라 그 한계효용, MU(W)는 체감한다. 그러므로 위험기피자의 경우

---

9) 조건부 상품묶음에 대한 기대효용함수인 EU(W)=p · U(W_1)+(1−p) · U(W_2)를 W_1과 W_2에 대해 편미분하여 한계효용 MU(W)를 구한다. W_1의 한계효용=p · EU'(W_1), W_2의 한계효용=(1−p)EU'(W_2)가 구해진다. 단, EU'(W_1)=[$\partial EU(W)/\partial W_1$], EU'($W_2$)=[$\partial EU(W)/\partial W_2$].

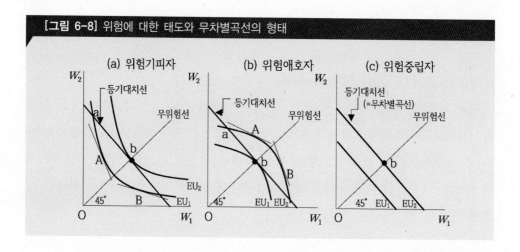

[그림 6-8] 위험에 대한 태도와 무차별곡선의 형태

<그림 6-8> (a)에서와 같이 무차별곡선을 따라 W_1을 늘리고 W_2를 줄이는 방향으로 A점에서 B점으로 이동하면, 분자에 있는 W_1의 한계효용, $MU(W_1)$은 감소하고, 분모에 있는 W_2의 한계효용, $MU(W_2)$는 증가하게 된다. 그래서 (6.15)식의 한계대체율이 체감하기 때문에 위험기피자의 무차별곡선은 원점에 대하여 볼록하다. 이 경우 위험기피자는 등기대치선상의 점들 중에서도 무위험선(확실성선)상의 b점을 가장 선호한다.

둘째, **위험애호자의 경우** 효용함수가 (6.8)식과 같이 볼록함수이므로 재산이 증가함에 따라 그 한계효용, $MU(W)$는 체증한다. 그러므로 W_1을 늘리고 W_2를 줄이는 방향으로 이동하면, $MU(W_1)$은 증가하고, $MU(W_2)$는 감소한다. 그래서 (6.15)식에서 우변의 분자는 커지고 분모는 작아지게 되므로 한계대체율($MRSw_1w_2$)은 체증한다. 그래서 무차별곡선이 <그림 6-8> (b)처럼 원점에 대해 오목하게 그려진다. 이런 경우 등기대치선상의 점들 중에서는 무위험선에서 멀리 떨어져 있는 점일수록 선호한다. b점보다는 a점을 더 선호한다.

셋째, **위험중립자의 경우** 효용함수가 (6.7)식과 같이 직선의 모양이므로 재산이 증가하더라도 한계효용, $MU(W)$는 일정하다. 그러므로 (6.15)식에서 우변의 분자와 분모에 있는 $MU(W_1)$과 $MU(W_2)$가 서로 같기 때문에 약분되어 없어진다. 그 결과로 한계대체율($MRSw_1w_2$)도 일정하게 $[p/(1-p)]$가 된다. <그림 6-8> (c)처럼 위험중립자의 무차별곡선은 기울기가 일정한 직선으로 그려지며 등기대치선과 일치한다. 위험중립자에게는 W_1과 W_2가 완전대체재임을 의미한다.

(3) 상황조건부 무차별곡선의 추가 특성

상황조건부 무차별곡선은 위험에 대한 태도에 따라 그 형태가 달라진다. 한편 상황조건부 무차별곡선은 네 가지 특성 외에 다른 한 가지 특성을 더 갖는다. 상황조건부 무차별곡선은 개별 소비자의 위험에 대한 태도와 관계없이 무위험선상에서는 등기대치선과 접하고 기울기가 일치하게 된다.

만약 이러한 특성을 갖지 않는다면 <그림 6-9>에서처럼 무위험선상의 점 c에서 무차별곡선과 등기대치선이 서로 교차하는 경우가 발생한다. 예컨대, 위험기피자의 무차별곡선처럼 원점에 볼록하여 한계대체율($MRS_{w_1w_2}$)이 체감하게 되면, <그림 6-9>에서와 같이 c점에서 뿐만 아니라 a점에서도 반드시 무차별곡선이 등기대치선과 다시 교차하게 된다. 이 때 점 a와 c는 동일한 등기대치선상의 점이므로 동일한 기대치를 갖게 된다. 그러나 c점은 무위험선(확실성선)상의 점이고, a점에는 불확실성이 포함되어 있는 점이다. 따라서 위험기피적인 사람에게 는 a점과 c점이 무차별할 수 없다. 왜냐하면 비록 확실한 재산 상태인 c점과 불확실한 재산 상태인 a점에서의 기대치가 동일하다고 하더라도, 위험기피자는 위험을 싫어하고 확실한 재산을 선호하기 때문이다. 그러므로 <그림 6-9>에서와 같이 상황조건부 무차별곡선이 무

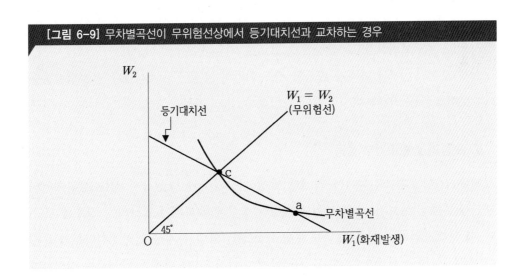

[그림 6-9] 무차별곡선이 무위험선상에서 등기대치선과 교차하는 경우

위험선상에서 등기대치선과 접하지 않고 교차하게 되면, 위험기피자가 불확실한 재산과 확실한 재산에 대해 무차별하다는 모순이 생긴다. 그러므로 상황조건부 무차별곡선은 무위험선상에서 반드시 등기대치선과 접하게 된다.

이상의 내용을 요약하면 상황조건부 무차별곡선의 특성은 다음과 같다. 첫째, 우하향하며, 둘째, 원점에서 멀리 떨어져 있을수록 더 높은 만족수준을 나타내고, 셋째, 다른 무차별곡선과 서로 교차하지 않으며, 넷째, 소비자가 위험기피적이면 원점에 대해 볼록하고, 위험중립적이면 직선이고, 위험애호적이면 원점에 대해 오목하고, 다섯째, 무위험선상에서 반드시 등기대치선과 접한다.

4. 보험상품의 최적선택

(1) 보험의 조건과 상황조건부 상품

① 보험의 조건

화재보험의 사례를 이용하여 상황조건부 상품의 최적선택에 대해 알아보자. 어떤 건물주가 원래 W_0원의 가치를 지닌 주택을 소유하고 있는데, 이 주택에서 화재가 발생할 확률은 p이고, 화재발생시 손실액은 L원이라고 하자. 화재보험에 가입한 경우 화재가 발생했을 때 상당한 액수의 **보험금**(coverage)을 보상해준다. 그 대신 보험가입자는 미리 정해진 일정금액을 **보험료**(premium)로 보험회사에 납부하여야 한다. 보험가입자는 보험금의 크기를 자신이 선택할 수 있지만, 그 대신에 보험금의 일정 비율(즉, **보험료율**)로 산정된 보험료를 지급하여야 한다.

실제 보험회사에서 화재가 발생할 경우 B원의 보험금을 보상해주는 보험상품을 α의 보험료율을 적용하여 $\alpha \cdot B$원의 보험료를 받고 판매하고 있다고 하자.

② 보험의 상황조건부 상품

위와 같은 보험조건하에서 화재가 발생하는 상황과 발생하지 않는 상황에서의 재산에 대해 알아보자. 우선 보험에 가입한 상황에서 화재가 발생하는 경우를 보자. 이 때 보험가입자는 이미 납부한 보험료($\alpha \cdot B$원) 외에 화재로 인해 L원만큼의 손실이 발생해야만 보험금으로 B원을 지급받게 된다. 따라서 화재가 발생하는 상황에서의 재산은 $W_1 = (W_0 - \alpha \cdot B - L + B)$가 된다.

한편 화재가 발생하지 않을 경우, 보험료는 이미 납부했지만 보험금은 지급받지 못하는 상황이다. 그러므로 화재가 발생하지 않는 상황에서의 재산(W_2)은 원래의 재산에서 납부한 보험료를 뺀 나머지인 $W_2 = (W_0 - \alpha \cdot B)$가 된다.

이러한 상황에서 보험에 가입할 경우 얼마짜리 보험금(B)을 선택해야할까? 보상받는 보험금(B)의 크기가 클수록 납부해야하는 보험료도 올라간다.

기대효용이론에 의하면 보험가입에 따른 기대효용을 극대화하는 수준을 최적선택하면 된다. 보험가입에 따른 기대효용은 (6.16)식으로 계산된다. 기대효용이론에 의하면 (6.16)식에서 기대효용을 극대화하는 수준의 보험금(B)을 찾으면 된다.

$$EU(W) = p \cdot U(W_0 - \alpha \cdot B - L + B) + (1-p) \cdot U(W_0 - \alpha \cdot B) \qquad (6.16)$$

그러나 상황-선호접근법에서는 각 상황에서의 재산을 하나의 상황조건부 상품으로 취급하고, 상황조건부 예산선과 무차별곡선을 이용하여 최적선택을 찾는다. 화재가 발생할 경우의 재산(W_1)과 화재가 발생하지 않을 경우의 재산(W_2)이 각각 상황조건부 상품이 된다. 화재보험 가입에 따라 발생할 수 있는 각 상황에서의 재산규모를 다시 정리하면 다음과 같다.

$$W_1 = (W_0 - \alpha \cdot B - L + B) \qquad (6.17)$$
$$W_2 = (W_0 - \alpha \cdot B) \qquad (6.18)$$

위 두 식에서 각 상황의 재산(W_1과 W_2)은 보상받는 보험금(B)의 값이 변하면 그에 따라 달라진다. 따라서 보험가입자가 보험금(B)의 크기를 선택하는 것은 각 상황에서의 재산인 W_1과 W_2의 상품묶음(W_1, W_2)을 선택하는 것과 같다.

(2) 보험가입자의 예산제약과 예산선

① 예산제약

화재보험에서 상황조건부 상품인 W_1과 W_2를 어떻게 조합해서 선택하는 것이 기대효용을 극대화할 수 있을까? 보험가입자의 최적선택 상품조합을 찾기 위해서는 먼저 보험가입자가 직면하는 **예산제약**에 대해 알아야 한다. 왜냐하면 소비자는 **주**

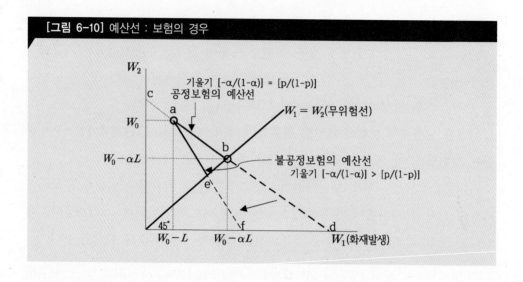

[그림 6-10] 예산선 : 보험의 경우

어진 예산제약하에서 자신의 기대효용을 극대화하기 때문이다. 보험시장에서 보험 가입자가 직면하는 예산제약에 대해 알려면, 보험금(B)의 크기가 변화할 때 W_1과 W_2의 크기가 어떠한 관계를 가지고 변하는지를 알아야 한다. 그것은 (6.17)식과 (6.18)식을 이용하면 알 수 있다. 먼저 (6.18)식을 보험금(B)에 대해 정리한 후, 그 결과를 (6.17)식에 대입하여 정리하면 (6.19)식을 얻게 된다.

$$\alpha \cdot W_1 + (1-\alpha)W_2 = W_0 - \alpha \cdot L \qquad (6.19)$$

(6.19)식이 보험가입자가 직면하는 **예산제약**이 된다. 그러므로 보험가입자는 이 예산제약하에서 (6.16)식의 기대효용을 극대화하면 된다.

② 예산선

보험가입자의 예산제약식인 (6.19)식을 정리하여 예산선을 도출해보자. (6.19)식을 정리하면 <그림 6-10>의 상황조건부 상품공간에 그려진 보험가입자의 **예산선**을 나타내는 (6.20)식을 얻게 된다.

$$W_2 = \frac{(W_0 - \alpha L)}{(1-\alpha)} - \frac{\alpha}{(1-\alpha)} W_1 \qquad (6.20)$$

(6.20)식의 예산선은 초기부존상태인 a점을 지나고, 기울기는 $[-\alpha/(1-\alpha)]$이다.

그러므로 보험료율(α)이 변하면 예산선의 기울기가 변하게 된다. 보험료율(α)이 커질수록 예산선은 초기부존 a점을 중심으로 시계방향으로 회전하게 된다.

보험시장에서 예산선은 다음과 같은 특성을 갖는다. 첫째, (6.17)식과 (6.18)식에서 알 수 있듯이 보험금(B)이 많은 것을 선택할수록 W_1은 커지고, W_2는 작아진다. 따라서 B가 커지는 것은 <그림 6-8>에서 예산선(즉, 선분 ab)을 따라 오른쪽 아래로 이동하는 것으로 나타난다. 둘째, 화재가 발생하지 않을 경우에도 재산은 원래의 재산(W_0)을 초과할 수 없다. 그래서 a점보다 위에 있는 점선 a~c 구간은 예산선에 포함되지 않는다. 셋째, 현실적으로 보험금이 손실액보다 큰 보험은 제공되지 않는다. 그러므로 화재가 발생하는 상황의 재산(W_1)은 화재가 발생하지 않는 상황의 재산(W_2)보다 클 수가 없다. 그래서 무위험선($W_1 = W_2$)보다 아래에 위치하는 점선 b~d 구간도 예산선에 포함되지 않는다.

(3) 위험기피자의 최적보험선택

① 최적선택조건과 보험의 공정성

이제 위험기피적인 소비자가 자신의 예산선과 무차별곡선을 이용하여 보험상품을 최적선택하는 것을 살펴보자. 위험기피적인 소비자는 예산제약하에서 자신의 기대효용을 극대화하는 보험상품을 선택할 것이다. 그러므로 보험상품의 최적선택조건은 기대효용을 극대화하는 조건과 같기 때문에 예산선 기울기의 절대값과 무차별곡선의 한계대체율이 일치하는 상품을 선택해야 한다. 보험상품의 구입으로부터 얻는 기대효용이 극대화되기 위해서는 (6.15)식의 한계대체율과 (6.20)식의 예산선 기울기의 절대값이 일치해야 한다.

$$\text{MRSw}_1\text{w}_2 \left[= \frac{pEU'(W_1)}{(1-p)EU'(W_2)} \right] = \frac{\alpha}{(1-\alpha)} \tag{6.21}$$

한편 보험상품의 최적선택조건은 (6.21)식과 같지만, 제공되는 보험의 공정성에 따라 최적선택하는 점은 달라진다. **보험의 공정성 여부**는 보험료율(α)과 화재발생확률(p)의 상대적 크기에 의존한다. 일반적으로 보험료율(α)이 사고의 발생확률(p)과 일치하면 **공정한 보험**(fair insurance)이라고 한다. 이렇게 될 때 보험회사가 보상

하는 보험금에 대한 기대치가 보험료와 정확하게 일치하여 보험사의 기대이윤이 0
이 되기 때문이다. 이와 같이 보험이 공정하려면 보험료율(α)이 사고의 발생확률(p)
과 같게 설정되어야 한다. 반면에 불공정한 보험은 보험료율(α)이 사고의 발생확률
(p)보다 크게 설정되어 있다. 보험료율(α)이 확률(p)보다 높게 설정될수록 보험회사
의 기대이윤이 커지게 되므로 보험회사에 유리해진다.

② 공정한 보험의 최적선택

화재보험이 공정한가 아닌가에 따라 보험가입자가 선택하는 보험금(B)의 크기가
어떻게 달라지는가를 살펴보자. 화재보험이 공정할 경우, $\alpha = p$가 되기 때문에 보험
회사의 기대이윤은 0이 된다. 그러므로 공정성의 조건인 ($\alpha = p$)를 최적선택조건인
(6.21)식에 대입하여 정리하면 다음과 같은 식이 성립한다.

$$EU'(W_1) = EU'(W_2) \tag{6.22}$$

여기서 $EU'(W_1)$은 화재가 발생하는 상황의 재산에 대한 한계기대효용이고, EU'
(W_2)는 화재가 발생하지 않는 상황의 재산에 대한 한계기대효용을 나타낸다. 그러
므로 (6.22)식의 결과는 보험이 공정할 경우 화재가 발생하거나 발생하지 않거나 관
계없이 두 상황의 재산에 대한 한계기대효용이 같아지는 수준만큼의 보험을 구입한
다는 것을 의미한다. 두 상황에서의 재산에 대한 한계기대효용이 같아지려면 두 상

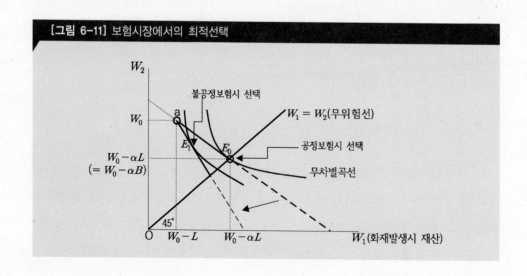

[그림 6-11] 보험시장에서의 최적선택

172

황에서의 재산, W_1과 W_2도 같아야 한다. 이것은 보험금(B)이 손실액(L)과 같아지는 수준의 보험상품을 선택하여 가입한다는 의미이다. 보험이 공정한 경우, 위험기피자는 손실액의 전부를 보상해주는 **완전보험**에는 가입한다는 것이다.

<그림 6-11>에서 위험기피자인 보험가입자의 최적선택은 무위험선상에 위치하는 E_0점이 된다. 이 때 그림에서 예산선의 기울기는 등기대치선의 기울기와 같다. 이러한 균형상태는 위험기피적인 사람에게 공정한 보험이 주어지면 완전보험을 구입함으로써 위험을 완전히 기피하는 것을 의미한다.

③ 불공정한 보험의 최적선택

보험이 공정하지 않다는 것은 보험료율(α)이 화재가 발생할 확률(p)보다 높게 설정되어 있다는 것이다. 불공정한 보험인 경우, $\alpha > p$이므로 ($\alpha > p$)를 (6.21)식에 대입하여 정리하면 다음과 같은 식이 성립한다.

$$EU'(W_1) > EU'(W_2) \tag{6.23}$$

그런데 위험기피자의 경우에는 (6.6)식에서 효용함수가 오목함수이어서 재산이 증가할수록 그 재산에 대한 한계기대효용은 체감한다. 그러므로 위 식이 성립하려면 $W_1 < W_2$가 되어야 한다. 화재가 발생하지 않는 상황의 재산이 화재발생시의 재산보다 더 커야 한다. 이러한 결과는 보험금(B)이 손실액(L)보다 적도록 가입한다는 것을 의미한다. 즉 위험기피적인 사람은 보험이 공정하지 않을 경우 어느 정도의 위험은 감수하고, 손실액의 일부만 보상받는 **부분보험**에 가입한다는 의미이다.

불공정한 보험의 경우, 위험기피자의 최적선택은 <그림 6-11>에서 E_1점으로 나타난다. 보험이 불공정하다는 것은 보험료를 상대적으로 많이 부담해야 한다는 의미이다. 보험료가 비싸므로 보험금의 가입규모를 줄이는 것을 의미한다.

복습문제

1. 기대효용함수란 무엇이고, 그 이면에 있는 공리와 그 의미는 무엇인가?

2. 위험에 대한 소비자의 태도에는 어떤 것들이 있을까?

3. 위험에 대한 태도에 따라 효용함수의 모양이 어떻게 달라지고, 그 이유는 무엇인가?

4. 위험에 대한 태도에 따라 기대효용과 기대치에 대한 효용 사이의 상대적 크기는 어떻게 달라지는가?

5. 확실성 등가소득과 위험프리미엄이란 무엇인가?

6. 상황조건부 상품의 특성은 무엇이며, 그림으로 어떻게 나타내는가?

7. 무위험선과 등기대치선이란 무엇인가?

8. 위험에 대한 태도에 따라 무차별곡선의 모양이 어떻게 달라지는가?

9. 상황조건부 상품시장에서 기대효용극대화 조건은 무엇인가?

10. 보험을 상황조건부 상품시장을 이용하여 분석할 때 예산선은 어떻게 나타나는가?

11. 공정한 보험의 의미는 무엇일까?

12. 보험의 공정성과 구입하는 보험의 크기에는 어떠한 관계가 있는가?

포인트 미시경제학　The Point of Microeconomics

생산자이론

제2편 소비자이론에서는 소비자의 효용극대화를 위한 최적선택이
시장에서의 수요로 귀결되어 수요곡선이 도출되는 과정을
살펴보았다. 제3편에서는 기업의 이윤극대화를 위한 최적화
행위가 시장에서의 공급으로 귀결되고 공급곡선이 도출되는
과정을 살펴볼 것이다. 기업의 최적화 행위는 기업이 직면하는
생산기술상의 제약과 시장제약에 의해 영향 받는다. 시장제약은
이미 배운 수요곡선과 제4편에서 배우게 될 시장구조에 반영되어
있다. 여기서는 생산기술상의 제약이 생산함수(7장)와 비용함수(8
장)라는 개념을 통해 어떻게 표현되는지 살펴본다. 그런 다음 9
장에서는 시장의 수요까지 고려한 이윤극대화를 위한 최적산출량
결정문제와 공급함수로부터 공급곡선을 도출하는 과정에 대해서
살펴본다.

생산기술과 생산함수

이 장에서는 기업이 가지고 있는 생산기술의 특성을 나타내는 생산함수에 대해 살펴본다. 단기생산함수를 이용하여 여러 가지 생산의 개념에 관하여 알아보고, 장기생산함수를 이용하여 기업의 장기 기술적 특성을 등량곡선으로 표현하는 과정과 그 성격에 대해 알아본다. 그리고 장기생산함수를 이용하여 규모에 대한 수익과 기술진보의 개념에 대해서도 알아본다.

제1절 생산기술

1. 생산과 장·단기

(1) 생산과 기업

생산(production)이란 어떻게 정의할 수 있을까? 넓은 의미에서 **생산**은 우리의 생활에 필요한 상품(재화와 용역)을 제조하는 활동뿐만 아니라 새로운 가치를 창출하여 사회적 효용을 증가시키는 모든 행위를 포함한다. 그래서 생산활동에는 재화의 제조, 교환, 운송, 저장활동 등을 포함할 뿐만 아니라 각종 용역을 제공하는 행위도 포함된다. 이처럼 생산의 개념을 넓은 의미로 본다면 상품을 최종적으로 소비하는 행위를 제외한 모든 경제행위를 생산으로 간주할 수 있다. 그러나 어떤 재화의 형태를 변화시킨다든가 새로운 재화를 제조하는 행위가 전형적인 생산활동이라 할 수 있다. 그래서 미시경제학의 생산이론에서는 좁은 의미의 생산개념을 이용하여 주로 재화의 제조활동을 전형적인 생산활동으로 보고 이론을 전개한다.

개인이나 기업 또는 정부 등 모든 경제주체들은 사회적 효용을 증가시키는 여러 가지 생산활동에 참여하고 있다. 그러나 **기업**이 생산활동을 전문적으로 행하는 조직체이다. 또한 재화의 제조활동을 생산의 가장 전형적인 형태로 본다면 생산의 주체는 기업이 된다. 따라서 미시경제학의 생산이론에서는 기업에 의한 생산을 중심으로 이론을 전개한다.

그럼 생산활동을 담당하는 주체가 되는 **기업의 목표**는 무엇일까? 기업은 다양한 동기를 통해 생산활동을 하기 때문에 기업의 목표도 다양하다. 일반적으로 기업은 이윤(profit)을 추구하는데 목표를 두고 있지만, 경우에 따라서는 일정한 정도의 손실을 감수하고서라도 기업의 규모를 키우고자 하는 기업들도 있다. 그렇지만 대부분의 기업들은 이윤을 얻기 위해 생산활동에 참여한다. 그래서 기업이 추구하는 대표적인 목표는 **이윤의 극대화**(maximization of profit)에 있다고 할 수 있다. 그런 의미에서 기업은 이윤을 얻기 위하여 생산요소들을 시장에서 구입한 다음 이들을 결합하여 새로운 상품을 생산하고 판매하는 생산활동의 조직체로 상품의 공급자인 동시에 생산요소의 수요자이다.

전통적으로 미시경제학에서는 기업을 그 기업이 가지고 있는 생산기술과 동일시하여, 생산요소들로부터 상품을 만들어내는 생산기술 그 자체로 본다. 아래에서는 미시경제학에서 기업이 가지고 있는 생산기술을 어떻게 표현하는가를 알아보고, 생산기술의 여러 가지 특성에 관하여 살펴본다.

(2) 생산요소와 장·단기

① 생산요소

기업이 어떤 상품을 생산하기 위하여 생산과정에 투입하는 여러 가지 자원(resources)을 생산요소(factors of production) 또는 투입물(inputs)이라고 한다. 기업이 생산과정에 투입하는 생산요소의 종류는 많으나 전통적으로 노동, 토지 및 자본 등 세 가지로 분류한다. **노동**(labor)은 생산활동에 참여하는 인간의 육체적, 정신적 활동을 말한다. 그리고 노동을 제공하고 받는 대가를 임금이라고 한다. **토지**(land)란 자연이 제공하는 모든 생산요소들을 일괄적으로 포현한 개념이다. 즉 자연이 제공하는 하천, 해양, 대기, 수력, 풍력, 기온, 광선, 지하자원, 동식물, 토지 등을 포괄하는 개념이다. **자본**(capital)은 인간이 만들어낸 생산요소로서 공장설비나 기계를 말한다.

기업이 산출량을 증가시키기 위해서는 생산요소의 투입량을 변화시켜야 한다. 하지만 생산요소 중에 어떤 것은 일정기간에 쉽게 그 투입량을 변화시킬 수 있지만, 어떤 것은 일정기간 동안에 그 투입량을 변화시키기 어려울 수도 있다. 자연이 제공하는 토지는 한정되어 있으므로 기업이 인위적으로 변화시키는 것이 매우 어렵다. 그러나 노동이나 자본과 같은 생산요소는 생산규모에 따라 투입량을 변화시킬 수 있다. 그래서 생산요소는 기업이 고려하고 있는 일정기간에 투입량을 변화시키는 것이 가능한가를 기준으로 가변투입요소와 고정투입요소로 구분한다. 즉 일정기간 동안 투입량을 변화시킬 수 없는 생산요소는 **고정투입요소**(fixed input)이고, 반면에

투입량을 자유롭게 변경할 수 있으면 **가변투입요소**(variable input)로 분류한다.

② 생산기간 : 장단기 구분

생산이론에서는 생산요소의 가변성에 따라 단기와 장기로 구분한다. 고정투입요소처럼 생산요소의 성격에 따라서는 일단 한번 투입하면 그 크기를 일정기간동안 바꾸기 어려운 경우가 발생한다. 이처럼 고정투입요소가 존재하는 일정기간을 생산이론에서는 단기(short run)라고 한다.

단기(short run)는 생산요소 중 어느 하나라도 투입량(예, 시설규모)을 변화시킬 수 없는 기간을 말한다. 그래서 단기에는 생산요소가 고정요소(fixed factor)와 가변요소(variable factor)로 구분된다. **고정요소**(fixed factor)란 단기에 투입량의 크기를 바꾸기 힘든 생산요소를 말한다. 고정요소는 단기에 산출량의 변화에 따라 그 투입량을 변경할 수 없는 건물, 기계, 설비 등과 같은 요소를 말한다. 따라서 단기라고 말할 때는 반드시 투입량을 변화시킬 수 없는 고정요소의 존재를 전제로 한다. 한편 **가변요소**(variable factor)란 단기에 투입량의 크기를 쉽게 바꿀 수 있는 생산요소를 말한다. 가변요소는 산출량의 크기가 변함에 따라 비례적으로 사용되는 원료나 동력과 같은 것이다.

반면에 **장기**(long run)는 투입되는 모든 생산요소의 투입량을 자유롭게 변경할 수 있는 정도의 기간을 말한다. 단기에 고정요소로 취급되던 생산시설의 규모도 변경할 수 있을 정도의 기간으로써 모든 생산시설을 자유로이 신설 또는 폐기할 수 있을 정도로 긴 기간을 의미한다. 따라서 장기에 있어서 기업의 의사결정은 생산시설의 신설 또는 폐기에 관한 것이 된다.

생산이론에서 단기와 장기의 구분은 물리적인 시간단위는 아니다. 어떤 절대적인 시간단위, 예를 들면 1년을 기준으로 그보다 짧으면 단기, 그보다 길면 장기라고 구별하는 것은 아니다. 생산이론에서는 단지 고정투입요소가 존재하느냐의 여부에 의해 단기와 장기로 구분한다. 생산이론에서는 일반적으로 단기에는 노동의 투입량은 변화시킬 수 있으나 자본의 투입량은 변화시킬 수 없다고 가정한다. 그래서 단기에 노동을 가변투입요소라 하고, 단기에 투입량이 고정된 자본을 고정투입요소라 한다. 한편 장기에는 자본의 투입량도 변화시킬 수 있을 정도의 긴 기간을 의미하므로 장기에는 고정투입요소가 없고 노동과 자본이 모두 가변투입요소가 된다.

2. 생산기술과 생산함수

(1) 생산활동과 생산기술

생산물은 생산요소들을 결합하고 가공하는 일련의 기업활동의 결과물이다. 따라서 기업의 **생산활동**이란 투입물(inputs)을 산출물(outputs)로 전환시키는 행위이다. 그런데 이러한 기업의 생산활동은 **생산기술**에 의한 제약을 받게 된다. 생산요소를 아무렇게나 결합한다고 해서 정해진 산출량을 생산할 수 있는 것은 아니다. 따라서 기업의 생산활동을 제약하는 가장 중요한 요인은 생산기술이므로 기업은 생산기술이 허용하는 범위 내에서 생산활동을 선택해야만 한다.

생산기술(production technology)이란 여러 가지 기존의 생산요소를 투입하여 새로운 산출물(outputs)을 만들어 내는 노하우(know-how)를 의미한다. 따라서 생산기술을 표현하려면 생산요소를 어느 정도 투입하였을 때 얼마만큼의 산출물이 나오는가 하는 관계를 명시적으로 표현하여야 한다. 그런데 기업이 여러 가지의 생산요소를 사용하여 다양한 종류의 산출물을 동시에 생산하기 때문에 투입물과 산출물 사이의 관계를 표현하는 것이 간단하지 않다. 산출물의 종류가 여러 개인 경우에는 분석하기 복잡하다. 그래서 분석의 편의상 투입물과 산출물의 관계를 단순화하기 위해 각 기업들은 한 가지 **단일생산물**(single product)을 생산한다고 가정한다. 이처럼 기업이 한 종류의 생산물만을 생산한다고 가정하면 기업의 생산기술은 생산함수를 이용하여 표현할 수 있다.

(2) 생산기술의 표현 : 생산함수

생산함수로 표현되는 생산기술은 기업의 생산활동을 제약하는 가장 중요한 요인이다. **생산함수**(production function)는 기업이 어떤 생산물을 생산하기 위해 일정기간동안 생산과정에 투입하는 생산요소의 양과 그 생산요소의 결합으로 생산할 수 있는 산출량 사이의 기술적 관계를 나타낸다. 한편 생산함수는 기업이 일정한 투입

요소의 양으로 생산할 수 있는 최대산출량을 나타낸다. 그런데 이러한 최대산출량의
수준을 결정하는 요인은 바로 기술수준이다. 즉 기업이 생산하는 생산물의 산출량은
생산과정에 투입된 생산요소들의 양과 이들 생산요소들을 결합하고 변화시키는 생
산기술의 수준에 의해 결정된다. 만약 생산기술의 수준이 일정하게 주어졌다고 가정
하면 생산물의 산출량은 결국 각 생산요소의 투입량에 의해 결정되는 것이다.

생산함수는 생산요소의 투입량과 생산물의 최대산출량 사이의 기술적 관계를 나
타내는데, 표(table)나 그래프(graph), 수식(equation)으로 표현할 수 있다. 우선 수식
으로 표현한 생산함수에 대해 알아보자. 일정한 기술수준을 가정하였을 때, x_1, x_2,
x_3, ..., x_n이라는 생산요소를 사용하여 생산할 수 있는 생산물의 최대산출량을 Q라
고 가정하자. 이러한 생산요소의 투입량과 생산물의 산출량 사이의 기술적 관계를
수식으로 나타내면 다음과 같은 생산함수로 표현된다.

$$Q = f(x_1, x_2, x_3, ..., x_n) \tag{7.1}$$

(7.1)식은 x_1, x_2, x_3, ..., x_n과 같이 여러 종류의 생산요소 투입량을 독립변수로
하고, 이들 독립변수의 투입량에 의해 결정되는 산출량(Q)을 종속변수로 하는 생산
함수를 수식으로 표현한 것이다.

현실적으로 기업이 한 가지 생산물을 생산하는데 필요한 생산요소의 종류는 무
척 많다. 하지만 단순화하여 분석하기 위해 노동(L)과 자본(K)만 존재한다고 가정
한다. 기업이 일정기간동안 노동과 자본을 각각 L, K만큼 사용해서 생산할 수 있는
생산물의 최대산출량을 Q라 하면 생산함수는 다음과 같이 표현된다.

$$Q = f(L, K) \tag{7.2}$$

그런데 생산함수를 고려할 때 다음과 같은 점에 유의해야 한다. 첫째, 기업의 기
술수준이 일정하게 주어져 있다고 가정하고 있으므로 기술진보는 무시되고 있다.
둘째, 기업은 비효율적인 생산방법을 사용하지 않는다고 가정한다. 그러므로 산출
량(Q)은 일정한 생산요소를 사용하여 기술적으로 효율성 있게 생산할 수 있는 최대
산출량을 나타낸다. 셋째, 생산요소의 투입량과 산출량은 유량(flow) 개념이므로 반
드시 단위기간(1개월, 1년 등)을 명시하고 수량을 나타내야 한다.

한편 생산함수는 생산기간의 장·단기에 따라 단기생산함수와 장기생산함수로 구분한다. **단기생산함수**는 고정요소가 존재하는 단기생산분석에서 가변투입요소의 투입량과 생산물의 최대산출량 사이의 기술적 관계를 나타내는 함수이다. 반면에 **장기생산함수**는 모든 생산요소가 가변요소인 장기생산분석에서 생산요소의 투입량과 생산물의 최대산출량과의 기술적 관계를 나타내는 함수이다.

제2절 단기생산분석

1. 단기생산함수

(1) 단기생산함수

앞서 분석의 편의상 노동(L)과 자본(K)의 두 가지 생산요소만 사용한다고 가정하였다. 공장의 기계, 설비와 같은 자본은 구매부터 설치 또는 건설에 이르기까지 상당한 기간이 소요된다. 그러므로 단기에는 자본의 투입량은 변화시킬 수 없고, 단지 노동의 투입량만을 조절하여 생산량을 조절할 수밖에 없다. 그러므로 단기에 자본(K)은 고정요소이고, 노동(L)은 가변요소로 간주한다. 기업이 자본은 고정시키고 노동을 가변요소로 하여 생산하는 경우, **단기생산함수**를 수식으로 나타내면 다음과 같이 표현된다.

$$Q = f(L, \ \overline{K}) \tag{7.3}$$

여기서 자본의 투입량을 나타내는 $\overline{K}$라는 표기는 자본량이 단기에 고정되어 있다는 것을 표시해준다. 이처럼 **단기생산함수**는 한 가지 생산요소(고정요소, 자본)의 투입량을 일정하게 고정시켜 두고, 다른 한 가지 생산요소(가변요소, 노동)의 투입량만을 변화시킬 때, 가변적인 생산요소의 투입량과 최대산출량 사이의 기술적 관계를 나타낸다.

한편 (7.3)식의 단기생산함수에서 고정된 자본량($\overline{K}$)의 크기에 따라서 노동과 산출량과의 기술적 관계는 달라진다. 즉 자본량이 단기에 $\overline{K}$가 아닌 $\overline{K_1}$로 고정되어 있다고 가정하면, 또 다른 단기생산함수 $Q_1 = f(L, \overline{K_1})$를 얻게 된다.

이제 자본량의 변화가 단기생산함수에 미치는 영향에 대하여 알아보자. 일반적으로 동일한 노동량을 보다 많은 자본과 결합하였을 때 더 많은 산출량을 생산할 수 있다. 따라서 자본량이 $\overline{K_1} > \overline{K}$이면, 산출량은 $Q_1 = f(L, \overline{K_1}) > Q = f(L, \overline{K})$가 된다.

(2) 단기생산함수표

(7.3)식의 단기생산함수로부터 <표 7-1>에 제시된 바와 같은 여러 가지 생산의 개념을 도출할 수 있다. <표 7-1>은 노동의 투입량과 그에 상응하는 산출량 사이의 관계를 보여주는 단기생산함수를 표(table)로 나타낸 것이다. 기업이 자본(기계설비)의 투입량은 5단위로 고정한 상태에서 노동의 투입량을 1단위씩 추가로 늘려 나갈 때 생산물의 산출량이 얼마나 변하는지를 보여준다. 첫째 열은 자본의 투입량을, 둘째 열은 노동의 투입량, 셋째 열은 고정요소인 자본과 여러 가지 수준의 노동량과의 결합에 의해 생산되는 총생산을 나타내고, 넷째 열은 노동의 한계생산을 표시하고, 다섯째 열은 노동의 평균생산을 나타낸다.

[표 7-1] 단기생산함수표(예시)

단계 \\ 생산	자본(K)	노동(L)	총생산(TP)	한계생산(MP_L)	평균생산(AP_L)
	5	0	0	–	–
	5	1	50	50	50
1단계	5	2	150	100	75
	5	3	300	150	100
	5	4	400	100	100
	5	5	480	80	96
	5	6	540	60	90
2단계	5	7	580	40	83
	5	8	610	30	76
	5	9	610	0	68
3단계	5	10	580	–30	58

2. 총생산, 평균생산, 한계생산

(1) 총생산

단기에는 자본이 일정하게 고정되어 있는 요소이기 때문에 기업은 주어진 자본량 수준에서 노동을 얼마만큼 고용하여 생산물을 얼마만큼 생산할 것인가를 결정해야 한다. 위 (7.3)식의 단기생산함수에서 Q는 노동과 자본을 각각 L, $\overline{K}$만큼 투입했을 때 일정기간동안 생산되는 총생산(=최대산출량)을 나타낸다. 따라서 **총생산**(TP, total product)은 주어진 자본($\overline{K}$)과 기술조건하에서 기업이 일정한 노동(L)을 투입하여 생산할 수 있는 최대의 산출량이다. 단기에는 자본의 투입량을 변화시킬 수 없으므로 기업이 고용하는 노동의 투입량에 따라 총생산은 달라진다.

한편 (7.3)식의 단기생산함수에서 노동의 투입량과 총생산의 기술적 관계를 그래프(graph)로 그린 것이 <그림 7-1> (a)의 총생산곡선(TP curve)이다. 그러므로 단기생산함수의 기술적 특성이 총생산곡선에 반영되어 있다. 즉 **총생산곡선**은 자본의 투입량은 고정되어 있는 상태에서 가변요소인 노동의 투입량만 변화시킬 때 총생산(=최대산출량)이 어떻게 변화하는지를 보여준다.

(2) 평균생산

평균생산(AP, average product)은 총생산(TP)을 생산요소의 투입량으로 나눈 값이다. 즉 평균생산은 생산요소 1단위가 생산해내는 단위당 산출량이다. 이와 같이 생산요소 1단위당 산출량을 그 생산요소의 **생산성**(productivity)이라고 한다. 노동의 평균생산(AP_L)은 총생산을 노동의 투입량(L)으로 나눈 값이다.

$$AP_L = \frac{총생산}{노동투입량} = \frac{f(L)}{L} = \frac{Q}{L} \tag{7.4}$$

(3) 한계생산과 한계생산체감의 법칙

한계생산(MP, marginal product)은 다른 생산요소의 투입량을 일정하게 고정시켜 놓은 채, 한 가지 생산요소(가변생산요소)의 투입량만 1단위씩 추가적으로 더 증가

시킬 때 이에 상응하여 변동되는 총생산의 변화분을 말한다. 예컨대, 노동의 한계생산(MP_L)은 자본의 투입량을 고정시킨 채 노동(L)의 투입량을 1단위씩 추가로 고용할 때 변동되는 총생산의 변화분(ΔQ)이다. 따라서 노동의 한계생산(MP_L)은 다음과 같이 나타낼 수 있다.

$$MP_L = \frac{\text{총생산 변화분}}{\text{노동 투입량 변화분}} = \frac{\Delta Q}{\Delta L} \tag{7.5}$$

\<표 7-1\>에서 노동의 한계생산(MP_L)에 대해 알아보자. 노동이 1단위에서 2단위로 추가적으로 한 단위 증가될 때, 총생산은 50단위에서 150단위로 100단위만큼 증가한다. 그래서 두 번째 단위의 노동이 고용된 때 노동의 한계생산은 100단위이다.

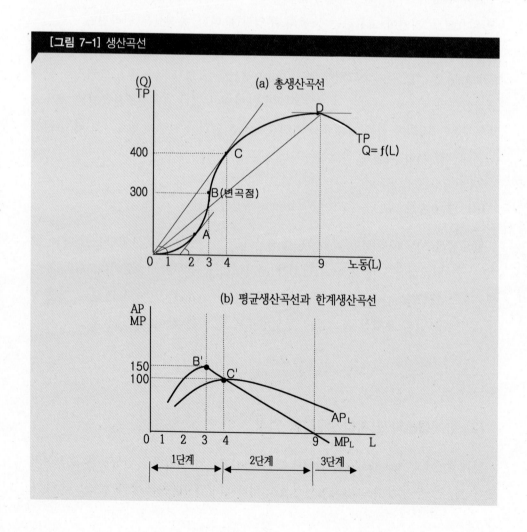

[그림 7-1] 생산곡선

세 번째까지 노동의 한계생산은 증가하지만 네 번째 이후의 노동의 한계생산은 점점 감소하고 있다. 이러한 현상을 **한계생산체감의 법칙**(law of diminishing marginal product)이라 한다.

　한계생산체감의 법칙은 다른 생산요소의 투입량은 고정시켜 놓은 채 한 가지 가변생산요소의 투입을 증가시킬 때 그 가변생산요소의 한계생산(MP)이 점차 감소하는 현상을 말한다. 이것을 **수확체감의 법칙**(law of diminishing returns)이라고도 한다. 가변생산요소의 투입량을 증가시킬 때 총생산(TP)은 증가하더라도, 가변생산요소의 투입량이 일정한 수량을 넘어서면 총생산의 증가율이 점차 감소하는 것을 의미한다. 추가적으로 생산되어 늘어나는 산출량의 크기, 가변생산요소의 한계생산이 점점 줄어든다는 의미이지, 총생산량이 줄어든다는 것은 아니다. 그리고 한계생산체감의 법칙이 성립하기 위해서는 한 가지 이상의 생산요소가 고정되어 있어야 한다. 따라서 장기에는 모든 생산요소가 가변요소가 되므로 한계생산체감의 법칙은 성립하지 않는다.

3. 생산곡선과 생산의 3단계

(1) 생산곡선

　<그림 7-1>은 <표7-1>과 같은 단기생산함수표를 그림으로 나타낸 것이다. 따라서 <그림 7-1> (a)는 자본의 투입량을 고정시켜 놓고 노동의 투입량을 한 단위씩 추가시켜 생산할 때 총생산(Q)이 변화하는 궤적을 보여주는 **총생산곡선**인데, S자 형태이다. 그리고 (b)는 평균생산(AP_L)과 한계생산(MP_L)이 변화하는 궤적을 보여주는 **평균생산곡선**과 **한계생산곡선**이다.

　<그림 7-1> (b)에서 노동(L)을 계속적으로 1단위씩 추가하여 생산을 증가시킬 때, 노동의 한계생산(MP_L)과 평균생산(AP_L)이 처음에는 증가하다가 감소하는 것을 볼 수 있다. 추가적인 노동의 투입량이 어느 일정한 수준을 지나면 노동의 한계생산이 먼저 감소하고, 뒤이어 평균생산도 감소하게 된다. 그 이유를 총생산곡선에서 평균생산곡선과 한계생산곡선을 도출하는 과정을 통해 알아보자.

① 평균생산곡선과 한계생산곡선의 도출

평균생산(AP)곡선과 한계생산(MP)곡선을 총생산(TP)곡선에서 도출할 수 있다. 앞서 설명한 바와 같이 노동의 **평균생산**(AP)은 총생산(TP=Q)을 노동의 투입량(L)으로 나눈 것이다. 평균생산(AP)은 기하학적으로 총생산곡선 위의 한 점과 원점(O)을 연결하는 직선의 기울기에 해당한다. 그래서 <그림 7-1> (b)에서 평균생산(AP)곡선은 처음에는 증가하다가 일정수준에서 극대점에 도달한 후 감소하기 시작한다. 평균생산(AP)은 원점과 총생산곡선 상의 각 점을 연결한 직선의 기울기가 가장 클 때, 즉 노동을 4단위 투입할 때가 극대이고, 그 수준을 넘어서면 다시 감소한다. 그러나 총생산(TP)이 양(+)의 값을 갖는 한 평균생산도 항상 양(+)의 값을 갖는다.

한계생산(MP)곡선도 기하학적으로 <그림 7-1> (a)의 총생산곡선(TP)에서 도출할 수 있다. 노동의 한계생산(MP_L)은 노동의 1단위 증가분에 대한 총생산의 증가분의 비율이다. **한계생산(MP)**은 그래프에서 기하학적으로 총생산곡선 위의 각 점에서 그은 접선의 기울기로 나타난다. 그래서 한계생산곡선은 총생산곡선의 모양에 상응하면서 변한다. 한계생산곡선은 <그림 7-1>에서와 같이 총생산곡선의 변곡점(B점)까지는 증가하며, 이 점에서 최대가 된다. 그러나 변곡점(B점)을 지나 총생산이 극대가 될 때까지는 한계생산은 점차 감소하며, 총생산곡선의 극대점(D점)에서 한계생산은 영(0)이 된다. 이 점을 지나면 총생산이 감소하는데 이때 한계생산은 음(−)의 값을 갖는다.

② 평균생산과 한계생산의 관계

<표 7-1>의 단기생산함수표와 <그림 7-1>의 생산곡선을 살펴보면, 평균생산과 한계생산 사이에는 다음과 같은 관계가 성립한다는 것을 알 수 있다.

첫째, 평균생산(AP)이 증가할 때 한계생산(MP)은 평균생산(AP)보다 크다.

둘째, 평균생산이 감소할 때 한계생산은 평균생산보다 작다.

셋째, 평균생산이 극대일 때 한계생산과 평균생산은 일치한다. 그래서 평균생산곡선과 한계생산곡선은 평균생산곡선의 극대점에서 서로 만나게 된다. <그림 7-1> (b)에서 평균생산(AP)과 한계생산(MP)이 만나는 C'점은 <그림 7-1> (a)에서 대응하는 C점이다. 이 C점에서는 원점과 C점을 잇는 직선의 기울기(즉, AP_L)가 C점에서의 접선의 기울기(즉, MP_L)와 같기 때문에 <그림 7-1> (b)의 C'점에서 두 곡선이 서로 만난다.

(2) 생산의 3단계

<표 7-1>과 <그림 7-1>으로 표현된 생산함수를 가진 **기업은 얼마만큼의 노동을 고용하여 생산하는 것이 가장 유리할까?** 단기에 가변요소가 한 가지 종류일 때 생산요소의 투입량과 산출량 사이의 관계는 <그림 7-1>처럼 생산곡선을 세 영역으로 나누어 고찰해보면 알 수 있다.

생산의 1단계(stage I)는 노동의 평균생산(AP_L)이 증가하고 있는 단계로서 노동의 한계생산과 평균생산이 일치하는 수준까지의 생산단계를 말한다. 노동의 평균생산이 계속 증가하여 극대가 되는 수준까지의 생산단계이다. <그림 7-1>에서 노동의 한계생산은 점점 증가하다가 3번째 단위의 노동에서 극대점에 도달한 후 체감하지만 아직까지 양(+)의 값을 계속 가진다. 그리고 평균생산은 증가하다가 4번째 단위의 노동을 고용할 때 극대가 된다. 이때 한계생산과 평균생산은 일치하고, 총생산은 계속 증가한다. 따라서 생산의 1단계에서는 노동의 고용을 늘릴수록 노동 1단위로부터 얻는 생산량, 즉 노동의 평균생산이 증가하므로 생산의 1단계에서는 노동의 고용량을 늘리는 것이 유리하다.

생산의 2단계(stage II)는 노동의 평균생산(AP_L)이 극대가 되는 수준을 지나 감소하는 단계부터 한계생산이 영(0)으로 되는 점까지의 생산단계이다. <표 7-1>의 예에서 보면 4번째 노동부터 9번째 노동까지의 범위이다. 생산의 2단계에서는 평균생산은 계속 감소하지만 총생산은 극대점에 도달할 때까지 계속 증가한다. 그리고 생산의 2단계에서는 한계생산이 계속 양(+)의 값을 갖는다. 따라서 생산의 2단계는 노동을 1단위씩 추가할 때마다 총생산이 계속 증가되는 경제적 영역이다. 그러므로 기업은 총생산이 극대에 도달하는 9단위까지 노동을 고용하는 것이 가장 유리하다.

생산의 3단계(stage III)는 노동의 한계생산이 음(−)이면서, 총생산과 평균생산이 계속 감소하는 영역이다. 따라서 이 단계에서는 기업은 손해를 보게 되므로, 노동의 투입량을 줄일수록 실제로 총생산이 오히려 증가될 수 있다.

결론적으로 합리적인 생산자라면 비경제적인 영역인 생산의 1단계나 3단계에서

는 생산을 하지 않고, 생산의 2단계에서만 생산을 한다. 생산의 2단계만이 경제적으로 의미가 있는 **경제적 영역**(economic region)이다. 한편 기업이 경제적 영역인 2단계 구간에서 구체적으로 얼마만큼의 생산요소를 투입할 것인가는 생산요소의 가격과 생산물의 가격에 의해 결정된다.

제3절 장기생산분석

1. 장기생산함수

(1) 장기생산함수

이제 기업이 모든 생산요소의 투입량을 변화시킬 수 있는 장기(long run)를 분석대상으로 해보자. 단기에서는 자본이 고정되어 있어서, 산출량의 변화는 노동의 투입량의 변화에 의해서만 가능하였다. 그러나 장기에는 기업이 모든 생산요소의 투입량을 변경할 수 있으므로 생산요소들 사이에 대체가 가능하다. 그래서 동일한 산출량을 생산요소들의 여러 가지 결합으로 생산할 수 있다. 생산요소 사이의 대체는 단기에서는 나타날 수 없고 장기에서만 가능한 현상이다. 이제 장기생산함수의 여러 가지 측면에 대하여 살펴보자.

장기생산함수는 가변적인 모든 생산요소의 투입량과 이들을 결합하여 생산할 수 있는 생산물의 최대산출량 사이의 기술적 관계를 나타낸다. 장기생산함수는 생산요소가 모두 가변적인 경우, 가변적인 생산요소들의 결합으로 생산할 수 있는 최대의 산출량을 나타낸다. 생산에 투입되는 생산요소가 노동과 자본만이 존재하는 경우의 장기생산함수는 다음과 같은 함수형태로 표현된다.

$$Q = f(L, K) \tag{7.6}$$

(7.6)식은 장기에 가변투입요소인 노동과 자본의 투입량을 독립변수로 하고, 노동

과 자본의 투입량에 의해 결정되는 산출량(Q)을 종속변수로 표현한 것이다.

(2) 장기생산함수표

장기생산함수는 <표 7-2>와 같은 장기생산함수표로도 나타낼 수 있다. 이제 노동과 자본만이 존재하는 경우의 장기생산함수표가 <표 7-2>에 예시된 바와 같다고 하자. 이 장기생산함수표의 각 항목은 노동과 자본의 결합으로 생산되는 최대산출량을 나타낸다. 예를 들면 노동 2단위와 자본 6단위의 결합으로 얻을 수 있는 최대산출량은 490단위이다.

한편 **장기생산함수**는 수많은 단기생산함수의 결합으로 구성된다. 즉 자본을 1단위로 고정하고 노동의 투입량만을 1단위에서부터 6단위까지 차례로 변화시키면 얻을 수 있는 최대산출량을 나타내는 단기생산함수는 <표 7-2>의 첫째 행에 해당한다. 만약 자본을 4단위에 고정하고 노동을 1단위에서부터 6단위까지 차례로 증가시키면 얻을 수 있는 최대산출량(282, 400, …, 692)을 나타내는 단기생산함수는 넷째 행에 해당한다.

<표 7-2>에 예시된 장기생산함수표에서와 같이 장기적으로 두 가지 가변생산요소의 결합비율에 따라 똑같은 수준의 산출량을 생산하는 방법은 다양하다. 그러면 다양한 생산요소의 결합방법 중에서 생산자는 어떤 결합방법을 선택하는 것이 가장 큰 이윤을 얻을 수 있는가? 이에 대한 답은 등량곡선과 등비용선을 이용하면 찾을 수 있다.

[표 7-2] 장기생산함수표(예시)

자본 \ 노동	1	2	3	4	5	6
1	141	200	245	282	316	346
2	200	282	346	400	448	490
3	245	346	423	490	548	600
4	282	400	490	564	632	692
5	316	448	548	632	705	775
6	346	490	600	692	775	846

2. 등량곡선

(1) 등량곡선의 개념과 도출

① 등량곡선의 개념

우선 등량곡선의 개념에 대해 알아보자. 장기생산함수에서 현재 노동을 L만큼, 자본을 K만큼 투입하여 산출량을 $Q=f(L, K)$만큼 생산하고 있다고 하자. 장기에는 기업이 노동과 자본 두 가지의 투입량을 조절하여 생산에 투입할 수 있다. 만일 노동을 더 많이 투입하면 현재보다 자본을 더 적게 투입하여도 똑같은 산출량(Q)을 생산할 수 있다. 반대로 자본을 더 많이 투입하면, 현재보다 노동을 더 적게 투입하여도 똑같은 산출량(Q)을 생산할 수 있다. 그렇기 때문에 똑같은 수준의 산출량을 생산할 수 있는 노동과 자본의 투입량 조합도 수없이 많이 존재하게 된다. 이러한 똑같은 산출량을 생산할 수 있는 노동-자본의 조합들을 노동과 자본을 각각 하나의 축으로 하는 좌표평면에 옮겨 표시한 후 연결하면 등량곡선이 된다. 따라서 **등량곡선**(isoquant curve)은 똑같은 수준의 산출량을 생산할 수 있는 두 가지 생산요소의 조합(수량적 조합)들로 구성된 집합을 나타내는 곡선이다.

② 등량곡선의 도출

<표 7-2>에서 살펴보면 똑같은 산출량 수준을 생산하는 생산요소의 조합이 여러 가지가 있다. 이 중에서 산출량을 346단위와 490단위를 생산할 수 있는 노동과 자본의 조합을 별도의 표로 작성한 것이 <표 7-3>이다. 예컨대, 노동과 자본을 사용하여 산출량을 346단위만큼 생산할 수 있는 노동과 자본의 조합방법에는 네 가지가 있다. 즉 노동 1단위와 자본 6단위 또는 노동 2단위와 자본 3단위 등의 조합방법으로 346단위의 산출량을 생산할 수 있다. 또 490단위의 산출량을 생산할 수 있는 노동과 자본의 조합방법도 네 가지가 있다. 즉 노동 2단위와 자본 6단위, 노동 3단위와 자본 4단위 등의 조합방법으로 490단위의 산출량을 생산할 수 있다. 그러면 이러한 장기생산함수를 그림으로 어떻게 표현하면 될까?

장기생산함수를 그림으로 그리려면 3차원의 그래프가 필요하다. 3차원의 그래프

[표 7-3] 똑같은 산출량을 생산하는 노동과 자본의 조합

등량곡선 1 ($Q_1 = 346$)			등량곡선 2 ($Q_2 = 490$)		
조합	노동(L)	자본(K)	조합	노동(L)	자본(K)
A	1	6	E	2	6
B	2	3	F	3	4
C	3	2	G	4	3
D	6	1	H	6	2

[그림 7-2] 등량곡선

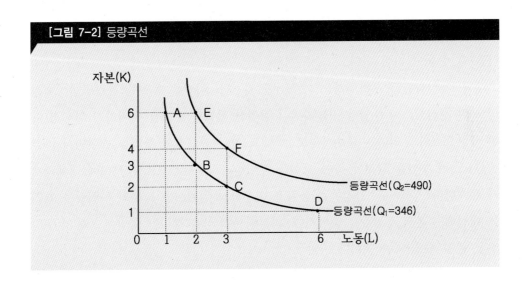

는 그리기도 쉽지 않고 보기도 쉽지 않기 때문에 등량곡선을 이용하여 2차원의 그래프로 장기생산함수를 나타낸다. 이제 똑같은 산출량을 생산할 수 있는 노동과 자본의 조합들을 예로 보여주는 <표 7-3>을 그래프로 그려보자. <표 7-3>을 가로축과 세로축에 노동과 자본을 각각 설정한 2차원의 좌표평면에 옮겨 그려서 연결하면 <그림 7-2>와 같은 등량곡선 1($Q_1 = 346$)과 등량곡선 2($Q_2 = 490$)을 얻게 된다. 이처럼 각 산출량 수준에 대해서 하나의 등량곡선이 존재한다. 그리고 A, B, C 등과 같이 두 가지 생산요소의 조합(L, K)이 똑같은 산출량을 생산하는 경우 동일한 등량곡선상에 위치한다.

(2) 등량곡선의 특성

이제 단조성의 공리가 성립한다는 가정 하에서 등량곡선이 갖추어야 할 특성에 대해 살펴보자. 등량곡선은 소비자이론의 무차별곡선에 대응하는 개념이다. 따라서 등량곡선은 무차별곡선의 특성과 똑같이 다음과 같은 특성을 가지고 있다.

첫째, 노동-자본의 2차원 좌표평면상에 있는 모든 점(노동과 자본의 조합점)들은 그것을 지나는 하나의 등량곡선을 반드시 갖는다.

둘째, 등량곡선은 원점에서 멀리 떨어져 있을수록 산출량이 더 많은 것을 나타낸다. 단조성의 공리 하에서 생산요소의 투입량이 많을수록 산출량은 증가한다. <그림 7-2>에서 등량곡선 Q_2 위의 F점을 등량곡선 Q_1 위의 C점과 비교해보면 노동의 투입량은 2단위로 동일하지만 자본의 투입량이 CF만큼 많기 때문에 산출량도 Q_1보다는 Q_2가 더 많아야 한다.

셋째, 등량곡선은 우하향하는 기울기를 갖는다. 이것은 동일한 등량곡선상에서 어느 한 생산요소의 투입량을 늘리면서 동일한 산출량 수준을 유지하기 위해서 다른 생산요소의 투입량은 줄여야하고, 반대로 한 생산요소의 투입을 줄이면서 다른 생산요소의 투입은 늘려야 하는 사실을 의미한다. 즉 생산요소들 사이에 대체관계가 존재한다는 것이다. 일정한 산출량을 생산하기 위해서는 노동의 투입량을 늘리는 대신에 자본의 투입량을 줄이거나, 자본의 투입량을 늘리는 대신에 노동의 투입량을 줄일 수 있다는 것이다.

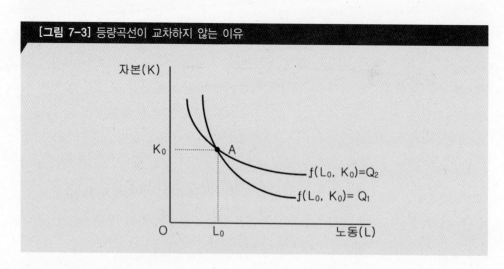

[그림 7-3] 등량곡선이 교차하지 않는 이유

넷째, 등량곡선은 서로 교차하지 않는다. 만약 서로 다른 산출량을 나타내는 두 개의 등량곡선이 교차한다면 동일한 생산요소의 투입량으로 최대로 생산할 수 있는 산출량이 두 가지라는 모순이 발생한다. 이것은 기업이 기술적으로 가장 효율적인 생산방법을 선택하는 한 불가능하다. <그림 7-3>에서처럼 서로 다른 산출량 Q_1과 Q_2를 나타내는 두 개의 등량곡선이 교차할 경우, 두 등량곡선 위의 A점은 노동과 자본을 각각 L_0, K_0만큼 투입하는 생산요소의 조합이므로 Q_1과 Q_2가 같아야 한다. 즉 $Q_1 = Q_2$가 성립해야 한다. 그런데 $Q_1 \neq Q_2$이므로 $Q_1 = Q_2$라는 조건은 성립할 수 없다. 따라서 서로 다른 등량곡선은 교차하지 않는다.

다섯째, 일반적으로 원점에 대해 볼록(convex)하다. 이것은 노동과 자본이 서로 대체할 수 있으나 완전한 대체가 이루어지기 어렵고, 노동과 자본 사이의 대체율이 체감한다는 것을 의미한다.

(3) 한계기술대체율

이제 두 생산요소의 조합을 <그림 7-4>의 등량곡선 위에 있는 A점에서 B점으로 옮긴다고 해보자. 이 때 자본량이 ΔK만큼 감소하는 반면 노동의 투입량은 ΔL만큼 증가하게 된다. A점과 B점은 모두 동일한 등량곡선 위에 있으므로 생산요소 투입량의 변화에도 불구하고 산출량은 전혀 변화되지 않는다. 즉 생산과정에서 ΔK의

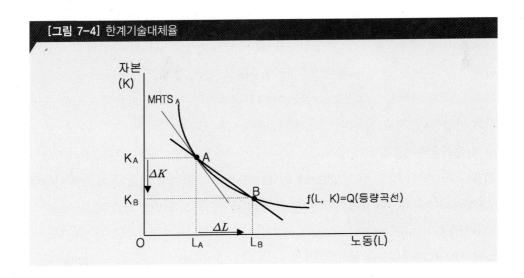

[그림 7-4] 한계기술대체율

자본량이 ΔL만큼의 노동으로 대체되어도 산출량은 변화하지 않는다(즉, ΔQ = 0). 이처럼 산출량 수준을 일정하게 유지하면서 이루어지는 노동과 자본 사이의 대체비율을 노동의 자본에 대한 **한계기술대체율**이라 한다.

　한계기술대체율(MRTS, marginal rate of technical substitution)이란 산출량 수준을 일정하게 유지하면서 한 가지 생산요소(노동)을 추가로 1단위 증가시킬 때 감소시켜야 하는 다른 생산요소(자본)의 양을 말한다. 그러므로 노동과 자본 사이의 한계기술대체율인 $MRTS_{LK}$는 노동을 1단위 증가시킬 때 동일한 산출량 수준을 유지하기 위해 감소시켜야 하는 자본량을 나타낸다. 결국 노동의 자본에 대한 한계기술대체율은 동일한 등량곡선 위에서 자본을 노동으로 대체하는 비율이고, 다음과 같이 표현된다.

$$MRTS_{LK} = \frac{\text{자본투입량의 변화분}}{\text{노동투입량의 변화분}} = \left| -\frac{\Delta K}{\Delta L} \right| \tag{7.7}$$

　이제 <그림 7-4>에서 노동투입량의 변화분인 ΔL을 무한히 작게 만들면 $(\Delta K / \Delta L)$는 Q를 생산하는 등량곡선상의 한 점인 A = (L_A, K_A)에서의 접선의 기울기의 (−)값이 된다. 따라서 등량곡선상의 한 점에서 접선의 기울기의 절대값은 노동 1단위가 대체할 수 있는 자본의 양을 의미한다.

　한편 등량곡선이 원점에 대해 볼록하다는 다섯째 특성은 생산요소의 조합을 A에서 B로 바꿀 경우, 즉 노동의 투입량을 점차 증가시키고 자본의 투입량을 줄임에 따라 노동과 자본 사이의 한계기술대체율($MRTS_{LK}$)은 점차 체감한다는 것을 의미한다. 이처럼 자본을 노동으로 대체하여 자본의 투입은 줄이고 노동의 투입을 증가시켜 나갈 때 노동과 자본 사이의 한계기술대체율($MRTS_{LK}$)이 점차 감소하는 현상을 **한계기술대체율체감의 법칙**(law of diminishing MRTS)이라고 한다. 한계기술대체율이 체감하는 것은 두 생산요소간의 대체가능성이 완벽하지 않기 때문에 나타나는 것이고, 이 때문에 등량곡선이 원점에 대해 볼록한 특성을 갖게 된다.

　생산요소 사이의 기술적 대체가능성 정도를 측정하는 생산요소의 대체탄력성에 대해서는 부록에서 별도로 다룬다.

한계기술대체율과 한계생산의 관계

한계기술대체율($MRTS_{LK}$)은 〈7.8〉식과 같이 노동의 한계생산(MP_L)과 자본의 한계생산(MP_K)의 비율과 같다. 〈그림 7-4〉에서 생산요소의 조합을 A에서 B로 바꿀 경우에도 산출량은 Q수준을 유지한다. 따라서 두 생산요소의 투입량이 변하더라도 동일한 등량곡선 위에 있기 위해서는 노동의 증가에 따른 생산량 증가분이 자본의 감소에 따른 생산량 감소분과 서로 같아서 전체 산출량에는 변화가 없어야 한다. 즉 $\Delta Q = 0$이어야 한다. 이것은 노동 투입량의 변화에 의한 산출량의 변화인 ($\Delta L \times MP_L$)과 자본 투입량의 변화에 의한 산출량의 변화인 ($\Delta K \times MP_K$)가 똑같다는 것을 의미한다. 그러므로 이와 같은 노동과 자본 투입량의 변화에도 불구하고 전체 산출량에는 변화가 없기 때문에 $\Delta L \times MP_L + \Delta K \times MP_K = \Delta Q = 0$이 성립한다. 이것을 정리하면 식(7.8)과 같은 관계가 성립한다.

$$\Delta L \times MP_L = -\Delta K \times MP_K \Rightarrow -\frac{\Delta K}{\Delta L} = \frac{MP_L}{MP_K}$$

$$MRTS_{LK} = -\frac{\Delta K}{\Delta L} = \frac{MP_L}{MP_K} \tag{7.8}$$

(7.8)식을 통해 한계기술대체율($MRTS_{LK}$)은 두 생산요소의 한계생산의 비율과 같다는 것을 알 수 있다.

3. 규모에 대한 수익

(1) 규모의 변화와 규모에 대한 수익

장기에는 모든 생산요소의 투입량을 변화시킬 수 있기 때문에 어떤 한 가지 생산요소의 한계생산(MP) 개념으로는 장기의 산출량 변화를 적절히 설명할 수 없다. 그럼 장기에 기업의 규모가 변화할 때 산출량이 어떻게 변화하고, 생산요소의 투입량과 산출량 사이에 어떤 관계가 있을까? 이에 대한 답을 제공해주는 것이 바로 '규모에 대한 수익'이라는 개념이다. 즉 장기에 생산요소의 투입량과 산출량의 관계를 설명할 때 사용하는 개념이 **규모에 대한 수익**(returns to scale)이다.

규모에 대한 수익은 생산요소의 투입량을 모두 동일한 비율로 증가시킬 때 그에 상응하는 산출량(Q)이 어떤 비율로 증가하는가를 나타낸다. 생산에 필요한 모든 생산요소를 동일한 비율로 증가시킬 경우 산출량의 변화에는 세 가지 가능성이 나타날 수 있다. 첫째, 산출량이 생산요소 투입량의 증가율과 같은 비율로 증가하는 경우, 둘째, 산출량이 생산요소 투입량의 증가율보다 더 큰 비율로 증가하는 경우, 셋째, 산출량이 생산요소 투입량의 증가율보다 더 작은 비율로 증가하는 경우 등이다. 이 세 가지 경우를 각각 **규모에 대한 수익 불변**, **규모에 대한 수익 체증**, **규모에 대한 수익 체감**이라고 부른다.

(2) 장기생산함수와 규모에 대한 수익

규모에 대한 수익이 불변, 체증, 체감하는 것은 장기생산함수와 밀접한 관계가 있다. 장기생산함수가 노동(L)과 자본(K)만으로 구성되어 있다고 가정한다. 즉 장기생산함수는 Q = f(L, K)이다. 이 장기생산함수에서 두 가지 생산요소인 노동과 자본의 투입량을 각각 n배씩 동일한 비율로 증가시켰을 때 산출량(Q)이 몇 배 증가할 것인가를 알면 규모에 대한 수익을 판단할 수 있다. 장기생산함수에서 두 생산요소를 각각 n배씩 증가시킬 경우 생산요소의 투입량과 산출량 사이에는 다음과 같은 관계가 성립한다.

$$f(nL,\ nK) = n^{k}Q \qquad [Q = f(L,\ K)] \tag{7.9}$$

규모에 대한 수익에 관한 특성은 두 가지 생산요소를 n배만큼 동일한 비율로 증가시켰을 경우의 산출량인 f(nL, nK)와 원래 산출량의 n배인 n·f(L, K)의 크기를 비교하면 알 수 있다. (7.9)식과 같은 형태의 생산함수를 **k차동차 생산함수**(homogeneous production function of degree k)라고 한다.

① 규모에 대한 수익 불변(constant returns to scale)

(7.9)식에서 k = 1인 경우를 **규모에 대한 수익 불변**(CRS)이라고 한다. 이것은 모든 생산요소의 투입량을 n배로 증가시키면 산출량도 정확히 n배만큼만 증가하는 것을 의미한다.

$$f(nL,\ nK)\ =\ n \cdot f(L,\ K)\ \Rightarrow\ n^k Q\ =\ n \cdot Q \tag{7.10}$$

만일 n=2이고, k = 1이라면 $f(2L,\ 2K) = 2^1 Q$가 되어 노동과 자본을 2배로 증가시킬 때 산출량도 2배로 증가하게 되므로 규모에 대한 수익이 불변인 경우이다. n가 어떤 값(+)이라도 k = 1이면 모든 생산요소의 증가율과 산출량의 증가율이 같다. 따라서 k차동차 생산함수는 1차동차 생산함수가 되므로 1차동차 생산함수는 규모에 대한 수익 불변을 나타낸다.

② 규모에 대한 수익 체증(increasing returns to scale)

(7.9)식에서 k > 1인 경우를 **규모에 대한 수익 체증**(IRS) 또는 **규모의 경제**(economies of scale)라고 한다. 이것은 모든 생산요소의 투입량을 n배만큼 증가시키면 산출량은 n배 이상으로 증가하는 것을 의미한다.

$$f(nL,\ nK)\ >\ n \cdot f(L,\ K)\ \Rightarrow\ n^k Q\ >\ n \cdot Q \tag{7.11}$$

규모에 대한 수익이 체증하는 이유는 생산규모가 커짐에 따라서 분업이나 전문화가 진행되거나, 대규모 설비에 의한 효율적인 생산이 가능해지기 때문에 생산의 증가속도가 요소투입의 증가속도보다 빠르게 되기 때문이다.

③ 규모에 대한 수익 체감(decreasing returns to scale)

(7.9)식에서 k < 1인 경우를 **규모에 대한 수익 체감**(DRS) 또는 **규모의 비경제**(diseconomies of scale)라고 한다. 이것은 모든 생산요소의 투입량을 n배만큼 증가시키면 산출량이 n배보다 적게 증가하는 것을 의미한다.

$$f(nL,\ nK)\ <\ n \cdot f(L,\ K)\ \Rightarrow\ n^k Q\ <\ n \cdot Q \tag{7.12}$$

규모에 대한 수익이 체감하는 이유는 생산규모가 확대됨에 따라 기업활동의 여러 측면을 효율적으로 통제하기 어렵게 되고, 기업활동이 유연성을 잃어 정보전달이 충분치 못하고, 경영관리의 비효율이 나타나기 때문이다.

4. 기술진보

(1) 기술진보의 의미

앞에서 살펴본 장기생산함수 Q = f(L, K)는 생산요소인 노동(L)과 자본(K)을 사용하여 생산할 수 있는 최대산출량이 Q임을 의미한다. 이것은 기업이 보유한 현재의 생산기술로 생산힐 수 있는 최대의 산출량이라는 것을 의미한다. 이처럼 생산함수는 특정한 생산기술을 전제로 하여 생산요소 투입량과 산출량 사이에 존재하는 관계를 나타내는 것이다. 따라서 생산기술이 진보하게 되면 생산요소의 투입량과 산출량 사이에 존재하는 관계(즉, 생산함수)도 변하게 된다.

어떤 시점(t)에 이루어진 기술진보의 효과를 표시하는 방법은 생산함수에 기술진보의 효과를 나타내는 변수를 도입하는 것이다. t라는 시점에 이루어진 기술진보의 효과를 A(t)라고 표기하자. 그러면 기술진보의 효과를 반영하기 위해 장기생산함수인 Q = f(L, K)를 다음과 같이 변형시킬 수 있다.

$$Q^T = A(t) \cdot f(L, K) \tag{7.13}$$

(7.13)식의 Q^T는 t시점에 존재하는 기술수준 A(t)로 노동과 자본을 (L, K)만큼 투입하여 생산할 수 있는 최대의 산출량을 의미한다. 따라서 기술진보는 A(t)의 값이 커져서 똑같은 양의 노동과 자본, 즉 (L, K)의 투입으로 생산할 수 있는 최대산출량(Q)이 커지게 되는 것을 의미한다. 기술이 진보하여 A(t)의 값이 커지면 노동과 자본의 투입량에 아무런 변화가 없어도 산출량(Q)이 증가하게 된다.

이와 같이 기술진보 이전과 똑같은 양의 생산요소 투입으로 더 많은 산출량을 생산할 수 있게 하거나, 또는 일정한 산출량을 보다 적은 생산요소 투입으로 생산할 수 있게 하는 기술수준의 변화를 **기술진보**(technological progress)라고 한다. 따라서 기술진보는 특정한 산출량을 생산하는 등량곡선을 원점 방향으로 이동시키는 결과를 가져온다. 이것을 그림으로 나타내면 <그림 7-5>와 같다.

<그림 7-5>에서 Q_0 = f(L, K)의 곡선은 노동과 자본을 각각 (L, K)만큼 투입해서 산출량 Q_0를 생산하는 기술진보 이전의 등량곡선이다. 이제 기술진보가 이루어지면 보다 더 적은 생산요소의 투입으로도 똑같은 산출량을 생산할 수 있게 된다. 따라서

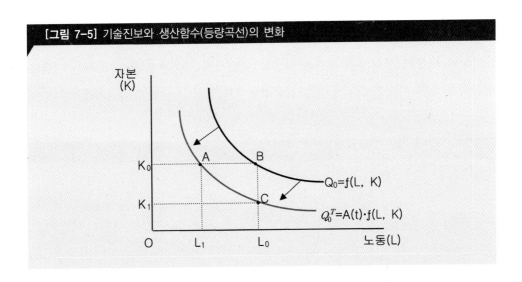

[그림 7-5] 기술진보와 생산함수(등량곡선)의 변화

기술진보의 효과인 A(t)만큼 등량곡선은 원점 쪽으로 이동할 것이다. 예를 들면, 기술진보 이전에는 L_0의 노동과 K_0의 자본을 투입하여 Q_0만큼의 산출량을 생산할 수 있었다. 기술진보가 이루어지면 똑같은 산출량(Q_0)을 생산하고자 할 때, 노동이나 자본의 투입량 가운데 하나는 줄여야만 된다.

기술진보의 효과를 나타내는 새로운 등량곡선인 $Q_0^T = A(t) \cdot f(L, K)$는 기술진보 이전과 동일한 산출량을 생산하지만 원래의 등량곡선보다 원점 쪽으로 옮겨져 있다. 이것은 바로 노동이나 자본의 투입량을 기술진보 이전보다 적게 투입하더라도 동일한 산출량을 생산할 수 있다는 것을 나타낸다. 만일 노동의 투입을 전혀 줄이지 않는다면 자본의 투입을 K_0K_1(즉, BC)만큼 줄여도 되고, 반면에 자본의 투입을 줄이지 않는다면 노동의 투입을 L_0L_1(즉, AB)만큼 줄여도 동일한 산출량(Q_0)을 생산할 수 있다. 결국 등량곡선 $Q_0^T = A(t) \cdot f(L, K)$ 위의 점A와 C 사이에 있는 어떠한 생산요소의 조합을 선택하더라도 노동과 자본의 양을 다 같이 줄이면서도 기술진보 이전과 동일한 산출량(Q_0)을 생산할 수 있다.

(2) 기술진보의 유형

기술진보가 자본과 노동의 한계생산에 미치는 영향에 따라 세 가지 유형, 즉 중립적 기술진보, 노동절약적 기술진보, 자본절약적 기술진보로 구분할 수 있다.

① 중립적 기술진보(neutral technological progress)

자본과 노동의 생산성을 똑같은 비율로 증대시켜 자본과 노동을 똑같은 비율로
절약하게 하는 기술진보를 **중립적 기술진보**라고 한다. <그림 7-6> (a)에서와 같이

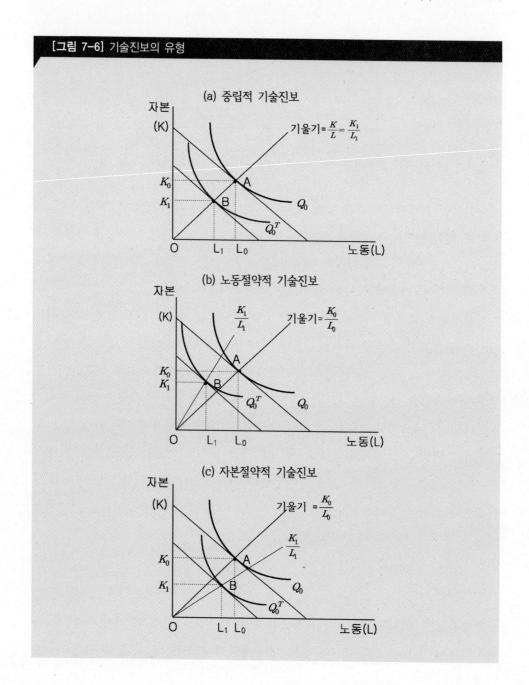

[그림 7-6] 기술진보의 유형

등량곡선 Q_0는 기술진보가 일어나기 전에 어떤 상품의 산출량을 Q_0만큼 생산하기 위해 투입되는 자본과 노동의 여러 가지 조합을 나타낸다. 만약 자본과 노동의 상대가격(w/r)이 주어진 경우, 기업은 Q_0만큼 생산하기 위해 자본 K_0와 노동 L_0를 투입하는 것이 생산요소의 최적조합임을 나타낸다.

기술이 진보되어 등량곡선 Q_0에서 등량곡선 Q_0^T로 원점 쪽으로 이동하였다고 가정하자. 이것은 똑같은 산출량 Q_0를 생산하기 위한 자본과 노동의 투입량이 기술진보 이전에 비해 감소되었다는 것을 의미한다. 만약 노동과 자본의 상대가격이 변하지 않는다면 기술진보 이후에도 기업은 Q_0를 생산하기 위해 K_1의 자본과 L_1의 노동을 투입하는 것이 최적조합이 된다. 이 때 자본과 노동의 결합비율인 자본-노동 비율(K/L)에는 변화가 없다. 이처럼 기술이 진보하더라도 자본-노동 비율에 변화가 없는 기술진보를 중립적 기술진보라고 한다.

② 노동절약적 기술진보(labor saving technological progress)

기술진보의 결과로 노동의 한계생산에 비하여 자본의 한계생산을 상대적으로 더 크게 향상시키는 기술진보를 **노동절약적 기술진보** 또는 **자본집약적 기술진보**라고 한다. 노동절약적 기술진보는 자본의 생산성을 크게 증가시키기 때문에 똑같은 산출량을 생산하기 위해서라면 자본의 투입량에 비해 노동의 투입량을 상대적으로 더 많이 줄이는 효과를 갖는다. <그림 7-6> (b)에서 노동절약적 기술진보가 있을 경우 생산요소의 최적조합점이 A점에서 B점으로 이동한다. 이 때 자본과 노동의 결합비율인 자본-노동 비율(K_0/L_0)이 (K_1/L_1)로 변하면서 더 커진 것을 알 수 있다. 이처럼 기술진보에 의해 자본-노동 비율이 더 커져 상대적으로 노동을 줄이고 자본의 투입량을 증가시키는 기술진보를 노동절약적 기술진보라고 한다.

③ 자본절약적 기술진보(capital saving technological progress)

기술진보의 결과로 자본의 한계생산에 비하여 노동의 한계생산을 상대적으로 더 크게 향상시키는 기술진보를 **자본절약적 기술진보** 또는 **노동집약적 기술진보**라고 한다. 자본절약적 기술진보는 노동의 생산성을 더 크게 증가시키기 때문에 똑같은 산출량을 생산하기 위해서라면 노동의 투입량에 비해 자본의 투입량을 상대적으로

더 많이 줄이는 효과를 갖는다. <그림 7-6> (c)에서 자본절약적 기술진보가 있을 경우 생산요소의 최적조합점이 A점에서 B점으로 이동한다. 이 때 자본과 노동의 결합비율인 자본-노동 비율이 (K_1/L_1)로 변하면서 더 작아진 것을 알 수 있다. 이처럼 기술진보에 의해 자본-노동 비율(K/L)이 더 작아져 상대적으로 자본을 줄이고 노동의 투입량을 증가시키는 기술진보를 자본절약적 기술진보라고 한다.

 복습문제

1. 생산자이론에서 단기와 장기는 어떻게 구분하는가?

2. 생산기술과 생산함수는 어떤 관계를 갖는가?

3. 생산함수는 무엇이며, 어떻게 표현할 수 있는가?

4. 장단기생산함수의 차이점은 무엇인가?

5. 한계생산체감의 법칙이란 무엇인가?

6. 총생산곡선에서 한계생산곡선과 평균생산곡선을 어떻게 도출할 수 있는가?

7. 한계생산과 평균생산 사이에는 어떠한 관계가 성립하는가?

8. 생산의 3단계 중 경제적으로 의미가 있는 영역은 어디인가?

9. 등량곡선의 개념과 특성은 무엇인가?

10. 한계기술대체율체감의 법칙은 어떤 의미를 갖는가?

11. 한계기술대체율과 한계생산 사이에는 어떠한 관계가 있는가?

12. 장기에 기업의 규모가 변화할 때 생산요소의 투입량이 모두 같은 배수로 늘어날 때 산출량은 반드시 그 배수만큼 늘어나는가?

13. 기술진보란 무엇이고, 등량곡선에는 어떠한 영향을 미치는가?

부록 7A.1 생산요소의 대체탄력성

(1) 생산요소의 대체탄력성 개념

노동의 자본에 대한 한계기술대체율($MRTS_{LK}$)은 생산요소의 대체성, 즉 동일한 등량곡선 위에서 자본을 노동으로 대체하는 비율을 나타낸다. 그러나 한계기술대체율이 크다고 반드시 생산요소 사이의 대체가 쉽고, 작다고 대체가 어렵다는 의미는 아니다. 기업이 보유한 생산기술의 특성에 의해 생산요소 사이의 기술적 대체 가능성이 결정된다.

어떤 생산요소를 다른 생산요소로 대체하기가 얼마나 쉬운가를 측정하는 값이 **대체탄력성**이다. 즉 자본의 사용을 일부 줄이고 대신에 노동으로 대체하여 생산하는 것이 어느 정도 쉬운가를 나타낸다. 생산요소 사이에 어느 정도의 대체가능성이 있는가는 생산기술의 특성을 나타내는 등량곡선이 원점에 대하여 얼마나 볼록한가에 의하여 영향을 받는다. 따라서 대체탄력성도 역시 등량곡선의 볼록성 정도에 따라 그 값이 달라진다.

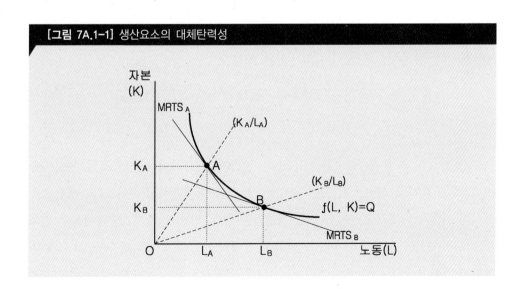

[그림 7A.1-1] 생산요소의 대체탄력성

<그림 7A.1-1>에서 노동-자본의 조합을 A점에서 B점으로 옮겨갈 때 두 가지 변화가 일어나게 되는 것을 확인할 수 있다. 하나는 등량곡선의 기울기가 더 완만해져 한계기술대체율이 $MRTS_A$에서 $MRTS_B$로 작아지는 것이다. 다른 하나는 생산요소 (자본과 노동)의 투입비율이 (K_A/L_A)에서 (K_B/L_B)로 작아지는 것이다. 생산요소의 투입비율(K/L)이 이처럼 변화할 때 한계생산(MP)이 크게 변화하지 않는다면 두 가지 생산요소를 대체하기 쉽다고 볼 수 있다. 여기서 노동의 자본에 대한 한계기술대체율($MRTS_{LK}$)은 본문의 (7.8)식에서 두 생산요소의 한계생산의 비율과 같다는 것을 살펴보았다. 따라서 생산요소의 투입비율(K/L)이 변화할 때 $MRTS_{LK}$가 크게 변화하지 않는다면 생산요소를 대체하기 쉽다는 것을 의미한다. 반대로 생산요소의 투입비율(K/L)이 조금만 변화해도 $MRTS_{LK}$가 크게 변화한다면 생산요소를 대체하기가 쉽지 않다고 볼 수 있다. 그렇기 때문에 $MRTS_{LK}$와 (K/L)의 두 가지 변화비율을 비교하면 생산요소(자본과 노동) 사이의 기술적 대체가능성을 알 수 있다.

노동과 자본 사이의 기술적인 대체정도는 주어진 산출량 수준(즉, 주어진 등량곡선)에서 자본과 노동의 투입비율(K/L)의 변화율을 한계기술대체율(MRTS)의 변화율로 나눈 결과로 나타낼 수 있다. 이를 **생산요소의 대체탄력성**이라 부른다. 이와 같이 생산요소(자본과 노동) 사이의 기술적 대체가능성 정도를 구체적인 수치로 측정하기 위하여 만들어진 척도가 **생산요소의 대체탄력성**(elasticity of substitution, σ)이다. 생산요소의 대체탄력성(σ)은 다음과 같이 정의된다.

$$\sigma = \frac{요소투입비율의 변화율}{한계기술대체율의 변화율} = \frac{\Delta(\frac{K}{L})/(\frac{K}{L})}{\Delta MRTS / MRTS} \qquad (7A.1.1)$$

(7A.1.1)식은 한계기술대체율(MRTS)의 변화와 비교하여 생산요소의 투입비율 (K/L)의 변화가 상대적으로 크면 클수록, 요소의 대체탄력성(σ)이 크고 생산요소 사이의 기술적 대체가능성이 크다는 것을 의미한다. 반대로 한계기술대체율의 변화와 비교하여 생산요소 투입비율의 변화가 상대적으로 작으면 작을수록, 요소의 대체탄력성(σ)이 작고 생산요소 사이의 기술적 대체가능성이 작다는 것을 의미한다.

(2) 대체탄력성과 등량곡선의 볼록성

등량곡선은 생산기술을 표현하는 기본적인 개념이기 때문에 등량곡선의 형태로부터 노동과 자본 사이의 기술적 대체정도 등 생산기술에 관한 중요한 정보를 얻을 수 있다. 등량곡선에 나타나 있는 생산기술에 관한 정보는 대체탄력성(σ)으로도 표현할 수 있다.

(7A.1.1)식에 따라 생산요소의 대체탄력성(σ)을 계산하면 0과 ∞ 사이의 값을 갖는다. 생산요소의 대체탄력성은 자본과 노동 사이에 기술적 대체정도가 높을수록 ∞에 가깝고, 반대로 기술적 대체정도가 낮을수록 0에 가깝다. 따라서 대체탄력성

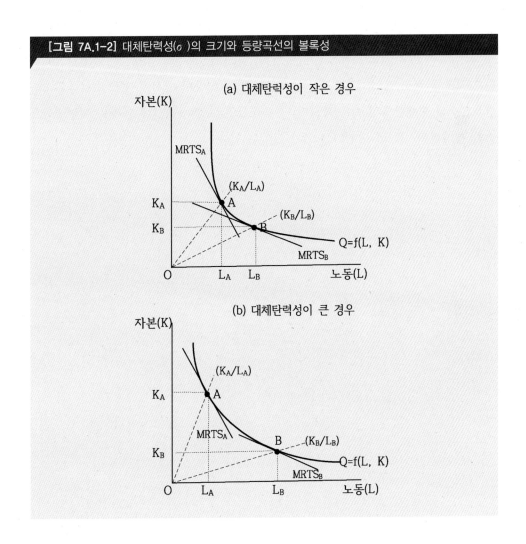

[그림 7A.1-2] 대체탄력성(σ)의 크기와 등량곡선의 볼록성

(σ)은 노동과 자본 사이에 기술적으로 완전한 대체가 가능한 경우에 ∞가 되고, 반대로 기술적으로 대체가 전혀 불가능한 경우에는 0이 된다.

이제 <그림 7A.1-2>의 (a)와 (b)를 이용하여 등량곡선의 모양과 대체탄력성의 크기를 비교해보자. <그림 7A.1-2>의 (a), (b)에서 점A에서 점B로 이동할 때 한계기술대체율(MRTS)의 변화비율(즉, $MRTS_A$에서 $MRTS_B$로의 변화비율)이 똑같이 변화하는 것으로 가정하고, 생산요소 투입비율(K/L)의 변화가 서로 어떻게 다른지를 비교해 보았다. 즉 <그림 7A.1-2> (a)에서의 $MRTS_A$와 $MRTS_B$의 값과 (b)에서의 $MRTS_A$와 $MRTS_B$의 값과 같다는 의미이다.

<그림 7A.1-2> (a)처럼 원점에 대해 볼록한 정도가 큰 등량곡선의 경우에는 생산요소 투입비율(K/L)의 변화가 그리 크지 않다. 반면에 <그림 7A.1-2> (b)처럼 원점에 대해 볼록성의 정도가 작은 등량곡선의 경우에는 생산요소 투입비율(K/L)의 변화가 크다는 것을 알 수 있다. 따라서 등량곡선의 모양이 원점에 대하여 볼록할수록 생산요소의 대체탄력성(σ)은 작으며, 등량곡선의 모양이 직선에 가까울수록 생산요소의 대체탄력성(σ)이 커진다는 것을 알 수 있다.

부록 7A.2 특이한 생산함수의 등량곡선

(1) 레온티에프 생산함수

노동과 자본이 완전보완관계에 있을 경우에는 자본과 노동 사이의 대체가 기술적으로 전혀 불가능하다. 생산요소 사이의 대체가 불가능한 특성을 갖는 생산함수를 **레온티에프 생산함수**(Leontief production function)라고 하고, 다음과 같이 표현한다.

$$Q = f(L, K) = \min(\frac{L}{a}, \frac{K}{b}) \quad a, b > 0 \tag{7A.2.1}$$

(7A.2.1)식의 레온티에프 생산함수는 산출물 1단위를 생산하기 위해 반드시 최소한 노동 a단위와 자본 b단위가 필요해서 자본-노동 결합비율이 반드시 (b/a)가 되어야 한다는 의미이다.

<그림 7A.2-1>에서와 같이 레온티에프 생산함수의 등량곡선은 L자형이며, K = (b/a)L 선을 따라 꺾인다. 따라서 레온티에프 생산함수에서는 노동과 자본이 정확히 (b/a)의 비율로 결합하여 생산에 투입되며, 그 이외의 남은 생산요소는 전혀 생산에 기여하지 못하므로 노동과 자본 사이에 전혀 대체가 불가능한 생산함수이다.

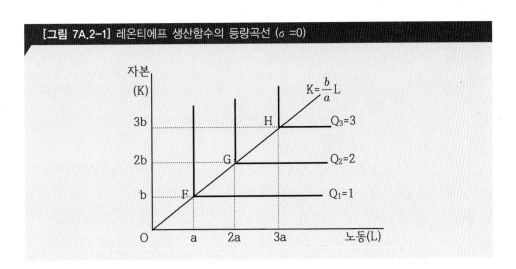

[그림 7A.2-1] 레온티에프 생산함수의 등량곡선 ($\sigma = 0$)

레온티에프 생산함수의 경우, 노동(L)이나 자본(K) 중에서 최소 투입량이 산출량(Q)의 수준을 결정한다. 그렇기 때문에 레온티에프 생산함수는 노동과 자본을 동시에 같은 비율로 증가시켜야만 산출량이 증가하는 생산함수이다. <그림 7A.2-1>에서 노동과 자본의 투입량이 각각 a와 b일 때, 산출량(Q)은 min(a, b) = 1개라고 하자. 자본의 투입량을 b에 고정시켜 두고 노동의 투입량만 2a로 증가시키는 경우에도 (7A.2.1)식의 생산함수에 따라 산출량은 역시 min(2a, b) = 1개이다. 또한 노동의 투입량은 a에 고정시켜 두고 자본의 투입량만 2b로 증가시키는 경우에도 산출량은 역시 min(a, 2b) = 1개이다. 따라서 1개의 산출량(Q)을 생산할 수 있는 등량곡선은 <그림 7A.2-1>과 같이 꼭지점이 점 F에 놓이는 L자 형태가 된다. 산출량(Q)을 증가시키려면 (b/a)의 기울기를 지니는 대각선을 따라 노동과 자본의 투입량을 동일한 배수로 증가시켜야 한다.

레온티에프 생산함수에서는 생산요소의 투입비율이 항상 일정하기 때문에 대체탄력성(σ) 측정식인 (7A.1.1)식에서 분자가 0이 되므로 대체탄력성(σ)도 0이 된다.

(2) 선형생산함수

<그림 7A.2-2>는 자본과 노동 사이에 기술적 대체가 완전한 경우의 등량곡선을 보여준다. 레온티에프 생산함수와는 반대로 노동과 자본 사이에 기술적 대체가 완전한 경우의 생산함수를 **선형생산함수**(linear production function)라고 부른다.

$$Q = f(L, \ K) = aL + bK \qquad a, \ b > 0 \quad (7A.2.2)$$

선형생산함수는 노동과 자본 사이에 기술적 대체가 완전한 생산기술을 의미한다. 즉 선형생산함수의 등량곡선은 항상 기울기($MRTS_{LK}$)가 (-a/b)인 일정한 직선 형태이다.

선형생산함수는 노동과 자본을 항상 똑같은 한계기술대체율(MRTS)로 대체할 수 있는 생산기술을 나타낸다. 그래서 선형등량곡선인 경우 주어진 등량곡선을 따라 자본-노동 투입비율을 아무리 변화시켜도 한계기술대체율은 항상 일정하다. 그러므로 대체탄력성 공식인 (7A.1.1)식의 분모가 0이 되어 대체탄력성(σ)은 무한대(∞)가 된다.

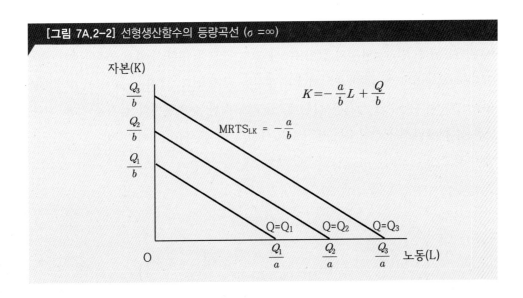

[그림 7A.2-2] 선형생산함수의 등량곡선 ($\sigma = \infty$)

$$K = -\frac{a}{b}L + \frac{Q}{b}$$

$$MRTS_{LK} = -\frac{a}{b}$$

(3) 콥-더글러스 생산함수

다음과 같은 생산함수의 형태를 **콥-더글러스 생산함수**(Cobb-Douglas production function)라고 부른다.

$$Q = f(L, K) = A \cdot L^{\alpha}K^{\beta} \qquad A > 0, \quad \alpha, \ \beta > 0 \tag{7A.2.3}$$

콥-더글러스 생산함수의 등량곡선은 <그림 7A.2-3>과 같이 원점에 대해 볼록한 부드러운 곡선 형태이다.

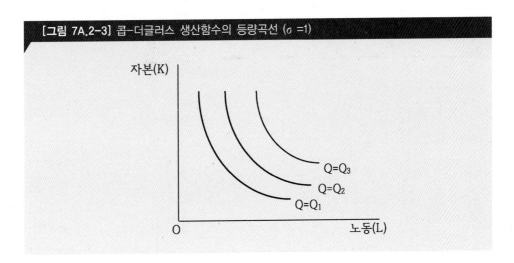

[그림 7A.2-3] 콥-더글러스 생산함수의 등량곡선 ($\sigma = 1$)

213

콥-더글러스 생산함수는 매개변수 α, β의 값에 따라 규모에 대한 수익을 나타내는데 사용된다. 만약 α와 β의 합이 1보다 크면 규모에 대한 수익체증, α와 β의 합이 1보다 작으면 규모에 대한 수익체감의 성격을 갖게 된다. 특히 $\alpha + \beta = 1$이 성립하는 경우, 1차 동차함수의 성격을 갖는데, 규모에 대한 수익불변의 성격을 갖게 된다. 또한 콥-더글러스 생산함수는 생산요소 사이의 대체탄력성(σ)이 언제나 1이라는 특성을 갖고 있다.

포인트 미시경제학　The Point of Microeconomics

Chapter **08**

생산비용과 비용함수

이 장에서는 기업의 생산기술에 의해 결정되는 생산비용을 표현하는
방법이면서 생산함수와 역의 관계에 있는 비용함수에 대해
살펴본다. 단기비용함수를 이용하여 여러 가지 생산비용의 개념에
관하여 살펴보고, 장기비용함수를 이용해서는 비용극소화를 위한
최적요소결합의 문제에 대해 알아본다. 그리고 규모의 경제와
범위의 경제에 대해서도 살펴본다.

제1절 생산비용

1. 생산기술과 비용함수

제7장에서 생산함수를 이용하여 생산기술을 표현하고 분석하였다. 그리고 주어진 생산요소의 투입물을 산출량으로 전환시키는 생산활동의 범위는 기업이 보유한 생산기술에 의해 결정된다는 것을 살펴보았다. 이 때문에 똑같은 산출량을 생산한다고 해도 생산기술에 따라 생산비용이 많이 들어갈 수도 있고 적게 들어갈 수도 있다. 생산기술이 생산비용의 조건을 결정하는 것이다. 그래서 생산함수로 표현되는 생산기술의 제약은 그대로 비용함수에도 나타난다. 한 기업의 생산비용은 그 기업의 생산기술을 반영하고, 그 기업이 생산물시장의 상황에 대처하여 어떻게 행동할 것인지를 결정한다.

기업이 산출량(Q)을 변화시킬 때, 주어진 산출량(Q)과 그것을 생산하는데 필요한 최소비용(C) 사이의 관계를 함수형태로 나타낸 것이 **비용함수**(cost function)이다. 엄밀히 말하면 생산비용은 산출량 외에도 생산요소의 가격과 투입량에 의해서도 영향을 받는다. 그러나 기업의 산출량을 제외하고 생산비용을 결정하는 '다른 요인들이 모두 일정불변이다'라고 가정하면, 비용함수는 다음과 같이 축약해서 표현할 수 있다. 여기서 C는 생산비용, Q는 산출량을 표기한다.

$$C = f(Q) \qquad \text{단, } Q = f(L, \ K) \tag{8.1}$$

이 때 기업은 자신이 가지고 있는 주어진 생산기술을 가장 효율적으로 이용한다는 것을 전제로 한다. 즉 비용함수는 주어진 산출량을 생산하는데 필요한 최소한의 비용이 얼마인가를 보여준다. 따라서 비용함수도 생산함수와 마찬가지로 기업이 가지고 있는 **생산기술**에 의해서 결정된다.

생산비용은 생산요소의 사용에 대한 대가로 발생하므로, 기업의 생산기술이 좋으면 같은 산출량을 생산하는 데에 필요한 생산요소의 투입량이 줄어들고 따라서 비용도 줄어든다. 반면에 생산기술이 나쁘면 같은 양을 생산하는 데에 비용이 더 많이 들어간다. 이처럼 **비용함수는 생산함수와 역의 관계**에 있다. 그러므로 생산함수를 정확히 알고 있으면 비용함수는 저절로 알게 된다. 생산함수와 비용함수는 둘 다 생산기술에 의해 결정되므로, 기업이 보유하고 있는 동일한 생산기술에 대한 두 가지 다른 표현방법이라고 볼 수 있다. 비용함수도 역시 비용(C)과 산출량(Q)간의 관계를 (8.1)식의 수식형태로 나타낼 수도 있고, 그래프(graph)나 표(table)로도 표현할 수 있다.

2. 생산비용과 경제적 비용

(1) 생산비용

한 기업이 생산하고자 하는 생산물의 생산방법을 결정할 때, 투입되는 생산요소의 종류뿐만 아니라 생산에 사용되는 생산요소의 구입비용도 고려해야만 한다. 생산비용은 기업이 산출량을 결정하는데 있어서 중요하기 때문에 기업의 비용에 대한 여러 가지 측면을 이해하여야만 한다. 즉 생산비용은 어떻게 정의되고, 무엇을 포함하고, 어떤 요인이 비용에 영향을 주며, 산출량이 변함에 따라 비용이 어떻게 변하는가를 이해하여야 한다.

기업의 생산활동은 생산요소의 투입으로 이루어지기 때문에 이들의 이용에 대한 대가를 지불하지 않으면 안 된다. 기업이 생산요소를 이용하고 지불하는 비용을 생산비용이라고 한다. 따라서 **생산비용**(cost of production)이란 생산에 투입된 생산요소의 화폐적 가치 또는 생산에 소요되는 화폐적 비용을 말한다.

생산비용은 직접비용과 간접비용, 고정비용과 가변비용 등으로 구분한다. **직접비용**은 일정한 산출량을 생산하는데 직접적으로 지출된 비용으로서 임금과 원재료비 등을 포함한다. **간접비용**은 일정한 산출량을 생산하는데 간접적으로 소요되는 비용으로서 감가상각비와 전력비, 사무직의 급여, 이자, 임대료 등과 같은 경영비용을 말한다. 한편 **고정비용**(fixed cost)은 산출량의 규모와는 관계없이 일정하게 지출되

는 비용으로서 경상비(overhead cost)라고도 한다. 고정비용은 단기에 고정요소 때문에 발생한다. 여기에는 건물과 기계에 대한 감가상각비와 유지비, 지대, 이자, 임대료, 사무직의 급여 등을 포함한다. **가변비용**(variable cost)은 산출량의 규모에 따라 변동하는 비용을 의미한다. 가변비용은 가변투입요소에 대한 비용으로서 원재료비, 임금, 연료비 등을 포함한다.

(2) 경제적 비용의 개념

자원의 희소성을 전제로 하는 경제학에서는 생산비용을 기회비용의 개념으로 파악하는데 이를 경제적 비용(economic cost)이라고 한다. 어떤 선택의 **기회비용**(opportunity cost)은 그것을 선택하기 위해서 포기해야 하는 것 가운데 가장 큰 가치를 지닌 것의 가치를 의미한다. 따라서 경제적 비용은 실제로 지출되어 회계장부에 기록된 비용만을 포함하는 기업의 회계적 비용(accounting cost)보다는 더 넓은 의미를 가지고 있다. 기업의 경영 상태를 나타내는 손익계산서를 작성할 때 이용하는 비용을 **회계적 비용**(accounting cost)이라고 하는데, 여기에는 임금, 지대, 이자 등 생산요소에 대한 지출과 원재료비, 감가상각비 등과 각종 조세, 보험료, 특허권 사용료 등 기타 비용을 포함한다. 이와 같은 회계적 비용들은 기업이 실제로 생산활동에서 지출한 비용으로서 명시적으로 회계장부상에 기재되어 나타난다는 의미에서 **명시적 비용**(explicit costs)이라고도 한다.

한편 경제학에서 사용하는 **경제적 비용**(economic cost)은 명시적 비용(회계적 비용) 뿐만 아니라 암묵적 비용까지도 포함하는 기회비용을 말한다. **암묵적 비용**(implicit cost)은 기업이 직접 보유하고 있으면서 생산활동에 투입한 생산요소에 대한 기회비용을 말한다. 기업이 직접 보유하고 있는 생산요소의 가치를 **귀속가치**(imputed value)라고 하는데, 기업의 회계장부에 기록되지 않은 귀속가치가 바로 암묵적 비용이다. 암묵적 비용은 기업이 보유하고 있는 생산요소인 노동, 자본, 토지와 경영활동에 대한 보수를 말한다. 기업이 보유하고 있는 생산요소에 대한 보수를 기회비용의 개념으로 파악하는 이유는 실제로 지출한 비용은 아니지만 기업가가 그 생산요소를 다른 용도에 사용할 경우 얻을 수 있는 소득을 포기하고 있기 때문이다.

암묵적 비용은 **귀속임금**, **귀속이자**, **귀속지대**, **정상이윤**으로 구성된다. 귀속임금은 기업가가 사업으로 인해 포기한 자기노동에 대한 임금이고, 귀속이자는 기업가가 포기한 자기자본에 대한 이자이고, 귀속지대는 기업가가 포기한 자기토지에 대한 임대료이고, 정상이윤은 기업가로 하여금 그 사업을 계속 운영할 수 있도록 보장해주어야 하는 최소한의 이윤을 말한다.

제2절 단기비용분석

1. 단기비용함수

한 기업의 생산비용은 산출량 수준이 변함에 따라 변한다. 고정요소가 존재하는 경우, 산출량이 변화함에 따라 생산비용이 어떻게 변화하는가를 고찰하는 것이 단기비용분석의 핵심이다. 그러므로 단기비용의 개념은 고정요소와 관련된 고정비용과 가변요소와 관련된 가변비용으로 나누어진다.

(1) 단기비용함수

단기(short-run)에는 생산함수가 $Q = f(L, \overline{K})$로 주어진다고 가정하자. 노동(L)과 자본(K) 가운데 자본은 투입량이 고정되어 있는 고정요소이고, 노동만 투입량을 변화시킬 수 있는 가변요소라고 가정한다. 단기에 한 기업이 산출량을 Q만큼 생산하는데 들어가는 최소한의 비용은 각 생산요소의 가격과 각 생산요소의 구입량에 의해 달라진다. 따라서 단기생산비용(C)은 산출량(Q)의 크기와 생산요소들의 가격(w, r), 그리고 고정요소의 투입량($\overline{K}$)에 따라 달라진다. 이러한 기업의 단기생산비용과 그 결정요인 사이의 관계를 함수로 표현한 것이 **단기비용함수**(short-run cost function)이다.

단기비용함수는 단기비용(C)을 산출량(Q)과 생산요소가격, 그리고 고정요소의

함수로 표현한 것으로, 다음과 같은 함수 형태로 표현된다.

$$C = f(Q : w, r, \overline{K}) \qquad 단, Q = f(L) \tag{8.2}$$

여기서 C는 총비용, Q는 산출량, w는 노동의 가격, r는 자본의 가격, $\overline{K}$는 고정요소인 자본의 투입량이 고정되어 있음을 나타낸다.

일반적으로 단기비용분석은 생산요소들의 가격이 일정하게 주어진 상태에서 산출량(Q)이 변할 때 그에 따라 생산비용이 어떻게 변화하느냐를 분석한다. 따라서 단기에 자본(K)뿐만 아니라 생산요소들의 가격(즉, w, r)도 일정하게 주어져 있다고 가정하면, 단기생산비용(C)은 오로지 산출량(Q)의 크기에 따라 변화한다. 이러한 측면에서 (8.2)식의 단기비용함수를 일반적으로 앞서의 (8.1)식처럼 축약해서 산출량만의 함수인 C=f(Q)로 표현한다.

(2) 총비용

한 기업의 **총비용**(TC, total cost)은 일정한 산출량의 생산에 투입된 모든 투입물에 대한 비용을 합계한 것이다. 그런데 단기에는 생산활동에 투입되는 생산요소가 고정요소와 가변요소로 나누어지기 때문에 **단기총비용**(short run total cost)은 총고정비용과 총가변비용으로 구분된다.

총고정비용(TFC, total fixed cost)은 고정투입요소에 대하여 기업이 부담하는 모든 비용을 말한다. 총고정비용은 산출량의 수준에 관계없이 일정하기 때문에 기업이 조업을 중단하고 생산을 전혀 하지 않더라도 총고정비용만큼의 비용은 항상 발생된다. 총고정비용은 기업이 단기적으로 변경할 수 없는 공장설비, 시설 등과 같은 고정된 투입요소와 관련되며, 또 여기에는 차입금의 이자, 화재보험료, 재산세뿐만 아니라 암묵적 비용도 포함된다. 기업가 자신의 노동과 토지 및 자본에 대한 보수와 정상이윤으로 구성되는 암묵적 비용은 기업이 생산활동을 함으로써 어차피 기업에 고정적으로 잠겨 있는 비용이기 때문에 총고정비용에 포함되는 것이다.

반면에 **총가변비용**(TVC, total variable cost)은 기업이 생산하는 산출량(Q) 수준에 따라 변동하는 비용이다. 총가변비용은 가변투입요소와 관련되는데, 산출량이 많아질수록 가변요소의 투입량이 더 많이 필요하게 된다. 그러므로 생산이 증가함에 따라 총가변비용도 증가하게 된다. 단기에 생산을 증가시키기 위해서는 더 많은 노동과 원재료를 투입해야 하고, 또 전력과 같은 연료를 더 많이 사용해야 한다. 임금, 원재료비, 전력비 등과 같이 산출량이 증가함에 따라 추가되는 모든 비용이 총가변비용에 포함된다.

단기총비용(STC, short run total cost)은 각 산출량(Q) 수준에 대응하는 총고정비용(TFC)과 총가변비용(TVC)을 합계한 것이다.

$$STC = TFC + TVC \tag{8.3}$$

<표 8-1>은 한 기업의 산출량과 단기비용들의 관계를 보여주는 단기비용함수를 구체적인 수치로 예시한 **단기비용함수표**이다. <표 8-1>에서 (1)열은 기업의 산출량을 나타내고, (2)열에서는 기업이 60만원의 총고정비용을 부담하는 것을 나타낸다. 그리고 (3)열은 산출량수준이 변함에 따라 변하는 총가변비용을 보여준다. (4)열은 단기총비용으로써 각 산출량수준에서의 총고정비용과 총가변비용을 합계한 것이다. 예를 들면, 5단위의 산출량수준을 생산하는데 총고정비용은 60만원이고, 총가변비용이 100만원이므로 총비용은 160만원이다.

[표 8-1] 단기비용함수표   (단위 : 개, 만원)

(1)	(2)	(3)	(4)	(5)	(6)	(7)	(8)
Q	TFC	TVC	STC	SMC	AFC	AVC	SAC
0	60	0	60	–	–	–	–
1	60	30	90	30	60.0	30.0	90.0
2	60	49	109	19	30.0	24.5	54.5
3	60	65	125	16	20.0	21.7	41.7
4	60	80	140	15	15.0	20.0	35.0
5	60	100	160	20	12.0	20.0	32.0
6	60	124	184	24	10.0	20.7	30.7
7	60	150	210	26	8.6	21.4	30.0
8	60	180	240	30	7.5	22.5	30.0
9	60	215	275	35	6.7	23.9	30.6
10	60	255	315	40	6.0	25.5	31.5

(3) 평균비용과 한계비용

평균비용(AC, average cost)은 산출물 1단위당 생산비용을 의미한다. 그러므로 **단기평균비용**(SAC, short run average cost)은 단기총비용(STC)을 산출량(Q)으로 나눈 것이다. 그런데 단기총비용(STC)이 총고정비용(TFC)과 총가변비용(TVC)의 합계로 구성된다. 그래서 단기평균비용(SAC)도 역시 평균고정비용(AFC)과 평균가변비용(AVC)의 합계로 구성된다.

평균고정비용(AFC, average fixed cost)은 총고정비용(TFC)을 산출량(Q)으로 나눈 것으로 산출물 1단위당 고정비용이다. 그리고 **평균가변비용**(AVC, average variable cost)은 총가변비용(TVC)을 산출량(Q)으로 나눈 값이며, 산출물 1단위당 가변비용이다. 각 평균비용의 개념을 수식으로 표현하면 다음과 같다.

$$SAC = \frac{STC}{Q} = \frac{TFC + TVC}{Q} = AFC + AVC \tag{8.4}$$

$$AFC = \frac{TFC}{Q} \tag{8.5}$$

$$AVC = \frac{TVC}{Q} \tag{8.6}$$

한편 **단기한계비용**(SMC, short run marginal cost)은 산출량을 추가적으로 1단위 변화시킬 때 일어나는 단기총비용의 변화분이다. 즉 산출량이 추가적으로 1단위 증가(ΔQ)할 때 추가적으로 증가하는 총비용의 변화분(ΔSTC)이다.

$$SMC = \frac{\Delta STC}{\Delta Q} = \frac{\Delta(TFC + TVC)}{\Delta Q} = MFC + MVC = MVC \tag{8.7}$$

(8.7)식에서 MFC와 MVC는 각각 **한계고정비용**(marginal fixed cost)과 **한계가변비용**(marginal variable cost)을 나타내고 있다. 그런데 단기에는 고정비용이 산출량과 관계없이 고정되어 있으므로 한계고정비용(MFC)은 0이라고 할 수 있다. 따라서 단기한계비용(SMC)은 결국 한계가변비용(MVC)만을 의미하고, 고정비용은 한계비용과 관계없다는 것을 알 수 있다.

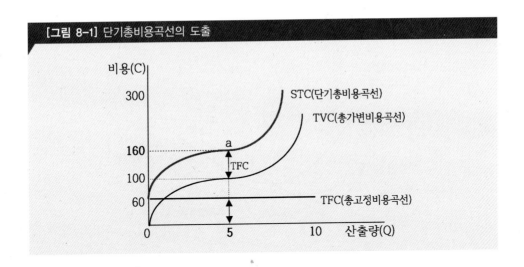

[그림 8-1] 단기총비용곡선의 도출

2. 단기비용곡선

(1) 단기총비용곡선

<그림 8-1>은 <표 8-1>의 단기비용함수표에서 기업의 산출량(Q)과 단기총비용 (총고정비용과 총가변비용)의 관계를 그래프로 나타낸 것이다. 총고정비용(TFC)은 생산량의 증가에도 불구하고 60만원으로 일정하므로 **총고정비용곡선(TFC)**은 60만 원수준에서 수평선 형태이다. 총가변비용(TVC)은 산출량이 증가함에 따라 증가하 므로 **총가변비용곡선(TVC)**은 우상향하는 형태이다. 한편 **단기총비용곡선(STC)**은 총고정비용곡선과 총가변비용곡선을 수직적으로 합한 것인데, 그림상으로 TVC곡 선을 TFC만큼 위로 평행 이동시킨 것이다. 따라서 단기총비용곡선과 총가변비용곡 선 사이의 거리는 총고정비용의 크기에 해당한다.

(2) 평균비용곡선과 한계비용곡선

① 평균비용곡선과 한계비용곡선의 형태

단기평균비용곡선과 단기한계비용곡선의 일반적인 형태에 대하여 알아보자. <그 림 8-2>는 <표 8-1> 단기비용함수표에 예시되어 있는 단기평균비용과 단기한계비

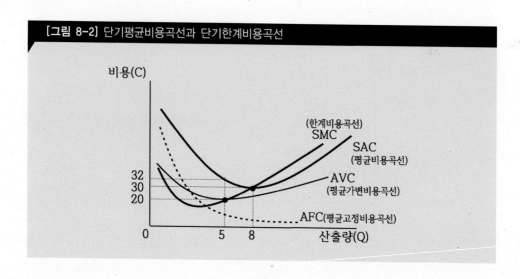

[그림 8-2] 단기평균비용곡선과 단기한계비용곡선

용이 산출량의 변화에 따라 어떻게 변하는지를 그래프로 나타낸 것이다.

<그림 8-2>에서와 같이 **평균고정비용곡선(AFC)**은 단조롭게 감소하는 우하향의 **직각쌍곡선**으로 그려진다. 왜냐하면 총고정비용(TFC)이 산출량 수준과 관계없이 항상 일정하기 때문에 평균고정비용(AFC)도 <표 8-1>의 (6)열에 예시된 바와 같이 산출량이 증가함에 따라 계속해서 감소하기 때문이다.

한편 **평균가변비용곡선(AVC)**은 <표 8-1>의 (7)열에 예시된 바와 같이 처음에는 감소하다가 산출량이 일정수준을 넘어서면 다시 점차 증가하기 때문에 **U자형**으로 그려진다.

단기평균비용곡선(SAC)은 각 산출량에 대하여 평균고정비용(AFC)과 평균가변비용(AVC)을 수직으로 합계함으로써 그릴 수 있는데, 역시 **U자형**으로 그려진다.

단기한계비용(SMC)곡선도 역시 <표 8-1>의 (5)열에 예시된 바와 같이 처음에는 감소하다가 산출량이 일정수준을 넘어서면 다시 점차 증가하기 때문에 **U자형**으로 그려진다.

② 평균비용곡선과 한계비용곡선의 기하학적 도출

단기평균비용곡선과 단기한계비용곡선을 단기총비용곡선으로부터 기하하적으로 도출하는 방법에 대해 알아보자. 제7장 2절의 <그림 7-1>에서 평균생산(AP)곡선과 한계생산(MP)곡선을 총생산(TP)곡선으로부터 도출할 수 있었다. 마찬가지로 평균비용곡선과 한계비용곡선도 <그림 8-1>의 총비용곡선으로부터 기하학적으로 도출할 수 있다.

평균고정비용(AFC)곡선은 각 산출량에 대응하는 총고정비용(TFC)곡선 위의 한 점과 원점을 연결하는 직선의 기울기로부터 도출할 수 있다. 또한 **평균가변비용(AVC)곡선**도 역시 각 산출량에 대응하는 총가변비용(TVC)곡선 위의 한 점과 원점을 연결하는 직선의 기울기로부터 도출할 수 있다.

마찬가지로 **단기평균비용(SAC)곡선**은 각 산출량에 대응하는 단기총비용(STC)곡선 위의 한 점과 원점을 연결하는 직선의 기울기로부터 도출할 수 있다. 반면에 **단기한계비용(SMC)곡선**은 각 산출량수준에 대응하는 단기총비용(STC)곡선상의 한 점에서 그은 접선의 기울기로부터 도출할 수 있다. <그림 8-1>에서와 같이 단기총비용(STC)곡선이 역S형인 경우에는 한계비용이 변곡점인 a점에서 최소가 되므로 단기한계비용(SMC)곡선은 U자 형태가 된다.

(3) 평균비용과 한계비용의 관계

이제 단기평균비용(SAC)과 단기한계비용(SMC)과의 관계에 대해 알아보자. 제7장 2절에서 설명한 평균생산과 한계생산과의 관계와 똑같은 관계가 단기평균비용과 단기한계비용 사이에도 성립한다. 즉 평균이 증가하면 평균은 한계보다 작고, 평균이 감소하면 평균은 한계보다 크다.

이를 생산비용에 적용하면 평균비용과 한계비용은 다음과 같은 관계를 갖는다.

첫째, 산출량을 증가시킬 때 평균비용이 감소하고 있으면, 한계비용은 반드시 평균비용보다 아래에 있다.

둘째, 평균비용이 증가하고 있으면, 한계비용은 반드시 평균비용 위에 있다.

셋째, 평균가변비용과 평균비용이 각각 최저일 때 한계비용과 일치한다.

단기평균비용과 단기한계비용의 관계를 <표 8-1>과 <그림 8-2>에서 다시 확인해보자. 단기평균비용(SAC)은 산출량이 8단위까지는 감소하다가 8단위를 지나면서 다시 증가한다. 산출량이 8단위보다 작은 경우에는 <그림 8-2>에서 보듯이 단기평균비용(SAC)이 단기한계비용(SMC)보다 크다는 것을 알 수 있다. 반면에 산출량이 8단위보다 큰 경우에는 단기평균비용(SAC)이 단기한계비용(SMC)보다 더 적다.

한편 단기평균비용(SAC)이 가장 작아지는 8단위에서는 단기평균비용(SAC)과 단기한계비용(SMC)이 일치한다. 단기평균비용(SAC)이 감소추세에서 증가추세로 바뀌는 점은 단기평균비용(SAC)의 최저점이며, 이 점에서 단기한계비용(SMC)은 단기평균비용(SAC)의 아래에서 위로 위치를 바꾸게 된다. 이것은 단기한계비용(SMC)곡선이 단기평균비용(SAC)곡선의 최저점을 아래로부터 교차해서 지난다는 의미이다.

이러한 단기평균비용(SAC)과 단기한계비용(SMC)의 관계는 단기평균가변비용(SAVC)과 단기한계비용(SMC) 사이에도 그대로 적용된다. 따라서 단기한계비용(SMC)곡선은 단기평균비용(SAC)곡선과 단기평균가변비용(SAVC)곡선의 최저점을 모두 아래에서 위로 교차한다.

제3절 장기비용분석

1. 장기비용함수와 등비용선

(1) 장기비용함수

이제 모든 생산요소가 가변요소인 장기에서의 비용함수를 살펴보자. 단기에는 자본이 고정되어 있고 노동의 투입량만 조절할 수 있다. 반면에 장기에는 고정요소가 없으며 자본(K)과 노동(L)의 투입량을 모두 자유롭게 조절할 수 있다. 그러므로 장기에서는 모든 생산요소의 양을 조절할 수 있으므로 생산비용이 극소화되도록 모든 생산요소를 적정하게 결합하여 사용할 수 있다. 이러한 측면에서 볼 때, 장기비용은 주어진 산출량(Q)을 생산할 수 있는 L과 K의 조합 중에서 비용이 가장 적게 드는 조합과 관련된다.

한편 생산요소인 자본과 노동의 투입량은 각 생산요소의 가격과 산출량에 따라 달라진다. 그렇다면 장기비용도 역시 산출량의 크기와 각 생산요소의 가격에 따라 달라진다. 그러므로 **장기비용함수**(long run cost function)는 다음과 같이 각 생산요소의 가격과 산출량의 함수로 표현된다.

$$C = f(Q : w, \ r) \qquad\qquad 단, \ Q=f(L, \ K) \qquad\qquad (8.8)$$

여기서 C는 비용, Q는 산출량, w은 노동의 가격, r는 자본의 가격을 표시한다. 만약 장기에도 각 생산요소의 가격(w, r)이 일정하게 주어진다고 가정하면, 장기비용함수도 단기비용함수와 마찬가지로 단순히 산출량과 장기비용 사이의 관계인 C = f(Q)로 표현할 수 있다.

(2) 장기비용극소화 문제

장기에서 산출량과 비용의 관계를 분석하려면 우선 주어진 산출량을 가장 최소의 비용으로 생산하는 방법을 찾아야 한다. 이것은 주어진 산출량을 최소한의 비용으로 생산하는 생산요소의 조합을 찾는 것과 관련된다.

장기에 기업이 이윤을 극대화하려면 주어진 산출량을 최소의 비용으로 생산할 수 있는 생산요소의 조합을 찾아야 한다. 장기에는 모든 생산요소의 투입량을 변경할 수 있다. 그래서 두 가지 이상의 가변요소가 있는 경우, 주어진 산출량을 생산할 수 있는 생산요소의 결합방법은 여러 가지가 있게 된다. 노동을 많이 사용하고 자본을 적게 사용하는 방법도 있고, 반대로 노동을 적게 사용하고 자본을 많이 사용하는 방법도 있다. 그런데 노동과 자본 중 상대적으로 어느 것을 더 많이 사용하는 생산방법을 선택하느냐에 따라 생산비용도 달라진다. 그러므로 우선 주어진 산출량을 생산하기 위해서 어떤 방법을 쓰는 것이 가장 효율적인지를 결정하여야 한다. 이처럼 기업이 주어진 산출량을 생산하면서 가장 비용이 적게 드는 생산요소의 조합을 선택하는 것이 **장기비용극소화 문제**이다.

장기에는 모든 생산요소가 가변요소이기 때문에 기업이 일정한 산출량(Q)을 생산할 수 있는 생산요소의 조합(L, K)은 수없이 많다. 즉 제7장에서 설명한 바와 같이 하나의 등량곡선상에 위치하는 모든 점들은 동일한 산출량을 생산할 수 있는 두 가지 생산요소의 조합들이다. 그렇다면 **등량곡선 위의 수많은 생산요소의 조합들 중에서 가장 비용이 적게 들어가는 조합을 어떻게 선택할 수 있을까?** 이를 위해서는 기업의 예산제약을 나타내는 등비용선의 도움을 받아야 한다.

(3) 등비용선

① 등비용선의 개념

장기에 가변요소가 두 가지(노동과 자본)만 있는 경우, 그래프상으로 노동의 투입량(L)과 자본의 투입량(K)을 각각 가로축과 세로축에 나타내자. 그러면 노동과 자본의 2차원 좌표평면에 있는 각 점은 노동과 자본의 특정한 조합(L, K)을 나타낸다. 제7장에서 이러한 좌표평면에 있는 생산요소의 조합 중에서 동일한 산출량을 생산하는 생산요소의 조합을 연결한 궤적을 등량곡선이라고 하였다. 그렇다면 좌표평면에 있는 생산요소의 조합 중에서 생산비용이 같은 생산요소의 조합점들을 연결하면 어떤 형태의 선이 될까?

노동과 자본의 2차원 좌표평면에 있는 여러 가지 생산요소의 조합 가운데 생산비용이 똑같은 수준인 조합들을 연결한 궤적을 **등비용선**(isocost line)이라고 한다. 따라서 등비용선은 생산요소의 가격이 주어졌을 때 기업이 일정한 비용으로 최대한 구입할 수 있는 노동과 자본의 수량적 결합들을 나타내는 선이다. 그래서 하나의 등비용선 위에 위치하는 모든 점들은 두 생산요소의 결합비율은 다르지만 똑같은 크기의 생산비용을 나타낸다. 똑같은 생산비용으로 기업이 선택할 수 있는 생산요소의 조합들을 나타내기 때문에 등비용선이라고 한다.

② 등비용선 도출

이제 등비용선을 기업의 예산제약식인 **비용식**(cost equation)에서 유도해보자. 한 기업이 노동 1단위에 지불하는 가격(임금)을 w, 자본 1단위의 가격을 r이라고 표기하고, 그리고 노동과 자본의 구입량은 각각 L과 K라고 표기하자. 기업이 일정한 비용(C)으로 노동과 자본을 각각 L, K만큼 구입하여 생산에 투입할 때, 총비용(C)은 노동의 구입비용(wL)과 자본의 구입비용(rK)의 합계이다. 그러므로 생산자가 선택할 수 있는 여러 가지 생산요소의 조합은 주어진 총비용과 일치해야 한다. 즉 다음의 **비용제약조건**을 충족해야 한다.

$$C = w \cdot L + r \cdot K \ \Rightarrow \ K = \frac{C}{r} - \frac{w}{r}L \qquad (8.9)$$

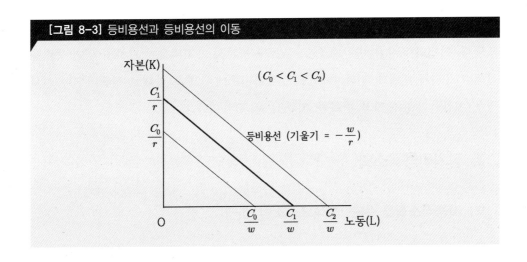

[그림 8-3] 등비용선과 등비용선의 이동

(8.9)식의 비용제약조건을 그래프로 나타내면 <그림 8-3>의 등비용선을 도출할 수 있게 된다. 그러므로 **등비용선**은 기울기가 노동과 자본의 가격비율인 $(-w/r)$이고, 세로축과 가로축의 절편은 각각 C/r, C/w인 직선의 형태가 된다.

<그림 8-3>에서 등비용선의 세로축 절편, (C/r)는 총비용으로 전부 자본만을 구입하는데 사용한다면 구입할 수 있는 자본의 양을 보여준다. 반면에 가로축 절편, (C/w)는 총비용을 전부 노동만을 구입하는데 사용한다면 구입할 수 있는 노동의 양을 보여준다. 또 등비용선의 기울기(-w/r)는 노동과 자본의 가격비율인데, 노동을 1단위 더 투입할 때 감소시켜야 하는 자본의 양을 의미한다.

③ 등비용선의 특성

기업의 등비용선은 소비자이론에서 배운 소비자의 예산선과 유사하다. 예산선에서 소득(M)에 해당하는 것이 비용(C)이고, 각 상품의 가격에 해당하는 것이 각 생산요소의 가격이다. 그래서 등비용선은 예산선과 유사한 특성을 갖는다.

첫째, 생산요소(노동과 자본)의 단위당 가격은 변동하지 않고 비용(C)만 증가하면, 세로축 절편과 가로축 절편인 C/r와 C/w의 값이 커지고, 등비용선도 오른쪽으로 평행 이동하게 된다. 이처럼 등비용선이 평행 이동한다는 것은 기울기는 변하지 않고 절편만 변하는 것을 말한다. 반면에 비용(C)이 감소하면 등비용선은 왼쪽으로 평행 이동한다. 따라서 원점에서 멀리 떨어진 등비용선일수록 기업의 비용이 더 많

은 것을 나타낸다.

둘째, 기업의 비용은 변하지 않고 노동과 자본의 가격비율이 변하게 되면 등비용선의 기울기가 변하게 된다. 이것도 소비자이론에서 배운 바대로 상품가격이 변할 경우 예산선의 기울기가 변화한 것과 같은 결과이다.

2. 장기비용극소화

(1) 비용극소화를 위한 최적요소조합 선택

① 생산자균형과 최적요소조합

기업은 이윤을 극대화하기 위해 일정한 생산비로 최대의 산출량을 생산하거나 또는 일정한 산출량을 최소의 생산비로 생산하려 한다. 기업이 일정한 산출량을 최소의 비용으로 생산하는 경우 또는 일정한 생산비로 최대의 산출량을 생산하고 있는 경우를 **생산자균형**이라 한다.

그러면 **기업이 일정한 산출량을 최소의 비용으로 생산하기 위해서는 노동과 자본을 어떻게 결합하여 투입해야 하는가?** 이것은 바로 장기비용극소화의 문제인데, 일정한 산출량을 최소의 비용으로 생산하는 생산요소의 **최적조합**을 찾는 것이다. 장기비용극소화 문제에 대한 해답은 등량곡선과 등비용선을 이용하여 찾을 수 있다. 기업이 동일한 산출량을 생산할 수 있는 두 생산요소의 조합들을 나타내는 등량곡선과 일정한 비용으로 구입할 수 있는 생산요소의 조합들을 나타내는 등비용선을 결합하면, 비용극소화를 달성할 수 있는 최적의 요소조합을 찾을 수 있다. 즉 일정한 산출량을 최소의 비용으로 생산하기 위해서는 주어진 산출량 수준을 나타내는 등량곡선이 등비용선과 접하는 점을 찾으면 된다. 이 때 등비용선과 등량곡선이 접하게 되는 점에 대응하는 생산요소의 조합이 바로 최소비용의 조건을 만족시키는 최적의 요소조합이 된다. 일정한 산출량을 최소의 비용으로 생산하게 할 수 있는 **생산요소의 최적조합**은 등량곡선과 등비용선의 접점에서 이루어지고, 이 점을 **최적요소조합점** 또는 **생산자균형점**이라고 한다.

이제 장기비용극소화의 문제를 <그림 8-4>를 이용하여 살펴보자. 우선 그림상에

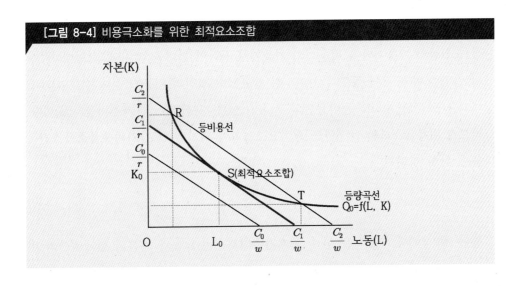

[그림 8-4] 비용극소화를 위한 최적요소조합

서 주어진 산출량에 해당하는 등량곡선을 찾아야 한다. <그림 8-4>에서 등량곡선은 Q_0로 주어진 산출량의 목표를 생산할 수 있는 노동과 자본의 조합들을 보여주고 있다. 그런데 등량곡선상에서 주어진 산출량 Q_0를 생산할 수 있는 생산요소(L, K)의 조합은 수없이 많다. 이렇게 많은 생산요소의 조합들 가운데서 비용극소화의 조합을 선택하기 위해서는 등비용선의 도움을 받아야 한다. 등량곡선상의 각 점에 해당하는 비용수준을 알려면 그 점을 지나는 등비용선이 나타내는 비용수준을 알면 된다. 주어진 등량곡선(Q_0)에 포함된 점들 가운데에서 최소비용을 나타내는 등비용선에 위치하는 점을 찾으면 된다.

<그림 8-4>에는 세 개의 등비용선이 각각 C_0, C_1, C_2의 비용수준에 대해 그려져 있다. 그림에서 보면 주어진 산출량 목표인 Q_0를 달성할 수 있는 최소한의 비용은 C_1임을 알 수 있다. 즉 등량곡선인 Q_0와 등비용선인 C_1이 서로 접하는 S점이 최소의 비용으로 생산하는 최적요소조합(L_0, K_0)을 나타낸다. 주어진 Q_0의 산출량을 최적요소조합인 L_0만큼의 노동과 K_0만큼의 자본을 구입해서 생산에 투입하면 비용극소화를 달성할 수 있다.

② 장기비용극소화의 조건

이제 비용극소화를 달성하는 최적요소조합이 되기 위한 조건을 알아보자. <그림 8-4>에서 등량곡선과 등비용선의 접점에서 비용이 극소화되는 것을 알 수 있다. 그

러므로 비용극소화의 달성에 필요한 조건은 최적요소조합을 나타내는 점에서 등량선상의 접선의 기울기와 등비용선의 기울기가 같아야 한다는 것이다. 그런데 제7장에서 설명한 바와 같이 등량곡선상의 한 점에서의 접선의 기울기(절대치)는 한계기술대체율($MRTS_{LK}$)이고, 등비용선의 기울기는 두 생산요소의 가격비율(w/r)이다. 그러므로 비용극소화를 달성하는 최적요소조합이 되기 위한 **장기비용극소화조건**은 다음과 같이 정리된다.

$$MRTS_{LK} = \frac{w}{r} \tag{8.10}$$

한편 제7장에서 (7.8)식을 통해 한계기술대체율은 노동과 자본의 한계생산의 비율(MP_L/MP_K)과 같다는 것을 설명한바 있다. 한계생산의 비율(MP_L/MP_K)을 (8.10)식의 한계기술대체율에 대입하여 정리하면 다음과 같이 된다.

$$\frac{MP_L}{w} = \frac{MP_K}{r} \tag{8.11}$$

(8.11)식에서 왼쪽 항과 오른쪽 항은 각각 노동과 자본의 화폐 1단위당 한계생산이다. 따라서 기업이 주어진 산출량을 최소의 비용으로 생산하는 비용극소화를 달성하기 위해서는 노동과 자본의 화폐 1단위당 한계생산이 같도록 투입해야 한다는 것을 의미한다.

(2) 확장경로와 장기총비용곡선의 도출

① 확장경로

앞에서 일정한 산출량을 최소의 비용으로 생산할 수 있는 생산요소의 최적결합조건, 즉 비용극소화의 조건에 대해 살펴보았다. 이제 기업이 비용을 증대시켜 산출량을 늘려나갈 때 생산요소를 어떻게 투입하는 것이 최적일까? 이 문제도 비용의 변화에 따른 등비용선과 등량곡선이 서로 접하는 최적요소조합의 이동을 살펴보면 알 수 있다.

생산요소의 가격(w, r)이 일정하다고 가정하자. 이 경우 기업이 지출하는 비용(C)이 변화하면 등비용선은 동일한 기울기를 갖고 평행 이동한다. 등비용선이 평행 이동할 때 각각 다른 등량곡선과 접하게 되어 최적요소조합도 달라진다. <그림 8-5> (a)에서 생산요소의 가격(w, r)이 일정할 때 기업이 비용을 C_0에서 C_1, C_2로 각각 증대시키면 등비용선이 오른쪽으로 평행 이동하고 이 등비용선과 접하는 등량곡선도 Q_0에서 Q_1, 그리고 Q_2로 이동한다. 그리고 최적요소조합도 A점, B점, C점으로 이동한다. 이처럼 기업이 비용을 변화시켜 산출량의 규모를 확대시켜 나갈 때 각 생산수준에 대응하는 최적요소조합인 A, B, C점을 연결한 선을 **확장경로**(expansion path)라고 한다. 확장경로는 기업이 생산수준을 확장할 때에 비용을 극소화하기 위하여 생산요소의 최적조합을 바꿔나가는 경로이다.

② 확장경로에서 장기총비용곡선 도출하기

앞에서 기업이 노동과 자본을 변화시킬 수 있는 장기에 일정한 산출량을 최소비용으로 생산할 수 있는 최적요소조합과 확장경로에 대해 살펴보았다. 확장경로는 기업이 총비용을 변화시킬 때 이에 대응하여 변하는 장기비용극소화의 최적요소조합들을 연결한 선이다. 그러므로 장기에 기업은 비용을 늘려서 생산을 증가시킬 때 확장경로를 따라 생산요소를 결합하여 생산하는 것이 가장 바람직하다. 따라서 **장기총비용곡선**(LTC)은 확장경로상의 한 점에 대응하는 산출량과 비용으로부터 도출할 수 있다.

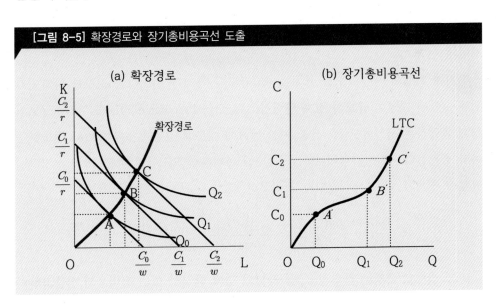

[그림 8-5] 확장경로와 장기총비용곡선 도출

<그림 8-5> (a)의 확장경로로부터 각 산출량수준에 대응하는 비용을 하나의 좌표평면상에 그리면 <그림 8-5>의 (b)와 같은 장기총비용곡선을 도출할 수 있다. 즉 비용(C)을 세로축, 산출량(Q)을 가로축에 표시하고 각 산출량에 대응하는 최소의 비용을 확장경로에서 옮겨 그리면 장기총비용곡선을 얻을 수 있다. 비용과 산출량을 나타내는 좌표 위에 산출량 Q_0에 대응하는 최소의 총비용 C_0, 산출량 Q_1에 대응하는 최소의 총비용 C_1, 산출량 Q_2에 대응하는 최소의 총비용 C_2가 각각 A', B', C'점으로 표시되는데 이러한 점들을 연결하면 **장기총비용곡선**(LTC, long run total cost curve)이 된다. 장기에는 고정요소가 존재하지 않아서 산출량이 0일 때 총비용도 0이 되기 때문에 장기총비용곡선은 원점을 통과한다.

3. 규모의 경제와 범위의 경제

(1) 규모의 경제와 규모의 비경제

장기에서 생산규모가 커짐에 따라 평균비용이 감소하는 현상을 **규모의 경제**(economies of scale)라고 하고, 반대로 생산규모가 커짐에 따라 평균비용이 증가하는 경우를 **규모의 비경제**(diseconomies of scale)라고 한다. 규모의 경제가 존재하는 경우에는 평균비용곡선이 우하향하며, 작은 산출량 규모에서는 상대적으로 높은 평균비용이 들다가 산출량이 증가함에 따라 평균비용이 점차적으로 감소하는 현상을 보이게 된다.

장기에 기업이 생산규모를 확대할 때, 규모의 경제가 일어나는 정도를 나타내기 위해 고안된 개념이 **규모의 경제 탄력성**(elasticity of economies of scale)이다. 규모의 경제 탄력성은 생산규모(즉, 산출량)의 변화에 대응해서 총비용이 얼마나 변화하는가로 측정한다. 즉 산출량이 1% 변화할 때 총비용이 몇 % 변화하는가를 측정하여 규모의 경제가 일어나는 정도로 파악한다.

$$\varepsilon_S = \frac{총비용의\ 변화율}{산출량의\ 변화율} = \frac{(\Delta C/C)}{(\Delta Q/Q)} = \frac{(\Delta C/\Delta Q)}{(C/Q)} = \frac{MC}{AC} \qquad (8.12)$$

(8.12)식으로 측정한 탄력성(ε_S)을 **규모의 경제 탄력성** 또는 **총비용의 산출량탄력**

성이라고 한다.

한편 규모의 경제를 나타내는 탄력성(ε_S)은 한계비용(MC)과 평균비용(AC)의 비율이다. 앞서 살펴본 바와 같이 평균비용과 한계비용의 관계에서 평균비용이 감소하고 있으면 한계비용은 평균비용보다 작고, 평균비용이 증가하고 있으면 한계비용은 평균비용보다 크다. 따라서 ε_S의 값이 1보다 크면, 산출량의 증가율보다 총비용의 증가율이 더 크기 때문에 산출량을 늘리면 평균비용이 증가한다. 그러므로 평균비용이 증가하는 경우, 한계비용(MC)이 평균비용(AC)보다 크게 되므로 규모의 비경제가 존재한다. ε_S의 값이 1보다 작으면, 산출량의 증가율보다 비용의 증가율이 작기 때문에 산출량을 늘리면 평균비용이 감소한다. 그러므로 평균비용이 감소하는 경우, 한계비용(MC)이 평균비용(AC)보다 작으므로 규모의 경제가 존재하는 것으로 판단할 수 있다.

(2) 규모에 대한 수익과 장기평균비용곡선의 형태

규모에 대한 수익의 유형과 장기평균비용(LAC)의 관계를 통해 규모의 경제와 규모의 비경제가 왜 나타나는지를 알아보자. 제7장 3절에서 설명한 **규모에 대한 수익**은 모든 생산요소를 동일한 비율로 증가시킬 때 산출량의 변화를 보는 것이므로 장기분석에 해당한다. 그러므로 장기생산함수가 규모에 대한 수익에 대해서 특정한 성질을 가지면 그 특성은 장기평균비용에 영향을 준다.[10]

규모에 대한 수익이 장기평균비용에 미치는 영향은 다음과 같다. 규모에 대한 수익 체증인 경우, 산출량이 증가할 때 장기평균비용은 하락하기 때문에 규모의 경제가 나타난다. 반대로 규모에 대한 수익 체감인 경우, 산출량이 증가할 때 장기평균비용은 상승하기 때문에 규모의 비경제가 나타난다. 규모에 대한 수익 불변이면 산출량 수준에 관계없이 장기평균비용은 항상 일정하다.

규모에 대한 수익 체증인 경우에 왜 장기평균비용이 하락하는지를 직관적으로

---

10) 모든 생산요소의 투입량을 n배만큼 증가시킬 경우, 규모에 대한 수익이 체증하는 경우는 산출량이 n배 이상 증가한다. 즉 $f(nL, nK) > n \cdot f(L, K)$이다. 규모에 대한 수익이 불변인 경우는 산출량이 정확히 n배만큼 증가한다. 즉 $f(nL, nK) = n \cdot f(L, K)$이다. 반면에 규모에 대한 수익이 체감하는 경우는 산출량이 n배 보다 적게 증가하는 경우이다. 즉 $f(nL, nK) < n \cdot f(L, K)$이다.

알아보고, <그림 8-6>을 통해 확인해보자. 규모에 대한 수익 체증인 경우 모든 생산요소의 투입량을 2배 증가시키면 산출량은 2배 이상 증가한다. 예컨대, 생산요소의 투입규모를 2배로 증가시킬 경우 산출량은 3배 증가한다고 하자. 생산요소들의 가격이 고정되어 있으므로 모든 생산요소의 투입량을 2배 증가시키면 총비용은 정확히 2배 증가될 것이다. 반면에 산출량은 3배 증가하였으므로 산출물 단위당 평균비용은 생산요소 투입규모를 확대하기 이전과 비교해 3분의 2로 감소하게 된다. 그러므로 규모의 경제가 나타나 **장기평균비용곡선이 우하향**한다.

생산함수가 **규모에 대한 수익 불변인 경우**에는 모든 생산요소의 투입량이 같은 비율로 증가하면 산출량도 똑같은 비율로 증가한다. 그러므로 모든 생산요소의 투입량이 두 배로 증가하더라도 생산요소의 가격이 변하지 않는 한 총비용도 두 배로 증가하기 때문에 평균비용은 변하지 않는다. 따라서 **장기평균비용곡선은 수평형태**가 된다.

생산함수가 **규모에 대한 수익 체감인 경우**에는 모든 생산요소의 투입량이 같은 비율로 증가하면 산출량은 요소투입량 증가율보다 작게 증가한다. 따라서 총비용은 생산요소 투입량 증가율과 같은 비율로 증가하지만 산출량은 그보다 작은 비율로 증가하므로 평균비용은 증가하게 된다. 따라서 규모의 비경제가 나타나 **장기평균비용곡선은 우상향**하는 형태를 가지게 된다.

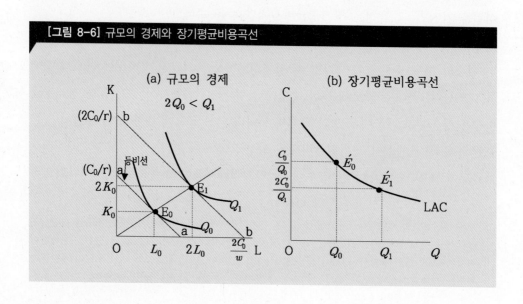

[그림 8-6] 규모의 경제와 장기평균비용곡선

이제 등량곡선과 등비용선을 이용하여 규모의 경제와 평균비용곡선의 형태에 대해 알아보자. <그림 8-6>은 생산기술이 규모에 대한 수익 체증(ISR)인 경우 평균비용곡선이 우하향하는 모양이라는 것을 보여주고 있다. 생산요소인 노동과 자본의 가격을 각각 w와 r로 표기하고, 산출량 Q_0가 노동과 자본을 각각 L_0, K_0만큼 투입하여 E_0점에서 생산되고 있다. 따라서 등비용선 aa가 나타내는 총비용은 $C_0 = (w \cdot L_0 + r \cdot K_0)$이고, 평균비용은 (C_0/Q_0)가 된다. 이 때 노동과 자본을 두 배로 증가시키면 총비용은 $2C_0$(등비용선 bb)가 될 것이다. <그림 8-6> (a)에서 E_1점은 노동과 자본이 $2L_0$와 $2K_0$가 투입된 경우를 나타내며, 이점을 지나는 등량곡선은 Q_1의 산출량을 나타낸다고 하자. 이 산출량 Q_1은 규모에 대한 수익 체증으로 인하여 $2Q_0$보다 더 크다고 하자. 그러면 평균비용은 $(2C_0/Q_1)$이므로, $(C_0/Q_0) > (2C_0/Q_1)$가 된다. 따라서 생산기술이 규모에 대한 수익 체증인 경우 장기평균비용곡선은 우하향하는 형태를 가지게 되므로 규모의 경제가 존재한다.

(3) 범위의 경제와 범위의 비경제

앞서 설명한 생산함수나 비용함수는 모두 기업이 한 종류의 생산물만을 생산하는 것을 전제로 한 것이다. 그러나 한 기업이 여러 가지 종류의 생산물을 동시에 생산하는 경우가 많다. 한 기업이 여러 가지 생산물을 동시에 생산하는 것을 **결합생산**(joint production)이라고 한다. 서로 연관되는 생산물들을 결합생산하는 비용이 각 생산물을 분리시켜 독립적으로 생산할 때의 비용보다 작아서 비용을 절감할 수 있는 경우가 있다. 이와 같이 결합생산으로부터 발생하는 생산비용의 감소효과를 **범위의 경제**(economies of scope)라고 한다. 예컨대, 항공사가 승객뿐만 아니라 화물 운송이나 택배서비스를 같이 제공하는 경우, 각각의 서비스를 따로 제공할 때보다 비용을 절감할 수 있을 것이다. 이 경우 두 가지 서비스를 동시에 제공하면 비용이 절감되어 범위의 경제가 존재한다.

범위의 경제는 여러 가지 생산물을 동시에 생산하는 결합생산의 비용이 각 상품을 따로 분리해서 생산하는 비용의 합계보다 작을 경우에 존재한다. 반면에 결합생산의 비용이 각각 분리해서 생산하는 비용의 합계보다 크면 **범위의 비경제**(dis-economies of scope)가 존재한다.

이제 비용함수를 이용해서 범위의 경제에 대해 알아보자. 편의상 한 기업이 두 가지 생산물(X재와 Y재)을 동시에 생산할 수 있다고 가정하자. 그리고 X재와 Y재를 동시에 생산하는 산출량이 각각 Q_X, Q_Y일 경우의 **결합생산 비용함수**를 C(Q_X, Q_Y)로 표기하자. X재와 Y재를 따로 분리해서 생산하는 경우의 **개별생산 비용함수**를 각각 $C(Q_X)$, $C(Q_Y)$로 표기하자.

만일 $Q_X > 0$이고, $Q_Y > 0$일 때, $[C(Q_X) + C(Q_Y)] > $ C(Q_X, Q_Y)이면 **범위의 경제**가 존재한다고 하고, 반면에 $[C(Q_X) + C(Q_Y)] < $ C(Q_X, Q_Y)이면 **범위의 비경제**가 존재한다고 한다.

범위의 경제가 존재하면 생산요소의 동일한 투입량으로 더 많은 산출량들을 생산할 수 있으므로 평균비용이 감소하게 된다. 각 생산물을 분리해서 생산할 때와 비교하여 결합생산으로 인해 비용이 절감되는 정도를 범위의 경제를 측정하는 척도로 사용한다. 범위의 경제 정도는 (8.13)식의 척도로 측정한다.

$$\text{범위의 경제 정도(ES)} = \frac{[C(Q_X) + C(Q_Y)] - C(Q_X, Q_Y)}{C(Q_X, Q_Y)} \tag{8.13}$$

만약 ES가 0보다 클 경우, 범위의 경제가 존재하며, 그 크기가 클수록 결합생산으로 인한 비용절감효과가 커서 범위의 경제가 크게 작용한다는 것을 의미한다. 반대로 0보다 작을 경우에는 범위의 비경제가 작용하는 것을 의미한다.

복습문제

1. 경제적 비용과 회계적 비용은 어떤 점에서 차이가 나는가?

2. 단기비용함수란 무엇인가?

3. 단기총비용곡선은 그림으로 어떻게 나타내는가?

4. 총비용곡선에서 한계비용곡선과 평균비용곡선을 어떻게 도출할 수 있는가?

5. 단기평균비용곡선과 단기한계비용곡선은 어떤 형태이며, 두 곡선 사이에는 어떠한 관계가 있는가?

6. 단기비용함수와 장기비용함수는 서로 어떻게 다른가?

7. 기업의 비용제약조건으로부터 등비용선을 어떻게 도출하는가?

8. 생산요소의 가격과 비용이 변화할 때 등비용선은 어떻게 변하는가?

9. 기업이 비용극소화를 가져오는 생산요소의 최적결합방법을 어떻게 찾을 수 있는가?

10. 장기비용극소화의 조건은 무엇인가?

11. 규모에 대한 수익의 유형에 따라 장기평균비용곡선의 모양이 어떻게 달라지는가?

12. 범위의 경제는 무엇을 뜻하며, 어떻게 측정할 수 있는가?

부록 8A. 장·단기비용곡선의 관계

(1) 단기총비용곡선과 장기총비용곡선의 관계

장기에는 노동과 자본을 모두 자유롭게 조정할 수 있기 때문에 모든 산출량(Q) 수준에서 장기총비용(LTC)은 단기총비용(STC)보다 작거나 같다. 즉 $STC(Q) \geq LTC(Q)$이다. 이러한 관계를 이용하면 단기총비용곡선들로부터 장기총비용곡선을 도출할 수 있다. 장기에 선택할 수 자본의 투입량이 K_0, K_1, $K_2(K_0 < K_1 < K_2)$ 세 가지뿐이라고 가정하고 단기비용곡선과 장기비용곡선의 관계를 살펴보자.

<그림 8A-1>은 세 개의 단기총비용곡선 STC_0, STC_1, STC_2를 보여주는데, 이들은 각각 자본(시설규모)이 K_0, K_1, K_2로 고정되었을 때의 단기총비용곡선들이다. 이세 개의 비용곡선을 비교해보면, 각각의 곡선이 다른 곡선들과 비교하여 비용상의 우위를 갖는 산출량이 있다. 산출량이 Q_0 이하일 경우에는 STC_0, 산출량이 Q_0와 Q_1 사이일 경우에는 STC_1, Q_1 이상일 때는 STC_2가 가장 낮게 위치한다.

장기총비용곡선은 단기총비용곡선 STC_0, STC_1, STC_2를 이용하여 도출할 수 있다. Q_0 이하로 생산하고자 하면, STC_0의 높이가 가장 낮으므로 시설규모를 K_0로 선

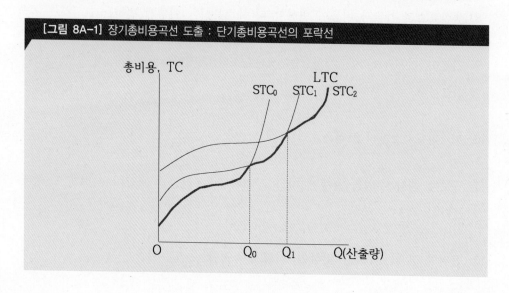

[그림 8A-1] 장기총비용곡선 도출 : 단기총비용곡선의 포락선

택하여 STC_0를 따라서 생산하는 것이 최선이다. Q_0와 Q_1 사이에서 생산하고자 하면, STC_1의 높이가 가장 낮으므로 시설규모를 K_1으로 선택하여 STC_1을 따라서 생산하는 것이 최선이다. 똑같은 방법으로 Q_1 이상을 생산하고자 하면, K_2를 선택하여 STC_2를 따라서 생산하는 것이 최선이다. 그러므로 장기총비용은 단기총비용 중에서 가장 낮은 비용이고, 장기총비용곡선은 선택할 수 있는 단기총비용곡선들 중에서 가장 낮은 위치에 있는 부분만 선택하여 연결한 곡선이 된다. 이렇게 연결한 **장기총비용곡선(LTC)**은 모든 단기총비용곡선을 아래에서 감싸고 있는 모양의 **포락선**(envelope curve)이 된다.

자본의 규모가 세 가지(K_0, K_1, K_2)에 제한되지 않고, 연속적으로 선택할 수 있다면, <그림 8A-1>에서 단기총비용곡선들이 수없이 많게 되기 때문에 이들의 포락선은 보다 부드러운 형태를 갖게 된다. 그리고 각각의 단기총비용곡선이 포락선과 겹치는 영역은 마침내 하나의 점으로 줄어든다.

(2) 단기평균비용곡선과 장기평균비용곡선의 관계

장기평균비용(LAC)은 장기에 기업이 시설규모를 마음대로 변경할 때 각 산출량 수준을 생산할 수 있는 최저평균비용을 말한다. 그래서 기하학적으로 장기평균비용(LAC)곡선은 각 산출량수준에 대응하는 장기총비용곡선 위의 한 점과 원점을 연결한 선분의 기울기로 구해진다.

한편 단기총비용곡선과 장기총비용곡선의 관계는 단기평균비용곡선과 장기평균비용곡선의 관계에도 그대로 적용된다. 그래서 장기평균비용(LAC)곡선은 <그림 8A-2>에서와 같이 단기평균비용곡선(SAC)들의 포락선이다.

SAC곡선으로부터 LAC곡선이 어떻게 도출되는지 알아보자. <그림 8A-2>에서 SAC_0과 SAC_1, SAC_2는 각각 자본 투입량이 K_0, K_1, K_2에 고정되어 있는 경우의 단기총비용곡선인 STC_0, STC_1, STC_2에서 도출한 세 개의 단기평균비용곡선들이다. 단기평균비용곡선들이 교차하는 산출량(Q_0와 Q_1)은 <그림 8A-1>에서 STC_0, STC_1, STC_2가 교차하는 산출량과 같다. 왜냐하면 동일한 산출량 수준에서 단기총비용(STC)이 같으면 단기평균비용(SAC)도 같기 때문이다. 그런데 세 가지 단기평균비용곡선에서 점선으로 표시된 부분은 기업에 의해 선택되지 않는 점들을 나타내고

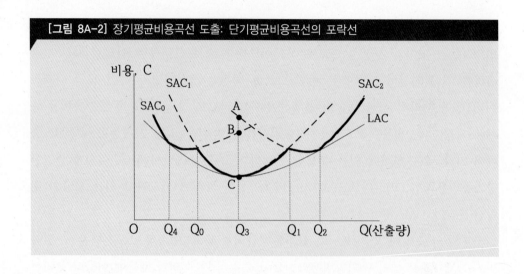

[그림 8A-2] 장기평균비용곡선 도출: 단기평균비용곡선의 포락선

있으므로 제외된다. 예컨대, <그림 8A-2>에서 기업이 장기에 Q_3를 생산하려 할 때 A, B, C점 중 하나를 선택하면 된다. 그 가운데 C점을 선택하면 가장 낮은 비용으로 생산할 수 있기 때문에 A나 B점은 선택에서 제외된다. 이와 같이 각 산출량(Q) 수준에서 점선으로 표시된 부분은 선택대상에서 제외되기 때문에 가장 아래에 위치해 있는 부분만을 선택하여 연결한 울퉁불퉁한 모양의 곡선이 **장기평균비용곡선**이 된다.

결국 일정한 산출량 수준에서의 장기평균비용은 그 산출량을 생산할 수 있는 단기평균비용 중에서 최소값임을 알 수 있다. 그래서 장기평균비용곡선(LAC)은 단기평균비용곡선들 중에서 가장 낮은 위치에 있는 부분만을 선택하여 연결한 곡선으로서 역시 **단기평균비용곡선(SAC)들의 포락선**이다. 기업이 선택할 수 있는 자본 투입량이 K_0, K_1, K_2 세 가지에 제한되지 않고 연속적으로 마음대로 선택할 수 있다고 가정하면, <그림 8A-2>에서 단기평균비용곡선들은 수없이 많이 그릴 수 있게 되고, 그렇게 하면 장기평균비용(LAC)곡선은 가는 실선으로 표시된 것과 같은 부드러운 형태의 포락선이 된다.

(3) 단기한계비용곡선과 장기한계비용곡선의 관계

장기한계비용(long run marginal cost, LMC)이란 장기에 기업이 산출량 1단위를 증가시킬 때의 장기총비용의 변화분을 말한다. 그래서 기하학적으로 **장기한계비용(LMC)곡선**은 각 산출량 수준에 대응하는 장기총비용곡선(LTC) 위의 한 점에서 그은 접선의 기울기로부터 직접적으로 도출할 수 있다.

장기총비용(LTC)곡선과 장기평균비용(LAC)곡선은 모두 단기총비용(STC)곡선과 단기평균비용(SAC)곡선들의 포락선이다. 그렇다면 장기한계비용(LMC)곡선도 단기한계비용(SMC)곡선들의 포락선일까? **장기한계비용곡선은 단기한계비용곡선들의 포락선이 아니다.** 이제 단기한계비용곡선(SMC)들로부터 장기한계비용곡선(LMC)이 어떻게 도출되는지를 알아보자.

<그림 8A-3>에는 세 개의 단기평균비용곡선(SAC_0, SAC_1, SAC_2)에 대응하는 세 개의 단기한계비용곡선(SMC_0, SMC_1, SMC_2)이 그려져 있다. 장기평균비용곡선은 단기평균비용(SAC)곡선의 포락선이므로 각 SAC곡선이 LAC곡선에 포함된 구간에 대응하는 각 SMC곡선을 연결한 것이 장기한계비용(LMC)곡선이 된다. 그러므로 산출량이 Q_0 이하에서는 SMC_0, 산출량이 Q_0와 Q_1 사이에는 SMC_1, Q_1 이상의 산출량 수준에서는 SMC_2가 장기한계비용(LMC)에 해당하는 구간이 된다. 그러므로 <그림 8A-3>에서 보듯이 LMC곡선은 SMC곡선의 포락선이 아닌 것을 알 수 있다. 또한 LMC곡선은 연속적이지 않고 끊어져 있다. 그러나 만약 자본의 투입량을 연속적으로 변화시킬 수 있다면, 물론 LMC곡선도 연속적인 형태를 갖게 될 것이다.

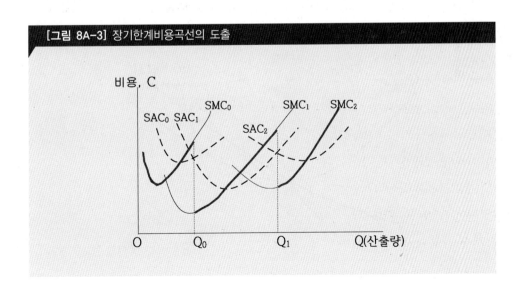

[그림 8A-3] 장기한계비용곡선의 도출

(4) 장·단기 평균비용곡선과 한계비용곡선의 관계

<그림 8A-4>는 자본의 투입량이 연속적으로 변할 때의 단기평균비용곡선과 장기평균비용곡선, 그리고 단기한계비용곡선과 장기한계비용곡선의 관계를 보여준다.

그림에서 편의상 세 개의 SAC곡선과 SMC곡선만 그렸지만, 실제로는 수없이 많은 단기비용곡선들이 존재할 수 있다. 산출량이 Q_0, Q_1, Q_2 수준에서 각각 SAC곡선과 LAC곡선이 서로 접하고, 다른 한편으로는 SMC곡선과 LMC곡선이 만난다는 점에 유의하자. 산출량이 Q_0인 경우, Q_0를 생산하는데 가장 낮은 단기평균비용곡선은 SAC_0이며 이에 대응하는 단기한계비용곡선은 SMC_0이다. SAC_0는 B점에서 장기평균비용곡선(LAC)과 접하고 있다. 따라서 산출량 Q_0에서의 단기한계비용(SMC)은 점 A_0의 높이가 되고, A_0은 산출량 Q_0에서의 단기한계비용이자 장기한계비용이 된다. 그래서 바로 이 생산수준에서 장기한계비용(LMC)곡선은 단기한계비용(SMC)곡선과 교차하게 된다.

한편 산출량이 Q_2가 되면 이에 대응하는 단기평균비용곡선은 SAC_2이고, 단기한계비용곡선은 SMC_2가 된다. 따라서 산출량 Q_2에 대응하는 단기한계비용과 장기한계비용은 점 A_2의 높이가 된다.

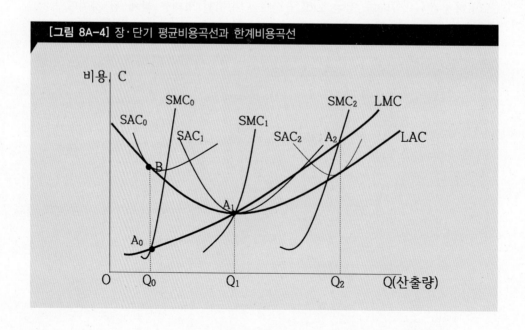

[그림 8A-4] 장·단기 평균비용곡선과 한계비용곡선

또한 장기한계비용곡선(LMC)은 장기평균비용곡선(LAC)의 최저점인 A_1점에서 교차한다. A_1점에서 단기평균비용곡선 SAC_1이 장기평균비용곡선(LAC)과 접할 뿐 아니라 단기한계비용곡선 SMC_1과 장기한계비용곡선(LMC)이 교차하고 있다. 그래서 장기평균비용곡선의 최저점인 A_1점에서는 장·단기의 평균비용과 한계비용들이 모두 같아지므로 다음과 같은 관계가 성립한다.

$$LAC = LMC = SAC_1 = SMC_1$$

이러한 관계가 성립하는 장기평균비용곡선의 최저점인 A_1점에 대응하는 산출량 Q_1은 장기적으로 최저의 평균비용으로 생산할 수 있는 산출량 수준을 의미한다. 장기평균비용의 최저점(A_1점)에 대응하는 산출량 수준을 **장기최적생산수준**(long-run optimal level of production)이라고 부른다. 그리고 A_1점에 대응하는 산출량을 생산할 수 있는 자본의 투입량을 **최적시설규모**(optimal scale of plant) 또는 **최소효율규모**(minimum efficient scale)라고 부른다.

이윤극대화와 공급함수

기업의 이윤은 총수입에서 총비용을 뺀 차액이다. 그러므로 기업이
이윤극대화의 최적산출량을 결정하기 위해서는 생산기술상의
제약을 나타내는 비용함수와 시장상황을 나타내는 총수입함수를
동시에 고려해야 한다. 이 장에서는 기업이 이윤극대화의
최적산출량을 구하는 과정을 단일생산물을 생산하는 경우와
결합생산물을 생산하는 경우로 나누어 알아본 후, 기업의
공급함수로부터 공급곡선을 도출하는 과정에 대해서도 알아본다.

제1절 이윤극대화

1. 기업의 수입과 수입곡선

(1) 기업의 이윤과 총수입

① 기업의 이윤

일정한 규모의 공장시설을 갖추고 있는 기업은 여러 가지 생산요소의 투입량을 늘리거나 줄임으로써 산출량을 변화시킬 수 있다. 그럼 기업은 실제로 생산할 산출량 수준을 어떻게 결정하는 것일까? 경제학에서는 일반적으로 기업이 생산활동을 통해 얻는 이윤(profit)을 극대화하는 산출량을 결정한다고 가정한다. 즉 기업의 목표가 이윤극대화인 것으로 가정하는 것이다. 기업들은 가급적이면 많은 이윤을 얻기를 원할 것이다. 그런데 기업이 생산활동을 통해 얻는 **총이윤**(total profits, **π**)은 총수입(total revenue, TR)에서 총비용(total cost, TC))을 뺀 차액이다.

$$총이윤(\pi) = 총수입(TR) - 총비용(TC) \tag{9.1}$$

이윤의 정의가 (9.1)식과 같으면 기업이 이윤을 극대화하기 위해서는 총수입과 총비용의 차이를 극대화하는 산출량을 결정해야 한다. 그런데 기업이 산출량을 변화시키면 수입도 변하지만 비용도 변한다. 따라서 기업이 이윤을 극대화하는 산출량을 찾으려면 수입(revenue)과 비용(cost)이 각각 산출량의 변화에 따라서 어떻게 변하는지를 알아야 한다. 비용과 산출량의 관계는 앞서 8장에서 비용곡선을 통해 살펴보았다. 기업이 이윤을 극대화하는 원리를 밝히기 위해서는 비용(cost)뿐만 아니라 기업의 수입(revenue)이 산출량의 변화에 따라서 어떻게 변하는지에 대해서도 알아야 한다.

② 기업의 총수입함수

기업의 수입(revenue)은 총수입, 평균수입, 한계수입으로 구분할 수 있다. 기업의 산출량과 판매량이 같다고 가정하면, 기업의 **총수입**(TR, total revenue)은 산출량 (Q) 수준과 산출물 1단위당 가격(P)에 의존한다. 그러므로 기업의 **총수입함수**는 다음과 같은 함수 형태로 표현할 수 있다.

$$TR = f(P, \ Q)$$

한편 기업의 총수입(TR)은 산출물을 판매한 총매출액과 같으므로, (9.2)식과 같이 산출물 1단위당 가격(P)에 판매량(Q, 산출량)을 곱한 액수와 같다.

$$총수입(TR) \ = \ P \cdot Q \tag{9.2}$$

(9.2)식의 총수입과 산출량 사이의 관계를 총수입-산출량의 2차원 좌표평면에 그림으로 나타내면 **총수입곡선**(total revenue curve)을 도출할 수 있다.

(2) 총수입곡선의 형태

(9.2)식은 기업의 총수입이 산출물 1단위당 가격(P)과 산출량(Q)의 크기에 의해 결정된다는 것을 의미한다. 그러므로 총수입(TR)은 가격(P)이 산출량(Q) 수준에 따라 어떻게 변하는지에 따라서도 달라질 수 있다. 이것은 기업이 직면하는 수요곡선의 형태에 따라 산출량의 변화에 따른 총수입의 변화 크기가 달라진다는 것을 의미한다. 그러므로 기업이 직면하는 수요곡선의 형태에 따라 총수입곡선의 형태도 달라진다.

① 수요곡선이 수평인 경우

우선 기업이 직면하는 수요곡선이 <그림 9-1> (b)처럼 **수평인 경우**를 생각해보자. <그림 9-1> (b)에서 수평인 수요곡선이 의미하는 것은 시장가격이 P^*로 주어진 경우, 이 기업은 주어진 가격하에서 원하는 수량만큼을 얼마든지 시장에서 판매할 수 있다는 것이다. 이것은 경쟁시장에서 **가격수용자**(price taker)로서의 역할만 하는

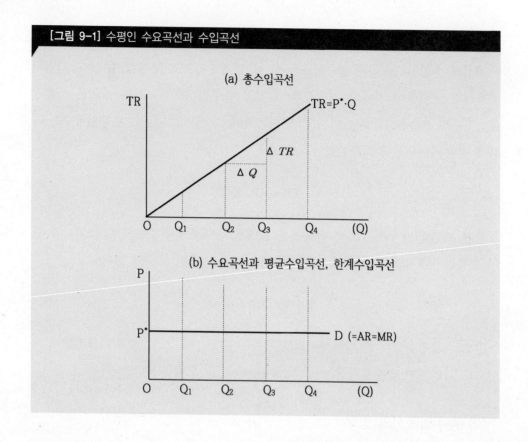

[그림 9-1] 수평인 수요곡선과 수입곡선

(a) 총수입곡선

(b) 수요곡선과 평균수입곡선, 한계수입곡선

경쟁기업이 직면하는 수요곡선과 같은 형태이다. 이 경우 가격이 산출량 규모에 관계없이 항상 P^*로 일정하게 주어진다. 그 때문에 총수입(TR)은 산출량의 변화에 비례하여 변하고 그 비율은 가격이 된다. 즉 산출량이 Q인 경우 총수입은 $TR=P^* \cdot Q$가 된다. 그래서 총수입은 산출량(Q)의 변화에 비례해서 변하기 때문에 **총수입곡선**(TR)은 <그림 9-1> (a)에서 보는 바와 같이 기울기가 가격과 같은 P^*인 원점에서 출발하는 **직선** 형태가 된다.

② 수요곡선이 우하향하는 경우

기업이 직면하는 수요곡선이 <그림 9-2> (b)에서와 같이 **우하향하는 직선**(즉, 독점기업이 시장에서 직면하는 수요곡선)인 경우를 생각해보자. 수요곡선이 우하향하는 형태라는 것은 가격(P)의 변화에 따라 수요량이 변한다는 것을 의미한다. 또한 이것은 기업이 산출량(Q)을 변화시켜 가격을 조정할 수 있다는 것을 의미한다. 그런데 기업이 산출량을 조정하여 가격을 변화시킬 경우, 그 기업의 상품에 대한 수요량도 변한다. 그렇기 때문에 가격의 변화가 수요량의 변화에 미치는 영향의 크기에 따라 총수입의 크기가 달라진다. 즉 기업의 상품에 대한 수요의 가격탄력성의 크기에 따라 총수입의 크기가 달라진다. 가격의 변화로 인한 총수입의 변화분과 수요량의 변화로 인한 총수입의 변화분의 상대적 크기에 따라 달라진다.

<그림 9-2> (b)에서 수요곡선상의 A점은 수요의 가격탄력성(ε_p)이 1인 점이다. 수요곡선상에서 A점보다 위에 위치하는 점들은 수요의 가격탄력성이 1보다 크고, A점보다 아래에 위치하는 점들은 가격탄력성이 1보다 작다.

수요의 가격탄력성이 1보다 큰 경우, 가격의 변화율보다 수요량의 변화율이 크다. 따라서 가격이 하락하면 가격하락으로 인한 총수입의 감소보다는 수요량 증가로 인한 총수입의 증가분이 더 크기 때문에 기업의 판매량도 증가하고, 총수입도 증가한다. 반면에 **수요의 가격탄력성이 1보다 작은 경우**, 가격이 하락하면 오히려

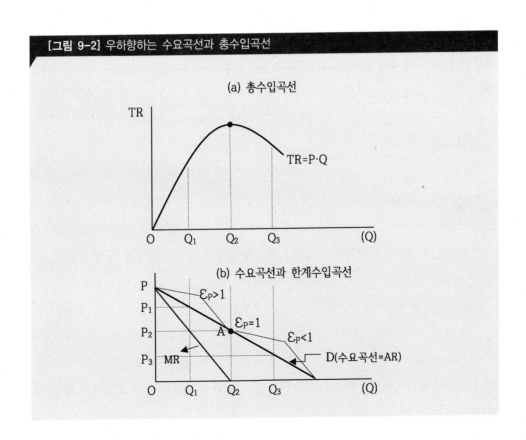

[그림 9-2] 우하향하는 수요곡선과 총수입곡선

가격 하락으로 인한 총수입의 감소분이 수요량 증가로 인한 총수입의 증가분보다 크기 때문에 총수입은 감소하게 된다.

이처럼 수요곡선이 우하향하는 경우에는 산출량이 증가하더라도 산출량이 일정한 수준(Q_2)을 넘어서면 총수입이 오히려 감소하기 때문에 **총수입곡선**(TR)은 <그림 9-2> (a)와 같은 **역U자** 형태를 갖는다.

(3) 평균수입과 한계수입

① 평균수입과 평균수입곡선

평균수입(AR, average revenue)은 기업이 일정한 산출량을 판매할 때 산출물 1단위당 수입을 말하며, 총수입(TR)을 산출량(Q)으로 나눈 값이다.

$$AR = \frac{총수입\,(TR)}{판매량\,(Q)} = \frac{P \times Q}{Q} = P \tag{9.3}$$

(9.3)식과 같이 평균수입(AR)은 산출물의 가격(P)과 항상 일치한다. 그런데 시장에서 기업이 산출물을 판매할 때 산출물 1단위당 받을 수 있는 가격은 임의의 산출량(Q)수준에 대응하는 수요곡선이 나타내는 수요가격과 같다. 그래서 (9.3)식은 산출량과 평균수입의 관계를 그림으로 그린 평균수입(AR)곡선과 수요곡선(D)이 동일하다는 것을 의미한다.

기하학적으로 보면, 평균수입(AR)의 크기는 총수입(TR)곡선상의 한 점과 원점을 연결한 직선의 기울기와 같다. <그림 9-1> (a)에서는 총수입곡선이 원점을 통과하는 직선이기 때문에 평균수입은 총수입곡선의 기울기인 가격(P)와 같고, 산출량 수준에 관계없이 항상 일정하다. 그래서 **평균수입곡선**AR)은 일정한 시장가격(P) 수준에서 수평이 되고, 수요곡선(D)과 일치한다.

반면에 <그림 9-2> (a)에서는 총수입곡선상의 한 점과 원점을 연결한 선분의 기울기는 점점 작아진다. 그래서 <그림 9-2> (b)에서 **평균수입곡선**(AR)은 우하향하는 직선이 되고, 우하향하는 수요곡선(D)과 일치한다. 결국 (9.3)식에서 알 수 있듯이 **수요곡선이 수평이든 우하향하든 관계없이 평균수입곡선과 수요곡선은 항상 일치한다**는 것을 알 수 있다.

② 한계수입과 한계수입곡선

한계수입(MR, marginal revenue)은 산출물 1단위를 추가로 생산하여 판매할 때 얻는 총수입의 증가분(△TR)이다. 즉 한계수입(MR)은 산출량의 변화분(△Q)에 대한 총수입의 변화분(△TR)의 비율이다.

$$\text{MR} = \frac{총수입의\ 변화분(\triangle TR)}{산출량의\ 변화분(\triangle Q)} = \frac{P \times \triangle Q}{\triangle Q} \tag{9.4}$$

기하학적으로 보면 한계수입(MR)은 총수입곡선상의 한 점에서 그은 접선의 기울기와 같다. 따라서 (9.4)식의 한계수입은 수요곡선이 수평이냐 우하향하는 직선이냐에 따라 동일한 산출량 수준에서도 그 크기가 달라진다.

평균수입곡선과 한계수입곡선의 기울기

수요곡선이 우하향하는 경우, AR곡선보다 MR곡선의 기울기가 2배인 이유를 증명해 보자. 수요곡선이 우하향하는 직선인 경우 **수요곡선**의 방정식이 (P=a−bQ)로 주어진다. 이 경우 총수입을 나타내는 (9.2)식에 P대신에 (a−bQ)를 대입하여 정리하면, 총수입과 평균수입, 한계수입은 각각 다음과 같이 계산된다.

총수입 $\text{TR} = P \cdot Q = (a-bQ) \cdot Q = aQ-bQ^2$ (9.5)

평균수입 $\text{AR} = P \cdot Q/Q = a-bQ = P$ (9.6)

한계수입 $\text{MR} = a-2bQ$ (9.7)

수요곡선이 우하향하는 경우에도 (9.6)식에서 평균수입이 가격과 일치하기 때문에 평균수입곡선(AR)과 수요곡선(D)이 일치한다는 것을 알 수 있다. 반면에 (9.7)식의 한계수입(MR)은 (9.5)식의 총수입을 1차 미분한 값으로 (9.6)식의 평균수입과 일치하지 않는다. (9.6)식과 (9.7)식으로 구한 AR과 MR을 비교해 보면 산출량(Q)이 0일 때는 AR과 MR의 값이 a로 서로 같다. 이것은 AR곡선과 MR곡선의 절편(가로축)이 같다는 의미이다. 그런데 산출량(Q)이 0보다 커지면 AR곡선의 기울기는 −b이지만, 반면에 MR곡선의 기울기는 −2b가 된다. 따라서 MR곡선의 기울기가 AR곡선(=수요곡선) 기울기의 2배인 것을 의미한다. 평균수입(AR=D)과 한계수입(MR)의 이러한 관계를 그림으로 나타내면 〈그림 9-2〉 (b)와 같게 된다.

먼저 기업이 직면하는 수요곡선이 수평선인 경우(즉, 경쟁시장인 경우), 기업의 산출량 수준에 관계없이 시장가격(P)이 일정하기 때문에 추가적으로 1단위를 판매하여 얻게 되는 총수입의 증가분, 즉 한계수입(MR)은 시장가격(P)과 일치하게 된다. 그래서 평균수입과 한계수입과 시장가격이 일치한다.

<그림 9-1> (a)에서 총수입곡선이 직선이기 때문에 접선의 기울기가 항상 가격 (P)로 일정하다. 그래서 (b)에 제시한 바와 같이 시장가격(P*) 수준에서 수요곡선 (D)과 동일한 평균수입곡선(AR)과 한계수입곡선(MR)이 역시 일치한다는 것을 알 수 있다.

한편 기업이 직면하는 수요곡선이 우하향하는 경우에는 <그림 9-2> (b)에서 볼 수 있듯이 평균수입곡선(=수요곡선)과 한계수입곡선은 일치하지 않고, 평균수입곡선보다 한계수입곡선의 기울기가 2배 더 크다.

2. 이윤극대화의 조건

(1) 총량적 접근법 : 총수입과 총비용 이용

앞서 개별기업의 궁극적 목표는 총수입과 총비용의 차액인 이윤을 극대화하는데 있다고 말하였다. 개별기업이 이윤극대화를 달성하는 조건은 총수입과 총비용을 사용하는 총량적 접근법으로 설명할 수도 있고, 한계비용과 한계수입을 사용하는 한계적 접근법으로 설명할 수도 있다.

먼저 총수입과 총비용을 이용하여 알아보자. **총이윤**(total profit : π)은 총수입 (TR)에서 총비용(TC)을 뺀 차액이다. 그래서 기업은 총수입과 총비용간의 차액, 즉 이윤을 극대로 하는 산출량을 생산하려 할 것이다. 여기서 총수입(TR)은 산출물 1단위당 판매가격(P)에 산출량(Q)을 곱한 것이고, 총비용(TC)은 산출물 1단위당 비용, 즉 평균비용(AC)에 산출량(Q)을 곱한 값이다. 그러므로 총이윤(π)은 다음과 같이 가격(P)에서 평균비용(AC)을 뺀 차액에 산출량(Q)을 곱한 값이 된다.

$$\pi = TR - TC = P \cdot Q - AC \cdot Q = (P - AC) \times Q \tag{9.8}$$

따라서 각각의 산출량수준에서 총수입과 총비용을 알면 이윤을 극대로 하는 산

출량을 결정할 수 있다. 그런데 <그림 9-1>과 <그림 9-2>에서 이미 살펴본 바와
같이 산출량이 변하면 총수입이 변한다. 그리고 산출량이 변하면 평균비용(AC)도
변하기 때문에 기업의 총비용도 변한다. 그래서 기업이 이윤을 극대화하는 산출량
을 결정하려면 수입과 비용이 각각 산출량의 변화에 따라 어떻게 변하는지 알아야

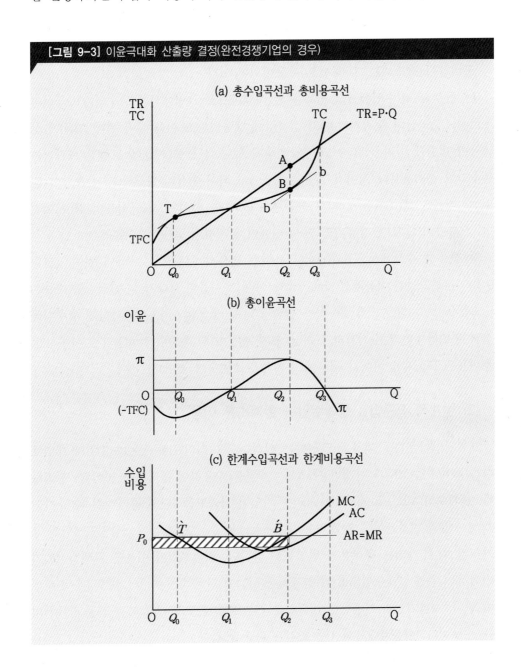

[그림 9-3] 이윤극대화 산출량 결정(완전경쟁기업의 경우)

(a) 총수입곡선과 총비용곡선

(b) 총이윤곡선

(c) 한계수입곡선과 한계비용곡선

한다. 총비용과 산출량의 관계는 제8장에서 설명한 **총비용곡선**으로 나타나고, 총수입과 산출량의 관계는 앞서 본 **총수입곡선**으로 나타난다. 그러므로 총수입곡선과 총비용곡선을 이용하면 총수입과 총비용의 차이가 극대가 되는 산출량을 찾아 낼 수 있다.

<그림 9-3>은 총수입곡선과 총비용곡선을 이용하여 이윤극대화 산출량 수준을 찾는 방법을 보여주고 있다. <그림 9-3> (a)에서 각 산출량(Q)에 대응하는 총수입과 총비용이 각각 TR, TC곡선으로 표현되어 있다.

총이윤(π)은 총수입에서 총비용을 뺀 차액이므로 그림에서는 총수입(TR)곡선과 총비용(TC)곡선의 수직거리가 각 산출량에 대응하는 총이윤(π)이 된다. 그런데 산출량이 변함에 따라 이윤의 크기도 변하게 된다. 산출량이 Q_1에 도달할 때까지는 총수입이 총비용보다 적어서 이윤은 음(−)이 되어 손실이 발생하고, 산출량이 Q_1일 때 이윤은 영(0)이다. 그리고 산출량이 Q_1과 Q_3 사이일 때는 이윤이 양(+)이지만, 산출량이 Q_3보다 많아지면 다시 이윤이 감소하여 음(−)이 된다.

각 산출량 수준에서 TR과 TC의 차이를 별도의 그림으로 나타낸 것이 <그림 9-3> (b)에 그려진 **이윤곡선**(profit curve)이다. 총이윤이 극대가 되는 산출량 수준은 <그림 9-3> (a)의 A점에 대응하는 산출량 Q_2를 생산할 때이다. 왜냐하면 총수입곡선과 총비용곡선의 수직거리가 가장 크기 때문이다. 총수입은 AQ_2의 높이이지만, 총비용은 BQ_2의 높이이기 때문에 총이윤은 AB(수직 높이)가 된다.

(2) 한계적 접근법 : 한계수입과 한계비용 이용

개별기업이 이윤극대화를 달성하는 원리는 총수입(TR)과 총비용(TC)의 개념보다는 한계수입(MR)과 한계비용(MC)의 개념을 이용하여 분석하는 것이 더 편리하다. **한계수입**(MR, marginal revenue)은 기업이 산출량을 1단위 증가시킬 때 추가되는 총수입의 변화분이고, **한계비용**(MC, marginal cost)은 기업이 산출량을 1단위 증가시킬 때 추가되는 총비용의 변화분을 말한다. 개별기업이 이윤을 극대화시키기 위해서는 우선 한계수입(MR)과 한계비용(MC)이 일치하는 수준의 산출량을 선택해야 한다. 개별기업의 이윤을 극대화하는 산출량(Q)은 MR = MC의 조건을 만족시키는 수준이다. **이윤극대화의 1차 조건**은 다음과 같다.

$$MR(Q) \; = \; MC(Q) \tag{9.9}$$

개별기업의 이윤을 극대화하는 산출량 수준에서 $MR = MC$이어야 하는 이유에 대해 알아보면 다음과 같다. <그림 9-3>의 (c)는 평균비용곡선(AC), 한계수입곡선(MR) 및 한계비용곡선(MC)을 함께 나타낸 것이다. 이제 <그림 9-3> (c)의 산출량 Q_1수준에서와 같이 $MR(Q_1) > MC(Q_1)$이라고 가정하자. 산출량 Q_1수준에서 산출량을 1단위 더 증가시키면 수입은 MR만큼 증가하지만, 반면에 비용은 MC만큼 증가한다. $MR(Q_1) > MC(Q_1)$이므로 산출량을 1단위 더 증가시키면 이윤은 한계수입 MR과 한계비용 MC의 차액만큼 증가한다. 그러므로 $MR > MC$일 경우에는 산출량을 더 늘려야 이윤극대화가 이루어질 수 있다. 반대로 <그림 9-3> (c)의 산출량 Q_3수준에서 $MR(Q_3) < MC(Q_3)$이라고 가정하자. 이 경우는 개별기업이 Q_3수준에서 산출량을 1단위 덜 생산하는 것이 유리하다. 왜냐하면 1단위 덜 생산하면 수입은 MR만큼 감소하지만, 반면에 비용은 MC만큼 감소한다. 이 때 $MR < MC$이므로 산출량을 1단위 줄이면 이윤은 $(MR - MC)$만큼 증가한다. 그러므로 $MR < MC$일 경우에도 이윤극대화가 이루어지지 않는다.

따라서 이윤극대화가 이루어지려면 $MR(Q) = MC(Q)$가 성립하여야 한다. 이윤극대화를 달성하는 산출량수준에서는 한계수입과 한계비용이 같아야 한다($MR = MC$)는 (9.9)식의 조건은 경쟁기업이든 독점기업이든 모든 기업에 적용되는 일반적인 이윤극대화 1차 조건이다. 그러나 (9.9)식은 기업이 이윤극대화를 이루기 위한 **필요조건**이지 **충분조건**은 아니다.

왜 그럴까? <그림 9-3> (c)에서 이윤극대화의 1차 조건을 충족시키는 곳을 살펴보자. 한계수입(MR)과 한계비용(MC)이 일치하는 산출량 수준은 두 곳이다. 즉 산출량 Q_0와 Q_2 수준에서 모두 MR과 MC가 일치하고 있다. 그렇지만 산출량 Q_0에서는 $MR = MC$이라는 조건은 만족시키지만 이윤을 극대화시키는 산출량은 아니고 오히려 손실이 극대화되는 수준이다. 왜냐하면 Q_0수준의 산출량에서는 총비용이 총수입보다 크고 그 차이가 극대가 되기 때문이다. 반면에 Q_2수준의 산출량에서는 총수입이 총비용보다 크고 그 차이가 극대가 되기 때문에 이윤을 극대화시키는 수준이다.

그러면 기업의 이윤극대화를 위한 **충분조건**은 무엇일까? 산출량 Q_0에서는 한계

비용(MC)곡선이 우하향하면서 한계수입(MR)곡선과 교차하고 있다. 반면에 산출량 Q_2에서는 한계비용(MC)곡선이 우상향하면서 한계수입(MR)곡선을 아래로부터 교차하고 있다. 따라서 이를 통해서 **이윤극대화의 2차 조건**은 MC곡선이 상승하면서 MR곡선과 만나야 한다는 것을 알 수 있다. 즉 이윤극대화 산출량에서 MC곡선의 기울기가 MR곡선의 기울기보다 더 커야 한다.

$$MC곡선의 \ 기울기 \ > \ MR곡선의 \ 기울기 \tag{9.10}$$

이상에서 개별기업의 이윤극대화를 위한 1차 조건(필요조건)은 MR = MC이고, 이윤극대화의 2차 조건(충분조건)은 MC곡선이 상승하면서 MR곡선과 만나야 한다는 것이다.

제2절 결합생산과 이윤극대화

1. 결합생산과 생산가능곡선

(1) 결합생산

이제까지 기업이 하나의 생산과정에서 한 가지 종류의 단일생산품만 생산할 수 있다고 가정하고 논의해왔다. 그러나 실제로 많은 기업들은 한 가지 생산품만을 생산하는 것이 아니라 두 가지 이상의 생산품을 동시에 생산하는 경우가 많다. 예컨대, 제철공장에서는 철광석으로 선철, 철강, 철근 등을 동시에 생산한다. 그리고 자동차공장에서는 대형차와 소형차 등 서로 연관된 생산품들을 같이 생산하고 있다. 이렇게 동일한 생산과정에서 두 가지 종류 이상의 생산품을 함께 생산하는 것을 **결합생산**(joint production)이라고 하고, 그 생산품들을 **결합생산품**(joint products)이라 한다. 서로 밀접하게 연관되어 있는 생산품들을 결합생산하는 것이 생산과정을 분리시켜 생산하는 것보다 효율적으로 더 많은 산출량을 생산할 수 있으며, 같은 산출량을 생산하더라도 비용을 절감할 수 있는 경우가 많다. 앞서 제8장에서 설명한 바와 같이 결합생산으로부터 발생하는 생산비용의 감소효과를 **범위의 경제**(economies of scope)라고 부른다.

그러면 기업이 여러 가지 생산품들을 함께 **결합생산하는 경우에는 각 생산품들의 생산비율을 어떤 원리에 따라 결정해야 할까?** 물론 이 경우에도 기업은 이윤을 극대화할 수 있는 각 생산품의 산출량과 비율을 결정한다. 결합생산하는 기업이 이윤을 극대화하기 위하여 고려해야하는 것은 단일생산품의 생산과 마찬가지로 생산기술, 산출물들의 가격, 생산요소의 가격 등이다.

만일 두 가지 생산품을 기술적으로 언제나 고정적인 비율로 생산하는 경우는 간단하다. 예컨대, X재 1단위와 Y재 2단위가 항상 고정비율로 결합생산되는 경우라면, X재 1단위와 Y재 2단위를 결합하여 마치 단일생산품처럼 생각하고, 그 한계비용(MC)과 한계수입(MR)을 일치시키는 산출량 수준을 선택하면 이윤이 극대화될 것이다. 그러나 기업이 두 가지 생산품의 생산비율을 변화시킬 수 있는 경우라면, 기업은 이윤을 극대화하기 위해 두 가지 생산품을 어떠한 비율로 각각 얼마만큼씩 생산해야할 것인가를 결정해야 한다.

(2) 생산가능곡선

① 결합생산 비용함수

이제 기업이 결합생산품의 생산비율을 어떻게 결정하는지 알아보자. 설명의 편의상 기업이 X재와 Y재를 결합하여 생산하고, 한 가지 생산요소 노동(L)만 투입하여 X재와 Y재를 생산할 수 있고, 그리고 노동의 투입량은 L_0로 일정하게 주어져 있다고 가정한다. 이 경우 X재와 Y재의 생산에 투입되는 노동의 양이 각각 L_X, L_Y라고 하면, $L_0 = L_X + L_Y$이다.

노동을 L_0만큼 투입했을 때 생산할 수 있는 X재와 Y재의 조합들을 다음과 같은 **결합생산 비용함수**로 나타낼 수 있다고 가정하자. 여기서 Q_X와 Q_Y는 X재와 Y재의 산출량이다.

$$L_0 = f(Q_X, Q_Y) \tag{9.11}$$

식(9.11)의 결합생산 비용함수는 생산요소인 노동(L)의 단위로 표현한 생산비용 (C)을 두 가지 결합생산품의 수량인 Q_X와 Q_Y의 함수형태로 나타낸 것이다. 따라서 노동을 L_0만큼 투입할 경우 생산할 수 있는 X재와 Y재의 산출량 조합(Q_X, Q_Y)들은 모두 식(9.11)의 결합생산 비용함수의 기술적 관계를 만족시킨다. 그래서 (9.11)식의 **결합생산 비용함수**는 X재와 Y재를 결합생산하는 경우에 기업이 주어진 생산요소의 양으로 최대한 생산할 수 있는 결합생산품들의 산출량 사이의 기술적 관계를 나타낸다.

② 생산가능곡선

일정하게 주어진 생산요소를 가지고 생산할 수 있는 결합생산품의 산출량 조합 (Q_X, Q_Y)들이 수없이 존재한다. 이러한 산출량 조합들로 구성된 집합을 결합생산품의 산출량 공간에 그래프로 나타낸 것을 **생산가능곡선**(PPC, production possibility curve), 또는 **생산변환곡선**(production transformation curve)이라고 부른다. <그림 9-4>에서와 같이 생산가능곡선은 주어진 생산요소의 양으로 최대한 생산할 수 있는 두 결합생산품의 산출량 조합들을 연결한 궤적이다.

생산가능곡선의 특성에 대해 알아보자. **첫째, 생산요소의 투입량이 많은 생산가**

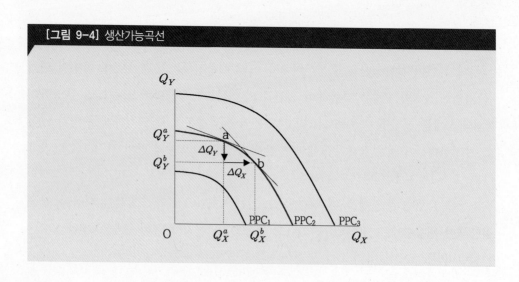

[그림 9-4] 생산가능곡선

능곡선일수록 원점에서 멀리 떨어져 위치한다. 왜냐하면 생산가능곡선은 결합생산품을 생산하는 기업이 직면하는 생산기술상의 제약을 보여준다. 따라서 생산가능곡선은 기업이 사용할 수 있는 생산요소의 투입량에 따라 위치가 달라지기 때문이다. 그래서 생산요소의 투입량이 많을수록 원점에서 멀리 떨어져 위치하고, 투입량이 적을수록 원점에 가깝게 위치하게 된다.

둘째, 생산가능곡선의 기울기는 음(−)의 값을 갖는다. 생산가능곡선의 기울기가 음(−)의 값을 갖는 이유는 동일한 생산가능곡선상에 있으면서 한 가지 생산품을 추가적으로 더 생산하려면 다른 생산품의 산출량을 줄여야하기 때문이다. 이 때 동일한 생산가능곡선을 따라 결합생산품 X재의 산출량을 추가적으로 1단위 증가시키려 할 때 포기해야 하는 Y재의 산출량의 비율을 **한계변환율**(marginal rate of transformation, MRT_{XY})이라고 한다. 그런데 한계변환율(MRT_{XY})은 생산가능곡선상의 한 점에서 그은 접선의 기울기의 절대값과 같다.

$$MRT_{XY} = \left| \frac{\Delta Q_Y}{\Delta Q_X} \right| \tag{9.12}$$

셋째, 생산가능곡선은 원점에 대해 오목한 형태를 취한다. 생산가능곡선이 원점에 대해 오목한 이유는 X재의 산출량을 증가시켜 생산가능곡선상의 한 점에서 오른쪽에 위치하는 다른 한 점으로 이동할수록 한계변환율(MRT_{XY})이 커지기 때문이다. 이것은 생산요소의 양이 일정하게 주어져 있는 상황에서 한 생산품(X)의 산출량을 증가시킬 때 포기해야 하는 다른 생산품(Y)의 산출량이 점차 커지는 것을 의미한다. 이처럼 한계변환율이 점차 커지는 현상을 **한계변환율체증의 법칙**(law of increasing marginal rate of transformation), 또는 기회비용체증의 법칙(law of increasing opportunity cost)이라고 부른다.

2. 결합생산의 이윤극대화

(1) 등수입선

앞서 생산가능곡선을 도출하면서 결합생산에 투입되는 노동의 양이 L_0로 주어져

있다고 가정하였다. 생산요소의 투입량이 일정한 수준으로 주어져 있다는 것은 바로 생산비용이 일정하다는 것을 뜻한다. 기업의 이윤(π)은 총수입(TR)에서 총비용(TC)을 뺀 나머지이기 때문에, 생산비용이 일정하게 주어진 상황에서는 기업이 이윤을 극대화하기 위해서는 총수입(TR)을 극대화하면 된다. 따라서 **결합생산**에 있어서의 **이윤극대화**는 곧 생산가능곡선이 주어진 경우의 **수입극대화**를 의미한다.

X재와 Y재의 가격을 각각 P_X, P_Y로 표기하고, X재와 Y재를 각각 Q_X와 Q_Y만큼씩 생산하여 판매할 경우, 기업의 총수입(TR)은 (9.13)식과 같이 표현되고, (9.13)식을 Q_Y에 대해 정리하면 (9.14)식을 얻을 수 있다.

$$TR = P_X \cdot Q_X + P_Y \cdot Q_Y \tag{9.13}$$

$$Q_Y = \frac{TR}{P_Y} - \frac{P_X}{P_Y} Q_X \tag{9.14}$$

(9.14)식은 기업의 총수입식인 (9.13)식을 그림으로 나타내기 위해 도출한 것이다. (9.14)식을 2차원 좌표평면(가로축에 X재 산출량, 세로축에 Y재 산출량을 나타냄)에 그림으로 표현하면 기울기가 $(-P_X/P_Y)$이고, 세로축 절편이 (TR/P_Y), 가로축 절편이 (TR/P_X)인 선분을 얻게 되는데, 이것을 등수입선이라 한다. <그림 9-5> (a)에 그려진 것과 같이 **등수입선**(isorevenue line)은 동일한 총수입(TR)을 얻을 수 있는 결합생산품인 X재와 Y재의 조합을 의미한다.

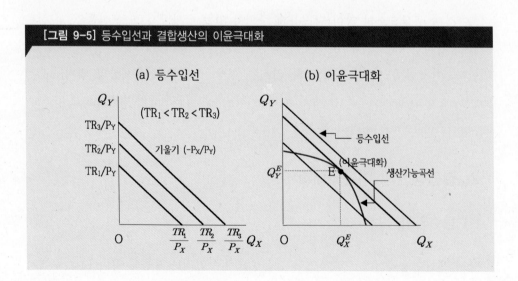

[그림 9-5] 등수입선과 결합생산의 이윤극대화

한편 <그림 9-5> (a)에서 보는 바처럼 기업이 얻는 총수입이 달라지면 각각 다른 등수입선으로 나타난다. 기업의 총수입이 TR_1, TR_2, TR_3 등으로 커질수록 등수입선은 원점에서 멀리 떨어져 위치하게 된다. 따라서 결합생산에서의 이윤극대화 문제는 생산가능곡선상의 점들 가운데 원점에서 가장 멀리 떨어져 있는 등수입선과 접하는 점을 선택하는 문제가 된다.

(2) 결합생산의 이윤극대화

① 결합생산의 이윤극대화 조건

이제 생산가능곡선과 등수입선을 이용하여 결합생산의 이윤극대화 산출량수준을 찾아보자. <그림 9-5> (b)에서 주어진 생산가능곡선에 대해 총수입이 극대화되는 결합생산품의 산출량 조합은 E점이다. 그러므로 이윤극대화를 추구하는 기업은 E점에 대응하는 산출량 조합, 즉 Q_X^E와 Q_Y^E를 결합생산하게 된다.

결합생산의 이윤극대화를 달성하는 산출량 수준에서는 생산가능곡선과 등수입선이 서로 접한다. 그런데 등수입선의 기울기 절대값은 (P_X/P_Y)이고, 생산가능곡선상의 한 점에서의 접선의 기울기 절대값은 한계변환율(MRT_{XY})이다. 따라서 **결합생산의 이윤극대화 조건**은 다음과 같이 나타낼 수 있다.

$$MRT_{XY} = \frac{P_X}{P_Y} \tag{9.15}$$

(9.15)식의 조건은 이윤극대화를 위한 제1차 필요조건이고, 이윤극대화를 위한 제2차 충분조건은 생산가능곡선이 원점에 대해 오목한 형태이기 때문에 자동적으로 충족되고 있다.

② 생산가능곡선이 직선인 경우 이윤극대화

한편 생산가능곡선의 형태가 달라지면 결합생산의 이윤극대화를 달성하는 결합생산품의 조합도 달라진다. 예컨대, 결합생산품 X재와 Y재의 생산에 투입된 노동의 한계생산(MP_L)이 일정하면 생산가능곡선이 직선이 된다. 생산가능곡선이 <그림 9-6>처럼 직선이면 한계변환율(MRT_{XY})은 X재와 Y재의 산출량 수준과 관계없이

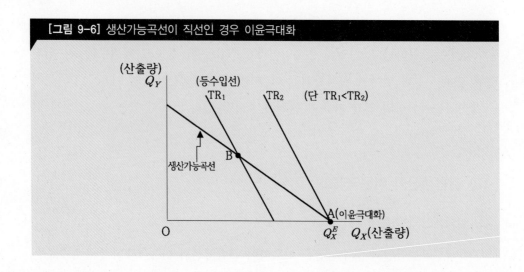

[그림 9-6] 생산가능곡선이 직선인 경우 이윤극대화

항상 일정하다. 이 경우처럼 한계변환율(MRT_{XY})이 등수입선의 기울기의 절대값(P_X/P_Y)보다 작은 경우, 총수입이 극대가 되는 점은 모서리점인 A점이 된다. 따라서 A점을 선택하여 생산할 경우에는 이윤극대화가 이루어지지만, 생산품은 X재만 Q_X^E만큼 생산된다.

제3절 공급함수와 공급곡선

1. 단기공급함수와 단기공급곡선

(1) 단기공급함수

기업의 산출량은 생산품의 가격(P)뿐만 아니라 생산요소들의 가격(노동의 가격 w, 자본의 가격 r)에도 영향을 받는다. 그러면 다른 요인들은 일정하다고 가정하면, **공급함수**는 생산품 가격과 생산요소들의 가격의 함수로 다음과 같이 표현할 수 있다.

$$Q_S = f(P, \ w, \ r) \tag{9.16}$$

앞서 기업이 한계비용(MC)과 한계수입(MR)이 일치하는 수준의 산출량을 생산하면 이윤을 극대화할 수 있다는 것을 확인하였다. 이윤극대화의 1차 조건은 모든 기업에 해당하는 조건이므로 경쟁기업도 한계수입(MR)과 한계비용(MC)이 일치하는 산출량을 생산하면 이윤극대화를 달성할 수 있다.

경쟁기업의 경우에는 수요곡선이 수평이어서 시장가격(P)과 한계수입(MR)이 같다. 따라서 경쟁기업의 단기이윤극대화조건은 다음과 같이 표현할 수 있다.

$$P(= MR) = SMC \tag{9.17}$$

(9.17)식에 의하면 경쟁기업은 이윤을 극대화하기 위하여 시장가격과 단기한계비용이 일치(즉, P = SMC)하는 수준의 산출량을 생산해야 된다. 따라서 경쟁기업이 이윤극대화를 이루는 산출량 수준을 얼마로 결정할 것인가는 시장가격(P)과 단기한계비용(SMC)에 의해 결정된다.

여기서 단기한계비용(SMC)은 가변생산요소인 노동의 가격(w)과 단기에 고정되어 있는 자본의 크기($\overline{K}$)에 의존한다. 결국 단기에 기업의 공급량은 생산물의 시장가격(P)과 노동의 가격(w)에 의해 결정된다. 그러므로 단기에 기업의 공급량과 시장가격, 생산요소의 가격 사이의 관계를 보여주는 함수인 **단기공급함수**(short-run supply function)는 다음과 같은 형태의 함수로 표현할 수 있다.

$$Q_S = f(P; \ w, \ \overline{K}) \tag{9.18}$$

그런데 단기에 노동의 가격(w)이 일정불변이라고 가정하면, 단기에는 자본($\overline{K}$)이 고정되어 있으므로, 기업의 공급량은 시장가격에 의해만 결정된다. 그래서 **단기공급함수**는 간단히 $Q_s = f(P)$로 표시한다. 이러한 축약형 형태의 단기공급함수를 공급량과 가격 좌표평면에 옮겨 그린 것이 기업의 **단기공급곡선**이 된다.

(2) 단기공급곡선의 도출

이제 그림을 통해 단기한계비용곡선에서 단기공급곡선을 도출하는 과정을 알아보자. (9.17)식에서 기업의 단기한계비용(SMC)이 일정하게 주어진 경우에는 기업의 이윤극대화조건을 충족하는 산출량은 결국 시장가격(P)의 크기에 의해 결정된다.

<그림 9-7>에서 시장가격(P)이 상승하거나 하락하면 이윤극대화조건을 충족하는
산출량은 (P = SMC)인 SMC곡선상의 점에 대응해서 변하게 된다. 이 때 주어진 가
격수준에서 수평으로 SMC까지의 거리가 이 기업의 이윤극대화 산출량이 되는 것
이다. 그런데 이 산출량은 바로 기업이 이윤극대화를 이루기 위해 생산해서 시장에
공급하는 공급량에 해당한다. 이와 같이 기업의 이윤극대화 공급량은 시장가격(P)
이 변함에 따라 가격과 SMC가 일치하는 SMC곡선상의 점에 대응하는 수준으로 변
한다. 그러므로 SMC곡선은 기업의 공급량(Q_S)과 가격(P) 사이의 일정한 관계를 나
타내는 공급곡선의 역할을 한다. 이처럼 시장에서 결정된 가격(P)이 주어질 때,
SMC곡선이 개별기업의 공급을 결정하기 때문에 **단기한계비용(SMC)곡선이 경쟁기
업의 공급곡선**이 된다.

　<그림 9-7>은 경쟁기업의 단기공급곡선을 도출하는 과정을 보여준다. 경쟁시장
에서는 시장가격(P)과 기업의 한계수입(MR)은 항상 일치하기 때문에 가격이 변하
면 한계수입곡선이 역시 위로 이동하거나 아래로 이동하게 된다. 그리고 가격이 변
할 때 P = SMC라는 이윤극대화 조건에 맞는 산출량 수준도 SMC곡선상의 점에 대
응해서 이동하게 된다. 따라서 개별기업의 SMC곡선이 바로 여러 가지 가격(P)수준
과 산출량(Q)의 관계를 나타내기 때문에 기업의 **단기공급곡선**이 되는 것이다. 가격
수준이 P_1에서 P_2, P_3, P_4로 변하게 되면 이에 상응하여 한계수입곡선도 각각 MR_1
에서 MR_2, MR_3, MR_4로 변한다. 그리고 기업의 이윤극대화조건이 충족되는 산출량도

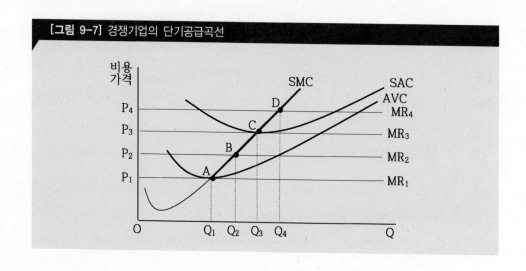

[그림 9-7] 경쟁기업의 단기공급곡선

SMC곡선 위에서 점A에서 B, C, D점에 대응하는 수준으로 변하고, 이에 기업의 공급량도 Q_1에서 Q_2, Q_3, Q_4로 변한다. 결과적으로 점A, B, C, D를 연결한 **단기한계비용(SMC)곡선**이 시장가격(P)과 기업의 공급량(Q_S) 사이의 대응관계를 나타내는 기업의 **단기공급곡선**임을 알 수 있다.

그러나 개별기업의 SMC곡선을 단기공급곡선으로 간주할 때 유의할 점이 있다. 한 가지 유의점은 기업의 SMC곡선 자체가 전부 단기공급곡선이 되는 것은 아니라는 사실이다. 기업의 단기공급곡선이 되는 SMC곡선의 부분은 평균가변비용(AVC)곡선의 최저점보다 높은 부분이다. 왜냐하면 시장가격이 AVC곡선의 최저점보다 낮은 경우에는 기업이 생산을 중단하여 생산을 전혀 하지 않기 때문에 가격과 산출량 사이의 함수관계가 성립하지 않기 때문이다. 따라서 시장가격(P)이 평균가변비용(AVC)의 최저점 수준보다 낮을 때는 SMC곡선이 공급곡선의 일부가 될 수 없다.

다른 한 가지는 SMC곡선에서 도출한 단기공급곡선은 기업이 가격수용자(price taker)로서 행동할 때만 정의될 수 있다는 점이다. 개별기업이 시장에서 가격통제력을 전혀 갖지 않는 경우, 기업이 할 수 있는 일은 단지 기업의 생산비와 시장에서 결정된 생산품의 가격을 비교하여 이윤을 극대화하는 산출량을 찾는 것밖에 할 수 없다. 따라서 SMC곡선에서 도출한 기업의 단기공급곡선은 경쟁시장에서 활동하는 경쟁기업에만 해당한다.

(3) 생산중단 조건

시장가격(P)이 평균가변비용(AVC)의 최저점보다 아래로 하락할 때 기업이 왜 생산을 중단하는지에 대해 알아보자. <그림 9-7>에서 시장가격이 AVC곡선의 최저점 수준인 P_1과 같다고 가정하자. 경쟁기업이 직면하는 수요곡선(D)은 P_1에서 그은 수평선이 되고, 이것이 동시에 한계수입곡선 MR_1이 된다. 한계수입곡선 MR_1이 AVC곡선의 최저점인 A점에서 단기한계비용(SMC)곡선과 만나게 되고, 경쟁기업은 손실을 극소화하기 위하여 Q_1만큼만 생산할 것이다.

이 때 $P_1 = MR_1 = SMC = AVC$의 관계가 성립하기 때문에 총수입($TR = P_1 \times Q_1$)은 총가변비용($TVC = AVC \times Q_1$)과 일치하는 수준에 불과하다. 그러므로 현재의 시장가격(P_1)수준으로는 평균가변비용(AVC)만 충당할 수 있기 때문에 기업은 고정비용

에 해당하는 만큼 손실을 보게 된다. 기업의 산출물 1단위당 손실액이 평균고정비용(AFC)과 같게 되므로 총손실(즉, AFC × Q_1)은 총고정비용(TFC)과 같게 된다. 이 경우 기업은 생산을 계속해도 TFC만큼 손실을 보게 되고, 생산을 중단해도 TFC만큼 손실을 보게 된다.

그러나 시장가격이 P_1보다 낮아지면 고정비용뿐만 아니라 그 차이만큼 가변비용의 일부도 보전할 수 없기 때문에 생산을 중단하는 것이 유리하다. 왜냐하면 총수입(TR)이 TVC보다 작으면 손실이 TFC보다 커지기 때문에 생산을 중단하여 매몰비용인 TFC만큼만 손실을 보는 것이 더 유리하기 때문이다. 따라서 AVC곡선의 최저점인 A점이 **생산중단점**(shutdown point)이 된다. 이처럼 손실이 TFC보다 커서 생산을 중단하는 것이 더 유리한 결과가 나타나게 되는 생산중단 조건은 다음과 같다.

$$손실(TC-TR) > 총고정비용(TFC) \tag{9.19}$$

총비용(TC)은 총고정비용(TFC)과 총가변비용(TVC)을 합한 값이다. 이러한 관계를 이용하여 위 식을 정리하면 다음과 같다.

$$총가변비용(TVC = AVC \times Q) > 총수입(TR = P \times Q) \tag{9.20}$$

(9.20)식의 양변을 산출량(Q)으로 나누어 주면 아래와 같은 식이 된다. 이것이 바로 생산을 중단하는 것이 더 유리한 생산중단 조건이 된다.

$$평균가변비용(AVC) > 가격(P) \tag{9.21}$$

결국 가격(P)이 AVC보다 더 낮으면 수입이 가변비용조차도 회수하지 못하게 되므로 기업은 생산을 중단하는 것이 유리하다. 그래서 시장가격이 P_1 이하일 때는 기업이 생산을 중단하기 때문에 기업의 공급량은 0이 될 수밖에 없다. 그러므로 공급곡선은 AVC곡선의 최저점인 A점에서 시작하는 SMC곡선과 일치한다. 그 결과 **경쟁기업의 단기공급곡선**은 <그림 9-7>에서와 같이 **SMC곡선 중에서 AVC곡선의 최저점보다 높은 부분만 해당**된다.

2. 장기공급함수와 장기공급곡선

장기의 경우에도 기업의 장기이윤극대화조건을 이용하여 장기공급곡선을 도출해 보자. 장기의 경우에는 단기와 다르게 고정비용이 없으므로 장기이윤극대화조건은 오히려 간단하다. 단기와 마찬가지로 장기에도 이윤극대화를 이루려면 시장가격(P) 과 장기한계비용(LMC)이 일치하는 산출량을 선택하여야 한다. 따라서 기업의 장기 이윤극대화조건은 다음과 같다.

$$\text{가격(P)} = \text{장기한계비용(LMC)} \tag{9.22}$$

한편 기업의 장기이윤극대화조건은 P = LMC이므로, 기업의 장기 공급량(Q)은 결국 시장가격(P)과 장기한계비용(LMC)에 의해 결정된다. 그런데 장기한계비용 (LMC)은 생산요소의 가격, 즉 노동의 가격(w)과 자본의 가격(r)의 크기에 의존한다. 그러므로 기업의 장기 공급량(Q)은 생산품의 시장가격과 노동의 가격, 자본의 가격에 의해 결정된다. 따라서 장기에 기업의 공급량과 시장가격, 생산요소의 가격 사이의 관계를 보여주는 **장기공급함수**(long-run supply function)는 다음과 같은 함수형태로 표현할 수 있다.

$$Q_S = f(P;\ w,\ r) \tag{9.23}$$

그런데 장기라고 하더라도 노동의 가격(w)과 자본의 가격(r)이 일정하게 주어지는 경우라면, 기업의 장기 공급량(Q_S)도 역시 시장가격(P)에 의해만 결정되기 때문에 장기공급함수를 축약형으로 간단히 $Q_S = f(P)$로 표시할 수 있다.

한편 단기와 다른 점은 장기에는 고정비용이 없기 때문에 평균비용(AC)과 평균가변비용(AVC)를 구분할 필요가 없다. 그러므로 장기에 기업이 생산을 중단하는 것은 가격(P)이 장기평균비용(LAC)의 최저점보다 낮은 경우에만 해당한다.

<그림 9-8>에서와 같이 경쟁기업의 **장기공급곡선**은 LMC곡선 중에서 LAC곡선의 최저점(a점) 이상의 부분이며, 그 이하에서는 생산을 중단하여 공급량이 0이 되므로 세로축과 일치한다고 볼 수 있다. 결국 장기에서의 생산중단은 더 이상 고정비용도 부담하지 않는 것을 의미하므로 해당 시장이나 산업에서 퇴출하는 것을 의미한다.

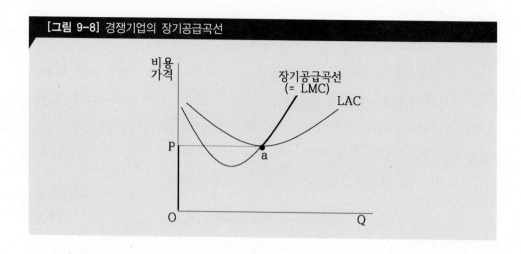

[그림 9-8] 경쟁기업의 장기공급곡선

3. 생산자잉여

(1) 생산자잉여의 측정

생산자잉여는 생산자가 시장에 참여하여 거래를 통해 얻는 이득을 의미한다. **생산자잉여**(producer's surplus)는 생산자가 어떤 상품을 생산하여 판매하고 실제로 받은 판매금액(즉, 총수입)이 그 상품을 생산하면서 최소한 받아야 하겠다고 생각한 최저금액(즉, 생산자 유보금액)을 초과하는 차액을 말한다.

생산자잉여는 제5장 2절에서 설명한 소비자잉여에 대응되는 개념이다. 소비자잉여가 수요곡선과 밀접한 관계가 있듯이 생산자잉여도 공급곡선과 밀접한 관계가 있다. 우선 생산자잉여를 구하기 위해서는 공급곡선의 의미를 되새겨볼 필요가 있다. 공급곡선(즉, 한계비용곡선)의 높이는 생산자가 주어진 수량을 공급하면서 각 단위의 상품에 대해 최소한 받아야 하겠다고 생각하는 최저가격(즉, 공급가격)을 나타낸다. 이것은 상품 각 단위를 생산할 때 생산자가 포기해야 하는 기회비용과 같다. 이와 같이 공급곡선의 높이는 공급자의 비용을 나타내기 때문에 공급곡선을 이용하면 생산자잉여를 측정할 수 있다.

생산자의 경우에는 추가적으로 1단위를 더 생산하여 판매하기 위해서 최소한 받아야 하는 최저가격을 **생산자 유보가격**(reservation price)이라고 부른다. 한계비용(MC)는 생산자가 1단위를 더 생산할 때 추가적으로 발생하는 비용이다. 그러므로 생산자가 1단위를 더 생산할 때 최소한 받아야 할 최저가격인 생산자 유보가격은 바로 한계비용(MC)에 해당한다. 따라서 주어진 산출량에 대응하는 공급곡선(즉 한계비용곡선)의 높이가 바로 **생산자 유보가격**을 나타낸다.

<그림 9-9> (a)에서 시장가격이 P이고, 시장거래량이 Q_0라고 하자. 이 경우 시장 거래량인 Q_0까지의 한계비용(즉, 생산자 유보가격)을 모두 합계한 값은 그 수량만큼을 생산하기 위해서 생산자가 받아야 하는 **최소금액(즉, 생산자 유보금액)**이 된다. 그런데 한계비용은 산출량의 1단위 증가에 따른 총비용의 변화분을 나타낸다. 그러므로 산출량의 증가에 따른 한계비용을 처음부터 모두 합계하면 생산을 시작하면서부터 투입된 비용의 크기를 알게 되는데, 이것이 바로 **총가변비용**이다. <그림 9-9> (b)에서는 원점에서부터 현재 산출량(Q_0)까지 한계비용곡선의 아래 부분의 면적인 $OBAQ_0$가 바로 현재 산출량(Q_0) 수준까지의 **총가변비용**이 된다.

한편 **총수입(판매금액)의 크기**는 산출량(Q_0)까지의 가로축을 밑변으로 하고 가격(P)을 높이로 하는 직사각형 $OPAQ_0$의 면적과 같다.

따라서 **생산자잉여의 크기**는 총수입의 크기인 직사각형 $OPAQ_0$의 면적에서 총가변비용(생산자 유보금액)을 나타내는 면적 $OBAQ_0$를 뺀 나머지인 음영 처리된 PAB의 면적이 된다.

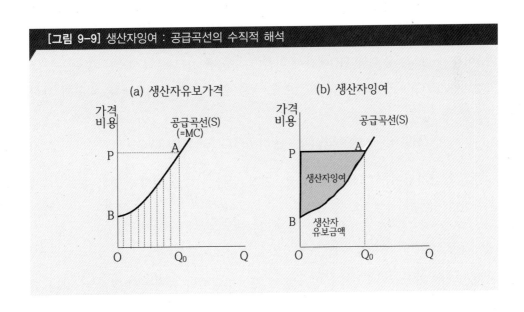

[그림 9-9] 생산자잉여 : 공급곡선의 수직적 해석

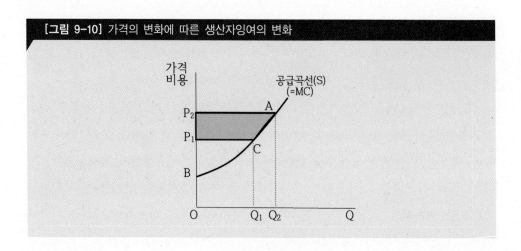

[그림 9-10] 가격의 변화에 따른 생산자잉여의 변화

이제 <그림 9-10>를 이용하여 가격이 변할 때 생산자잉여가 얼마나 변화하는가를 알아보자. 생산자잉여의 경우에도 가격이 변하면 그 크기가 변한다. 가격이 상승하면 생산자잉여가 증가하고, 가격이 하락하면 생산자잉여는 그만큼 감소한다. 가격이 P_1에서 P_2로 상승하면 생산자잉여는 음영으로 표시된 부분 P_1P_2AC의 면적만큼 증가한다. 반대로 가격이 P_2에서 P_1으로 하락하면 같은 크기만큼의 생산자잉여가 감소한다.

(2) 생산자잉여와 이윤의 관계

가격이 변화할 때 그에 따른 생산자잉여의 변화는 이윤의 변화로 측정할 수 있다. **이윤**(profit)은 총수입(TR)에서 총비용(TC)을 뺀 차액이다. 그런데 총비용은 총가변비용(TVC)과 총고정비용(TFC)으로 나눌 수 있으므로 이윤(π)은 다음과 같이 표현할 수 있다.

$$\text{이윤}(\pi) = \text{총수입}(TR) - \text{총비용}(TC) = TR - TVC - TFC \qquad (9.23)$$

한편 **생산자잉여**는 거래를 통해 생산자가 얻는 이득을 의미하는데, 총수입에서 총가변비용을 뺀 차액으로 정의된다.

$$\text{생산자잉여} = \text{총수입}(TR) - \text{총가변비용}(TVC) \qquad (9.24)$$

(9.24)식을 (9.23)식에 대입하면 이윤과 생산자잉여의 관계는 (9.25)식과 같이 되

고, 단기에 이윤은 생산자잉여에서 총고정비용을 뺀 것이다.

$$이윤 = 생산자잉여 - 총고정비용 \tag{9.25}$$

그러나 장기에는 고정비용이 없으므로 이윤과 생산자잉여의 크기는 같게 된다. 그런데 (9.25)식에서 총고정비용은 기업이 존속되는 경우 생산활동 여부나 산출량 규모와 관계없이 항상 그 크기가 변하지 않는다. 그러므로 (9.25)식에서 생산자잉여의 변화가 곧 이윤의 변화가 된다. 따라서 단기이든 장기이든 관계없이 생산자잉여가 변하면 그 크기만큼 이윤도 변화하게 되므로 다음의 관계가 성립한다는 사실을 알 수 있다.

$$생산자잉여의 변화 = 이윤의 변화 \tag{9.26}$$

(9.26)식에서 생산자잉여의 변화는 곧 이윤의 변화와 같으므로 기업이윤의 변화로 생산자잉여의 변화를 파악할 수 있다는 것을 의미한다.

복습문제

1. 기업이 직면하는 수요곡선의 형태에 따라 총수입곡선과 한계수입곡선이 어떻게 달라지는가?

2. 수요곡선의 형태에 따라 평균수입과 한계수입은 어떤 관계를 갖는가?

3. 기업이 이윤을 극대화하는 산출량을 어떻게 찾아내는가?

4. 비용이 극소화되면 반드시 이윤이 극대화되는가?

5. 일반적인 경우 이윤을 극대화시키는 조건은 무엇인가?

6. 결합생산하는 경우에는 각 생산품들의 생산비율을 어떤 원리에 따라 결정해야 할까?

7. 생산가능곡선은 어떤 것이며 어떠한 특성들을 갖는가?

8. 한계변환율체증의 법칙은 어떤 의미를 갖는가?

9. 등수입곡선을 어떻게 도출할 수 있는가?

10. 결합생산의 이윤극대화 조건은 무엇인가?

11. 단기한계비용곡선에서 단기공급곡선을 어떻게 도출하는가?

12. 완전경쟁시장의 개별기업은 어떤 경우에 생산을 중단하기로 결정할까?

13. 왜 경쟁기업의 공급곡선은 평균가변비용곡선의 최저점에서 시작하는가?

14. 개별 경쟁기업의 단기공급곡선과 장기공급곡선의 차이는 무엇인가?

15. 생산자잉여란 무엇이며 어떻게 측정되는가?

16. 이윤과 생산자잉여는 어떤 관계에 있는가?

포인트 미시경제학　The Point of Microeconomics

시장이론 :
시장구조와 자원배분

제2편과 제3편에서는 각각 소비자의 효용극대화를 위한
최적화행위의 결과로부터 수요곡선이 도출되고, 생산자의
이윤극대화를 위한 최적화행위의 결과로부터 공급곡선이
도출된다는 점을 살펴보았다.
제4편에서는 여러 가지 시장구조에서 상품의 가격, 그리고
개별기업과 산업의 산출량이 어떻게 결정되는가에 대해서
살펴본다. 시장의 구조를 완전경쟁, 독점, 과점 등으로 구분하고
각 시장구조별로 가격과 산출량의 결정과정을 논의한다.

Chapter 10

완전경쟁시장

이 장에서는 완전경쟁시장에서 개별기업과 산업의 가격과 산출량이
결정되는 과정에 대해 살펴본다. 그런데 완전경쟁시장의 장기에는
기업들의 시장 진입과 퇴출이 자유롭기 때문에 분석대상기간의
장단기에 따라 결정과정이 달라진다. 그래서 완전경쟁시장에서
가격과 산출량의 결정과정을 단기와 장기로 구분하여 살펴볼 것이다.

제1절 완전경쟁시장의 기초

1. 완전경쟁시장의 성립조건

시장구조의 형태는 크게 완전경쟁시장과 불완전경쟁시장으로 구분되고, 불완전경쟁시장은 다시 독점시장, 독점적 경쟁시장, 과점시장으로 구분된다. 이와 같이 시장형태를 구분하는 기준은 시장참가자의 수, 제품의 동질성, 진입장벽 등이 있다. 기업이 직면하고 있는 시장구조의 형태가 독과점이냐 아니면 완전경쟁이냐에 따라 기업의 시장행동원리가 달라진다.

어떤 상품시장이 다음과 같은 네 가지 조건을 충족하는 경우 완전경쟁시장이라고 부른다. **완전경쟁시장**(perfectly competitive market)은 시장에 참여하는 소비자와 생산자가 아주 많고, 거래되는 상품이 동질적이며, 시장으로의 진입과 퇴출이 자유롭고, 소비자와 생산자들이 모두 시장정보를 정확하게 알고 있다는 조건이 충족될 때 성립하는 시장형태이다.

① 다수의 소비자와 생산자

완전경쟁시장이 성립되려면 우선 시장에 참여하는 소비자와 생산자의 수가 아주 많아야 한다. 시장에 참여하는 소비자가 아주 많아서 개별소비자의 수요가 시장전체의 수요량에서 차지하는 비중이 아주 작고 시장가격에 영향을 줄 수 없어야 한다. 마찬가지로 생산자의 수가 아주 많아서 개별생산자의 공급이 시장전체의 공급량에서 차지하는 비중이 아주 작고 시장가격에 영향을 줄 수 없어야 한다. 그러므로 완전경쟁시장에서의 개별소비자와 생산자는 시장지배력을 전혀 갖지 못한다. 따라서 개별적으로는 시장가격에 전혀 영향을 미칠 수가 없고 단지 주어진 시장가격을 있는 그대로 받아들일 수밖에 없다. 그래서 완전경쟁시장에 참여하는 개별소비자와 생산자는 **가격수용자**(price taker)의 역할만 한다.

② 동질적인 상품

완전경쟁시장이 성립되려면, 시장에서 개별생산자들이 공급하는 상품이 모두 **동질적인 상품**(homogeneous goods)이어야 한다. '동질적'이라는 의미는 완벽하게 똑같다는 의미이다. 상품의 동질성은 기술적 특성뿐만 아니라 판매 및 판매 후 서비스와 관련된 조건 등 모든 면에서 똑같다는 것을 의미한다.

한편 상품들이 동질적이라는 것은 상품들이 서로 **완전한 대체재**(substitute)라는 의미이다. 완전경쟁시장에서 생산자들이 판매하는 상품들이 모두 질적 차이가 없이 동질적이라면 소비자는 어떤 생산자로부터 공급되는 상품을 구입해도 만족이 동일하기 때문에 모든 상품을 완전한 대체재로 생각한다. 따라서 오로지 가격에만 신경을 쓰기 때문에 조금이라도 다른 생산자의 상품보다 더 비싼 상품의 수요량은 0(영)이 된다. 그러므로 완전경쟁시장에서는 어떠한 생산자도 다른 생산자보다 더 높은 가격을 받을 수가 없다. 그러므로 완전경쟁시장에서는 개별생산자들의 상품에 대한 수요곡선이 별도로 존재하는 것이 아니라, 시장 전체에 대한 하나의 수요곡선만 존재한다.

③ 자유로운 진입과 퇴출

완전경쟁시장이 성립되려면 모든 생산자에게 자유로운 진입과 퇴출이 보장되어야 한다. 이것은 기업이 한 시장에 새로이 진입(entry)하거나 한 시장에서 퇴출(exit)하는데 있어서 인위적인 장애물 없이 자유로워야 한다는 것을 의미한다. 한 기업이 현재의 산업보다 더 높은 이윤이 기대되는 어떤 산업으로 새로이 진입하고자 할 때 **진입장벽**(entry barrier)이 전혀 없어야 하고, 뿐만 아니라 그 산업에서 빠져 나가고자 할 때도 기업이 투자하였던 생산설비를 손실 없이 처분할 수 있어야 한다는 의미이다. 만일 기업의 시장진입과 퇴출에 장벽이 존재하게 되면, 그 산업에 존재하는 기업의 수가 제한되게 되어 몇몇 기존기업이 시장지배력을 갖게 될 수도 있다.

한편 완전경쟁시장에서 자유로운 진입과 퇴출이 가능하다는 것은 모든 생산요소가 산업들 사이에 자유롭게 이동할 수 있어야 한다는 것을 의미한다. 노동, 에너지, 원재료, 자본 등과 같은 생산요소들이 산업들 사이에 자유롭게 이동할 수 있어야 한다는 의미이다. 그래서 자유로운 진입과 퇴출 조건을 **자원의 완전이동성**(perfect mobility) 조건이라고도 한다. 이 성립조건은 장기균형에서 기업들의 이윤이 0이 되

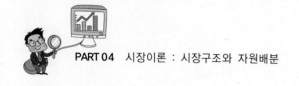

는 결과를 낳는다.

④ 완전한 정보

완전경쟁시장이 성립되려면 시장에 참여하는 모든 소비자와 생산자들이 거래에 필요한 시장정보(market information)를 완전히 알고 있어야 하고, 뿐만 아니라 그러한 정보를 획득하는데 아무런 비용도 들지 않아야 한다.

소비자들이 **완전한 정보**(perfect information)를 갖고 있다는 것은 모든 상품의 가격, 품질 등에 대하여 소비자들이 모두 확실히 알고 있다는 것을 의미한다. 소비자가 상품의 가격에 대해서 완전한 정보를 가지기 때문에 동질적인 상품의 가격은 모두 똑같은 수준에서 결정된다. 조금이라도 비싼 상품은 소비자가 구매하지 않는다. 따라서 완전정보의 조건이 충족되면 모든 동질적인 상품의 가격은 모두 동일하게 되므로, 하나의 상품은 오직 하나의 가격으로만 거래되는 '**일물일가의 법칙**'(law of one price)이 성립된다.

이상의 네 가지 성립조건이 충족되는 완전경쟁시장에는 수많은 소비자와 생산자들이 서로 경쟁하게 되고, 아무도 시장가격에 영향을 미칠 수 없게 된다. 즉 시장참여자들이 모두 가격수용자(price taker)의 역할만 하게 된다. 그런데 이상의 네 가지 조건들은 분명히 매우 엄격한 것이다. 때문에 현실적으로 이상의 네 가지 조건들을 모두 충족시키는 시장은 그렇게 많지는 않다. 그럼에도 불구하고 완전경쟁시장의 원리에 대해 배우는 이유는 완전경쟁시장의 균형이 매우 이상적인 특성을 가지기 때문이다. 즉 자원배분의 효율성과 사회적 후생을 극대화시키기 때문이다. 이러한 특성 때문에 완전경쟁시장은 다른 모든 시장의 성과를 비교 평가하는 기준의 역할을 한다.

2. 완전경쟁기업의 수요곡선

9장에서 배운 바처럼 시장구조의 형태가 완전경쟁시장이든 불완전경쟁시장이든 관계없이 한 기업의 평균수입(AR)곡선이 바로 그 기업이 직면하는 생산물에 대한 수요곡선(D)이 된다. 이러한 관계가 성립하는 것은 평균수입(AR)이 항상 가격(P)과 일치하기 때문이다. 기업의 입장에서는 **평균수입(AR)곡선**이 각 산출량에 대응하는 평균수입을 나타내지만, 소비자의 입장에서는 각 산출량을 구매하면서 지불하고자 하는 가격 수준을 나타내므로 **수요곡선**이 되는 것이다.

완전경쟁시장에서는 수많은 기업들이 존재하기 때문에 개별기업은 **가격수용자** (price taker)로서의 역할만 한다. 그래서 완전경쟁시장에서의 개별기업은 시장에서 형성된 가격을 주어진 것으로서 그대로 받아들일 수밖에 없다. 따라서 완전경쟁시장에서 가격수용자인 개별기업이 직면하는 수요곡선은 주어진 시장가격수준에서 **수평인 직선**이 된다.

<그림 10-1> (a)에서 시장수요곡선과 시장공급곡선이 각각 D_0와 S_0로 주어졌을 때, 시장가격은 P_0에서 결정될 것이다. 이 경우에는 완전경쟁기업이 시장에서 직면하는 수요곡선은 P_0에 상응하는 d_0선과 같은 수평인 직선이 된다. 만약 어떤 요인에 의해 시장공급이 감소하게 되어 시장공급곡선이 S_0에서 S_1으로 왼쪽으로 이동할 경우, 시장가격은 P_0에서 P_1으로 상승하게 되어 완전경쟁기업이 시장에서 직면하는 수요곡선은 d_0선에서 d_1선으로 위로 이동하게 된다.

이처럼 완전경쟁기업이 직면하는 수요곡선은 주어진 시장가격(P)수준에서 가로축에 평행한 수평인 직선이 된다. 한편 수요곡선이 수평일 경우, 수요량에 관계없이 가격이 항상 일정하기 때문에 개별기업은 생산물의 가격에 영향을 주지 않고서도 자기가 원하는 산출량을 얼마든지 판매할 수 있다는 것을 의미한다.

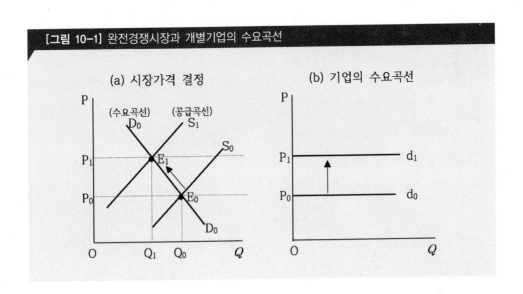

[그림 10-1] 완전경쟁시장과 개별기업의 수요곡선

제2절 완전경쟁시장의 단기균형

1. 완전경쟁시장의 단기공급곡선

한 산업은 동일한 상품을 생산하는 여러 개의 기업으로 구성되어 있는 하나의 시장과 동일한 개념이다. 그러므로 주어진 가격 수준에서 시장 전체의 공급량은 그 산업에 진입해 있는 각 개별기업의 공급량을 합계하면 구할 수 있다. 따라서 완전경쟁시장의 단기공급곡선을 도출하기 위해서는 개별기업들이 주어진 각 시장가격수준에서 공급하는 수량을 단순히 합계하면 도출할 수 있다. 그런데 9장 3절에서 배운 바처럼 완전경쟁시장에서는 개별경쟁기업의 한계비용(MC)곡선이 개별기업의 공급곡선이 된다. 그러므로 완전경쟁시장의 **단기시장공급곡선**은 개별기업들의 단기공급곡선인 한계비용(MC)곡선을 수평적으로 합계하면 된다.

<그림 10-2>는 완전경쟁시장에 3개의 기업(기업 A, 기업 B, 기업 C)만이 존재한다고 가정하고, 한 시장(즉, 해당산업)의 단기공급곡선이 개별기업의 한계비용곡선으로부터 도출되는 과정을 보여준다. 여기서 3개 기업의 평균가변비용(AVC)이 모두 똑같은 수준이라고 가정한다. 그렇게 하면 평균가변비용의 최저값이 모두 똑같게 되므로 개별기업들이 생산을 시작하는 시장가격의 최저 수준이 동일하게 된다. 그 가격이 P_0로 표시되어 있다.

<그림 10-2>에서 MC_A, MC_B, MC_C는 평균가변비용(AVC)곡선의 최저점보다 높게 위치하는 각 기업의 한계비용곡선이면서, 동시에 기업 A, B, C의 공급곡선에 해당한다. 각 기업은 이윤을 극대화하기 위해 가격(P)과 한계비용(MC)이 일치하는 수준(P=MC)인 산출량을 생산할 것이다. 그러므로 시장의 단기공급곡선을 도출하기 위해서는 각 가격수준에서 개별기업들이 공급하고자 한 산출량을 단순히 합계하면 된다.

시장가격이 P_0일 때 개별기업 A, B, C의 공급량은 각각 q_A^0, q_B^0, q_C^0가 된다. 따라서 가격이 P_0일 때 완전경쟁시장의 총공급량은 이들을 합한 Q_0가 된다.

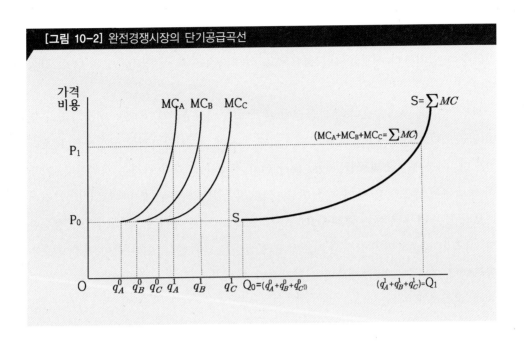

[그림 10-2] 완전경쟁시장의 단기공급곡선

한편 시장가격이 P_1일 때 완전경쟁시장의 전체 공급량은 Q_1이고, 이것은 P_1수준에서 각 개별기업의 공급량을 합계한 것과 같다. 즉 $Q_1=(q_A^1+q_B^1+q_C^1)$. 이처럼 주어진 가격수준에서 생산한 각 기업의 산출량을 단순히 수평적으로 합계하면 시장의 총공급량이 된다. 따라서 단기시장공급곡선(S)은 각 기업의 단기한계비용곡선을 수평적으로 합계(ΣMC)한 것이 된다.

2. 완전경쟁시장의 단기균형

완전경쟁시장의 단기균형(short run equilibrium)은 시장수요곡선과 시장공급곡선을 이용하면 확인할 수 있다. 이제 시장수요곡선과 시장공급곡선에 의해 완전경쟁시장에서 단기균형이 어떻게 이루어지고, 그에 따라 개별기업은 이윤극대화 산출량을 어떻게 결정하는지에 대해 살펴보자.

완전경쟁시장의 **단기균형**은 시장수요곡선과 시장공급곡선이 교차하는 점에서 이루어지고, 시장균형이 이루어지면 균형가격과 균형거래량이 결정된다. <그림 10-3>에 시장공급곡선과 시장수요곡선이 그려져 있다. **완전경쟁시장의 단기균형**은 시장

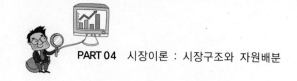

수요곡선과 시장공급곡선이 교차하는 점 E에서 이루어진다. 이 때 시장의 수요량과 공급량이 일치하여 시장균형이 성립되고, 균형가격은 P_0, 균형거래량은 Q_0로 결정된다.

한편 시장에 초과수요나 초과공급이 존재하는 시장불균형일 때는 시장가격의 조정(왈라스의 조정과정)에 의해 균형으로 회복된다. 즉 시장가격이 균형가격 P_0보다 높으면, 시장에는 **초과공급**(excess supply)이 존재하게 되어 가격이 하락한다. 가격이 하락하면 수요량은 증가하게 되고 공급량은 감소하게 된다. 반대로 시장가격이 P_0보다 낮으면 시장에는 **초과수요**(excess demand)가 존재하게 되어 가격이 상승한다. 가격이 상승하면 수요량은 감소하고 공급량은 증가한다. 이와 같이 시장에 초과공급이나 초과수요가 존재하면 시장가격이 현재의 수준에 머물러 있을 수 없고 가격이 변동하게 된다.

이러한 시장가격의 변화로 초과공급과 초과수요가 모두 없어지면, 시장에서 소비자의 수요량과 기업의 공급량이 일치하게 되어 기업과 소비자 모두 원하는 바를 달성할 수 있게 된다. 이와 같은 이유에서 시장에서 수요량과 공급량이 일치할 때, 시장에서 가격의 변화가 더 이상 일어나지 않기 때문에 **시장균형**(market equilibrium)이라고 한다. <그림 10-3>에서 시장수요곡선과 시장공급곡선이 교차하는 E점에서 완전경쟁시장의 단기균형이 이루어진다.

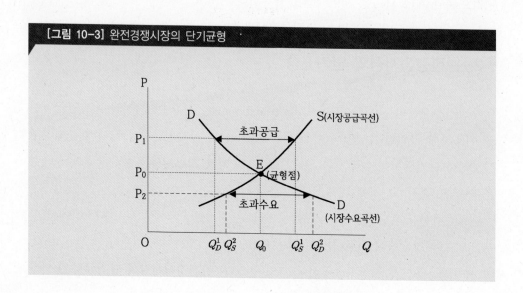

[그림 10-3] 완전경쟁시장의 단기균형

3. 완전경쟁기업의 단기균형

(1) 개별기업의 단기균형조건

완전경쟁기업의 경우에도 이윤극대화의 조건에 따라 한계수입(MR)과 한계비용(MC)이 일치하는 산출량을 생산하면 이윤을 극대화할 수 있다. 그래서 완전경쟁기업이 단기적으로 한계비용(MC)과 한계수입(MR)이 일치하는 수준의 산출량을 생산하여 이윤을 극대화하고 있는 상태를 **완전경쟁기업의 단기균형**이라 한다. 그러므로 개별기업의 이윤극대화조건이 바로 개별기업의 단기균형조건이 된다. **개별기업의 단기균형조건**은 MR=MC이다.

그런데 완전경쟁기업의 경우에는 수요곡선이 주어진 시장가격(P)수준에서 수평이기 때문에 시장가격(P), 평균수입(AR), 한계수입(MR)이 같다. 그 때문에 개별기업의 단기균형조건은 (10.1)식과 같이 표현된다.

$$P = AR = MR = MC \tag{10.1}$$

<그림 10-4> (a)는 완전경쟁시장의 단기균형을 나타낸 것이다. 단기균형에서 균형산출량과 균형가격이 각각 Q_0와 P_0로 결정되어 있다. 그래서 <그림 10-4> (b), (c)에서 개별기업이 직면하는 **수요곡선**(즉, 한계수입곡선)은 단기균형가격 P_0 높이에서

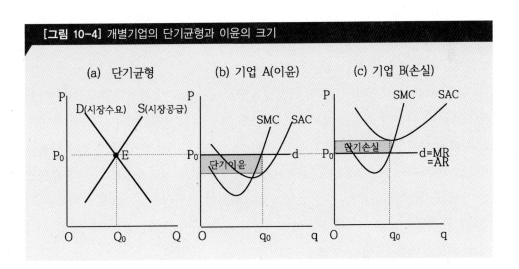

[그림 10-4] 개별기업의 단기균형과 이윤의 크기

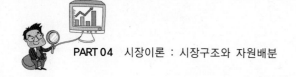
가로축에 평행한 수평선인 $P_0 = d = MR$이 된다. 그러면 개별기업은 이윤을 극대화하기 위하여 $P_0(= MR) = MC$가 되는 산출량수준을 선택할 것이다. 이 때 각 기업의 균형산출량은 각각 q_0이다. 균형가격이 P_0일 때, 개별기업의 산출량을 모두 합한 것이 시장의 공급량인 Q_0이다. 결국 완전경쟁시장에서 결정된 단기균형가격 P_0에서 개별기업의 이윤극대화를 위한 공급량을 모두 합하면 시장의 균형거래량(Q_0)이 된다.

(2) 개별기업의 단기이윤

완전경쟁기업의 단기균형조건인 (10.1)식에 의하면, 경쟁기업은 시장가격(P)과 한계수입(MR) 및 한계비용(MC)이 같게 되는 산출량 수준에서 단기균형이 성립된다. 그런데 단기균형이 성립되었을 때 개별기업이 얻는 이윤의 크기는 어느 정도일까? 단기균형이 성립되었다고 해서 개별기업이 반드시 초과이윤을 획득하는 것은 아니다. 완전경쟁기업이 직면하는 시장가격과 비용조건에 따라 초과이윤을 얻을 수도 있고, 손실을 볼 수도 있다.

단기균형에서 개별기업이 얻는 단기이윤의 크기는 한계수입(MR)과 단기한계비용(SMC)이 일치하는 산출량에서 단기평균비용(SAC)과 가격(P)의 상대적 크기에 의존한다. 단기의 경우, 기업들의 고정요소의 크기가 일반적으로 다르기 때문에 단기비용곡선의 위치도 다르다. 그래서 동일한 시장가격에서 생산하더라도 개별기업은 비용조건에 따라 초과이윤을 얻을 수도 있고, 손실을 볼 수도 있다.

<그림 10-4> (b)와 (c)는 비용조건이 서로 다른 완전경쟁기업의 단기균형을 보여주고 있다. (b)는 균형가격 P_0수준에서 개별기업 A가 이윤을 얻는 경우이고, (c)는 개별기업 B가 손실을 보는 상황을 나타낸다.

<그림 10-4> (b)는 MR = MC인 산출량 q_0수준에서 SAC가 균형가격(P_0)보다 아래에 위치하기 때문에 기업이 초과이윤을 얻는 경우이다. 초과이윤의 크기는 음영으로 처리된 사각형으로 표시된다. <그림 10-4> (c)는 단기균형일 때 손실이 발생하는 경우이다. 즉 MR = SMC인 산출량 q_0수준에서 SAC가 균형가격보다 높아 음영으로 처리된 사각형만큼의 손실을 보게 된다. 이처럼 완전경쟁시장에서 단기에는 시장가격이 동일하게 주어지더라도 개별기업의 비용조건에 따라 초과이윤을 얻는 기업과 손실을 보는 기업이 함께 존재할 수 있다.

제3절 완전경쟁시장의 장기균형

1. 완전경쟁시장의 장기균형

(1) 장기균형으로의 조정과정

<그림 10-4>와 같은 단기균형상태가 장기에서도 계속 유지될 것이라고 기대하기는 어렵다. 왜냐하면 장기에 각 기업은 최적시설규모를 선택하여 이를 최적수준으로 가동시킬 수 있기 때문이다. 또한 단기와 달리 장기에는 새로운 기업이 시장으로 진입하거나 또는 기존의 기업이 그 시장에서 퇴출하는 것도 자유롭기 때문이다. 단기균형이 장기적으로 어떠한 조정과정을 거쳐서 장기균형에 도달하는지 알아보자. **완전경쟁시장의 장기균형**(long run equilibrium)도 단기균형과 마찬가지로 시장의 수요량과 시장의 공급량이 일치할 때 성립하고, 장기균형가격과 장기균형거래량이 결정된다.

① 초과이윤 존재시 조정과정

<그림 10-5>는 완전경쟁기업과 시장이 장기균형에 도달하는 조정과정을 보여주고 있다. 어떤 산업에 속해 있는 기업들이 단기적으로 초과이윤을 얻고 있는 경우를 보자. 시장수요곡선(DD)과 시장공급곡선($S_1 S_1$)이 일치하여 시장가격이 OP_1에서 성립한 경우이다. 이 경우 단기평균비용곡선 SAC_1으로 표시되는 생산시설 규모를 갖고 있는 경쟁기업은 P(=MR) = SMC를 만족시키는 Oq_1을 공급하고 음영부분만큼의 초과이윤을 얻게 된다. 이러한 초과이윤은 기존기업 자체의 생산시설 확장을 촉진하고, 신규기업의 진입을 유인하게 된다. <그림 10-5> (a)에서 보는 바와 같이 기존기업이 생산시설을 확장함에 따라서 단기평균비용(SAC)곡선이 오른쪽 아래로 이동하다가 일정한 생산시설규모를 넘어서면 오른쪽 위로 이동한다.

한편 기존기업의 시설확장과 신규기업의 진입은 시장 전체의 공급을 증가시켜 시장공급곡선을 오른쪽으로 이동시키는 결과를 가져온다. 이에 따라 시장수요가

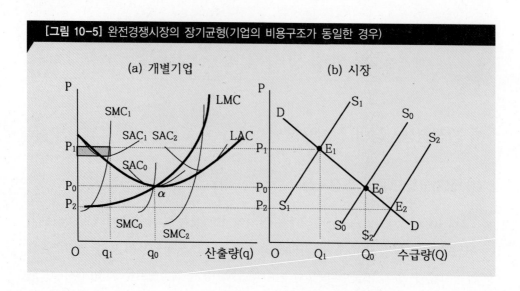

[그림 10-5] 완전경쟁시장의 장기균형(기업의 비용구조가 동일한 경우)

DD로 일정한 경우, 시장가격은 OP_1수준에서 계속 하락하게 된다. 이러한 조정과정은 초과이윤이 없어질 때까지 계속 된다. 시장공급곡선이 S_1S_1에서 S_0S_0로 이동하여 시장가격이 장기평균비용(LAC)곡선의 최저점 α에 대응하는 OP_0수준까지 하락하면 초과이윤이 없어진다. 이 때 기존기업의 시설확장이나 신규기업의 진입이 없어지고 비로소 장기균형에 도달하게 된다.

② 손실 발생시 조정과정

이제 기존기업들이 적정규모 이상으로 생산시설을 확장하거나 새로운 기업들이 시장에 너무 많이 진입하여 시장공급량이 균형수준보다 많은 경우를 보자. 이 경우 시장공급곡선은 S_0S_0보다 오른쪽 아래에 위치하는 S_2S_2가 되고, 시장의 단기균형은 E_2점에서 성립하게 되고, 시장가격은 OP_0보다 낮은 OP_2수준에서 형성된다.

이렇게 되면 기존기업 중 일부는 LAC보다도 낮은 가격으로 인해 손실을 보게 되어 그 시장에서 퇴출하게 될 것이고, 퇴출하지 않는 기업들은 시설규모를 점차 줄일 것이다. 이로 인하여 시장 전체의 공급은 감소하게 되고 시장가격은 다시 상승하게 된다. 이러한 조정과정은 이 산업에 속한 기업들이 손실을 보는 한 계속 될 것이다. 그리하여 시장가격이 LAC곡선의 최저점 α에 대응하는 수준까지 상승하면, 개별기업은 손실이 없는 α점에서 장기균형에 도달하게 된다.

(2) 장기균형조건

이처럼 완전경쟁시장에서의 장기균형은 신규기업의 진입, 기존기업의 퇴출, 기존 기업의 시설 확대와 축소 등의 장기적인 조정이 이루어진 이후에 성립된다. 이러한 장기조정과정은 기존기업의 시설변경이나 신규기업의 진입유인이 없어지는 상태, 즉 시장가격(P)이 장기평균비용(LAC)의 최저점 α에 대응하는 수준과 같아질 때까지 계속 이루어진다. 그래서 완전경쟁시장의 장기균형가격은 장기적으로 기업들의 시장진입과 퇴출에 의해서 LAC의 최저값으로 결정된다.

한편 장기균형거래량도 가격이 LAC의 최저값일 때 그에 대응하는 수준에서 결정된다. 이 때 개별기업은 LAC가 최저수준일 때의 단기평균비용곡선인 SAC_0에 해당하는 **최적규모**(optimum scale)시설에서 Oq_0만큼 생산한다. 따라서 **완전경쟁시장의 장기균형조건**은 다음과 같다.

$$SAC = SMC = LAC = LMC = P \tag{10.2}$$

이상에서 시장가격(P)이 장기평균비용(LAC)의 최저값과 같게 되어 초과이윤이 0(영)이 되는 상태가 바로 완전경쟁시장의 장기균형이라는 것을 알 수 있다. <그림 10-5>에서 장기균형가격 P_0수준에서 시장의 수요량과 공급량이 일치하고 있기 때문에 어떤 기업도 현재의 공급량을 변화시키려 하지 않을 것이다. 또한 시장 안에 있는 기업들은 최소한의 정상이윤을 얻고 있기 때문에 퇴출할 필요가 없고, 시장 밖에 있는 외부의 기업들은 초과이윤이 없기 때문에 진입하려고 하지 않는다.

이와 같이 자유로운 진입과 퇴출에 의해서 장기균형이 성립되면, 모든 기업들이 장기평균비용(LAC)곡선의 최저점(최적규모시설)에서 생산하기 때문에 장기균형에서는 초과이윤이나 손실도 없고 정상이윤만 얻게 된다.

2. 완전경쟁시장의 장기공급곡선

앞서 2절에서 완전경쟁시장의 단기공급곡선을 도출한 바 있다. 주어진 가격수준에서 평균가변비용(AVC)의 최저점보다 위에 있는 개별기업의 단기한계비용SMC)곡선을 수평으로 합해서 시장의 단기공급곡선을 도출하였다. 그러나 기업의 진입과 퇴출이 자유로운 장기의 경우에 시장의 장기공급곡선은 그렇게 단순한 방법으로 도출할 수 없다. 왜냐하면 시장의 장기공급곡선을 도출할 때 투입요소의 가격 변화뿐만 아니라 기업의 시장진입과 퇴출도 함께 고려해야하기 때문이다. 특히 시장의 공급량이 변할 때 투입요소의 가격이 어떻게 변화하는가에 따라 장기공급곡선은 양(+), 0 또는 음(−)의 기울기를 갖게 될 수도 있다.

시장의 **장기공급곡선**은 산업의 비용조건, 즉 공급량의 확대에 따라 투입요소의 가격이 어떻게 변화하는가에 따라 그 모양이 달라진다. 산업의 산출량 변화가 투입 생산요소의 가격에 미치는 영향에 따라 산업을 세 가지로 구분할 수 있다.

산업의 산출량이 증가할 때 생산요소에 대한 수요가 증가해도 투입되는 생산요소의 가격이 변하지 않고 일정불변인 산업을 **비용불변산업**(constant-cost industry)이라 하고, 투입되는 생산요소의 가격이 상승하는 산업을 **비용체증산업**(increasing -cost industry), 투입되는 생산요소의 가격이 오히려 하락하는 산업을 **비용체감산업**(decreasing-cost industry)이라 한다.

이제 모든 개별기업의 비용구조가 동일하다고 가정하고, 투입요소의 가격 변화 방향에 따라 장기공급곡선의 형태가 어떻게 달라지는지 살펴보자.

(1) 비용불변산업의 장기공급곡선

비용불변산업의 경우, 장기적으로 새로운 기업의 진입으로 시장 전체의 산출량이 증가하더라도 투입요소의 가격이 전혀 변하지 않기 때문에 평균비용이 전혀 변하지 않게 된다. 그래서 비용불변산업의 장기공급곡선(LS)은 **수평선**이 된다.

<그림 10-6>은 비용불변산업에서 시장수요가 증가하였을 때 산업의 공급이 조정되어 가는 과정을 나타낸 것이다. <그림 10-6> (a)는 개별기업의 장기균형상태를 보여주며, (b)는 산업의 장기균형과 장기공급곡선을 나타낸다. (b)에서 최초에 시장수요 곡선 D_0와 시장공급곡선 S_0가 교차하여 균형가격은 P_0이다. <그림 10-6> (a)에서 개별기업은 시장균형가격 P_0에 대응하는 장·단기평균비용의 최저점인 e_0점에서 장기 균형을 이루고 있다고 가정하자. <그림 10-6> (b)에서 산업의 최초 장기균형가격과 산출량은 각각 P_0와 Q_0이고, 개별기업은 시장가격 P_0수준에서 q_0를 생산하고 있다.

이제 시장수요가 D_0에서 D_1으로 증가할 경우, 단기에 시장가격은 D_1과 S_0가 교차

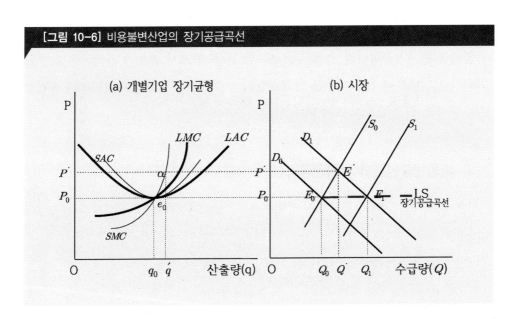

[그림 10-6] 비용불변산업의 장기공급곡선

하는 E′점에 대응하는 수준인 P′로 상승한다. 기존기업들은 <그림 10-6> (a)에서 단기적으로 가격이 P′로 상승하면, 공급량을 단기한계비용(SMC)곡선상의 α점에 대응하는 수준인 $\acute{q}$로 결정한다(이유 : 경쟁기업의 이윤극대화조건 MR = P′ = SMC). 그러면 개별기업은 초과이윤을 얻게 되므로 단기적으로 생산시설의 가동을 증가시킬 것이다. 장기적으로는 초과이윤이 존재하기 때문에 새로운 기업이 이 산업으로 진입하게 되고, 기존기업도 역시 생산시설규모의 확장을 통해 생산을 증가시킬 것이다.

그런데 비용불변산업에서는 신규기업의 진입이나 기존기업의 산출량이 증가하여 생산요소에 대한 수요가 증가하더라도 투입되는 생산요소의 가격은 변하지 않는다. 그 때문에 개별기업이 직면하는 모든 비용곡선은 변하지 않고 원래 그대로 있게 된다. 이에 따라서 산업 전체의 공급이 증가하여 (b)에서 원래의 공급곡선(S_0)이 오른쪽으로 이동할 것이다. 새로운 기업의 진입과 기존기업의 설비확장을 통한 시장공급의 증가는 이 산업에 초과이윤이 존재하는 한 계속된다. 결국 시장공급곡선이 S_1까지 이동하게 된다. 그래서 시장의 장기균형은 수요곡선 D_1과 공급곡선 S_1이 교차하는 점 E_1에서 성립하고, 새로운 균형가격은 원래의 균형가격인 P_0수준에서 결정된다.

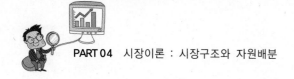

이처럼 비용불변산업의 경우 수요의 변화가 일어나더라도 비용곡선들이 변하지 않기 때문에 장기균형가격도 역시 변하지 않는다. 그래서 최초의 장기균형점인 E_0 점과 수요의 변화로 인한 새로운 장기균형점인 E_1점을 연결하면 **수평**인 비용불변산업의 장기공급곡선(LS)이 도출된다.

(2) 비용체증산업의 장기공급곡선

비용체증산업의 경우, 장기적으로 새로운 기업의 진입으로 시장 전체의 산출량이 증가함에 따라 투입되는 생산요소의 가격이 상승하여 평균비용이 증가하게 된다. 그래서 비용체증산업의 장기공급곡선(LS)은 **우상향의 기울기**를 갖는다.

<그림 10-7>은 비용체증산업에서 시장수요가 증가하였을 때, 시장의 공급이 조정되어 가는 과정을 나타낸 것이다. <그림 10-7> (b)에서 비용체증산업의 시장수요가 D_0에서 D_1으로 증가할 경우, 단기적으로는 시장가격이 P_0에서 P'로 상승하여 개별기업이 초과이윤을 얻게 된다. 이와 같이 P'수준에서는 초과이윤이 존재할 경우, 새로운 기업들이 산업으로 진입하게 되어 시장공급곡선은 S_0에서 S_1으로 오른쪽으로 이동한다. 이렇게 새로운 기업의 시장진입으로 시장공급이 증가하면 시장가격이 하락하게 되어 초과이윤이 점차 감소하게 된다. 초과이윤이 존재하는 한 새로운 기업이 계속 진입할 것이고, 그 결과 시장공급이 증가하여 시장공급곡선이 오른쪽으

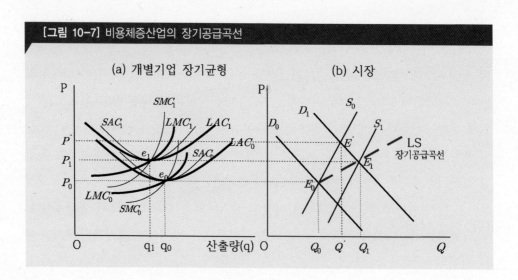

[그림 10-7] 비용체증산업의 장기공급곡선

로 계속 이동할 것이다. 시장공급곡선이 S_1까지 이동하면 새로운 기업의 시장진입은 더 이상 일어나지 않게 된다.

다른 한편으로는 비용체증산업의 경우에는 산업의 산출량이 증가하여 생산요소에 대한 수요가 증가하면, 생산요소의 가격이 상승하기 때문에 모든 기업(기존기업과 새로운 기업)들의 비용곡선이 위로 이동하게 된다. 즉 SAC_0에서 SAC_1으로, SMC_0에서 SMC_1으로, 그리고 LAC_0에서 LAC_1으로 모두 위로 이동한다. 이처럼 비용곡선이 위로 이동하면 장기평균비용(LAC)이 상승하여 장기의 공급가격도 상승하게 된다.

이와 같이 초과이윤이 존재하는 경우, 한편으로는 새로운 기업의 시장진입으로 산업의 공급량이 증가함에 따라 시장가격이 P'에서 하락한다. 그리고 다른 한편에서는 생산요소에 대한 수요의 증가로 생산요소의 가격이 상승하여 장기평균비용의 최저수준이 상승하게 된다. 그래서 비용체증산업의 장기균형가격은 원래의 가격수준보다 더 높은 P_1수준에서 결정된다. 원래의 장기균형점인 E_0점과 시장수요의 변화로 나타난 새로운 장기균형점인 E_1점을 연결하면, **우상향**하는 양(+)의 기울기를 갖는 비용체증산업의 장기공급곡선(LS)을 얻게 된다.

(3) 비용체감산업의 장기공급곡선

비용체감산업의 경우, 장기적으로 새로운 기업의 진입으로 시장 전체의 산출량이 증가함에 따라 생산요소의 가격이 하락하여 평균비용이 하락한다. 그래서 비용체감산업의 장기공급곡선은 **우하향하는 기울기**를 갖는다.

<그림 10-8>은 비용체감산업에서 시장수요가 증가할 경우, 시장 전체의 공급이 조정되어 가는 과정을 나타낸 것이다. 시장수요가 D_0에서 D_1으로 증가할 경우, 단기적으로는 시장가격이 P_0에서 P'로 상승하여 개별기업은 초과이윤을 얻게 된다. 이와 같이 P'수준에서는 초과이윤이 존재하므로 새로운 기업들이 산업으로 진입하게 되어 시장공급곡선은 오른쪽으로 이동한다. 초과이윤이 존재하는 한 새로운 기업의 진입에 의해 시장공급이 계속 증가할 것이고, 그 결과 시장가격은 계속 하락할 것이다.

한편으로는 비용체감산업의 경우에는 산업의 산출량이 증가하여 생산요소의 수요가 증가하면 생산요소의 가격이 하락한다. 그 때문에 모든 기존기업과 새로운 기

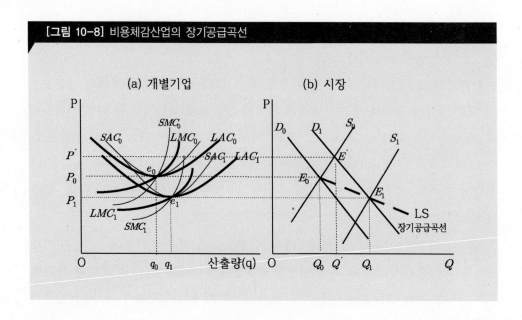

[그림 10-8] 비용체감산업의 장기공급곡선

업들의 비용곡선이 아래로 이동하게 된다. 즉 SAC_0에서 SAC_1으로, SMC_0에서 SMC_1으로 LAC_0에서 LAC_1으로 모두 아래로 이동한다. 비용곡선이 아래로 이동하면 장기평균비용이 하락하여 장기의 공급가격도 하락하게 된다.

　이와 같이 초과이윤이 존재하는 경우, 한편으로는 새로운 기업의 시장 진입으로 산업의 공급량이 증가함에 따라 시장가격수준이 P′수준에서 하락한다. 다른 한편에서는 생산요소에 대한 수요가 증가하더라도 오히려 비용체감산업의 경우에는 장기평균비용(LAC)이 하락하기 때문에 시장가격이 P_0수준 이하로 하락하게 된다. 결국 비용체감산업의 장기균형가격은 원래의 가격수준 P_0보다 낮은 수준인 P_1에서 결정되고, 새로운 장기균형점은 E_1점이 된다. 원래의 장기균형점인 E_0점과 시장수요의 변화로 나타난 새로운 장기균형점인 E_1점을 연결하면 **우하향**하는 음$(-)$의 기울기를 갖는 비용체감산업의 장기공급곡선(LS)을 얻게 된다.

제4절 완전경쟁시장의 평가

1. 완전경쟁시장과 사회적 후생

(1) 효율성 평가기준 : 사회적 후생

완전경쟁시장의 장·단기균형은 시장수요량과 시장공급량이 일치하는 가격에서 성립하고, 개별기업은 주어진 균형가격에서 이윤극대화 산출량을 결정하여 시장에 공급한다. 한편 완전경쟁시장의 균형에서 시장가격이 결정되면 그에 따라 소비자들의 효용극대화 수요량이 결정되는 동시에 소비자잉여도 결정된다. 이러한 완전경쟁시장의 균형은 독과점시장과 같은 다른 시장을 평가하는 기준이 된다. 다른 시장의 균형과 비교하면, 균형가격은 가장 낮고, 거래량은 가장 많다. 뿐만 아니라 효율성의 측면에서도 다른 어떤 시장보다 효율적인 결과를 낳는다.

완전경쟁시장의 균형이 경제적 효율성을 달성할 수 있다고 한다면 시장의 효율성을 판단하는 기준은 무엇일까? 단순히 가격이 낮다는 사실 자체는 시장의 효율성을 판단하는 기준이 되지 못한다. 왜냐하면 낮은 가격은 소비자들에게는 유리하지만, 기업들에게는 불리하기 때문이다. 그리고 거래량이 많다는 것 자체도 효율성의 판단 기준이 되지 못한다. 사회적 최적생산수준이 있기 때문에 무조건 많이 생산하여 거래하는 것이 최선은 아니기 때문이다. 그렇다면 시장의 효율성을 판단하는 기준으로 어떤 척도를 사용할 수 있을까?

시장은 소비자와 생산자가 만나서 거래가 이루어지는 곳이다. 그러므로 시장의 효율성을 측정하는 기준은 반드시 소비자와 생산자의 입장을 모두 반영하여야 한다. 그러한 측면에서 보면 소비자잉여와 생산자잉여의 크기가 하나의 기준이 될 수 있다. 시장경제의 근본인 시장이 존재하고 거래가 이루어질 경우, 소비자잉여와 생산자잉여는 각각 소비자와 생산자가 거래를 통해 얻는 편익(benefit)을 의미한다. 그래서 소비자잉여와 생산자잉여의 합인 **사회적 후생**(social welfare)의 크기를 단일시

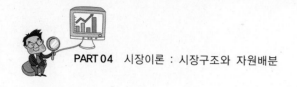
장의 경제적 효율성을 평가하는 기준으로 이용한다.

(2) 사회적 후생의 극대화

사회적 후생은 완전경쟁시장의 균형에서 극대화된다. <그림 10-9>는 완전경쟁시장의 단기균형에서 결정된 사회적 후생(즉, 소비자잉여와 생산자잉여)의 크기를 보여주고 있다.

제5장 2절에서 설명한 바와 같이 소비자잉여는 일정한 수량을 소비하면서 소비자가 지불할 용의가 있는 최대지불용의금액과 실제 지불금액의 차액이다. <그림 10-9>에서 소비자잉여는 주어진 수량에서 시장수요곡선의 높이와 시장가격의 차이를 거래량만큼 모두 합계한 것이다. 균형가격 P_0수준에서 OQ_0만큼의 거래가 이루어지는 경우, 소비자잉여는 삼각형 AP_0E의 면적에 해당한다.

한편 생산자잉여는 제9장 3절에서 설명한 바와 같이 생산자가 일정한 수량의 산출물을 시장에 판매하여 받은 총수입에서 그 수량을 시장에 공급하면서 받아야 할 최소한의 금액인 **생산자 유보금액**을 뺀 차이이다. <그림 10-9>에서 P_0의 가격으로 OQ_0만큼 거래가 이루어지는 경우, 생산자의 총수입은 사각형 OP_0EQ_0가 된다. 그리고 생산자의 유보금액은 공급곡선으로부터 구할 수 있다. 즉 시장공급곡선은 한계비용(MC)곡선이므로 시장공급곡선의 아래 부분의 면적을 산출량까지 합계하면 바로 생

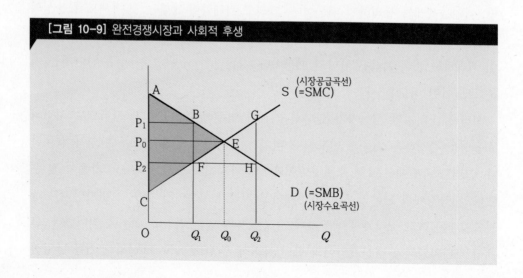

[그림 10-9] 완전경쟁시장과 사회적 후생

산자 유보금액이 된다. <그림 10-9>에서 $OCEQ_0$의 면적이 된다. 그러므로 완전경쟁시장의 단기균형에서 창출되는 생산자잉여는 그림에서 삼각형 CP_0E의 면적이 된다.

결과적으로 소비자잉여와 생산자잉여의 합계인 **사회적 후생의 크기**는 바로 삼각형 ACE의 면적이 된다. 다른 어떤 가격과 거래량에서도 완전경쟁시장의 균형에서의 후생삼각형인 ACE의 면적보다 클 수 없다. 예컨대, 시장가격이 P_0보다 높은 P_1이라면 사회적 후생은 사각형 CABF의 면적이 되어, 완전경쟁시장의 균형에서보다 삼각형 BEF만큼의 면적이 줄어든다. 한편 시장가격이 P_0보다 낮은 P_2일 경우 초과수요가 발생한다. 이 때 높은 가격을 낼 용의가 있는 소비자부터 생산품을 공급하더라도 사회적 후생은 역시 사각형 CABF의 면적에 불과하다.

이상에서 완전경쟁시장에서 거래에 참여함으로써 소비자들과 생산자들이 얻을 수 있는 순편익의 합계인 사회적 후생은 완전경쟁시장의 균형에서 극대화된다. 그렇기 때문에 완전경쟁시장은 사회적 후생으로 정의되는 경제적 효율성에 대한 한 가지 기준을 제시해준다.

2. 완전경쟁시장과 자원배분

(1) 사회적 한계편익과 사회적 한계비용

완전경쟁시장에서 균형이 성립되면 사회적 후생이 극대화되어 자원배분의 효율성도 역시 달성된다. 완전경쟁시장의 균형에서 자원배분의 효율성이 달성되는 것을 수요곡선과 공급곡선의 수직적 해석을 통해서도 알아 볼 수 있다.

완전경쟁시장의 수요곡선과 공급곡선의 높이는 각각 사회적 한계편익(SMB, social marginal benefit)과 사회적 한계비용(SMC, social marginal cost)을 나타낸다. 그래서 완전경쟁시장이 균형일 때 SMB와 SMC가 일치하는 균형산출량에서 사회적 순편익(즉, SMB와 SMC의 차이)이 극대화되고 자원배분의 효율성도 달성된다.

5장 2절의 소비자잉여에서 배운 바처럼, 주어진 수량에서 수요곡선의 높이가 나타내는 수요가격은 소비자들의 **한계편익**(marginal benefit, MB)을 의미한다. 그래서 시장수요곡선은 **사회적 한계편익(SMB)곡선**이 된다. 왜냐하면 수요곡선의 높이에 해당하는 수요가격은 주어진 수량에 대한 소비자의 최대지불용의가격을 의미하고,

소비자가 상품 1단위를 소비할 때 느끼는 한계효용의 금전적 가치와 같기 때문이다. 그런데 상품 1단위가 증가할 때 사회 전체의 후생증가분이 사회적 한계편익(SMB)이다. 따라서 소비량이 증가할 때 소비자들의 한계효용이 체감한다면 SMB도 체감하게 되므로 SMB곡선은 우하향하는 수요곡선과 같게 된다.

한편 시장공급곡선에 대해서는 제9장에서 설명한 바와 같이 주어진 수량에서 공급곡선의 높이는 생산자의 한계비용, 즉 사회적 한계비용(SMC)를 의미한다. 그래서 완전경쟁시장의 공급곡선은 **사회적 한계비용곡선**(SMC)이 된다. 이와 같이 완전경쟁시장의 공급곡선은 사회적 한계비용을 표시하는 곡선이며, 시장수요곡선은 사회적 한계편익을 나타내는 곡선이다.

(2) 자원배분의 효율성

완전경쟁시장의 균형은 수요곡선인 SMB곡선과 공급곡선인 SMC곡선이 일치할 때 이루어진다. <그림 10-9>에서 완전경쟁시장이 균형일 때 균형점인 E점에 대응하는 수준까지 산출량을 생산하면 **사회적 순편익의 극대화**가 이루어진다. 이처럼 완전경쟁시장에서는 사회적 순편익을 극대화하는 수준에서 자원이 배분되어 사용되기 때문에 자원배분의 효율성이 달성된다는 것이다.

만약 자원이 사회적 순편익을 극대화시키는 균형거래량인 Q_0보다 많게 사용되어 산출량이 Q_2수준으로 **과다생산**되고 있을 경우, **SMC > SMB의 관계**가 성립하기 때문에 자원의 사용량을 감소시켜 생산을 줄이면 오히려 SMC와 SMB의 차이만큼 사회적 순편익이 증가한다. 한편 자원이 균형거래량보다 적게 배분되어 Q_1수준으로 **과소생산**되는 경우, **SMC < SMB의 관계**가 성립하기 때문에 자원의 사용량을 증가시키면 오히려 사회적 순편익이 증가한다.

완전경쟁시장의 균형점에서와 같이 SMC와 SMB가 일치하는 산출량을 생산하는 수준에서 자원배분이 이루어질 때 사회적 순편익이 극대화된다. 사회적 순편익을 극대화하는 산출량을 **사회적 최적산출량**이라고 하고, 사회적 최적산출량이 생산될 때 **자원배분의 효율성**(allocative efficiency)이 달성된다. 결국 완전경쟁시장에서 균형이 이루어지는 경우, 균형거래량이 바로 사회적 최적산출량이기 때문에 완전경쟁시장의 균형에서 자원배분의 효율성이 달성되는 것이다.

복습문제

1. 완전경쟁시장이 성립되기 위한 조건들은 무엇인가?

2. 완전경쟁시장의 단기공급곡선은 어떻게 도출하는가?

3. 완전경쟁시장에서의 단기균형은 어떻게 나타나는가?

4. 개별경쟁기업의 단기균형 조건은 무엇이며, 완전경쟁시장의 단기균형과 어떠한 관계가 있는가?

5. 개별기업의 단기이윤 크기는 비용조건에 따라 어떻게 달라지는가?

6. 완전경쟁시장에서 장기균형은 어떻게 나타나는가? 이러한 균형은 개별기업의 장기균형과 어떠한 관계가 있는가?

7. 완전경쟁시장의 장기공급곡선의 형태를 좌우하는 요인은 무엇인가?

8. 비용불변산업에서의 장기공급곡선은 어떻게 도출할 수 있는가?

9. 완전경쟁시장은 경제적 효율성 측면에서 어떤 의미를 갖는가?

Chapter 11

독점시장

이 장에서는 독점기업이 가격과 산출량을 어떻게 결정하며, 그 결과가 어떠한가를 장단기로 나누어 살펴본다. 또한 이윤을 극대화하기 위한 독점기업의 가격차별 행위가 어떠한 형태로 나타나는지, 그리고 독점에 대한 평가와 자연독점을 규제하는 방안에 대해서도 살펴본다.

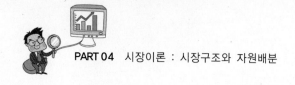

제1절 독점시장의 기초

1. 독점시장의 성립조건

(1) 독점시장

독점시장(monopoly market)은 어떤 상품을 생산하는 기업이 산업 전체에 단 하나밖에 없는 시장구조의 형태를 말한다. 단 하나의 기업이 산업의 전체 공급을 담당하는 시장이며, 독점시장에서 전체 공급을 담당하는 기업을 **독점기업**이라고 한다. 따라서 독점시장에서는 독점기업이 곧 해당산업을 구성한다.

그리고 독점시장이 성립하기 위해서는 독점기업이 공급하는 상품에 대하여 대체재(substitutes)가 전혀 존재하지 않아야 한다. 대체재의 존재여부는 한 기업의 시장지배력을 결정하는데 주요한 요인이기 때문이다.

(2) 독점의 생성요인 : 진입장벽

독점(monopoly)은 어떻게 해서 생기는가? 어떤 산업에 단 하나의 기업만 존재하는 독점이 형성될 수 있는 것은 다른 기업의 시장진입을 막는 **진입장벽**(barriers to entry)이 있기 때문이다. 여기서 진입장벽은 새로운 기업이 어떤 시장에 진입할 수 없게 하는 법적 조건이나 기술적 조건을 말한다. 독점의 생성원인과 관련된 진입장벽에는 크게 자연적 진입장벽과 법적 진입장벽으로 나누어진다. 자연적 진입장벽은 생산요소의 독점이나 규모의 경제 등과 관련되고, 법적 진입장벽은 특허권, 독점판매권 등과 같은 법적 제도와 관련된다.

① 생산요소의 독점

한 기업이 어떤 상품의 생산에 필수적인 생산요소나 원재료를 독점적으로 지배하는 경우에 그 생산요소를 이용하여 생산하는 상품시장은 독점시장이 된다. 한 기업이 어떤 상품을 생산하기 위해서는 여러 가지 생산요소가 필요하다. 그 가운데 다른 생산요소로 대체할 수 있는 것도 있지만 어떤 생산요소의 경우에는 그 생산요소를 투입하지 않고는 생산할 수 없는 경우도 있다. 20세기 후반까지 다이아몬드 회사인 드비어즈(De Beers)사가 다이아몬드 광산의 소유권과 중앙판매기구를 이용하여 세계 다이아몬드 생산과 판매를 통제한 경우이다.

② 규모의 경제 : 자연독점

규모의 경제가 존재하면 기업의 생산규모가 클수록 기업의 평균비용이 감소한다. 따라서 규모의 경제가 어떤 산업의 시장수요를 충족할 만큼 크고 지속적인 경우, 시장 전체의 공급을 여러 개의 작은 기업들이 분할해서 생산하는 것보다 하나의 큰 기업이 생산하는 것이 오히려 더 낮은 평균비용으로 공급할 수 있게 된다. 이처럼 규모의 경제가 강하게 존재하는 경우 이 산업은 자연스럽게 한 기업이 모든 산출량을 생산하는 독점의 시장구조가 된다. 규모의 경제로 인하여 자연스럽게 나타나는 독점을 **자연독점**(natural monopoly)이라고 한다. 전통적으로 네트워크 산업의 경우 초기 네트워크 투자비용이 매우 크기 때문에 규모의 경제가 크게 존재한다. 전력, 통신, 수도, 가스 등과 같은 네트워크 산업들이 자연독점의 사례들이다. 많은 국가에서 규모의 경제를 활용하기 위해서 이들 산업들을 국가가 독점하거나 민간독점의 시장구조를 갖는다.

물론 규모의 경제가 있다고 해서 반드시 독점이 되는 것은 아니다. 규모의 경제가 산업 전체의 시장수요보다 반드시 커야만 독점이 성립된다. 또한 규모의 경제가 존재하는 경우, 새로운 기업이 시장에 진입할 때 기존 독점기업보다 경쟁력을 가질 수 있는 방법은 기존 독점기업보다 더 큰 생산규모로 진입하여 평균비용을 낮추는 것이다. 그런데 대규모로 진입할수록 그만큼 큰 자본규모가 필요하고, 진입에 필요한 자본규모가 클수록 시장진입이 그만큼 더 어렵다.

③ 특허권, 저작권 등

정부가 새로운 기술이나 발명품, 아이디어, 창작물에 대해 일정기간 법적으로 독점적 사용권을 부여하여 보호하는 경우에도 독점시장이 형성된다. 법적으로 보호받는 권리는 그 형태에 따라 특허권(patents), 저작권(copyright), 지적재산권(intellectual property right) 등이 있다. 한 기업이 이러한 권리를 법적으로 보호받게 되면 그 기업은 적어도 일정기간 동안에는 독점적 권리를 보장받는다. 다른 기업들이 이 권리를 사용하려면 독점적 권리를 가진 기업으로부터 사용허가를 받아야 한다. 그러므로 법적 독점권을 가진 기업이 다른 기업에게 사용할 수 있는 허가를 해주지 않으면, 독점권을 가지고 있는 기업은 법적으로 보호받는 일정기간 동안에는 독점기업으로 활동할 수 있다.

시장경제에서 완전경쟁에 비해 독점이 비효율적인데 불구하고 왜 법적으로 독점을 인정해 주고 있을까? 그 이유는 이 같은 법적 보호 없이는 사람들이 새로운 기술이나 아이디어, 창작물을 개발해 낼 유인(incentive)을 가지지 못하기 때문이다. 대부분의 사람들은 자신이 개발한 기술이나 아이디어, 창작물에 대한 보상이 없으면 새로운 것을 개발하기 위한 노력과 투자를 하지 않으려 한다. 이 같은 인간본성에 비추어 차라리 일정기간 동안 독점권을 보장해주는 것이 그렇지 않은 경우보다 인간생활에 유용한 것들을 개발하려는 유인을 더 크게 제공해준다. 이러한 이유로 결과적으로는 독점이 비효율적이지만 인간생활에 유용한 것들을 개발하도록 하는 유인을 제공하기 위해서 일정기간 독점적인 권리를 인정하는 것이다.

④ 정부의 독점판매권

정부가 재정수입을 확보하기 위해 어떤 상품을 직접 공급하거나 특정기업에 독점판매권(franchise)을 부여하는 경우에도 독점이 생성된다. 과거에 우리나라의 경우 전매청이라는 정부기관이 직접 담배와 홍삼을 독점 공급한 적이 있었다. 그 후 한국담배인삼공사로 바뀌어 국산담배와 홍삼을 독점적으로 생산하고 판매하였으나, 현재는 담배와 홍삼에 독점공급 및 독점판매권은 부여되지 않고 있다.

2. 독점기업의 수요곡선과 수입곡선

(1) 독점기업의 수요곡선

독점시장에서는 단 하나의 기업만이 공급을 담당하므로 **우하향하는 시장수요곡선** 자체가 독점기업이 직면하는 수요곡선이 된다. 이러한 상황은 완전경쟁기업의 수요곡선이 주어진 시장가격수준에서 수평선 형태인 것과는 대조된다. 독점기업이 직면하는 수요곡선이 우하향하는 형태라는 것은 독점기업의 공급량이 시장가격에 영향을 준다는 의미이다. 이것은 독점기업이 공급량을 증가시키면 가격이 하락하고, 공급량을 감소시키면 가격이 상승한다는 의미이다. 바꾸어 말하자면, 가격을 인상하면 판매량이 줄어들고, 가격을 인하하면 판매량이 증가하는 것을 뜻한다. 이러한 측면에서 독점기업은 가격과 산출량을 따로 독립적으로 선택할 수는 없다. 이 두 가지는 수요곡선을 매개로 하여 서로 연관되어 결정될 수밖에 없다. 이것은 완전경쟁기업이 가격수용자(price taker)로서 시장가격을 주어진 것으로 받아들이고 단지 공급량을 조절하여 이윤극대화를 추구하는데 반하여, 독점기업은 **가격설정자**(price maker)로서 가격과 공급량을 조절하여 이윤극대화를 추구할 수 있다는 것을 의미한다.

이와 같이 독점기업이 가격과 공급량에 미치는 영향력을 **독점력**(monopoly power)이라 한다. 독점기업과 완전경쟁기업이 가격과 공급량의 결정에 미치는 영향력(즉, 독점력)의 차이는 바로 수요곡선의 차이 때문에 발생한다.

(2) 독점기업의 수입곡선

개별기업이 직면하는 수요곡선이 우하향하는 형태인 경우, 총수입곡선과 평균수입곡선, 한계수입곡선을 도출하는 것에 대해서는 앞서 9장에서 대략적으로 살펴본 바 있다. 여기서는 독점기업의 수요곡선과 수입곡선 사이의 관계에 대해 좀 더 자세히 살펴본다.

독점기업의 **총수입**(TR)은 가격(P)에 판매량(Q)을 곱한 값이고, **평균수입**(AR)은 총수입을 판매량으로 나눈 값이다. 그리고 **한계수입**(MR)은 판매량을 1단위 추가할

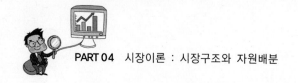

때 기업이 얻을 수 있는 총수입의 증가분이다.

$$TR = P \times Q \tag{11.1}$$

$$AR = (TR/Q) = (PQ/Q) = P \tag{11.2}$$

$$MR = (\Delta TR/\Delta Q) \tag{11.3}$$

따라서 독점의 경우에도 평균수입(AR)은 시장가격(P)과 일치한다. 소비자로부터
받을 수 있는 시장가격(P)과 평균수입(AR)이 일치하기 때문에 독점기업의 경우에
도 시장에서 직면하는 시장수요곡선(D)이 곧 **평균수입(AR)곡선**이 된다.

<그림 11-1>은 독점기업의 수요곡선과 수입곡선을 나타낸 것이다. 독점기업의

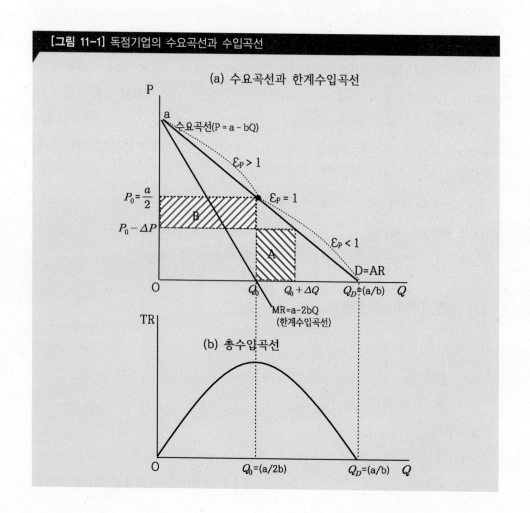

[그림 11-1] 독점기업의 수요곡선과 수입곡선

수요곡선이 우하향하기 때문에 총수입곡선은 직선형태가 아니라 역U자형 곡선이 된다. 그리고 독점기업의 경우 우하향하는 수요곡선을 가지기 때문에 한계수입(MR)곡선과 평균수입(AR)곡선이 일치하지 않는다. 그렇다면 독점기업의 한계수입 곡선은 어디에 위치할까? <그림 11-1>에서 보면 독점기업의 한계수입(MR)은 모든 판매량 수준에서 항상 가격(P)보다 작다는 사실을 알 수 있다. 따라서 **한계수입(MR)곡선**은 항상 수요곡선(D=AR곡선)보다 기울기가 2배 크고 아래에 위치한다.

독점기업의 수요곡선과 한계수입곡선의 기울기 비교

독점기업의 수요곡선과 한계수입곡선의 기울기를 비교하면 어떤 관계에 있을까? 한계수입곡선은 수요곡선(D)과 가격축을 2등분한 선분과 같다는 것을 알 수 있다. 앞서 9장 1절에서 (9.7)식을 통해 설명한 바와 같이 한계수입곡선은 시장수요곡선과 절편은 같지만, 시장수요곡선보다 2배의 기울기를 갖는다. 한계수입곡선의 기울기가 수요곡선의 기울기보다 2배라는 사실을 수식을 이용하여 알아보자. 우하향하는 선형인 수요곡선을 ($P=a-bQ$)라는 수요방정식으로 표현할 때(P는 가격, Q는 수요량), 한계수입곡선은 ($MR=a-2bQ$)라는 관계가 성립한다. 왜냐하면 총수입은 (11.1)식과 같이 판매량에 가격을 곱한 값, 즉 $TR=P \times Q=(a-bQ) \times Q=aQ-bQ^2$이고, (11.3)식의 한계수입은 판매량이 추가적으로 1단위 증가할 때 총수입의 변화분이므로 수학적으로는 총수입을 1차 미분한 값이기 때문이다. 즉 총수입(TR)을 산출량(Q)에 대해서 미분하면 ($MR=a-2bQ$)를 얻게 된다. 이제 선형인 수요곡선을 나타내는 ($P=a-bQ$)식과 한계수입곡선을 나타내는 ($MR=a-2bQ$)식을 비교해보면, 한계수입곡선의 기울기 ($-2b$)가 수요곡선의 기울기 ($-b$)보다 두 배 크다는 사실을 알 수 있다.

3. 수요의 가격탄력성과 한계수입

이제 독점기업이 직면하는 수요의 가격탄력성과 한계수입 및 가격 사이의 관계를 알아보자. <그림 11-1>의 (a)에는 수요곡선과 한계수입곡선이 그려져 있다. <그림 11-1>의 (a)에서 보는 바와 같이 수요곡선이 탄력적인 구간($\varepsilon_P > 1$)에서는 한계수입은 양(+)이고, 공급량이 늘어남에 따라 총수입도 증가한다. 그리고 수요곡선이 단위탄력적($\varepsilon_P = 1$)이면 한계수입은 0이 되고, 수요곡선이 비탄력적인 구간($\varepsilon_P < 1$)

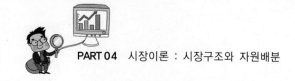

에서는 한계수입은 음(−)이고, 독점기업이 공급량을 감소시켜야 총수입을 증가시킬 수 있다. 따라서 독점기업은 수요곡선이 탄력적일 경우에는 공급량을 증가시켜 가격을 하락시킴으로써 총수입을 증가시킬 수 있다. 반면에 수요곡선이 비탄력적일 경우 공급량을 증가시켜 가격을 하락시키면 오히려 총수입이 감소한다. 이러한 수요의 가격탄력성(ε_P)과 한계수입(MR) 및 가격(P) 사이의 관계는 다음과 같은 공식으로 나타낼 수 있다.

$$MR = P(1 - \frac{1}{\varepsilon_P}) \tag{11.4}$$

독점기업의 한계수입과 수요의 가격탄력성, 가격 사이의 관계를 보여 주는 (11.4)

가격탄력성과 한계수입의 관계식 도출과정

〈그림 11-1〉에서 독점기업이 가격을 P에서 ΔP만큼 인하할 경우, 공급량은 Q에서 ΔQ만큼 증가하고, 총수입은 사각형 B의 면적만큼 감소하는 대신에 사각형 A의 면적만큼 증가한다. 총수입의 변화(ΔTR)는 다음과 같다.

$$\Delta TR = P \times \Delta Q - Q \times \Delta P \tag{11.5}$$

한편 한계수입은 MR=ΔTR/ΔQ이므로, 한계수입을 구하기 위해 (11.5)식의 양변을 ΔQ로 나누면 다음과 같은 식을 얻을 수 있다.

$$MR = \Delta TR/\Delta Q = (P \times \Delta Q - Q \times \Delta P) \div \Delta Q = P - Q(\Delta P/\Delta Q) \tag{11.6}$$

(11.6)식은 시장수요곡선의 기울기와 한계수입 사이의 관계를 나타내고 있는데, 이를 한계수입과 수요의 가격탄력성(ε_P) 사이의 관계로 바꿀 수 있다.

수요의 가격탄력성을 구하는 계산식은 ε_P = −[(ΔQ/Q) ÷ (ΔP /P)]인데, 이것을 풀어서 정리하면 (ΔP/ΔQ) = −[(1/ε_P)×(P/Q)]가 된다. 그러므로 이것을 (11.6)식에 대입하여 정리하면 독점기업의 한계수입과 수요의 가격탄력성 사이의 관계를 나타내는 다음과 같은 관계식을 얻게 된다.

$$MR = P + Q(-\frac{1}{\varepsilon_P}\frac{P}{Q}) = P - \frac{P}{\varepsilon_P} = P(1 - \frac{1}{\varepsilon_P}) \tag{11.7}$$

식을 이용하면, 독점기업이 공급량을 조절하여 가격을 변화시킬 때 독점기업의 총수입과 한계수입이 어떻게 변화하는가를 알 수 있다.

첫째, 수요의 가격탄력성이 1보다 크다면(즉, 수요가 탄력적이면), (11.4)식의 괄호 항의 부호는 양(+)이 되고, 한계수입도 0보다 커서 양(+)이 된다. 한계수입이 0보다 크다는 것은 공급량을 증가시켜서 가격을 인하할 경우 총수입이 증가하는 것을 의미한다. 특히 완전경쟁시장의 경우처럼 수요곡선이 수평선 형태여서 수요의 가격탄력성이 무한대(∞)가 되면, 한계수입(MR)은 가격(P)과 일치하게 된다. 즉 MR = P[1$-$(1/∞)] = P(1$-$0) = P가 된다.

둘째, 수요가 단위탄력적(ε_p = 1)이면, 한계수입은 0이다. 이 경우는 공급량을 증가시켜서 가격을 인하하더라도 총수입에는 아무런 변화가 없다는 것을 의미한다.

셋째, 수요가 비탄력적(ε_p < 1)이면, 한계수입은 0보다 작아 음($-$)이 된다. 이 경우에는 가격을 인하하면 오히려 총수입은 감소한다.

제2절 독점기업의 장·단기균형

1. 독점기업의 단기균형

(1) 독점기업의 이윤극대화

① 독점기업의 이윤극대화 조건

앞서 9장 1절에서 설명한 바와 같이 시장구조와 관계없이 개별기업이 이윤을 극대화하기 위해서는 1차적으로 한계수입과 한계비용이 일치해야한다는 조건을 충족시켜야 한다. 따라서 독점기업도 역시 단기적으로 이윤을 극대화하기 위해서는 MR = MC의 조건을 충족시키는 산출량 수준을 선택해야 한다. 독점기업의 이윤극대화 1차 조건은 다음과 같다.

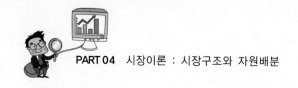

$$MR = MC \qquad (11.8)$$

물론 이윤극대화의 2차 조건도 충족되어야 한다. 즉 이윤극대화 산출량수준에서 한계수입곡선의 기울기가 한계비용곡선의 기울기보다 작아야 하고, 또 가격(P)이 평균가변비용(AVC)보다 높아야 한다.

$$MC곡선의 \ 기울기 \ > \ MR곡선의 \ 기울기 \qquad (11.9)$$

② 독점기업의 단기균형 : 이윤극대화 산출량과 가격 결정

독점기업의 경우에는 이윤극대화를 추구하는 방법이 완전경쟁의 경우와는 다르다. 완전경쟁기업과 다른 점은 독점기업의 경우 산출량의 조정을 통해 시장가격을 설정할 수 있다는 점이다. 그래서 독점기업은 이윤을 극대화하기 위하여 한계수입(MR)과 한계비용(MC)이 일치하는 수준에서 산출량을 먼저 결정하고, 그 다음으로 가격은 이윤극대화 산출량에 대응하는 수요곡선 위의 한 점(**꾸르노점**이라고도 함)에 대응하는 수준으로 설정한다.

<그림 11-2>는 독점기업이 단기적으로 이윤을 극대화하고 있는 단기균형을 그림으로 나타낸 것이다. 독점기업의 단위당 비용곡선과 수입곡선을 이용하여 이윤극대화 산출량과 가격을 결정하는 것을 보여주고 있다. 독점기업의 단기균형, 즉 이윤극대화 문제를 한계수입(MR)곡선과 한계비용(MC)곡선 및 평균비용(AC)곡선, 평균수입(AR)곡선 등으로 표시한 것이다.

우선 독점기업이 이윤극대화 산출량을 선택하는 결정에 대해 알아보자. 독점기업의 이윤을 극대화시키는 산출량은 MR곡선과 MC곡선이 교차하는 A점에 대응하는 산출량 Q_M임을 알 수 있다. 산출량 Q_M수준에서 MR=MC이라는 조건이 충족되기 때문에 이 산출량이 바로 이윤극대화 산출량이다. MR과 MC가 일치하지 않는 산출량 수준에서는 이윤이 더 작다. 예컨대, MR > MC일 경우에는 독점기업이 산출량을 더 늘리면 총이윤을 증가시킬 수 있다. 반면에 MR < MC일 경우에는 독점기업이 산출량을 오히려 감소시키는 것이 총이윤을 증가시킨다. 따라서 MR = MC가 되는 산출량(Q_M)에서 이윤이 극대화된다.

그러면 시장에서 가격을 설정할 수 있는 독점기업은 가격을 어떻게 설정할까? 독

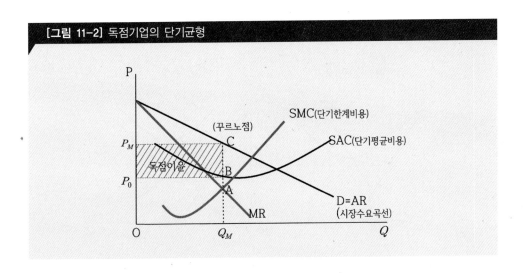

[그림 11-2] 독점기업의 단기균형

점기업이 시장에서 가격을 설정할 수 있지만, 독점가격은 수요곡선의 제약을 받아 설정하게 된다. 이 경우 독점가격은 이윤극대화 산출량 Q_M을 판매할 수 있으면서도 독점기업이 받을 수 있는 가장 높은 가격으로 설정한다. 독점기업은 MR곡선과 MC 곡선이 교차하는 A점 바로 위에 있는 수요곡선상의 한 점인 C점(꾸르노점)에 대응 하는 수준의 가격(즉, P_M)을 설정한다. 이 때 독점가격이 수요곡선상의 한 점과 대 응하는 수준에서 결정된다는 점에 유의해야 한다. 바로 이것이 완전경쟁기업의 이 윤극대화 행동과 다른 점이다. 독점기업이 이 가격보다 더 낮은 가격이나 더 높은 가격을 설정할 경우 이윤이 감소하게 된다. 이 때 독점기업이 얻는 총수입은 사각형 OP_MCQ_M의 면적에 해당하고, 총비용은 사각형 OP_0BQ_M의 면적에 해당하기 때문에 독점이윤은 사각형 P_0P_MCB가 된다.

(2) 독점이윤의 크기

독점이윤(monopoly profit)은 독점기업이 얻는 총수입에서 총비용을 뺀 것이다. 그런데 단기균형상황에서 독점기업이 항상 독점이윤(초과이윤)을 얻는 것은 아니 다. 독점기업이 단기균형일 때 얻을 수 있는 독점이윤의 크기는 수요조건과 비용조 건에 의존한다. 독점기업이라고 하더라도 수요가 감소하거나 비용조건이 높아지면 초과이윤을 얻기 어렵게 된다. 독점기업이 직면하는 수요조건과 비용조건에 따라 이윤의 크기가 달라지고, 단기적으로는 손실을 보는 경우도 있을 수 있다.

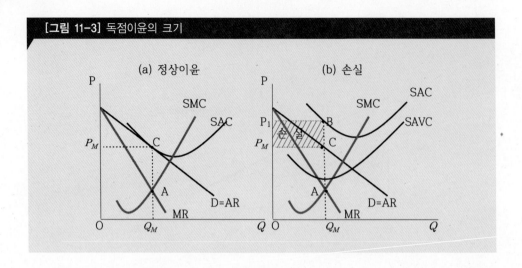

[그림 11-3] 독점이윤의 크기

<그림 11-3>은 독점기업이 이윤극대화조건인 MR = MC를 만족시키는 산출량 (Q_M)을 생산할 경우에도 수요조건과 비용조건에 따라 독점이윤의 크기가 달라지는 것을 보여준다.

<그림 11-3>의 (a)는 이윤극대화 산출량 Q_M수준에서 SAC = P이어서 독점기업이 정상이윤(초과이윤=0)만 얻는 경우이다. 그리고 <그림 11-3>의 (b)는 SAC > P이어서 독점기업이 빗금 친 부분만큼의 손실을 보는 경우이다.

단기균형에서 독점기업이 얻는 독점이윤과 완전경쟁기업의 초과이윤은 어떤 차이가 있을까? 완전경쟁기업의 단기초과이윤은 장기적으로 소멸되지만 독점기업의 단기초과이윤은 장기적으로도 존속한다는 점에서 차이가 있다. 즉 완전경쟁기업의 단기이윤은 장기적으로는 새로운 기업이 시장에 진입함으로써 없어지지만, 반면에 독점기업의 초과이윤은 장기적으로도 새로운 기업이 시장에 진입할 수 없으므로 소멸하지 않는다.

(3) 독점기업의 공급곡선이 존재하지 않는 이유

9장 3절에서 배운 바처럼 완전경쟁기업의 경우에는 주어진 시장가격과 산출량 사이에 일정한 대응관계가 성립하고, 그러한 관계를 표현하는 공급곡선이 존재한다. 즉 완전경쟁기업의 경우에는 한계비용(MC)곡선(즉, 평균가변비용곡선의 최저점 이상 부분만 해당)이 공급곡선이 된다.

그러나 독점기업의 경우에는 공급곡선을 정의할 수 없다. 독점기업의 경우에는 가격과 공급량 사이에 일정한 대응관계가 성립하지 않는다. 독점기업이 설정하는 가격과 산출량은 수요곡선의 위치에 따라 달라지기 때문이다. 일정한 가격수준에서 둘 이상의 상이한 공급량이 대응할 수도 있고, 일정한 공급량수준에 둘 이상의 서로 다른 가격이 대응할 수도 있다. 그래서 가격과 공급량간의 일정한 대응관계를 나타내는 공급곡선은 독점기업의 경우에는 존재할 수 없다.

<그림 11-4>는 독점기업의 공급곡선이 존재할 수 없는 이유를 보여 주고 있다. 일정한 산출량 수준에서 둘 이상의 서로 다른 가격이 대응할 수도 있다는 것을 보여준다. 독점기업의 이윤극대화 산출량인 Q_M^*에 대응하는 가격이 수요조건(수요곡선의 위치)에 따라 P_M^1과 P_M^2으로 서로 달라진다는 것을 보여준다. 수요곡선이 D_1일 때 독점기업은 한계수입곡선 MR_1과 MC곡선이 교차하는 점 A에서 이윤극대화를 위한 산출량 Q_M^*을 생산하여 공급하고, 가격을 P_M^1으로 설정한다.

그런데 독점기업의 한계비용MC)곡선은 변하지 않고, 시장수요만 변하여 수요곡선이 D_1에서 D_2로 이동하였을 때 시장수요곡선 D_2에 대응하는 한계수입곡선 MR_2가 점 A를 지난다면, 이윤극대화를 위한 산출량에는 변화가 없지만 가격만 P_M^2으로 상승하게 된다. 즉 동일한 산출량(Q_M^*)을 서로 다른 가격인 P_M^1과 P_M^2으로 판매할 수 있다는 것을 보여 준다. <그림 11-4>에 나타나 있듯이 독점의 경우에 시장

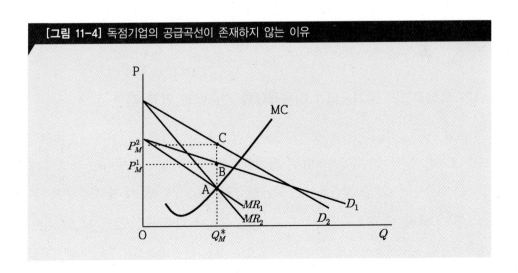

[그림 11-4] 독점기업의 공급곡선이 존재하지 않는 이유

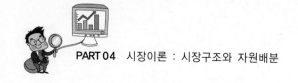
수요의 증가가 반드시 공급의 증가를 의미하지 않아서 산출량과 가격 사이에 일정한 대응관계가 성립하지 않으므로 공급곡선은 존재할 수 없다.

2. 독점기업의 장기균형

(1) 장기균형의 조건

<그림 11-5>에서 독점기업은 단기적으로는 이윤을 극대화하기 위해 단기한계비용(SMC_1)과 한계수입(MR)이 일치하는 수준에서 산출량인 Q_M^S을 생산하여, 빗금친 사각형면적의 이윤을 얻는다. 그러나 장기에는 시설규모뿐만 아니라 모든 생산요소의 투입량을 수요조건에 맞추어 변경할 수 있으므로 **최적시설규모**를 선택하여 생산하기 때문에 단기에서 얻는 이윤보다 더 큰 이윤을 얻을 수 있다.

단기와 마찬가지로 장기에도 이윤극대화조건인 MR = MC 조건이 충족되어야 한다는 점에는 변함이 없다. 다만 단기와는 다르게 모든 생산요소의 투입량을 적절하게 조절할 수 있기 때문에 단기보다 낮은 평균비용이 들어가는 시설규모로 생산할 수 있다는 점이 다를 뿐이다.

장기에는 독점기업이 최적시설규모로 생산할 수 있기 때문에 독점기업의 균형산출량은 장기한계비용곡선(LMC)이 한계수입곡선(MR)과 일치하는 점에 대응하는 수준에서 결정된다. 그래서 **독점기업의 장기균형조건**은 다음과 같다.

$$MR = LMC(= SMC) \tag{11.10}$$

(2) 독점기업의 장기균형 : 이윤극대화 산출량과 가격 결정

<그림 11-5>는 독점기업의 장기균형을 보여준다. 독점기업은 장기적으로 시설규모를 조정한 후 한계수입곡선(MR)과 장기한계비용곡선(LMC)이 만나는 점 A에 대응하는 산출량인 Q_M^L을 생산하여 장기이윤극대화를 추구한다. 이 때 시장균형가격은 MR = LMC일 때 수요곡선상의 꾸르노점인 C^L점에 대응하는 P_M^L으로 결정된다. 장기적으로 최적산출량 Q_M^L을 최소 비용으로 생산하는 최적시설규모는 단기평균

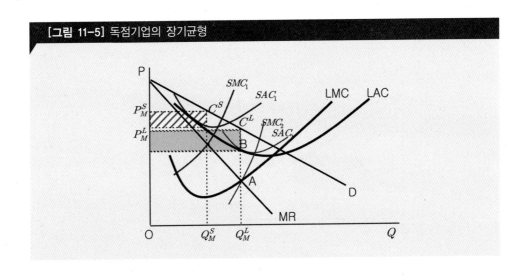

[그림 11-5] 독점기업의 장기균형

비용곡선 SAC_2와 단기한계비용곡선 SMC_2로 표현되는 시설규모이다. 이러한 규모의 공장시설은 단기이윤극대화조건(MR = SMC)을 충족시킬 뿐만 아니라 장기이윤극대화조건(MR = LMC)도 충족한다. 따라서 독점기업이 시설규모를 더 이상 변경할 유인이 없게 되고 장기균형이 달성된다. 독점기업이 장기균형을 달성하는 균형산출량과 시장가격은 각각 Q_M^L과 P_M^L이다.

3. 다수공장 독점기업의 이윤극대화

이제까지는 독점기업이 단 하나의 공장만 소유하고 생산한다는 가정 아래 단일 공장 독점기업의 이윤극대화 행동을 분석하였다. 그러나 현실적으로 독점기업은 여러 개의 공장을 운영하고 있으며, 각각 공장마다 비용조건이 다른 경우가 일반적이다. 여러 개의 공장을 소유하고 있는 독점기업은 이윤을 극대화하기 위해 어떻게 가격을 설정하고, 각 공장의 산출량은 어떻게 결정할까?

독점기업이 두 개의 공장(즉 제1공장과 제2공장)만을 소유하고 있고, 그리고 각 공장에서 생산되는 제품에도 차이가 없다고 가정하자. <그림 11-6>에서 MC_1과 MC_2는 각각 제1공장과 제2공장의 한계비용곡선이고, $\Sigma MC = MC_1 + MC_2$는 두 공장의 한계비용곡선을 수평으로 합계한 독점기업의 한계비용곡선이다. 그리고 D와 MR은 각각 독점기업의 수요곡선과 한계수입곡선이다.

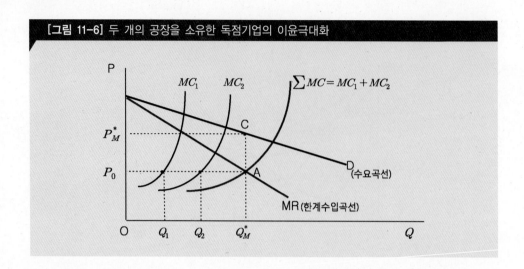

[그림 11-6] 두 개의 공장을 소유한 독점기업의 이윤극대화

이윤을 극대화하려는 독점기업은 우선적으로 전체 산출량과 가격을 결정하고, 그 다음에 전체 산출량 중에서 각 공장이 얼마만큼씩 나누어 생산할 것인지를 결정한다. 전체 산출량 중에서 각 공장에서 얼마만큼씩 생산하게 할 것인가? 이윤을 극대화하기 위해서는 각 공장에서 생산한 마지막 단위 산출물의 한계수입과 한계비용이 같아야 한다. 즉 $MR = MC_1$과 $MR = MC_2$의 두 조건이 동시에 충족되도록 전체 산출량을 결정해야 한다.

그리고 독점기업 전체의 생산비용을 최소화하기 위해서는 각 공장의 한계비용이 서로 같도록 생산해야 한다. 즉 $MC_1 = MC_2$의 조건이 충족될 수 있도록 각 공장의 산출량을 할당해야 한다. 왜냐하면 각 공장의 한계비용이 다르다면 한계비용이 높은 공장에서 생산하는 마지막 단위 산출물을 한계비용이 낮은 공장에서 생산하도록 하는 것이 전체 생산비용을 줄일 수 있기 때문이다. 결과적으로 두 개의 공장을 소유한 **독점기업의 이윤극대화 조건**은 다음과 같다.

$$MR = MC_1 = MC_2 \qquad\qquad (11.11)$$

<그림 11-6>에서 독점기업은 이윤을 극대화하기 위하여 MR곡선과 한계비용곡선($\Sigma MC = MC_1 + MC_2$)이 교차하는 A점에 대응하는 산출량(Q_M^*)을 생산하기로 결정하고, 가격은 수요곡선 위의 꾸르노점에 대응하는 P_M^*으로 결정한다.

한편 전체 산출량 Q_M^*을 최소의 비용으로 생산하기 위하여 $MC = MC_1 = MC_2$의 조

건이 충족되도록 제1공장과 제2공장에 각각 Q_1과 Q_2만큼씩 할당한다. 그러면 전체 산출량은 $Q_M^* = Q_1 + Q_2$가 되고, 두 공장의 한계비용도 같게 된다.

제3절 독점기업의 가격차별

1. 가격차별의 의의

지금까지는 독점기업이 모든 소비자에게 구매량에 관계없이 상품에 단일가격을 부과하는 것으로 가정하고 분석하였다. 그러나 현실적으로 독점기업은 가격설정자로서 시장지배력을 최대한 활용하여 이윤을 극대화하려고 한다. 그렇기 때문에 실제 독점기업이 똑같은 상품을 소비자들에게 다른 가격으로 판매하는 경우를 자주 볼 수 있다. 예컨대, 상수도요금이나 전력요금을 가정용, 산업용, 영업용으로 다르게 부과하는 경우나 수출품의 가격이 내수품의 가격과 다른 경우 등이다. 이와 같이 독점기업이 개별소비자나 소비자집단에 따라, 또는 동일한 소비자라도 구매량에 따라 똑같은 상품에 대하여 서로 다른 가격을 설정하여 판매하는 것을 **가격차별**(price discrimination)이라고 한다.

가격차별은 독점기업이 이윤을 극대화하기 위하여 시장지배력을 이용하는 가격설정방법이지만 언제나 가능한 것은 아니다. 독점기업의 입장에서는 가격을 차별할 수 있으면, 단일가격을 설정할 때보다 유리하다. 그러므로 독점기업의 입장에서는 가능하다면 가격차별을 하려고 시도한다. 그러나 독점기업이 가격차별을 실행하기 위해서는 **가격차별의 전제조건**들이 충족되어야 한다.

첫째, 소비자를 그 특성에 따라 두 개 이상의 집단으로 구분할 수 있어야 한다. 소비자를 특성에 따라 구분하기 위해서는 개별소비자 또는 집단별 수요에 대한 정보를 알고 있어야 한다. 가격차별은 기본적으로 지불의사가 높은 소비자에게는 높은 가격을 설정하고, 지불의사가 낮은 소비자에게는 낮은 가격을 설정하고자 하는

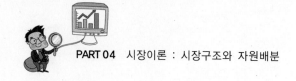
것이다. 그러므로 가격을 차별하기 위해서는 각 소비자의 지불의사에 대한 정보가 필요하다.

소비자의 개별수요곡선은 각 소비자의 지불의사에 대한 정보를 담고 있는데, 이 것은 수요의 가격탄력성에 따라 달라진다. 그래서 소비자를 여러 가지 특성에 의해 구분할 수 있지만, 일반적으로 수요의 가격탄력성을 구분기준으로 사용한다. 따라서 가격차별이 가능하기 위해서는 가격이 차별화되는 시장이나 소비자 사이에 수요의 가격탄력성이 달라야 한다. 만약 분리된 시장이나 소비자 사이에 수요의 가격탄력성이 같으면 이들은 모두 동일한 시장이거나 소비자집단이기 때문에 가격을 차별화할 수가 없다.

둘째, 가격차별화가 이루어진 시장은 완전히 격리되어 있어서 서로 다른 시장이나 소비자 사이에 상품의 재판매나 이전거래가 불가능해야 한다. 만약 가격이 낮은 시장에서 구매한 사람이 가격이 높은 시장에서 다시 판매할 수 있다면 두 시장 사이의 가격 차이는 없어질 것이기 때문에 독점기업의 가격차별은 성립할 수 없다.

2. 가격차별의 유형과 원리

독점기업이 가격차별을 하는 이유는 더 많은 소비자잉여를 빼앗아 이윤을 극대화하려는 것이다. 소비자잉여를 어떤 형태로 차지하는가에 따라 **피구**(A. C. Pigou)는 가격차별을 1급, 2급, 3급 가격차별로 구분하였다.

(1) 1급 가격차별

독점기업이 자신의 상품에 대한 소비자들의 수요행태에 대해 정확하게 알고 있다고 가정하자. 이 경우 독점기업은 각 소비자가 상품에 대해 최대로 얼마의 가격을 지불할 용의가 있는지를 정확히 알 수 있기 때문에 1급 가격차별을 할 수 있다.

1급 가격차별(first-degree price discrimination)은 독점기업이 판매하는 상품 하나하나에 서로 다른 가격을 설정하여 판매하거나, 또는 각각의 소비자에게 서로 다른 가격으로 차별하여 판매하는 것을 말한다. 그래서 1급 가격차별을 **완전가격차별**(perfect price discrimination)이라고도 부른다. 이 경우 독점기업은 각 소비자가 지불할 용의가 있는 최고가격(즉, 소비자 유보가격)과 일치하는 수요가격을 설정하여 소비자에게 전액 부담시키기 때문에 소비자잉여가 모두 독점기업의 이윤으로 귀속된다.

<그림 11-7>에서 가격차별이 없는 경우에는 독점기업은 이윤을 극대화하기 위해 산출량과 가격수준을 MR과 MC가 일치하는 A점 수준에 대응하는 Q_M과 P_M으로 설정한다. 그러나 1급 가격차별은 판매되는 상품 각 단위에 대하여 소비자의 한계편익(MB, 수요곡선의 높이)만큼 가격을 매기는 방법이다. 따라서 1급 가격차별을 할 경우에는 수요곡선(D)이 바로 한계수입곡선(MR)이 되기 때문에 한계비용(MC)곡선이 수요곡선과 교차하는 E점이 독점기업의 균형점이 되고, 이윤극대화 산출량은 Q_E가 된다. Q_E만큼 생산하여 상품 각 단위에 대해 수요곡선의 높이(소비자의 최대 지불용의가격)만큼 가격을 부과한다. 물론 판매량의 마지막 단위에 대해서는 P_E의 가격을 받는다.

1급 가격차별이 있는 경우, 소비자들은 상품 각 단위마다 지불할 용의가 있는 최대금액을 지불하여 상품을 구입하게 된다. 그러므로 소비자가 소비를 통하여 얻는 효용의 증가인 소비자잉여가 모두 독점기업의 이윤으로 귀속된다. 그 결과 Q_E만큼의 상품을 판매함으로써 얻을 수 있는 독점기업의 총수입은 사각형 $OKEQ_E$가 된다. 즉 수요곡선 아래의 면적이 모두 독점기업의 수입이 되고 소비자잉여는 전혀 존재하지 않게 된다.

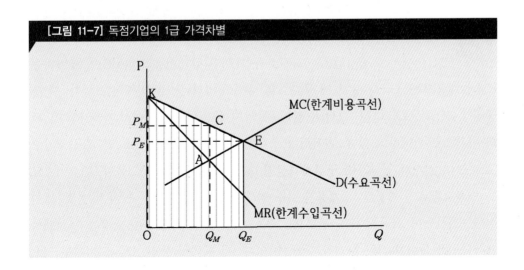

[그림 11-7] 독점기업의 1급 가격차별

독점기업의 입장에서 1급 가격차별은 가장 이상적인 가격차별이다. 그러나 현실적으로 독점기업이 1급 가격차별을 실행하기는 거의 불가능하다. 1급 가격차별을 실행하기 위해서는 각 소비자의 유보가격과 수요곡선에 대해 정확히 알고 있어야하고, 소비자 사이에 이전판매를 완전히 차단할 수도 있어야 한다. 하지만 현실적으로는 이러한 조건을 충족하기는 거의 불가능하기 때문에 1급 가격차별은 거의 일어나지 않는다. 그렇지만 이와 유사한 예로서는 상인들이 정가표가 없는 상품을 고객에 따라 다른 가격으로 판매하는 경우이다.

(2) 2급 가격차별

독점기업은 소비자의 수요행태에 관한 완벽한 정보를 알기가 어렵기 때문에 1급 가격차별 대신에 불완전한 형태의 가격차별을 실시하는 경우가 일반적이다. 불완전한 가격차별에는 2급 가격차별과 3급 가격차별이 있다.

2급 가격차별(second-degree price discrimination)은 상품 각 단위마다 서로 다른 가격을 매기는 것이 아니라, 소비자의 구매량에 따라 단위당 가격을 다르게 매기는 행위이다. 2급 가격차별은 소비자가 일정량 이상을 구입할 때 일정량을 초과하는 수량에 대해서 가격을 할인하여 낮은 가격을 매기는 방법이다. 또는 상품의 판매량을 한꺼번에 모두 공급하는 것이 아니라 일정한 분량씩 나누어서 공급하고, 각각의 공급량을 서로 다른 가격으로 판매하는 것을 말한다. 따라서 2급 가격차별은 소비자들을 차별하는 것이 아니라, 소비자가 구입하고자 하는 수량에 따라 단위당 가격을 다르게 설정하는 경우이다.

<그림 11-8>에서 독점기업은 시장수요곡선(D)과 한계비용곡선(MC)이 교차하는 E점에 대응하는 공급량 Q_3를 세 구간으로 나누어 가격차별을 실시하고 있다. 즉 총 공급량 OQ_3를 OQ_1, Q_1Q_2, Q_2Q_3와 같이 세 가지 묶음으로 나누어서 각각 P_1, P_2, P_3의 가격으로 판매하고 있다. 이처럼 2급 가격차별은 전체 공급량을 몇 개의 구간으로 나누어 실시하기 때문에 **구간가격설정**(block pricing)이라고도 한다. 현실적으로는 영화관람료가 개봉관, 재개봉관, 3류 영화관으로 내려갈수록 낮아지는 것, 또는 이동통신사들이 여러 종류의 선택요금제를 제시하고 소비자들이 자유롭게 선택하게 하는 것 등이 유사한 사례라고 할 수 있다. 이 때 이동통신 요금제를 어떤 것으

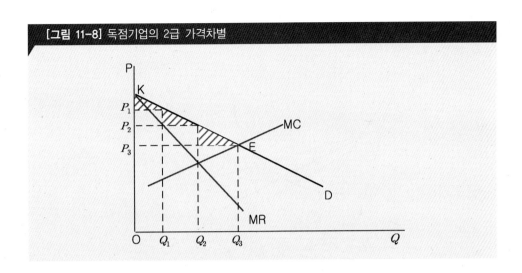

[그림 11-8] 독점기업의 2급 가격차별

로 선택하고 얼마나 많은 통화를 하느냐에 따라 통화시간당 평균가격이 달라진다.

2급 가격차별을 통해서는 독점기업이 소비자잉여의 전부가 아니라 일부만을 차지할 수 있다. 2급 가격차별에서는 소비자잉여가 모두 독점기업의 수입으로 되는 것이 아니고 <그림 11-8>에서 빗금친 부분만큼은 소비자잉여로 남게 된다.

(3) 3급 가격차별

3급 가격차별(third-degree price discrimination)은 소비자들이 서로 구분되어 있으면서 수요의 가격탄력성이 서로 다른 경우, 소비자들을 수요의 가격탄력성의 크기에 따라 2개 이상의 집단으로 구분하고 각 집단에 각각 다른 가격으로 판매하는 것을 말한다.

3급 가격차별이 성립하기 위해서는 첫째, 각 집단별로 시장분할이 가능해야 한다. 즉 시장 전체를 수요의 가격탄력성이 서로 다른 2개 이상의 하부시장으로 분할할 수 있어야 한다. 둘째, 각 집단별로 형성된 하부시장들이 서로 완전히 단절되어 있어야 한다. 즉 낮은 가격으로 구입한 소비자가 높은 가격이 부과된 다른 집단의 소비자에게 재판매할 수 없어야 한다.

현실적인 사례로는 전자제품이나 자동차 등의 수출품 가격을 내수품 가격보다 낮게 판매하는 경우나 영화관에서 오전 시간대의 관람객에게 값을 할인하여 조조할인을 해주는 경우 등이 있다.

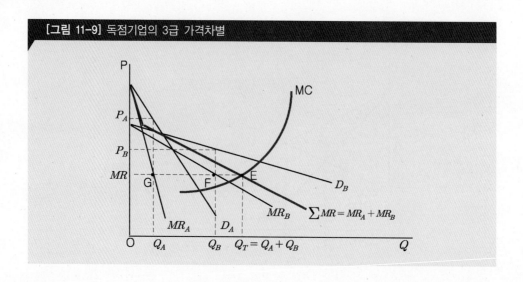

[그림 11-9] 독점기업의 3급 가격차별

<그림 11-9>는 수요의 가격탄력성이 다른 2개의 분리된 시장에서 3급 가격차별이 어떻게 실시되고 있는지를 보여 준다. D_A와 D_B는 각각 A시장(국내시장)과 B시장(해외시장)의 수요곡선이고, MR_A와 MR_B는 각 시장에서의 한계수입곡선이다. 수요곡선 D_A보다 D_B가 더 완만하므로 B시장(해외시장)이 A시장(국내시장)보다 수요가 더 탄력적이다. ΣMR은 독점기업의 한계수입곡선인데, MR_A와 MR_A를 수평으로 합계한 것이고, MC는 독점기업의 한계비용곡선이다.

독점기업이 이윤을 극대화하기 위해서는 얼마만큼을 생산해야 할까? 독점기업은 이윤을 극대화하기 위해 $\Sigma MR=MC$ 조건이 만족되는 산출량을 생산하여 각 시장에 할당해야 한다. 즉 $\Sigma\mathbf{MR=MC}$가 되는 E점에 대응하는 산출량 수준인 Q_T만큼 생산하여 각 시장에 배분한다.

그러면 각 시장에 어떻게 산출량을 배분하고, 각각 얼마의 가격으로 판매해야 이윤을 극대화할 수 있을까? 독점기업은 한계비용(MC)이 각 시장에서의 한계수입(즉, MR_A와 MR_B)과 일치되는 수준만큼의 산출량을 할당하고, 그에 대응하는 가격을 각각 P_A와 P_B로 설정하면 이윤을 극대화할 수 있다. 3급 가격차별을 실행하는 독점기업이 이윤을 극대화하기 위한 **산출량 배분조건**은 다음과 같다.

$$\mathrm{MC} = MR_A = MR_B \qquad (11.12)$$

이윤극대화 산출량 Q_T를 $MC=MR_A=MR_B$가 되도록 A시장과 B시장에 G점과 F점에 각각 대응하는 산출량인 Q_A, Q_B만큼씩 할당하여 판매한다. 이 때 A시장에서 Q_A 만큼의 산출량을 판매하기 위해 P_A의 가격을 설정하고, B시장에서는 Q_B만큼의 산출량을 판매하기 위해 P_B의 가격을 설정한다.

이상에서 독점기업은 각 시장에서의 수요의 가격탄력성이 다르기 때문에 서로 다른 가격을 설정하여 이윤극대화를 추구한다는 것을 알 수 있다. 독점기업은 수요의 가격탄력성이 작은 시장에서는 높은 가격을 설정하고, 수요의 가격탄력성이 큰 시장에서는 낮은 가격을 설정하여 가격을 차별화하고 이윤극대화를 추구한다. 즉 B 시장(해외시장)이 A시장(국내시장)보다 수요가 더 탄력적이기 때문에 P_A(내수가격)보다 P_B(수출가격)를 더 낮게 설정해서 판매하는 것이다.

제4절 독점에 대한 평가와 규제

1. 독점에 대한 평가

(1) 독점과 자원배분

이제 완전경쟁시장과 독점시장을 비교하여 독점이 자원배분과 사회후생, 소득분배측면에서 어떤 영향을 미치는가를 살펴보자. 우선 시장구조가 완전경쟁시장에서 독점시장으로 변화될 경우 가격과 산출량은 어떤 영향을 받을 것인가를 살펴보자. 두 시장을 비교하기 위해 편의상 어떤 산업이 초기에는 경쟁적이면서 비용불변산업이라고 가정한다. 비용불변산업이라는 가정은 투입요소 가격이 완전경쟁시장이나 독점시장에서나 똑같다는 것을 의미한다.

<그림 11-10>에는 완전경쟁시장과 독점시장의 균형이 함께 표시되어 있다. 완전경쟁시장의 수요곡선은 D이고, 수많은 개별기업의 한계비용곡선을 수평으로 합계하여 도출된 시장공급곡선은 S(=ΣMC)라고 가정하자. 그러면 시장수요곡선과 시

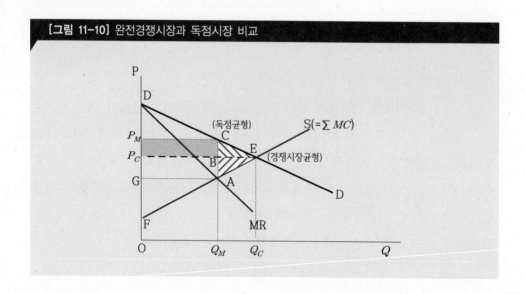

[그림 11-10] 완전경쟁시장과 독점시장 비교

장공급곡선이 교차하는 E점에서 균형이 성립하여 완전경쟁시장의 가격은 P_C이고, 균형거래량은 Q_C가 된다. 여기서 시장수요곡선 D에 상응하는 한계수입곡선은 MR이지만, 완전경쟁시장의 조건하에서는 산출량 결정에 아무런 역할을 하지 못한다. 완전경쟁시장에서 개별경쟁기업은 주어진 시장가격 P_C에서 수평인 **굵은 점선** **(P_C=MR)**으로 표시된 별개의 한계수입곡선에 직면하기 때문이다.

이제 수많은 완전경쟁기업들을 모두 통합한 독점기업에 의해 완전경쟁시장이 **독점화**된다고 가정해보자. 완전경쟁시장이 독점화되면 시장수요곡선(D)과 한계수입(MR)곡선은 각각 독점기업의 수요곡선과 한계수입곡선이 된다. 한편 <그림 11-10>에서 경쟁시장의 공급곡선 S(=ΣMC)는 공급곡선이 아니라 독점기업의 한계비용(MC)곡선이 된다. 그러면 독점기업은 이윤을 극대화하기 위하여 산출량은 MR과 MC가 일치하는 A점에 대응하는 산출량 Q_M으로 줄이고, 시장가격은 수요곡선상의 꾸르노점인 C점에 대응하는 P_M으로 인상할 것이다.

이처럼 완전경쟁시장이 독점시장으로 변하면 완전경쟁시장보다 시장가격은 상승하고, 산출량은 감소한다. 똑같은 수요조건과 비용조건하에서 완전경쟁시장과 비교하면 독점시장에서는 자원이 비효율적으로 배분됨을 확인할 수 있다. 이윤극대화를 추구하는 독점기업은 완전경쟁시장보다 자원을 적게 사용하고, 산출물을 사회적으로 바람직한 수준(OQ_C)보다 Q_MQ_C만큼 적게 생산하기 때문이다.

(2) 독점과 사회적 후생

앞서 본 것처럼 완전경쟁시장이 독점화되면 가격은 상승하고, 산출량은 감소하기 때문에 자원이 비효율적으로 배분되면서 사회적 후생의 손실이 발생한다. 독점기업은 산출량을 사회적으로 바람직한 수준보다 적게 생산하기 때문에 사회적 후생에 손실을 초래하는 효과를 갖는다. 독점으로 인한 사회적 후생의 손실을 **독점의 후생비용**(welfare cost)이라고 부른다.

<그림 11-10>에서 산출량이 Q_C에서 Q_M으로 감소할 때 발생하는 사회적 후생손실의 크기는 삼각형 ACE로 표시된다. 이러한 손실을 <그림 11-10>에서 소비자잉여와 생산자잉여의 변화로 알아보자.

시장구조가 완전경쟁시장에서 독점시장으로 변화됨에 따라 가격은 상승하고, 생산량은 감소하기 때문에 소비자잉여는 사다리꼴 P_MCEP_C만큼 감소한다. 그 중에서 사각형 P_CP_MCB만큼은 독점이윤으로 바뀌었지만 소비자로부터 독점기업으로 단순히 이전된 것이기 때문에 사회 전체의 후생에는 손실을 초래하지 않는다. 그러나 삼각형 BCE만큼의 소비자잉여는 사회의 어떤 구성원에게도 귀속되지 않고 사회에서 사라져 버린 부분이다.

한편 독점기업은 생산을 줄이고 가격을 인상하여 사각형 P_CP_MCB만큼의 소비자잉여를 독점이윤으로 빼앗은 대신에 삼각형 ABE만큼의 생산자잉여도 포기했다. 삼각형 ABE도 역시 사회에서 완전히 사라져 버린 생산자잉여이다.

따라서 독점화로 인해 소비자잉여인 삼각형 BCE와 생산자잉여인 삼각형 ABE의 합계인 삼각형 ACE만큼의 사회적 총잉여(사회적 후생)가 사회에서 완전히 사라진 것이다. 이 때문에 독점화로 인한 사회적 후생의 순손실을 표시하는 삼각형 ACE를 독점의 **사회적 후생손실**이라고도 한다.

(3) 독점과 소득분배

시장구조가 완전경쟁에서 독점으로 바뀌게 되면 자원이 비효율적으로 배분되고, 사회적 후생손실을 초래하는 외에도 독점은 사회의 소득분배구조를 불평등하게 만드는 원인이 될 수도 있다. 즉 완전경쟁시장이 독점화되면 경제력 집중과 초과이윤

안 여기는 적용 안됨

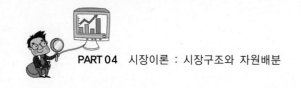

의 존재로 인하여 사회구성원 사이 소득분배의 불평등이 더욱 심화될 수 있다.

완전경쟁시장에서는 장기적으로 개별기업들이 정상이윤 밖에 얻지 못하지만, 독점기업은 장기적으로도 초과이윤을 얻게 된다. 반면에 소비자들은 완전경쟁시장이 독점화가 되면 더 높은 가격으로 상품을 구입해야하기 때문에 소비자잉여가 그만큼 감소하고, 소비자의 실질소득이나 실질구매력도 감소한다. 독점기업은 소비자의 희생 하에 초과이윤을 얻기 때문에 소득이 소비자로부터 독점기업으로 재분배되는 것이다.

<그림 11-10>에서는 사각형 $P_C P_M CB$만큼의 소비자잉여가 독점기업의 이윤으로 이전되는 것으로 나타나고 있다. 이처럼 독점화로 인해서 소비자로부터 독점기업으로 소득이 재분배되기 때문에 소득분배의 불평등이 더 악화될 수도 있다.

2. 자연독점에 대한 규제

(1) 한계비용 가격설정

규모의 경제가 존재하여 발생하는 **자연독점**(natural monopoly)의 경우에는 여러 기업이 생산을 하는 것보다는 오히려 하나의 기업이 생산하는 것이 비용측면에서 효율적이다. 왜냐하면 규모의 경제가 존재하여 장기평균비용곡선(LAC)의 최저점이 시장수요곡선(D)보다 오른쪽에 위치할 경우 하나의 기업이 독점적으로 생산하는 것이 평균비용을 낮출 수 있기 때문이다.

① 자연독점기업의 이윤극대화

<그림 11-11>은 어떤 산업에 규모의 경제가 존재하여 산출량이 증가할 때 평균비용(AC)이 계속 감소하는 경우를 나타낸다. 정부가 자연독점에 대하여 아무런 규제를 하지 않는 경우, 독점기업은 이윤을 극대화하기 위해 MR곡선과 MC곡선이 교차하는 I점에 대응하는 산출량 Q_M을 생산하고, 독점가격은 수요곡선상의 B점에 대응하는 수준인 P_M으로 설정한다. 이 경우 독점가격이 평균비용보다 높기 때문에 독점기업은 사각형 $P_M BHF$만큼의 초과이윤을 얻는다.

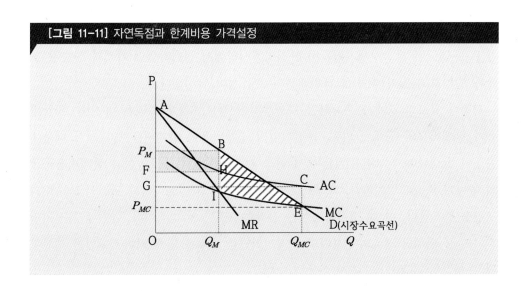

[그림 11-11] 자연독점과 한계비용 가격설정

자연독점으로 인해 독점기업은 초과이윤을 얻지만, 시장에서는 빗금친 EIB만큼의 사회적 후생손실이 발생하게 되고, 또한 과소생산으로 인해 자원배분이 효율적이지 못하게 된다. 그래서 정부가 독점으로 인한 사회적 후생손실을 제거하고 자원배분의 효율성을 달성하기 위해서는 규제정책을 실시해야 한다.

② 한계비용 가격설정에 의한 규제방법

완전경쟁시장에서 개별기업은 가격(P)과 한계비용(MC)이 일치하는 조건에서 산출량을 생산하여 자원배분의 효율성을 달성할 수 있었다. 그러므로 정부가 개입하여 독점기업도 완전경쟁기업처럼 P = MC의 조건을 충족하도록 규제하면, 독점시장에서도 완전경쟁시장과 같은 자원배분의 효율성을 달성할 수 있다. 이와 같이 독점기업의 가격을 한계비용(MC)과 일치되도록 설정하는 것을 **한계비용 가격설정**(marginal cost pricing)이라고 한다. <그림 11-11>에서 살펴보면, 시장수요곡선(D)과 한계비용곡선(MC)이 교차하는 E점에 대응하는 가격 P_{MC}를 독점기업이 최대한 받을 수 있는 가격상한으로 설정하는 방법이다.

③ 한계비용 가격설정 규제의 영향과 문제점

<그림 11-11>에 표시된 것처럼 P_{MC}로 규제가격을 설정하는 경우에 산출량은

Q_{MC}로 증가하고 사회적 후생손실은 완전히 제거된다. 이와 같은 가격과 산출량 조합(P_{MC}, Q_{MC})은 완전경쟁기업들이 완전경쟁시장에서 선택하였던 가격과 산출량 조합과 일치하고 있기 때문에 자원배분의 효율성이 달성된다.

그러나 규모의 경제가 존재하는 자연독점의 경우, 8장에서 배운 바 있는 평균비용과 한계비용의 관계에 의해, 독점기업의 평균비용이 한계비용보다 크기 때문에 손실이 발생한다. <그림 11-11>에서 산출량이 Q_{MC}일 때 수요곡선과 한계비용곡선의 높이가 P_{MC}로 일치한다. 그러므로 완전경쟁기업의 이윤극대화 조건인 P=MC의 조건을 충족한다. 이 때 소비자잉여는 삼각형 AEP_{MC}의 면적이다. 반면에 독점기업은 산출물 단위당 점 C와 E사이의 수직거리만큼 손실을 입게 되어 Q_{MC}만큼 생산할 경우 사각형 $GCEP_{MC}$만큼 손실을 입는다.

이 때 소비자잉여가 기업의 손실보다 클 경우, 독점기업의 손실분에 대해서는 정부가 어떤 형태로든 보전해주어야 한다. 그러나 소비자잉여가 기업의 손실보다 작을 경우에는 보전해줄 필요도 없고, 계속 생산할 이유도 없으므로 생산을 하지 않는 것이 최선의 선택이다.

(2) 평균비용 가격설정

① 평균비용 가격설정에 의한 규제 방법

한계비용 가격설정이 자원배분의 측면에서 가장 바람직하지만, 자연독점의 경우에는 반드시 손실에 대한 보전이 필요하다. 그러나 경우에 따라서는 정부가 보조금을 지급하는 것이 불가능한 경우도 있다. 예컨대, 정부보조금의 지급이 국제협약에 위배되는 경우에는 한계비용 가격설정은 불가능하기 때문에 다른 규제방법을 찾아야 한다. 그러나 최소한 기업이 손실은 입지 않도록 가격을 설정하여야 한다. 이 경우 독점기업의 평균비용에 근거하여 가격을 설정하여 규제하는 방법도 고려해볼 수 있다. 독점기업이 얻는 초과이윤이 영(0)이 되도록 만들기 위해 정부가 독점기업의 평균비용과 일치하는 가격을 설정하여 규제하는 것을 **평균비용 가격설정**(average cost pricing)이라고 한다.

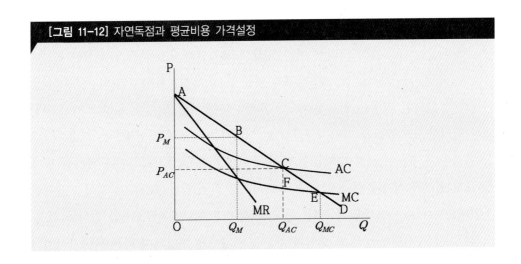

[그림 11-12] 자연독점과 평균비용 가격설정

② 평균비용 가격설정 규제의 영향

<그림 11-12>는 독점가격을 평균비용에 근거하여 규제하는 경우이다. 평균비용 곡선과 수요곡선이 교차하는 C점에 대응하는 가격 P_{AC}로 규제하는 것이다.

이 때 가격(P)은 평균비용(AC)과 같아지게 된다. 한편 산출량은 Q_{AC}이므로 한계 비용 가격설정 규제방식의 산출량(Q_{MC})에 비해 더 적게 생산된다.

그리고 산출량이 Q_{AC}이므로 소비자잉여는 삼각형 ACP_{AC}의 면적이 된다. 그러나 P = AC이므로 기업의 초과이윤은 0이 된다. 그러므로 사회 전체의 후생은 소비자잉여와 일치한다. 그러나 한계비용 가격설정으로 규제할 때보다는 사회적 후생이 작다. 이런 의미에서 평균비용 가격설정은 최선이 아닌 차선의 규제방식이다. 그러나 독점기업으로 하여금 최소한 손실은 입지 않게 하면서 가능한 더 많은 산출량을 독점가격보다 낮은 가격으로 공급할 수 있도록 유인할 수 있다는 장점을 갖고 있다.

③ 평균비용 가격설정 규제의 문제점

평균비용 가격설정에 의한 규제에도 문제점을 갖고 있다. 첫째, 정부가 자연독점 기업에 인정해주는 일정한 수익률(rate of return)을 어떻게 산정하느냐에 따라 평균 비용(AC)이 달라진다. 규모의 경제가 존재하는 산업들은 일반적으로 큰 규모의 초기투자자본이 필요하다. 초기투자에 필요한 대규모의 자본을 조달하려면 일정한 수익률을 보장하지 않고서는 조달할 수 없다. 그래서 정부가 자본에 대한 일정한 수익

률을 보장해준다. 그런데 평균비용을 산출할 때 수익률을 포함해서 계산하기 때문에 보장해주는 수익률의 크기에 따라 평균비용이 달라지는 문제가 발생한다.

둘째, 평균비용 가격설정으로 기업의 이윤을 0이 되게 하여 기업의 초과이윤을 인정하지 않으면 기업은 비용절감과 이윤극대화를 위해 노력할 유인이 사라진다. 또한 일정한 수익률만을 기업의 이윤으로 인정하는 경우에도 인정받은 기준수익률을 달성한 후에는 오히려 수익률을 낮추기 위해 비용을 증가시키거나 과다한 투자를 하게 될 가능성이 존재하게 된다. 그래서 자본의 투입이 과다하게 되어 효율적인 자원배분이 이루어지지 않게 된다. 이 경우 독점기업은 비용극소화를 위한 최적 요소결합비율을 선택하지 않고 오히려 자본을 과다하게 투입하여 비용을 증가시키려는 유인을 가지게 되는데, 이를 **애버취-존슨 효과**(Averch-Johnson effect)라고 한다.

복습문제

1. 어떤 산업에서 독점이 생성되도록 하는 요인들은 무엇인가?

2. 독점기업의 수요곡선과 수입곡선 사이에는 어떠한 관계에 있는가?

3. 독점기업의 경우 수요의 가격탄력성과 한계수입 및 가격 사이에는 어떠한 관계를 갖는가?

4. 독점기업의 이윤극대화 조건과 경쟁기업의 이윤극대화 조건은 서로 어떻게 대비되는가?

5. 독점기업의 단기균형은 그림으로 나타낼 수 있는가?

6. 독점시장의 단기균형은 어떤 특성을 갖고 있는가?

7. 독점기업의 장기균형과 경쟁기업의 장기균형은 어떠한 측면에서 서로 다른가?

8. 독점기업의 경우 공급곡선이 존재하지 않는 이유는 무엇인가?

9. 독점시장의 단기균형과 장기균형 사이에는 어떤 공통점과 차이점이 있는가?

10. 다수 공장을 소유한 독점기업은 어떻게 가격과 산출량을 결정할까?

11. 독점기업의 가격차별은 그 유형에 따라 어떤 특성을 갖고 있는가?

12. 가격을 차별할 경우와 하지 않을 경우 효율성은 어떻게 비교되는가?

13. 사회후생의 관점에서 볼 때 가격차별은 어떤 의미를 갖고 있을까?

14. 독점은 자원배분, 사회후생 및 분배측면에서 어떤 의미를 갖는가?

15. 자연독점을 규제하는 데에는 어떠한 정책들이 있고, 예상되는 결과는 서로 어떻게 다른가?

Chapter 12

과점시장

과점시장의 특성 때문에 기업들은 경쟁기업의 반응을 고려하여
시장에서의 행동을 결정한다. 그래서 과점시장에 대해서는 아직
일반화된 이론이 없고, 기본가정을 달리하여 분석하는 가설단계의
몇 가지 과점모형들이 있을 뿐이다. 이 장에서는 과점기업들이 서로
협조적이냐 아니냐에 따라 과점모형을 크게 두 가지 유형으로
분류하고, 각 유형별 모형들을 통해 과점시장의 특성을 살펴본다.

제1절 과점시장의 기초

1. 과점시장의 특징

(1) 과점시장과 유형

현실적으로 많이 관찰되는 시장구조인 **과점**(oligopoly)은 새로운 기업의 시장 진입이 어렵거나 불가능한 상황에서 시장지배력을 갖는 소수의 기업들이 경쟁하는 시장구조를 의미한다. 그리고 **과점시장**(oligopoly market)은 둘 이상의 소수 기업들이 하나의 시장에서 상호 경쟁하는 시장이다. 경쟁기업의 숫자가 둘 이상이면서도 소수라는 점에서 독점시장이나 경쟁시장과도 구별된다. 과점시장의 특수한 경우로 단 두 개의 기업이 전체 시장의 공급을 전담하는 경우를 **복점**(duopoly)이라고 한다.

과점은 각 기업이 생산하는 제품의 동질성 여부에 따라 순수과점과 차별적 과점으로 구분된다. **순수과점**(pure oligopoly)은 과점시장에 참여하는 각 기업들이 동질적인 제품을 생산하는 경우이다. 순수과점의 경우 어떤 한 기업의 가격이나 생산량 결정이 다른 기업의 수입에 직접적인 영향을 미치게 되므로 모든 기업이 치열한 경쟁관계에 놓이게 된다. 한편 **차별적 과점**(differentiated oligopoly)은 각 기업들이 서로 차별화된 이질적인 제품을 생산하여 거래하는 경우이다. 이 경우 각 기업은 자기 제품의 차별화로 말미암아 어느 정도의 독점적 지위를 갖지만 어느 정도의 대체관계는 존재한다.

과점시장은 현대경제에서 아주 흔하게 볼 수 있는 시장형태이며, 우리나라에 있어서 순수과점시장의 예로는 철강, 시멘트, 석유류 제품시장 등이 있고, 차별적 과점시장의 예로는 자동차, 가전제품시장 등이 있다.

(2) 과점시장의 특징과 생성요인

과점시장은 완전경쟁시장이나 독점시장에 비하여 구분기준이 복잡하지만, 과점시장에서 활동하는 기업들은 몇 가지 공통적인 특성을 가지고 있다.

첫째, 과점시장의 기업들 사이에는 **상호의존성**(interdependence)이 매우 강하기 때문에 각 기업은 경쟁관계에 있는 상대기업의 행동에 매우 큰 관심을 갖지 않을 수 없다. 따라서 각 기업은 자신의 행동에 대해 경쟁기업이 어떤 반응을 보일지를 미리 추측하고 시장에서의 행동을 선택해야 하는 상황에 직면한다. 소수의 기업만 존재하는 과점시장에서 개별기업은 어느 정도의 시장지배력을 갖기 때문에 공급량을 조절하여 가격에 영향을 미칠 수 있다. 그러나 어느 한 기업이 가격이나 산출량을 변경하면 다른 기업에 직접적인 영향을 미치기 때문에 상대기업들이 즉각적으로 반응을 보이게 된다. 따라서 과점기업이 가격이나 산출량을 결정할 때, 다른 경쟁기업들의 예상되는 반응을 신중하게 고려하게 된다.

둘째, 과점기업들은 상대기업의 반응에 대한 불확실성을 제거하기 위하여 **담합**(collusion)과 같은 공동행위를 하려는 경향을 강하게 갖는다. 그래서 과점기업의 행동유형은 담합의 유무에 따라 달라진다. 과점기업의 행동유형은 아무런 담합 없이 각자가 독자적인 행동을 하는 경우, 완전한 담합이 성립된 경우, 불완전한 담합이 성립된 경우로 구분된다.

셋째, 과점기업들은 가격경쟁보다 **비가격경쟁**을 더 많이 하기 때문에 **가격의 경직성**(price rigidity)이 매우 크다. 과점기업간의 가격경쟁은 서로 큰 손실을 초래할 수도 있기 때문에 가급적이면 기업들은 가격경쟁은 회피하고 광고나 품질 향상, 서비스 개선 등과 같은 비가격경쟁을 한다. 그 결과 과점시장에서의 가격은 쉽게 변화되지 않는 경직성을 가지게 된다.

그럼 과점시장을 생성·유지시키는 요인들은 무엇일까? 과점시장을 생성시키고 유지시키는 주요한 요인은 독점의 경우와 마찬가지로 새로운 기업의 시장 진입을 저지할 수 있는 **진입장벽**이 존재하기 때문이다.

첫째, 많은 산출량을 생산할 때까지도 규모의 경제가 지속되는 경우, 둘째, 몇몇 기업이 특허권을 얻었거나 정부로부터 사업인허가를 부여받은 경우, 셋째, 소수의

기업이 원재료의 공급원에 대한 지배권을 갖고 있는 경우 등이 진입장벽으로 작용한다. 이러한 과점시장에서의 진입장벽은 독점시장과 같은 완벽한 것은 아니지만, 과점시장을 생성·유지시켜주는 요인이 된다.

2. 과점시장 분석모형

(1) 과점모형의 분류

과점시장이 다른 시장구조와 구별되는 가장 큰 특징은 기업들 사이에 상호의존성이 강하게 존재한다는 것이다. 그래서 기업들은 이윤을 극대화하기 위해 가격이나 산출량을 결정할 때 경쟁관계에 있는 상대기업의 반응과 그에 대한 대응을 반드시 고려해야 하는 **전략적 상황**(strategic situation)에 직면한다. 이러한 과점시장의 전략적 상황이 개별기업들에게는 게임에서의 전략적 상황과 같다는 것을 의미한다. 따라서 제13장에서 살펴볼 게임이론의 개념과 분석틀이 과점시장의 분석에 많이 사용되고 있다. 그렇지만 아직 일반화된 과점이론은 존재하지 않으며, 단지 기본가정을 약간씩 달리하여 분석하는 여러 가지 과점모형들이 있을 뿐이다.

과점기업의 시장행동을 분석하는 모형은 서로 협조적인 기업을 분석대상으로 하느냐 아니면 서로 비협조적인 기업들을 분석대상으로 하느냐에 따라 **협조적 과점모형**과 **비협조적 과점모형**으로 분류된다.

비협조적(noncooperative) 과점기업 사이의 시장행동을 분석하는 과점모형으로 꾸르노(Cournot)모형, 슈타켈버그(Stakelberg)모형, 베르뜨랑(Bertrand)모형, 스위지(Sweezy)모형이 있다.

협조적 과점기업 사이의 시장행동을 분석하는 과점모형으로 완전담합 카르텔(cartel)모형과 불완전담합 가격선도제(price leadership)모형이 있다.

(2) 비협조적 과점모형 분류 : 추측변이 기준

① 추측변이 개념

비협조적 과점시장에서는 기업들이 이윤극대화를 달성하기 위하여 가격이나 산출량을 결정할 때 서로 협조하지 않는다. 그렇지만 과점기업들은 상호의존성이 매우 강하기 때문에 상대기업의 반응을 신중하게 고려하여 자신의 시장행동을 결정해야 한다. 그 때문에 과점기업이 상대기업의 반응을 어떻게 추측하는가에 따라 기업의 의사결정이 달라지고, 시장의 균형도 영향을 받게 된다. 과점기업들이 산출량이나 가격을 변화시킬 때 상대기업의 반응을 어떻게 추측하는가에 대한 가정에 따라 비협조적 과점모형도 달라진다.

과점기업은 산출량이나 가격을 변화시킬 때, 자신들의 행동 변화에 대해 상대기업이 어떻게 반응할 것인지를 미리 추측하여 의사결정에 반영한다. 이처럼 한 기업이 가격이나 산출량을 변화시킬 때, 자신들의 행동 변화에 대해 상대기업이 어떠한 행동 변화로 반응을 보일지를 미리 추측한 결과를 **추측변이**(conjectural variation, CV)라고 한다.

② 추측변이 종류

추측변이는 추측의 대상이 상대기업의 산출량이냐 아니면 가격이냐에 따라 두 가지로 구분한다. 상대기업의 산출량에 대한 추측변이(CV in output, CV_Q)와 가격에 대한 추측변이(CV in price, CV_P)로 구분한다.

산출량에 대한 추측변이(CV_Q)는 과점기업이 산출량을 변화시키려고 할 때, 상대기업들이 얼마나 산출량을 변화시켜 반응해 올 것인지에 대해 미리 추측한 결과를 의미한다.

가격에 대한 추측변이(CV_P)는 과점기업이 자신의 가격을 변화시키려고 할 때, 상대기업들이 얼마나 가격을 변화시켜 반응해 올 것인지에 대해 미리 추측한 결과를 의미한다.

과점시장에서 비협조적으로 행동하는 두 개의 기업, 기업 A와 기업 B가 있다고 가정하자. 기업 A의 산출량과 가격을 각각 Q_A, P_A라 하고, 상대기업인 기업 B의 산출량과 가격을 각각 Q_B, P_B라 하자. 그러면 기업 A가 추측하는 상대기업 B의 산출량에 관한 추측변이(CV_Q)와 상대기업의 가격에 관한 추측변이(CV_P)는 각각 다음과 같이 표현된다.

$$기업\ A의\ 산출량\ 추측변이\quad CV_Q^A = \frac{\Delta Q_B}{\Delta Q_A} \tag{12.1}$$

$$기업\ A의\ 가격\quad\quad 추측변이\quad CV_P^A = \frac{\Delta P_B}{\Delta P_A} \tag{12.2}$$

(12.1)식과 같은 기업 A의 산출량 추측변이(CV_Q^A)는 기업 A가 산출량을 ΔQ_A만큼 변화시킬 때, 상대기업 B가 ΔQ_B만큼의 산출량을 변화시켜 반응해 올 것으로 추측한다는 것을 나타낸다. 만약 기업 A가 자신의 산출량 변화에도 불구하고 기업 B가 산출량을 전혀 변화시키지 않을 것으로 추측한다면 CV_Q^A의 값은 0이 된다. 그리고 만약 기업 A가 산출량을 1단위만 증가시키는 경우(즉, $\Delta Q_A = 1$)라면, 기업 A가 추측하는 기업 B의 산출량 변화는 $CV_Q^A = \Delta Q_B$가 된다.

한편 (12.2)식과 같은 기업 A의 가격에 대한 추측변이(CV_P^A)는 기업 A가 가격을 ΔP_A만큼 변화시킬 때, 상대기업 B가 ΔP_B만큼의 가격 변화로 반응해 올 것으로 추측한다는 것을 나타낸다. 만약 기업 A가 가격을 1원만 인상하는 경우($\Delta P_A = 1$)라면, 기업 A가 추측하는 기업 B의 가격 변화는 $CV_P^A = \Delta P_B$가 된다.

③ 추측변이에 의한 비협조적 과점모형 구분

비협조적 과점모형은 가격이나 산출량에 관한 추측변이를 어떻게 가정하는가에 따라 분석모형이 달라진다. 상대기업의 산출량 변화에 대한 추측변이를 가정하는 모형과 상대기업의 가격 변화에 대한 추측변이를 가정하는 모형으로 구분할 수 있다.

첫째, 꾸르노모형과 슈타켈버그모형은 과점기업의 산출량 결정을 분석하는 모형으로 상대기업의 산출량에 대한 추측변이를 가정하고 있다.

꾸르노모형에서는 상대기업의 산출량에 대한 추측변이가 0인 것으로 가정한다. 즉 $CV_Q=0$이다. 한편 **슈타켈버그의 선도자-추종자모형**에서는 추종기업의 경우 상대기업의 산출량에 대한 추측변이는 0이지만(즉 $CV_Q = 0$), 선도기업의 경우에는 상대기업의 산출량에 대한 추측변이가 $CV_Q = [\Delta R_B(Q_A)/\Delta Q_A]$이다. 여기서 $\Delta R_B(Q_A)$는 기업 A의 산출량 변화(ΔQ_A)에 대해 반응한 기업 B의 산출량 변화를 나타낸다.

둘째, 베르뜨랑모형과 스위지모형(즉, 굴절수요곡선모형)은 과점기업의 가격 결정을 분석하는 모형으로 상대기업의 가격에 대한 추측변이를 가정하고 있다.

베르뜨랑모형에서는 상대기업의 가격에 대한 추측변이가 0이라고 가정하기 때문에 $CV_P = 0$이다. 그러나 **스위지의 굴절수요곡선모형**에서는 상대기업의 가격에 대한 추측변이가 비대칭성을 갖는다. 가격을 인하할 때는 추측변이가 $CV_P = 1$이고, 가격을 인상할 때는 $CV_P = 0$이라고 가정한다.

제2절 비협조적 과점모형(Ⅰ) : 산출량경쟁모형

1. 꾸르노모형

(1) 기본가정

프랑스의 경제학자 꾸르노(Augustin Cournot)는 과점시장에서 두 기업이 동시에 산출량을 결정하는 모형에 대해 분석하였다. 꾸르노의 과점모형은 한 산업에 두개의 기업만이 존재하는 **복점**(duopoly)모형이다. 두 기업, A와 B가 동질적인 제품을 생산하는 복점시장에서 어떻게 균형 산출량이 결정되는가를 분석하고 있다. 특히 두 기업이 동시에 산출량을 결정해야하기 때문에 각 기업은 산출량을 결정할 때 상대기업이 얼마나 생산할 것인가에 대해서 추측하게 된다. 그리고 그 추측에 근거하여 이윤을 극대화하는 산출량을 결정하게 된다.

꾸르노의 분석에서 이용한 사례는 모든 면에서 똑같은 두 기업이 아무런 비용도 들이지 않고 같은 지역에서 똑같은 가격으로 온천수를 공급하는 경우이다. 그렇다면 두 기업은 각각 얼마만큼씩 온천수를 생산하여 공급하게 될까?

꾸르노모형에서는 각 기업이 산출량을 결정할 때 상대기업이 현재의 산출량을 변화시키지 않을 것이라고 추측한다고 가정한다. 즉 각 기업의 산출량 변화에 대한 추측변이(CV_Q)가 0이라고 가정한다. 두 기업을 A와 B라고 할 때, 꾸르노모형의 가

정을 산출량에 대한 추측변이로 표현하면 다음과 같이 표현할 수 있다.

$$\text{기업 A의 } CV_Q^A = \frac{\Delta Q_B}{\Delta Q_A} = 0$$

$$\text{기업 B의 } CV_Q^B = \frac{\Delta Q_A}{\Delta Q_B} = 0 \tag{12.3}$$

산출량에 대한 추측변이가 0이라는 가정은 각 기업은 자신이 산출량을 변화시키더라도 상대기업이 산출량 수준을 변화시키지 않을 것이라고 추측하고, 자신의 기업이 이윤극대화를 달성할 수 있는 최적산출량을 선택한다는 의미이다.

(2) 과점기업의 산출량 결정 : 반응곡선과 반응함수

① 과점기업의 이윤극대화 산출량 결정방법

산출량에 대한 추측변이(CV_Q)가 0이라고 가정하는 꾸르노모형에서 각 기업이 자신의 산출량을 어떻게 결정하는지를 살펴보자. <그림 12-1>에서 D는 시장수요곡선이고, MR은 시장수요곡선 D에 상응하는 한계수입곡선이다.

먼저 기업 A가 산출량을 어떻게 결정하는지를 알아보자. 만일 기업 B가 생산활동을 전혀 하지 않을 것이라고 추측한다면, 기업 A는 자신이 얼마를 생산하든지 관계없이 기업 B가 계속해서 생산활동을 하지 않을 것이라고 추측한다. 이 경우 기업 A는 온천수시장의 유일한 공급자가 되어 독점기업처럼 행동할 것이다. 즉 시장수요곡선(D)과 한계수입곡선(MR)은 기업 A가 직면하는 수요곡선과 한계수입곡선이 된다. 그런데 온천수 생산에 아무런 비용도 들지 않는다고 가정하고 있으므로 가로축이 바로 한계비용곡선(MC)이 된다. 따라서 한계수입곡선과 가로축이 교차하는 점에서 이윤극대화가 달성되는 것이다. 결국 기업 A는 Q_A^0 수준의 산출량을 생산하여 이윤극대화를 달성한다.

만일 기업 B가 Q_B^1 만큼 생산할 것이라고 생각한다면, 기업 A는 이제 몇 단위의 산출량을 선택할까? 기업 A는 기업 B가 계속해서 Q_B^1 단위만을 생산할 것이라고 추측한다. 그래서 기업 A는 각 가격수준에 상응하는 전체 시장수요(D)에서 기업 B의 산출량 Q_B^1 만큼을 뺀 나머지 수량이 자신의 수요량이라고 생각한다. 따라서 기업

344

A의 수요곡선은 시장수요곡선을 Q_B^1 단위만큼 왼쪽으로 평행 이동시킨 D_A^1 곡선(굵은 점선, 즉 $D_A^1 = D - Q_B^1$)이 된다. 이 경우 기업 A는 수요곡선 D_A^1 를 자신의 수요곡선으로 생각하고, 이 수요곡선에 상응하는 한계수입곡선 MR_A^1 를 도출하고, 이것이 가로축과 교차하는 점에서 자신의 산출량 Q_A^1 를 선택하게 된다.

② 기업 A의 반응곡선과 반응함수

이러한 과정을 반복하면 기업 B가 선택하는 다른 모든 산출량에 대해서도 기업 A의 이윤극대화 산출량을 구할 수 있다. 그런데 만약 기업 B가 시장수요곡선과 가로축이 교차하는 점에서의 산출량인 Q_D를 선택한다면 시장의 전체 수요량을 기업 B가 생산하는 것을 의미한다. 이 때 기업 A가 이것을 주어진 것으로 받아들이면 기업 A의 최적산출량은 0(영)이 될 수밖에 없다.

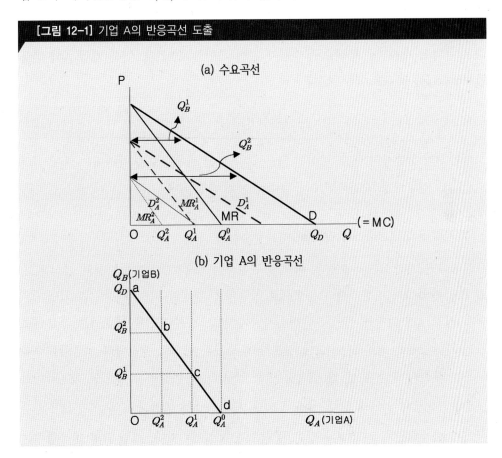

[그림 12-1] 기업 A의 반응곡선 도출

<그림 12-1> (b)에서 기업 B의 각 산출량에 대한 기업 A의 최적대응은 각각 점 a, b, c, d로 대표될 수 있다. 이러한 a, b, c, d점을 연결하여 만든 선분이 바로 기업 A의 **반응곡선**(reaction curve)이다. 이처럼 기업 B의 각 산출량에 대응해서 기업 A가 선택하는 이윤극대화 산출량을 모아 하나의 궤적으로 만든 것이 바로 **기업 A의 반응곡선**(reaction curve)이다. 기업 A의 반응곡선이 <그림 12-1> (b)와 같다는 것은 기업 B의 산출량이 Q_B^1로 주어진 경우, 기업A가 이윤극대화를 이루는 산출량은 Q_A^1가 되고, 기업 B의 산출량이 Q_B^2로 주어진 경우에는 Q_A^2가 되는 것을 나타낸다.

한편 각 기업의 반응곡선은 각 기업의 반응함수로 나타낼 수 있다. <그림 12-1> (b)에서 기업 B의 산출량(Q_B)이 Q_B^1에서 Q_B^2로 증가할수록 기업 A의 이윤극대화 산출량(Q_A^*)은 Q_A^2로 감소한다는 것을 알 수 있다. 따라서 기업 A의 이윤극대화 산출량(Q_A^*)이 기업 B의 산출량(Q_B) 크기에 의해 영향 받는다. 즉 각 기업의 이윤극대화 산출량은 다른 기업의 산출량 함수로 나타낼 수 있다. 그래서 두 기업의 산출량 사이의 관계를 함수형식으로 다음과 같이 표현할 수 있다. 이를 **기업 A의 반응함수**(reaction function)라 부른다.

$$Q_A^* = R_A(Q_B) \tag{12.4}$$

기업 B의 산출량이 Q_B로 주어진 경우, 기업 A는 반응함수가 나타내는 바에 따라 $R_A(Q_B)$로 산출량을 결정하면 이윤극대화를 이루게 된다.

③ 기업 B의 반응곡선과 반응함수

그렇다면 기업 B는 산출량을 어떻게 결정하는 것일까? 꾸르노모형의 핵심은 기업 B도 기업 A와 마찬가지의 방법으로 산출량을 결정한다는 것이다. 즉 기업 B도 역시 기업 A가 일정한 산출량을 변화시키지 않고 계속 생산할 것이라고 추측하고 자신의 산출량을 결정한다. Q_A를 일정하게 주어진 상수로 생각하고 이윤극대화를 이루는 자신의 산출량 Q_B^*를 결정하는데, 역시 Q_A가 변하면 기업 B의 이윤극대화 산출량인 Q_B^*도 변하게 된다. 따라서 기업 A의 산출량 변화에 대한 기업 B의 반응곡선과 반응함수도 기업 A와 같은 방법으로 구할 수 있다. **기업 B의 반응함수**는

다음과 같이 표현할 수 있다.

$$Q_B^* = R_B(Q_A) \tag{12.5}$$

이처럼 각 기업의 반응곡선은 상대기업의 각 산출량에 대응하는 각 기업의 이윤극대화 산출량의 궤적을 보여준다. 따라서 각 기업의 반응곡선은 상대기업의 산출량 함수로서 각 기업의 이윤극대화 산출량을 보여준다.

<그림 12-2>에 두 기업의 반응곡선을 동시에 그려 놓았다. 두 기업의 반응곡선은 축만 서로 바뀌 있을 뿐 똑같은 모양을 갖고 있다. 이것은 꾸르노모형에서 두 기업이 모든 면에서 똑같다고 가정하고 있기 때문이다.

(3) 꾸르노모형의 균형

꾸르노모형에서 시장균형은 어디에서 성립할까? 꾸르노모형에서의 균형은 두 기업이 모두 산출량을 변화시키고자 하는 유인이 없을 때 도달된다. <그림 12-2>는 두 과점기업의 반응곡선을 이용한 꾸르노균형을 보여주고 있다. $R_A(Q_B)$는 기업 A의 반응곡선이고, $R_B(Q_A)$는 기업 B의 반응곡선이다. **꾸르노균형**(Cournot equilibrium)은 두 기업의 반응곡선이 교차하는 C점에서 성립한다

두 기업의 반응곡선을 이용하여 균형산출량이 결정되는 과정을 자세히 알아보자.

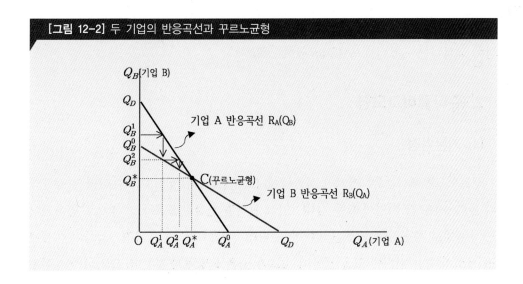

[그림 12-2] 두 기업의 반응곡선과 꾸르노균형

기업 A의 반응곡선인 $R_A(Q_B)$는 기업 B의 산출량에 반응하여 선택하는 기업 A의 산출량을 보여주고 있다. 그리고 기업 B의 반응곡선인 $R_B(Q_A)$도 마찬가지로 기업 A의 산출량에 반응하여 선택하는 기업 B의 산출량을 보여주고 있다.

기업 B가 Q_B^1의 산출량을 선택하면, 기업 A는 Q_A^1의 산출량으로 대응하여 선택한다. 그런데 기업 A의 산출량이 Q_A^1일 경우 기업 B에게 이윤극대화를 가져다주는 산출량은 Q_B^1가 아니고 Q_B^2가 된다. 한편 기업 B가 Q_B^2를 선택하는 경우, 이에 따라 기업 A에게 이윤극대화를 가져다주는 산출량도 Q_A^2로 변화한다.

이처럼 각 기업은 상대기업의 산출량에 반응하여 자신의 산출량을 반응곡선에 따라 조정해 나간다. 이러한 조정과정은 두 기업이 모두 만족할 때까지 계속 된다. 결국 두 기업의 반응곡선이 교차하는 C점에 도달하면 어느 기업도 산출량을 변화시키려고 하지 않게 되므로, 바로 C점에서 균형이 이루어진다. 이것을 **꾸르노균형** (Cournot equilibrium)이라고 부른다.

<그림 12-2>에서 C점은 기업 A의 반응곡선 위에 있기 때문에 기업 B가 Q_B^*의 산출량을 선택하면 이에 대응해서 기업 A가 선택하는 산출량은 Q_A^*이다. 또한 C점은 기업 B의 반응곡선 위에도 있으므로 기업 A가 Q_A^*의 산출량을 선택하면 기업 B는 Q_B^*의 산출량으로 대응하게 된다. 따라서 두 기업이 일단 반응곡선이 교차하는 C점에 도달하면 어느 기업도 산출량을 변화시킬 이유가 없어지고, 기업 A는 계속 Q_A^*를 생산하고, 기업 B는 계속 Q_B^*를 생산하게 된다, 결국 두 기업의 반응곡선이 교차하는 C점에서 꾸르노균형이 성립한다.

2. 슈타켈버그모형

(1) 기본가정

꾸르노모형에서는 각 기업의 산출량에 관한 추측변이(CV_Q)가 0이라고 가정하였다. 이 가정은 각 기업이 모두 상대기업이 선택한 산출량을 주어진 것으로 받아들이는 추종자로 행동한다는 것을 의미한다. 따라서 꾸르노모형은 과점기업들이 시장에서 서로 비슷한 위치에 있을 경우에 비교적 높은 설명력을 갖는다. 그러나 현실적으로 과점시장에는 특별히 다른 기업에 비해 경영상의 여건이 우위에 있는 기업이 존재할 수도 있다. 이런 기업은 산출량을 선택할 때 자신의 우월한 위치를 활용해서 추종자가 아닌 선도자로서의 역할을 하는 경우도 있을 수 있다. 이처럼 추종기업과 선도기업이 존재하는 경우의 과점시장을 설명하기 위해 슈타켈버그(H. von Stackelberg)는 두 기업 중 하나 또는 둘 모두가 산출량에 관해 추종자가 아닌 선도자 역할을 하는 모형을 제시하였다.

슈타켈버그 선도자-추종자모형에서는 선도자(leader)가 먼저 산출량을 결정하면, 추종자(follower)는 선도자가 결정한 산출량이 일정하게 주어진 것으로 간주하고 자신의 산출량을 선택한다고 가정한다. 이렇게 두 기업의 행동에 시차가 존재한다면 추측변이가 달라질 수밖에 없다. 슈타켈버그모형에서 추종자는 선도자의 산출량이 일정하게 주어진 것으로 간주하기 때문에 산출량에 관한 추측변이는 꾸르노모형에서와 마찬가지로 0이 된다. 기업 A가 선도자이고, 기업 B가 추종자라고 하자. 그러면 **추종자인 기업 B의 산출량에 관한 추측변이**는 다음과 같이 표현된다.

$$CV_Q^B = \frac{\Delta Q_A}{\Delta Q_B} = 0 \tag{12.6}$$

따라서 추종자인 기업 B는 자신의 반응곡선인 $Q_B = R_B(Q_A)$에 따라 선도자인 기업 A의 산출량 결정에 대응하여 자신의 산출량을 선택한다.

반면에 선도자인 기업 A는 자신이 산출량을 Q_A로 결정하면 추종자인 기업 B가 자신(B)의 반응곡선이 나타내는 바에 따라 산출량을 선택한다는 사실을 알고 있다. 그래서 기업 A는 기업 B의 반응을 미리 고려하여 산출량을 결정함으로써 자신에게 유리한 선택을 하게 된다. 따라서 **선도자인 기업 A의 산출량에 관한 추측변이**는 다음과 같이 표현된다.

$$CV_Q^A = \frac{\Delta R_B(Q_A)}{\Delta Q_A} \tag{12.7}$$

이것은 선도자인 기업 A가 자신에게 가장 유리한 산출량이 되도록 산출량을 $\triangle Q_A$만큼 변화시킬 때 추종자인 기업 B는 단지 자기의 반응곡선 $R_B(Q_A)$를 따라 수동적으로 산출량을 $\triangle R_B(Q_A)$만큼 변화시킬 것으로 추측한다는 의미이다.

(2) 과점기업의 산출량 결정 : 등이윤곡선과 반응곡선

① 등이윤곡선

슈타켈버그모형에서 균형을 찾기 위해서는 등이윤곡선을 이용하여야 한다. **등이
윤곡선**(iso-profit curve)은 어떤 한 기업에게 똑같은 크기의 이윤을 가져다주는 두
기업의 산출량, Q_A와 Q_B의 조합들을 연결한 곡선이다.

<그림 12-3>은 기업 A의 등이윤곡선(Π_A)들을 보여주고 있는데, 기업 A에게 똑
같은 크기의 이윤을 가져다주는 두 기업의 산출량, Q_A와 Q_B의 조합들을 연결한 곡
선이다. 동일한 등이윤곡선 위의 조합들은 모두 똑같은 크기의 이윤을 나타내기 때
문에, 등이윤곡선 Π_A^2 위의 A, B, C 세 가지 조합은 기업 A에게 똑같은 이윤(즉,
Π_A^2)을 가져주는 Q_A와 Q_B의 조합들임을 알 수 있다.

② 등이윤곡선의 특성

여러 개의 등이윤곡선이 있을 경우 아래쪽에 위치한 것일수록 기업 A의 이윤이
보다 높은 것을 의미한다. <그림 12-3>에서 두 개의 등이윤곡선 중에서 아래쪽에
위치한 등이윤곡선이 나타내는 이윤인 Π_A^1가 Π_A^2 보다 더 높은 것을 나타내고 있
다. 그 이유는 다음과 같다. 기업 A의 산출량이 Q_A^2 로 일정한 경우, 이윤이 Π_A^2 인
등이윤곡선 위의 A점에 대응하는 기업 B의 산출량은 Q_B^2이다. 한편 이윤이 Π_A^1 인
등이윤곡선 위의 D점에 대응하는 기업 B의 산출량은 Q_B^1이다. 기업 B의 산출량인
Q_B^2가 Q_B^1보다 더 크다는 것을 알 수 있다. 여기서 기업 A의 산출량이 일정할 경우
총비용도 역시 일정하다는 의미이다. 그런데 기업 B의 산출량이 증가하면 시장의
공급량이 증가하여 산출물의 가격(P)이 하락하게 된다. 이에 따라 일정한 산출량을
공급하는 기업 A의 총수입은 감소하게 되므로 기업 A의 이윤이 감소하게 된다. 따
라서 위쪽에 위치한 A점보다는 아래쪽에 위치한 등이윤곡선 위에 있는 D점이 기업
A에게 더 큰 이윤을 주는 산출량 조합이 된다.

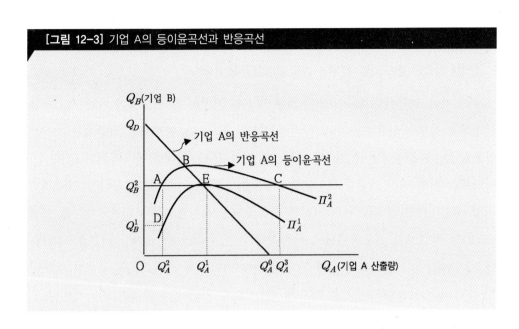

[그림 12-3] 기업 A의 등이윤곡선과 반응곡선

③ 반응곡선의 도출

한편 각 등이윤곡선의 정점들을 연결하면 **반응곡선**이 된다. 그 이유는 <그림 12-3>에서 기업 B의 산출량이 Q_B^2로 일정하게 주어진 경우, E점에 대응하는 기업 A의 산출량인 Q_A^1가 어떤 의미를 갖는지를 확인하면 알 수 있다. 기업 B의 산출량이 Q_B^2로 주어진 경우, 기업 A가 산출량을 Q_A^2로 결정하였다면 기업 A의 이윤은 A점을 지나는 등이윤곡선(Π_A^2)에 의해 나타난다. 그러나 A점에 상응하는 기업 A의 산출량은 이윤극대화를 이루는 산출량은 아니다. 왜냐하면 기업 B의 산출량이 Q_B^2로 주어진 경우 기업 A는 산출량을 Q_A^2보다 크게 하면 등이윤곡선이 아래쪽으로 이동하여 기업 A의 이윤이 증가하기 때문이다. 기업 A의 이윤은 산출량을 Q_A^1로 늘릴 때까지는 계속 증가한다. 그러나 그보다 많은 수준의 산출량으로 늘릴 경우에는 오히려 이윤이 감소한다. 따라서 등이윤곡선 Π_A^1의 정점인 E점에 상응하는 산출량 수준이 기업 A가 이윤을 극대화하는 수준이다. 결국 하나의 등이윤곡선의 정점인 E점이 기업 A의 반응곡선 상의 한 점이 되는 것을 알 수 있다.

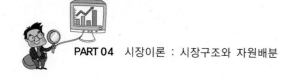

(3) 슈타켈버그모형의 균형

① 한 기업만 선도자일 경우 : 슈타켈버그균형

우선 기업 A만 선도자의 역할을 하는 경우를 가정하고, 선도자인 기업 A가 이윤극대화를 이루는 산출량을 어떻게 결정하는지 살펴보자. 선도자인 기업 A는 자신이 산출량(Q_A)을 결정하면 추종자인 기업 B가 주어진 Q_A에 대한 반응곡선인 $R_B(Q_A)$가 나타내는 바에 따라 산출량(Q_B)을 결정한다는 사실을 알고 있다. 따라서 기업 A는 기업 B의 이러한 반응을 미리 고려하여 산출량을 결정함으로써 이윤극대화를 이룰 수 있다. 기업 A가 선도자이므로 산출량에 관한 추측변이가 $CV_Q^A = [\triangle R_B(Q_A)/\triangle Q_A]$가 된다. 즉 기업 A의 산출량 결정에 대해 기업 B가 자신의 반응곡선인 $R_B(Q_A)$가 나타내는 산출량 수준으로 반응해 올 것으로 기업 A가 추측한다는 것이다.

<그림 12-4>는 슈타켈버그모형의 균형을 그림으로 나타낸 것이다. 선도자인 기업 A는 이윤을 극대화하기 위해 자신의 **등이윤곡선**($\varPi_A$)을 가급적이면 아래쪽으로 이동시키려 한다. 그러나 이 경우 기업 A는 한 가지 제약에 직면한다. 기업 A가 산출량을 변화시킬 때, 추종자인 기업 B가 자신의 반응곡선 $R_B(Q_A)$를 따라 산출량(Q_B)을 변화시킨다는 것이다. 이러한 제약에 직면한 기업 A는 자신의 등이윤곡선과 기업 B의 반응곡선을 이용해 이윤극대화 산출량을 선택하게 된다. 즉 기업 A는 자신의 이윤을 극대화하기 위해 자신의 등이윤곡선과 상대기업 B의 반응곡선이 접하는 점 E_A를 선택하여 산출량을 Q_A^L로 결정한다. 선도자인 기업 A가 산출량을 Q_A^L로 결정하면, 추종 기업 B는 기업 A가 예상한 대로 B의 반응곡선 $R_B(Q_A)$에 따라 산출량을 Q_B^F로 결정한다. 결국 기업 A가 선도자이고, 기업 B가 추종자인 경우 E_A점에서 **슈타켈버그균형**(Stackelberg equilibrium)이 성립된다.

한편 반대로 기업 A가 추종자이고 기업 B가 선도자인 경우에도 똑같은 논리를 적용함으로써 기업 A의 반응곡선 $R_A(Q_B)$ 위에 있는 E_B점에서 슈타켈버그균형이 성립된다.

② 두 기업 모두 선도자가 되려고 하는 경우 : 슈타켈버그 불균형과 전쟁상태

슈타켈버그 선도자-추종자모형에서 균형이 존재하기 위해서는 한 기업이 선도자

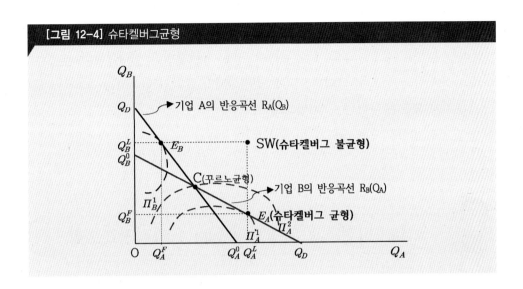

[그림 12-4] 슈타켈버그균형

로 행동할 때 다른 기업은 이윤이 감소하더라도 추종자로 남아 있어야 한다. 슈타켈버그균형을 <그림 12-2>의 꾸르노균형과 비교해보면, 선도자의 이윤은 증가하지만 반면에 추종자의 이윤은 감소하는 것을 알 수 있다. 따라서 모든 면에서 비슷한 위치에 있는 두 기업은 모두 추종자로 남아있기보다는 선도자로 행동하기를 원하게 된다.

그러나 두 기업이 모두 선도자로 행동하는 경우에는 슈타켈버그모형에서 균형이 성립하지 않는다. 앞에서 본 것처럼 기업 A가 선도자가 되려고 하는 경우에는 Q_A^L의 산출량을 선택할 것이다. 그런데 기업 B도 선도자가 되려는 경우에는 Q_B^L의 산출량을 선택하게 될 것이다. 이렇게 두 기업이 모두 선도자가 되려고 하는 경우는 두 기업의 산출량 수준이 <그림 12-4>에서 SW점으로 나타나지만, 이 점에서 균형이 성립될 수는 없다. 왜냐하면 두 기업 모두 선도자로서 자신이 어떤 산출량을 선택하면 상대기업은 반응곡선을 따라 움직일 것으로 추측하고 산출량을 결정한다. 그렇지만 실제로는 이러한 추측과는 다르게 두 기업 모두 선도자로서 행동하기를 고집하고 있어 아무도 반응곡선을 따라 추측한대로 움직이지 않기 때문에 균형을 이룰 수 없다.

이처럼 두 기업 모두 선도자로서 행동하기를 고집하는 경우, 시장에는 불균형이 나타나게 되는데, 이것을 **슈타켈버그 불균형**(Stackelberg disequilibrium)이라 부른

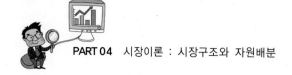

다. 이 때 슈타켈버그 불균형에서 벗어나기 위하여 각 기업은 상대기업을 추종자로 만들려는 노력을 경쟁적으로 하게 되는데, 이를 **슈타켈버그 전쟁상태**(Stackelberg warfare, SW)라고 부른다. 그런데 이러한 전쟁상태가 끝나기 위해서는 어느 한 기업이 추종자가 되든지 아니면 두 기업 모두 추종자가 되어서 상대기업의 산출량을 주어진 것으로 받아들이는 상태가 이루어져야만 한다.

제3절 비협조적 과점모형 (Ⅱ) : 가격경쟁모형

1. 베르뜨랑모형

(1) 기본가정

꾸르노모형과 슈타켈버그모형은 과점기업들이 산출량에 대해 경쟁하고 있는 상황을 분석하는 과점모형들이다. 베르뜨랑(Bertrand)모형은 기업들이 산출량이 아니라 가격에 대해 경쟁하고 있는 상황을 분석하는 과점모형이다. 즉 베르뜨랑모형은 가격에 대한 추측변이(CV_P)에 입각한 복점모형이다.

베르뜨랑모형에서 전제하는 기본가정은 다음과 같다. 첫째, 각 기업의 가격에 대한 추측변이가 0이라고 가정한다. 따라서 베르뜨랑모형에서 각 기업은 상대기업이 현재의 가격을 변화시키지 않는다고 가정하고 이윤극대화를 이루는 가격을 선택한다는 의미이다.

$$\text{기업 A의 가격 추측변이 } CV_P^A = \frac{\Delta P_B}{\Delta P_A} = 0$$

$$\text{기업 B의 가격 추측변이 } CV_P^B = \frac{\Delta P_A}{\Delta P_B} = 0 \qquad (12.8)$$

둘째, 모든 면에서 똑같은 두 기업이 가격으로 경쟁하는 상황을 가정한다. 그래서 두 기업이 완전히 동질적인 상품을 공급하고 있기 때문에 두 기업이 결정하는 가격

사이에 약간의 차이라도 존재하는 경우에 더 높은 가격을 정한 기업의 판매량은 0 이 된다.

셋째, 소비자들이 완전한 정보를 가지고 있으며, 상품을 한 단위 추가 생산하는데 드는 한계비용(MC)은 일정한 수준(시장가격 수준, P_M)에서 변화하지 않는다고 가정한다. 이것은 평균비용(AC) 역시 동일한 가격수준에서 일정하다는 것을 의미한다.

(2) 베르뜨랑모형의 균형

① 과점기업의 가격결정방법 : 반응곡선

우선 베르뜨랑모형에서 과점기업이 가격을 어떻게 결정하는지를 알아보자. 베르뜨랑모형에서 각 기업은 상대기업이 현재의 가격을 그대로 유지할 것이라고 추측하기 때문에 가급적이면 상대기업보다 낮은 가격을 설정하여 시장점유율을 높이려고 한다.

<그림 12-5> (a)는 두 기업이 경쟁하는 시장에서의 균형상태를 나타내고, (b)는 두 기업이 가격 경쟁을 통해 베르뜨랑균형에 도달하는 과정을 나타내고 있다. (b)는 각 기업이 상대기업의 가격변화에 대응해서 선택하는 최적대응가격을 반응곡선으로 나타낸 것이다.[11] 두 기업이 선택하는 가격이 똑같을 경우($P_A = P_B$), 두 기업의 반응곡선은 굵은 점선의 45°선과 일치하게 된다. 실제 기업 A의 반응곡선은 한계비용(MC_A) 수준에서 시작하여 45°선보다 위쪽에 위치하고, 기업 B의 반응곡선은 한계비용(MC_B) 수준에서 시작하여 45°선보다 아래쪽에 위치한다. 이것은 최소한 자신들의 한계비용보다는 높은 수준에서 상대방이 설정한 가격보다 낮게 가격을 설정하는 것이 각 기업의 최적대응전략임을 보여주고 있다.

먼저 기업 B가 한계비용(MC_B)보다 높은 P_B^1 가격을 선택한다고 가정해보자. 이 경우 기업 A는 B의 가격보다 낮은 가격을 선택하여 소비자들을 모두 자기에게로 유인하려고 할 것이다. 기업 A의 입장에서 기업 B가 계속해서 한계비용보다 높은

---

11) 두 기업이 가격경쟁을 벌이고 있기 때문에 상대기업의 가격변화에 대한 기업 A와 B의 반응함수는 각각 $P_A^* = R_A(P_B)$, $P_B^* = R_B(P_A)$이다.

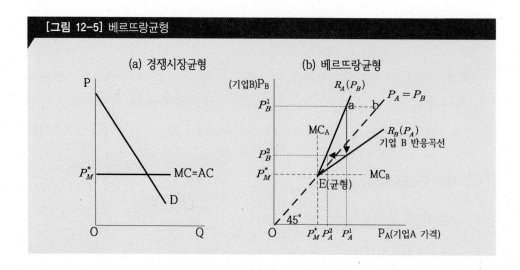

[그림 12-5] 베르뜨랑균형

가격을 유지할 것으로 추측할 경우, 자신의 반응곡선인 $R_A(P_B)$를 따라 기업 B의 가격보다 선분 ab만큼 더 낮은 P_A^1 가격을 선택하는 것이 최선의 대응이다.

한편 이렇게 기업 A의 가격이 B의 가격(P_B)보다 낮은 경우, 소비자들이 조금이라도 낮은 가격을 설정한 기업 A의 상품을 구입할 것이기 때문에 기업 B는 전혀 상품을 판매할 수 없게 된다. 그래서 이에 대응해서 기업 B는 기업 A가 현재의 가격을 변화시키지 않을 것이라고 추측하고 자신의 가격을 반응곡선인 $R_B(P_A)$를 따라 P_B^2로 인하하여 소비자들을 유인하게 된다.

② 베르뜨랑균형

두 기업 모두 이러한 대응전략을 선택하는 경우, 가격(P)이 한계비용(MC)보다 더 높은 수준에 있는 한 가격인하경쟁은 지속될 것이다. 결국 이러한 가격인하경쟁은 두 기업의 가격(P)이 한계비용(MC) 수준까지 내려와서 각 기업이 초과이윤을 얻을 수 없게 될 때 끝나게 된다. 따라서 두 기업의 반응곡선이 교차하는 E점에서 베르뜨랑모형의 균형이 성립하게 된다. 이처럼 **베르뜨랑균형**(Bertrand equilibrium)은 두 기업이 모두 가격을 한계비용(즉 완전경쟁가격, P_M^*)수준으로 설정하는데서 이루어진다. 그래서 베르뜨랑균형에서는 P = MC가 성립되기 때문에 완전경쟁시장의 균형과 비슷한 결과가 나타나게 된다.

2. 스위지모형

(1) 기본가정

과점시장의 특징 중 하나는 가격이 경직적이라는 점이다. 과점시장에서 **가격의 경직성**을 설명하는 과점모형으로 폴 스위지(P. W. Sweezy)의 **굴절수요곡선모형**(kinked demand curve model)이 있다. 스위지모형은 왜 과점시장에서는 비용과 수요조건의 변화에도 불구하고 가격이 잘 변화하지 않는가를 잘 보여준다. 스위지는 과점시장에서 가격경직성이 나타나는 이유로 기업이 인식하는 시장수요곡선에 굴절이 있기 때문이라고 보았다.

스위지의 굴절수요곡선모형은 한 과점기업이 직면하는 수요곡선이 굴절한다는데에 핵심이 있다. 그리고 수요곡선이 굴절하는 이유를 설명하기 위해 상대기업의 반응에 대한 다음과 같은 가정을 도입하고 있다. 한 과점기업이 가격을 인하하면다른 기업들도 시장을 뺏기지 않으려고 동시에 가격을 인하한다. 반면에 과점기업이 현재의 시장가격보다 높게 가격을 인상하면 다른 기업들은 반응을 하지 않으면서 가격도 올리지 않는다고 가정한다.

이처럼 과점시장에서 기업들이 가격인하에 대해서는 반응을 보여 똑같이 행동하지만, 반면에 가격인상에 대해서는 기업들이 반응을 보이지 않는다고 가정하면, 과점기업이 직면하는 수요곡선은 현재의 시장가격수준에서 굴절하게 된다.

<그림 12-6>에서와 같이 시장가격이 P_0라고 가정하면 한 과점기업의 수요곡선은 E점에서 굴절하게 된다. 만약 한 과점기업이 가격을 인상하거나 인하할 때 다른 경쟁기업들이 전혀 반응을 보이지 않을 경우, 이 과점기업이 직면하는 수요곡선을 D_1D_1이라 하자. 반면에 이 기업의 가격결정에 대해 다른 기업들이 반응을 보일 경우, 이 기업의 수요곡선은 D_1D_1보다 기울기가 가파른 D_2D_2가 된다. 왜냐하면 이 기업의 가격결정에 대해 다른 기업이 전혀 반응하지 않는 경우에 비해 다른 경쟁기업이 반응하는 경우가 수요의 가격탄력성이 작을 것이기 때문이다.

한편 이 기업이 직면하는 수요곡선 D_1D_1과 D_2D_2에 상응하는 한계수입곡선은 수요곡선보다 기울기가 2배인 각각 MR_1과 MR_2가 된다.

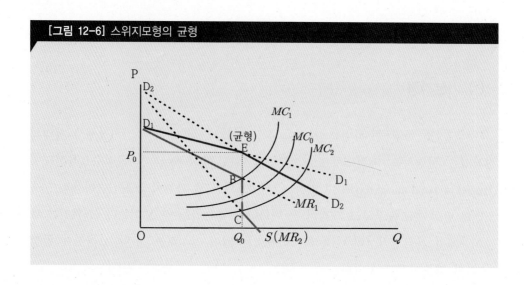

[그림 12-6] 스위지모형의 균형

(2) 스위지모형의 균형

<그림 12-6>에서 한 과점기업이 가격을 인상할 경우 다른 경쟁기업이 반응을 하지 않기 때문에 수요곡선은 D_1D_1이 되고, 가격을 인하할 경우에는 다른 경쟁기업들이 뒤따라서 가격을 인하할 것이기 때문에 수요곡선은 D_2D_2가 될 것이다. 따라서 과점기업이 실제로 직면하는 수요곡선은 현재의 시장가격 P_0수준에서 굴절하는 D_1ED_2가 되고, 그에 상응하는 한계수입곡선도 B점과 C점 사이에서 단절되어 있는 D_1B와 CS의 두 곡선으로 표시된다.

<그림 12-6>은 기업의 한계비용곡선이 세 가지(MC_1, MC_2, MC_3)로 주어진 경우, 기업은 수요곡선이 굴절되는 E점에서 이윤극대화를 달성하는 균형이 성립하는 것을 보여준다. 기업은 E점에 상응하는 수준에서 한계수입과 한계비용을 일치시켜 이윤극대화를 이루는 산출량 Q_0와 가격 P_0를 설정하게 된다. 그래서 과점기업은 생산비용에 어느 정도 변화가 생기더라도 MC곡선이 MR곡선의 **불연속구간**인 BC구간을 지나는 경우에는 가격이나 산출량을 변경하지 않는다. 즉 시장가격 P_0수준에서 Q_0만큼의 산출량을 생산한다. 왜냐하면 MC곡선이 BC구간에 있을 때 Q_0보다 적은 산출량수준에서는 MR > MC이기 때문에 과점기업이 산출량을 증가시키는 것이 이윤을 증대시키고, 반면에 Q_0보다 많은 산출량수준에서는 MR < MC이기 때문에 산출량을 오히려 감소시키는 것이 이윤을 증대시키기 때문이다.

따라서 과점기업은 생산비용조건이 변하더라도 MC곡선이 MR곡선의 불연속구간(즉, BC)을 지나고 있을 경우에는 이윤극대화를 위하여 현재의 가격 P_0와 산출량 Q_0를 유지하게 된다. 따라서 과점시장에서의 가격은 현재의 가격수준(P_0)에서 경직성을 갖게 되는 것을 알 수 있다.

제4절 협조적 과점모형 : 담합모형

1. 완전담합 카르텔모형

(1) 담합과 카르텔

담합(collusion)이란 과점기업들이 가격이나 생산량의 결정, 판매활동 등에 대하여 서로 명시적으로 또는 묵시적으로 합의하여 공동행위를 취하는 것을 말한다. 과점기업들이 담합을 하고자 하는 이유는 기업간 경쟁에 따른 불확실성을 없앨 수 있고, 또 새로운 기업의 시장진입을 저지하여 시장을 독점할 수 있어 참가기업의 공동이익을 극대화할 수 있기 때문이다.

과점기업 사이의 대표적인 담합형태가 카르텔이다. **카르텔**(cartel)은 주로 동일한 종류의 제품을 생산하는 과점기업들이 특정시장을 지배하여 독점할 목적으로 결성하는 기업의 연합체이다. 카르텔은 담합이 **명시적**으로 완전하게 이루어진 경우로서 완전담합에 해당한다.

일반적으로 가장 강력한 카르텔은 과점기업간의 협정에 의해 설립된 중앙기구를 두고, 참가기업들은 중앙기구의 통제에 복종하는 경우이다. 참가기업들이 카르텔의 중앙기구에 모든 결정을 위임하고 완전히 복종하는 경우를 **중앙집중카르텔**(centralized cartel)이라 한다. 이 경우 카르텔의 중앙기구가 참가기업들을 위한 생산, 가격, 판매 및 이윤분배 등의 정책을 결정한다. 특히 생산량의 경우 중앙기구는 카르텔 전체의 생산비를 극소화하고 공동이윤을 극대화할 수 있도록 전체 생산량을

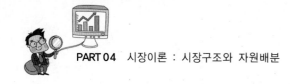
정한다. 이 때 카르텔의 중앙기구는 마치 독점기업이 여러 개의 공장시설을 가지고 있는 경우와 마찬가지로 각 참가기업의 생산량과 가격을 결정한다. 따라서 카르텔의 중앙기구가 정한 가격과 생산량은 11장 2절에서 배운 바와 같이 다수공장 독점기업이 결정하는 가격과 생산량과 같다.

(2) 카르텔의 이윤극대화

<그림 12-7>은 동질적인 상품을 생산하는 과점기업들이 카르텔을 형성하여 공동으로 가격과 생산량을 결정하는 경우이다. 따라서 중앙집중카르텔은 독점기업과 같은 성격을 갖게 되어 카르텔 전체의 이윤을 극대화하게 된다. 여기서는 한 산업 내에 비용조건을 달리하는 3개의 기업이 하나의 카르텔을 결성하여 생산을 담당하고 있는 경우이다. <그림 12-7>의 (d)에 제시된 바와 같이 시장수요곡선과 한계수입곡선은 각각 D_M과 MR_M이라고 가정한다.

카르텔의 중앙기구는 참가기업들의 공동이윤이 극대화되도록 전체 생산량을 결정하고, 이것을 각 기업에 할당한다. 이렇게 하기 위해 우선 각 기업의 한계비용곡선을 수평적으로 합계하여 시장 전체의 한계비용곡선을 도출한다. <그림 12-7>에서와 같이 카르텔에 참가한 3개 기업의 한계비용곡선인 MC_A, MC_B, MC_C를 수평으로 합계하여 시장 전체의 한계비용곡선, MC_M를 도출한다. 카르텔의 중앙기구는 <그림

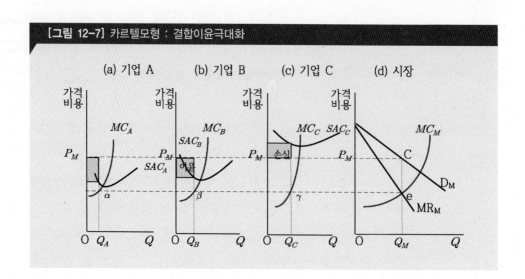

[그림 12-7] 카르텔모형 : 결합이윤극대화

12-7> (d)에서 공동이윤을 극대화하기 위하여 시장한계수입곡선(MR_M)과 한계비용곡선(MC_M)이 일치하는 점(e점)에 대응하는 총생산량(Q_M)을 결정하고, 가격은 수요곡선상의 C점에 대응하는 P_M수준으로 결정한다.

한편 카르텔의 중앙기구는 총생산량(Q_M)을 3개의 기업에 어떻게 할당할까? 각 기업의 생산량은 각 기업의 한계비용과 시장 전체의 한계수입이 일치하는 점에서 결정되어 할당된다. <그림 12-7>의 (a), (b), (c)에서와 같이, 기업 A에게는 MC_A와 MR_M이 일치하는 점 α에 대응하는 Q_A만큼 할당된다, 그리고 기업 B와 C는 점 β와 γ에 대응하는 Q_B와 Q_C만큼씩 할당받아 생산한다.

그러면 이윤은 어떤 방식으로 분배될까? 카르텔에 참가한 각 기업이 얻는 이윤 또는 손실은 각 기업이 할당받은 산출량 수준에 상응하는 평균비용과 가격의 차이에 각각의 생산량을 곱한 금액이다. <그림 12-7>의 (a), (b), (c)에서 빗금친 부분이다. 이렇게 개별기업들이 획득한 이윤들은 모두 중앙기구에서 합산하여 사전에 합의된 이윤분배방식에 따라 각 기업에 다시 분배된다. 따라서 이윤분배방식은 할당된 생산량에 비례하는 것이 아니며 참가기업들의 상대적 교섭력에 의해 결정된다.

2. 불완전담합 가격선도모형

앞서 살펴 본 카르텔과 같은 완전담합은 대부분의 국가에서 불법화되어 있다. 따라서 과점기업은 과점시장에서의 불확실성을 제거하기 위하여 명시적인 담합 대신에 묵시적인 담합을 통해 공동행위를 취한다. 과점기업이 묵시적인 담합에 의해 가격을 결정하는 것을 설명하는 모형으로는 가격선도모형이 있다.

가격선도(price leadership)**모형**은 과점기업들의 묵시적인 담합에 의해 어떤 선도기업이 정한 가격을 다른 과점기업들이 추종하는 모형이다. 즉 선도기업이 가격을 설정하면 다른 기업은 추종자로서 묵시적으로 선도기업의 결정에 따르는 불완전담합모형이다. 어떤 기업이 가격을 선도하느냐에 따라 **지배적 기업**에 의한 가격선도모형과 **저비용기업**에 의한 가격선도모형으로 나누어진다. 지배적 기업(dominant firm)에 의한 가격선도모형은 어떤 산업의 지배적인 한 기업이 선도자가 되는 경우이고, 저비용기업(low cost firm)에 의한 가격선도모형은 다른 기업에 비해 낮은 생산비로 상품을 생산하는 기업이 선도자가 되는 경우이다.

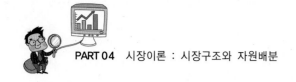

(1) 지배적 기업에 의한 가격선도모형

① 기본가정

지배적 기업에 의한 가격선도모형은 과점시장 내의 기업들 중에서 한 기업이 다른 기업들에 비해 훨씬 큰 시설규모를 갖추고 있으면서 시장점유율면에서도 우월한 위치에 있는 **지배적 기업**(dominant firm)이 과점시장 내에서 가격을 선도하는 경우이다. 지배적 기업이 매우 큰 시장점유율을 갖고 있는 반면에 몇 개의 소규모 기업들의 시장점유율은 매우 작은 경우이다. 이 경우에 지배적 기업은 자신이 설정한 가격을 소규모 기업들이 그대로 따를 것이라는 추측 하에서 이윤을 극대화할 수 있는 가격을 설정한다. 지배적 기업이 가격을 설정하면 다른 몇 개의 소규모 추종기업들은 그 가격수준에서 자신들이 원하는 만큼을 생산하여 공급할 수 있다고 가정한다.

② 잔여수요곡선

이 모형의 기본가정에 따르면 지배적 기업은 어떤 가격수준에 상응하는 시장수요량 중에서 소규모기업들의 공급에 의해 충족되지 않는 나머지 부분을 공급할 수 있게 된다. 따라서 지배적 기업은 각 가격수준에 상응하는 시장수요량에서 소규모기업들의 총공급량을 빼고 남는 **잔여수요량**을 자신의 수요량으로 간주하게 된다. 즉 지배적 기업이 각 가격수준에서 직면하는 수요량(D_D)의 크기는 시장수요량(D_M)에서 소규모 추종기업들의 공급량(S_F)을 빼고 남는 나머지로 정해진다. 즉 $D_D = D_M - S_F$이다. 그렇기 때문에 지배적 기업은 시장수요곡선에서 소규모기업 전체의 공급곡선을 수평방향으로 뺀 것을 자신의 수요곡선으로 간주하게 된다. 지배적 기업의 수요곡선은 각 가격수준에서 소규모기업들에 의해 공급되고 남는 잔여의 수요량을 표시하기 때문에 **잔여수요곡선**(residual demand curve)이라고 한다.

③ 지배적 기업모형의 균형

<그림 12-8>은 지배적인 대기업이 선도하는 가격선도모형을 나타낸다. <그림 12-8> (a)에서 D_M은 과점시장 전체의 시장수요곡선이고, S_F는 지배적 기업을 제외한 나머지 소규모기업들의 공급곡선인데, 소규모기업들의 한계비용곡선을 수평으

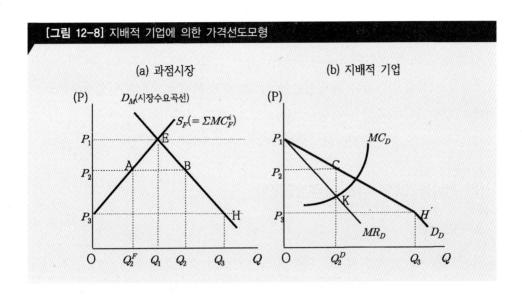

[그림 12-8] 지배적 기업에 의한 가격선도모형

로 합계(ΣMC_F^i)한 것이다. 왜냐하면 가정에 의해 소규모 추종기업들은 가격선도
기업이 설정한 가격에서 얼마든지 판매할 수 있으므로 완전경쟁기업과 같이 행동할
것이기 때문에 한계비용곡선이 바로 공급곡선이 되는 것이다.

<그림 12-8> (b)는 지배적 기업모형의 균형을 나타낸다. D_D는 지배적 기업의 잔
여수요곡선이고, 그리고 MR_D와 MC_D는 각각 지배적 기업(가격선도기업)의 잔여수
요곡선에 상응하는 한계수입곡선과 한계비용곡선이다. 앞서의 기본가정에 의하면
지배적 기업의 수요량은 <그림 12-8> (a)에서 시장수요곡선(D_M)과 소규모기업들의
공급곡선(S_F)간의 수평적 차이인 잔여수요량으로 표시된다. 예를 들면, 가격이 P_1수
준에서는 시장 수요량이 소규모기업에 의해 모두 공급되기 때문에 지배적 기업이
공급할 수 있는 잔여분은 없다. 반면에 가격 P_3수준에서는 시장수요량 Q_3 전체가
지배적 기업에 의해 모두 공급되기 때문에 소규모기업의 공급량은 0(영)이 된다.

이제 가격선도기업인 지배적 기업이 이윤을 극대화하기 위하여 가격을 어떻게
설정하는지 살펴보자. <그림 12-8> (b)에서 가격선도기업은 이윤을 극대화하기 위
해 한계수입(MR_D)과 한계비용(MC_D)이 일치하는 K점에 대응하는 산출량 Q_2^D를 생
산하고, 가격은 수요곡선상의 C점에 대응하는 P_2로 설정한다. 그러면 <그림 12-8>
(a)에서 소규모기업들은 지배적 기업이 설정한 가격인 P_2에 대응하는 공급곡선 S_F
위의 A점에 해당하는 Q_2^F만큼을 공급할 것이다. 가격 P_2에 대응하는 시장수요량인

Q_2 중에서 소규모 추종기업들의 공급량(Q_2^F)을 빼고 남는 잔여수요량인 $Q_2^F Q_2$ ($= OQ_2^D$)는 지배적 기업의 수요량이 된다. 이와 같이 지배적 기업에 의한 가격선도모형에서는 지배적 기업이 먼저 이윤을 극대화하기 위해 한계수입과 한계비용이 일치하는 수준에서 가격과 산출량을 결정하고, 나머지 추종기업들은 가격수용자로서 가격을 수동적으로 받아들이고 그 가격에서 판매하고자 하는 양만큼 생산한다.

(2) 저비용기업에 의한 가격선도모형

① 기본가정

과점시장에서 지배적 위치는 아니지만 효율적인 경영으로 다른 기업보다 낮은 비용으로 상품을 생산하는 저비용기업이 시장에서 가격을 선도하는 방법을 살펴보자. 저비용기업(low cost firm)모형에서는 세 가지 기본가정을 전제로 한다.

첫째, 과점시장 내에 동질적인 상품을 생산하는 두 개의 기업(기업 A와 기업 B) 만 있다고 가정한다.

둘째, 과점시장 내에서 두 기업의 시장점유율이 동일하기 때문에 각 기업이 직면하는 수요곡선과 한계수입곡선도 동일하다고 가정한다. <그림 12-9>에서 각 기업이 과점시장 내에서 직면하는 수요곡선과 한계수입곡선은 각각 D와 MR로 동일하

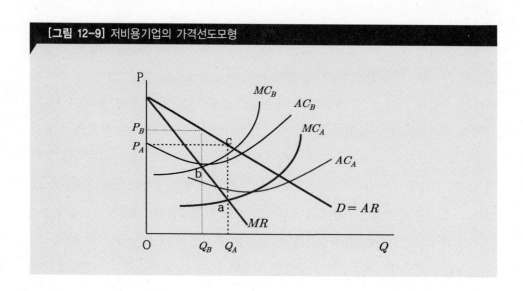

[그림 12-9] 저비용기업의 가격선도모형

게 주어져 있다.

셋째, 각 기업은 동일한 상품을 서로 다른 비용으로 생산하고 있으며, 기업 A가 기업 B보다 비용조건이 유리하다고 가정한다. MC_A와 AC_A는 동일한 상품을 저비용으로 생산하는 기업 A의 한계비용곡선과 평균비용곡선이고, MC_B와 AC_B는 기업 B의 한계비용곡선과 평균비용곡선을 나타낸다.

② 저비용기업모형의 균형

이제 기업 A와 기업 B가 모두 이윤을 극대화하기 위해 가격과 산출량을 어떻게 결정하는지 알아보자. 저비용기업인 기업 A는 $MR = MC_A$가 되는 a점에 대응하는 산출량 Q_A를 생산하고, 한 단위의 가격으로 수요곡선상의 C점에 대응하는 P_A로 팔 때 이윤이 극대가 된다. 그리고 기업 B 역시 $MR = MC_B$가 되는 b점에 대응하는 Q_B를 생산하여 P_B로 팔 때 이윤이 극대가 된다.

그러나 두 기업은 모두 동질적인 동일한 상품을 생산하여 판매하고 있으므로, 기업 A와 기업 B가 계속적으로 서로 다른 가격을 유지할 수가 없게 된다. 왜냐하면 고비용기업인 기업 B가 가격을 P_B로 계속 고집할 경우, 기업 A의 가격보다 높기 때문에 소비자들을 저비용기업인 기업 A로 빼앗겨 시장점유율이 감소하기 때문이다. 그러므로 기업 B는 가격을 P_A까지 인하하지 않을 수 없다. 이 때 저비용기업인 기업 A는 가격선도기업이 되며, 고비용기업인 기업 B는 가격추종기업이 될 수밖에 없다. 기업 B는 자신의 이윤극대화 생산량인 Q_B를 포기하고 저비용기업이 설정한 가격수준인 P_A에서 수요곡선(D)에 대응하는 산출량인 Q_A만큼을 생산하게 된다. 결국 각 기업은 P_A의 가격으로 Q_A만큼씩을 생산하기 때문에 과점시장 내의 총생산량은 $2 \times Q_A$가 된다.

그런데 기업 B가 상품가격을 P_B에서 P_A로 인하하여 시장 내에서 생산을 계속할 것인가 아니면 시장에서 퇴출할 것인가하는 문제는 장기평균비용(LAC)에 달려 있다. 즉 기업 B가 상품가격을 P_A로 인하하여도 장기적으로 평균비용을 충당할 수 있으면 시장 내에서 생산을 계속할 것이고, 장기적으로 평균비용을 충당하지 못하면 산업에서 퇴출할 것이다.

복습문제

1. 과점시장에서 활동하는 기업들의 공통적인 특성은 무엇인가?

2. 비협조적 과점모형을 구분하는 추측변이란 무엇인가?

3. 꾸르노모형의 기본가정은 무엇이고, 어떻게 균형이 성립하는가?

4. 꾸르노모형에서 반응곡선을 어떻게 도출하는가?

5. 슈타켈버그모형에서 추종자의 문제와 선도자의 문제는 서로 어떻게 다른가?

6. 슈타켈버그균형에서 각 기업의 이윤은 꾸르노균형 상태에 있는 기업들의 이윤과 비교하여 어떠한가?

7. 슈타켈버그모형의 기본가정은 무엇이고, 어떠한 경우에 균형이 성립하는가?

8. 슈타켈버그모형에서 등이윤곡선은 어떻게 도출하는가?

9. 슈타켈버그 전쟁상태는 어떤 경우에 발생하는가?

10. 베르뜨랑모형의 기본가정은 무엇이고, 어떻게 균형이 성립하는가?

11. 스위지모형에서는 과점시장에서의 가격 경직성을 어떻게 설명하고 있는가?

12. 카르텔은 어떻게 공동이윤을 극대화하는가?

13. 가격선도모형에서 지배적 기업은 어떻게 가격과 산출량을 결정하는가?

포인트 미시경제학 · The Point of Microeconomics

Chapter 13

게임이론

과점시장에서 이루어지는 각 기업들의 행위가 마치 전략적 상황에서 게임을 하는 상황과 비슷하다고 하여 최근에는 과점시장을 게임이론의 틀에서 분석한다. 이 장에서는 기업들 사이의 상호의존성이 존재하여 전략적 고려가 필요한 과점시장의 상황을 이해하는데 필요한 게임이론을 살펴본다. 우선 게임이론의 기초개념들을 설명하고, 게임을 크게 전략형 동시게임과 전개형 순차게임으로 나누어 각각의 분석방법에 대해 살펴본다.

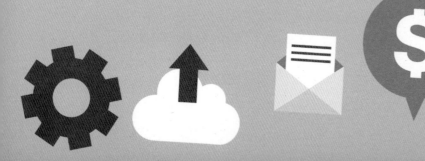

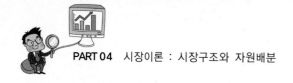

제1절 게임이론의 기초

1. 게임이론의 의의

과점시장의 특징은 독점시장이나 완전경쟁시장과 다르게 과점기업들 사이에 상호의존성이 존재한다는 것이었다. 그래서 과점시장에서는 기업 사이의 상호의존성으로 인해 가격이나 산출량 수준을 결정할 때 상대기업의 반응을 고려해야 하는 상황에 직면한다. 이러한 상황에서 과점기업이 가격이나 산출량을 변경하고자 하면, 반드시 상대기업의 반응을 불러일으키게 된다. 그래서 과점기업이 가격이나 산출량에 관해 어떤 의사결정을 해야 할 때는 상대방의 반응을 반드시 고려해야 하는 게임과 같은 전략적 상황에서 결정해야 한다.

과점기업들이 처해 있는 상황처럼 여러 경제주체가 모여 의사결정을 하는 상황을 **게임상황**(game situation)이라고 한다. 게임상황에서 각 경제주체는 자신의 의사결정이 자신의 효용뿐만 아니라 다른 경제주체의 효용에도 영향을 미치며, 동시에 다른 경제주체의 의사결정도 자신의 효용에 영향을 미친다는 사실을 잘 알고 있다. 이처럼 상호의존성이 존재하는 게임상황에서 각 경제주체는 자신에게 유리한 결정을 하고자 할 때, 다른 경제주체의 의사결정이 자신의 효용에 미치는 영향까지도 전략적으로 고려하여야 한다.

제12장에서 살펴본 과점모형들은 전략적인 상황에서 발생할 수 있는 상대기업의 반응을 모두 고려하는 것이 불가능하기 때문에 과점기업들 사이의 상호의존성 문제를 제대로 반영하지 못하였다. 그런데 과점시장에서 기업들이 마치 전략적 상황에서 게임을 하는 것과 같은 행태를 보이고 있기 때문에, 과점기업의 최적화 행동은 게임이론을 활용하여 분석할 수 있다.

게임이론(game theory)은 경제주체 사이에 상호의존성이 존재하여 전략적 고려가 필요한 게임상황에서 이루어지는 합리적 경제주체의 최적화 행동을 연구하는 분야

이다. 따라서 게임이론의 분석틀과 도구들은 과점시장의 전략적 상황에서 과점기업의 최적화 행위와 시장의 균형을 분석하는데 유용하다.

2. 분석도구의 기초

(1) 게임의 기본요소

게임(game)은 둘 이상의 경기자가 서로 연관관계를 통해 자신의 이익을 추구하고 있으나 어느 누구도 그 결과를 마음대로 좌우할 수 없는 전략적 상황을 의미한다. 게임에는 바둑과 같이 놀이판에서 하는 게임, 컴퓨터에서 하는 게임, 그리고 야구, 농구 등 경기장에서 이루어지는 게임이 있다. 이러한 게임들이 공통적으로 갖추고 있는 기본 요소는 경기자(player), 전략(strategy), 규칙(rule), 그리고 게임의 결과에 대한 보수(payoff) 등 4가지이다. 이러한 기본 구성요소들이 어떤 조합으로 주어져 있느냐에 의해 각 게임의 특징이 결정된다.

첫째, 모든 게임에는 게임에 참가하는 **경기자**(player)가 있다. 경기자는 게임의 참가자로서 게임에서 기본적인 의사결정자를 말한다. 게임이론에서는 게임에 참가하는 경제주체를 모두 경기자라고 부른다. 게임에 참가하는 경기자의 수에 따라서 2-경기자 게임, 3-경기자 게임, …, n-경기자 게임 등으로 구분할 수 있다. 과점시장의 경우에는 과점기업들이 게임에 참가하는 경기자가 된다.

둘째, 모든 게임에는 각 경기자가 선택할 수 있는 **전략**(strategy)이 있다. 전략이란 경기자가 게임 도중에 선택할 수 있는 행동에 대한 계획을 말한다. 경기자는 자신의 전략에 따라 구체적인 게임상황에서 행동을 선택하게 된다. 예컨대, 소비자와 기업이 자신의 효용과 이윤을 극대화하기 위해 선택할 수 있는 행동들을 전략이라고 한다. 이러한 의미에서 과점기업이 산출량과 가격을 결정하는 것이나 광고 등도 전략에 해당한다.

셋째, 모든 게임은 각각의 **규칙**(rule)에 따라 진행된다. 게임의 규칙은 경기자들이 사용할 수 있는 전략이나 진행 순서 및 승부의 판정방법 등을 말한다.

넷째, 게임의 결과에 따라 경기자에게 **보수**(pay off)가 주어진다. 게임의 보수는

경기자들이 선택한 전략에 따라 행동하고 게임이 진행된 결과로 얻게 되는 보상으로써, 금전적 보수나 효용의 크기로 측정한다. 게임에서는 경기자 자신이 선택하는 전략뿐만 아니라 다른 경기자의 대응전략에 따라 각 경기자의 보수가 결정된다.

(2) 게임의 진행과 표현방식

① 진행방식

게임은 그 진행방식에 따라 동시게임과 순차게임으로 나눌 수 있다. **동시게임**(simultaneous-move game)이란 모든 경기자가 동시에 전략을 선택하는 게임을 말한다. 동시게임에서는 상대방이 어떤 전략을 선택하였는지를 관찰할 수 없기 때문에 불완전정보게임이 된다. 한편 **순차게임**(sequential-move game)은 경기자들이 미리 정해진 순서대로 자신의 전략을 선택하는 게임이다. 한 경기자가 먼저 어떤 전략을 선택한 다음에 다른 경기자가 전략을 선택하는 방식이다.[12]

② 표현방식

게임을 표현하는 방식에는 전략형과 전개형이 있다. **전략형**(strategic form)은 동시게임처럼 모든 경기자들이 동시에 자신의 전략을 선택하고 게임의 결과를 **보수행렬**(payoff matrix)로 표현하는 방식이다. 전략형 게임은 경기자(player)라고 불리는 게임 참가자, 그리고 각 경기자가 가지고 있는 전략집합(strategy set), 또 경기자가 각 전략을 선택할 경우 게임의 결과로 얻게 되는 보수(payoff)로 구성되어 있고, 이러한 구성요소들을 보수행렬로 표현한다.

---

[12] 게임의 종류는 첫째, 게임 참가자들이 게임의 결과로 얻게 되는 보수의 합계가 0이냐 아니냐에 따라 영합(zero-sum)게임과 비영합게임으로, 둘째, 게임 참가자들의 보수 합계가 일정한 값이냐 아니냐에 따라 정합(constant-sum)게임과 비정합게임으로, 셋째, 상대방이 선택하는 전략을 관찰할 수 있느냐 없느냐에 따라서 완전정보(perfect information)게임과 불완전정보게임으로, 넷째, 경기자들이 어떤 태도로 경기에 임하는가에 따라 협조적(cooperative) 게임과 비협조적 게임으로 나눈다. 일반적으로 게임이라고 하면 비협조적 게임을 의미한다. 과점모형 가운데 상대기업의 행동에 대한 추측변이에 입각해 의사를 결정하는 과점기업들의 행동이 비협조적 게임의 대표적인 예이다.

한편 **전개형**(extensive form)은 순차게임처럼 각 경기자가 전략을 순서대로 선택해나가는 과정을 **게임나무**(game tree)의 가지치기로 표현하는 방식이다. 전개형 게임은 한 경기자가 선택한 전략을 검토한 후 다른 경기자가 전략을 선택해나가는 순차게임을 주로 표현하는 방식이다.

두 가지 표현방식은 단지 게임을 나타내는 방식만 다를 뿐이지 다른 면에서의 차이는 없다. 그래서 모든 비협조적 게임은 전략형 게임으로도 표현할 수 있고, 전개형 게임으로도 표현할 수 있다.

(3) 게임의 균형과 해

주어진 게임에서 각 경기자들이 어떠한 전략을 선택할 것인가? 그리고 게임의 결과로 어떠한 상태가 실현될 것인가? 게임이론에서는 게임의 균형에 의해 얻어지는 게임의 해(solution)를 통해 합리적인 선택의 결과를 보여준다.

게임의 해(solution)란 그 게임에 참가하는 합리적인 경기자가 선택할 것으로 예상되는 전략조합이나 게임의 결과를 말하고, 게임의 해는 게임의 균형에 의해 얻어진다. 그리고 **게임의 균형**(equilibrium)이란 각 경기자들이 선택한 전략에 의해 나타난 하나의 결과나 전략조합에 대해 모든 경기자가 만족하고 더 이상 전략을 변화시킬 의도가 없는 경우를 말한다.

어떤 전략형 게임의 상황에서 각 경기자는 자신이 선택할 수 있는 전략들은 물론 상대방이 선택할 수 있는 전략에 대해서도 알고 있다고 하자. 이러한 게임 상황에서 각 경기자가 어떤 전략을 선택하는 것이 가장 최선일까?

게임상황에서는 경기자 자신의 결정뿐만 아니라 다른 경기자가 어떻게 결정하는가에 따라서도 보수가 달라진다. 따라서 게임 상황에서 각 경기자가 어떠한 전략을 선택하는 것이 최선인지는 다른 경기자가 어떠한 전략을 선택할 것인가에 따라 달라진다. 그렇기 때문에 게임에서 경기자는 다른 경기자의 반응을 추측해서 자신의 보수를 극대화시키는 전략을 선택하려고 할 것이다.

모든 경기자가 전략적으로 행동해서 게임이 끝났을 때 과연 어떠한 결과가 균형으로 나타날 것인가? 시장의 균형과 마찬가지로 게임의 균형도 안정성을 갖고 있어야 한다. 시장의 균형은 수요와 공급이 일치하여 수요자와 공급자가 모두 현재의

가격과 거래량에 만족하고 있어 다른 요인이 변하지 않는 한 현재의 행동을 바꿀 유인이 없는 경우를 뜻한다.

마찬가지로 **게임의 균형**도 각 경기자가 최적이라고 생각하는 전략을 선택한 상태이기 때문에 어느 누구도 자신이 선택한 전략을 바꿀 이유가 없는 상태를 말한다. 게임이론의 균형으로는 우월전략균형, 내쉬균형, 완전균형 개념 등이 있으며, 가장 일반적으로 사용되는 균형의 개념은 내쉬균형이다.

제2절 전략형 동시게임

1. 전략형 동시게임의 기초

(1) 전략형 게임의 구성요소

앞서 설명한 바와 같이 동시게임과 같은 전략형 게임은 경기자, 전략, 보수의 세 가지 구성요소를 갖춘 형태이다.

첫째, 게임이 성립되려면 우선 게임에 참여하는 **경기자**(players)가 있어야 한다. 게임에 참여하는 경기자(즉, 경제주체)는 개별적인 자연인일 수도 있고, 기업이나 국가와 같은 조직일 수도 있다. 따라서 게임이 성립하려면 게임에 참가하는 경기자가 누구인지를 먼저 정해야 한다. 그런데 게임이론에서는 경기자의 이름이나 정체가 중요하지 않기 때문에 간단하게 숫자나 기호를 붙여 경기자를 나타내는 것이 일반적이다. 따라서 2인 게임의 경우, 경기자 1, 2 또는 경기자 A, B 등으로 표현한다.

둘째, 각 경기자가 게임에 참여한다면 선택할 수 있는 **전략**(strategy)이 있어야 한다. 예를 들어 동전 홀짝게임의 경우, 각 경기자가 선택할 수 있는 전략은 '홀'과 '짝' 2가지이다.

경기자 A와 B가 선택할 수 있는 전략들의 집합을 각각 S_A와 S_B로 표기하고, 이것을 **전략집합**(strategy set)이라고 한다. 그리고 각 전략집합에 포함된 각각의 전략은 소문자 s로 표기한다. 각 경기자가 전략을 선택하려면 전략집합에 속한 전략의 개수가 최소한 둘 이상은 되어야 한다. 경기자 A의 전략집합에 속한 전략이 2개이면, 전략 1과 전략 2는 각각 소문자 s_A^1과 s_A^2로 표기한다.

또한 각 경기자가 자신의 전략집합에서 하나씩의 전략을 선택한 결과인 **전략의 쌍**(pair)을 (s_A, s_B)로 표기하고, 이것을 **전략조합**이라고 부른다. 만약 경기자 A가 자신의 전략 중에 s_A^1을 선택하고, 경기자 B는 자신의 전략 중에 s_B^2를 선택한다면, 그 결과인 전략조합은 (s_A^1, s_B^2)로 나타낸다. 동전의 홀짝게임에서 경기자 A가 '홀'을 선택하고, 경기자 B도 역시 '홀'을 선택한다면, 그 결과인 전략조합은 (s_A, s_B) = (홀, 홀)로 표기한다.

셋째, 전략형 게임에서는 각 경기자에게 게임의 결과로 **보수**(payoff)가 주어지고, 게임의 결과를 **보수행렬**(payoff matrix)로 나타낸다. 게임의 결과와 보수는 게임에 참가하는 경기자들이 어떤 전략을 선택하느냐에 따라 달라진다. 각 경기자가 하나씩의 전략을 선택하게 되면 그 결과로 하나의 전략조합 s = (s_A, s_B)이 결정되고, 이렇게 선택된 전략조합에 의해 각 경기자의 보수가 결정된다. 두 경기자가 선택한 전략조합 s = (s_A, s_B)로부터 얻게 되는 경기자 A와 경기자 B의 보수는 각각 $u_A(s_A, s_B)$와 $u_B(s_A, s_B)$로 표기한다.

<표 13-1>의 보수행렬에서 경기자 A의 보수를 나타내는 $u_A(s_A, s_B)$를 살펴보면 경기자 A가 얻는 보수는 자신이 선택하는 전략(s_A)뿐만 아니라 경기자 B가 선택하는 전략(s_B)에도 의존한다. 마찬가지로 경기자 B의 보수를 나타내는 $u_B(s_A, s_B)$도 자신이 선택하는 전략(s_B)뿐만 아니라 경기자 A가 선택하는 전략(s_A)에도 의존한다. 이와 같이 각 경기자의 보수가 자신의 전략 선택뿐만 아니라 상대방의 전략 선택에 의해서도 달라지는 것이 게임의 본질이다.

[표 13-1] 전략형 게임의 보수행렬 (예시)

경기자 A \ 경기자 B	전략(s_B^1) = b₁	전략(s_B^2) = b₂
전략(s_A^1) = a₁	$u_A(a_1, b_1)$ / $u_B(a_1, b_1)$	$u_A(a_1, b_2)$ / $u_B(a_1, b_2)$
전략(s_A^2) = a₂	$u_A(a_2, b_1)$ / $u_B(a_2, b_1)$	$u_A(a_2, b_2)$ / $u_B(a_2, b_2)$

(2) 전략형 게임의 표현 : 보수행렬

전략형 게임은 각 경기자의 보수행렬을 이용하여 표현한다. **보수행렬**(payoff matrix)은 각 경기자가 선택한 전략과 그 결과로 받게 되는 보수를 각자의 전략과 함께 하나의 표에 체계적으로 정리해 놓은 것을 말한다.

<표 13-1>은 경기자가 2인이고, 각각 2개씩의 전략을 가지고 있는 전략형 게임을 보수행렬로 나타낸 것이다. 경기자 A가 선택할 수 있는 전략들은 행(row)에 나열하고, 경기자 B가 선택할 수 있는 전략들은 열(column)에 나열한 것이다. 경기자 A의 전략과 경기자 B의 전략이 만나는 각 칸(cell)에는 경기자들이 선택한 전략조합에 의해 경기자들이 받게 될 보수를 적는다. 일반적으로 경기자 A의 보수를 먼저 적고, 다음에 경기자 B의 보수를 적는 것이 관례이다. 하지만 편의상 대각선을 이용하여 우측 위쪽은 경기자 B의 보수를, 좌측 아래쪽은 경기자 A의 보수를 적는 경우도 있다.

여기서는 편의상 경기자 A가 선택할 수 있는 2개 전략(s_A^1과 s_A^2)을 각각 a_1과 a_2로 대체해서 표기하고, 경기자B의 2개 전략을 b_1과 b_2로 대체해서 표기한다. 그리고 $u_A(a_i, b_j)$와 $u_B(a_i, b_j)$는 경기자 A와 B가 각각 전략 a_i와 b_j(단, $i = 1, 2$, $j = 1, 2$)를 선택하였을 때, 결정되는 전략조합 (a_i, b_j)에 의해 경기자 A와 B가 얻게 되는 보수를 나타낸다.

2. 우월전략균형

(1) 우월전략균형의 개념

① 우월전략과 열등전략

게임상황에서는 한 경기자가 자신이 선택한 전략뿐만 아니라 다른 경기자가 선택한 전략에 의해서도 자신의 보수가 다르게 결정되기 때문에 상대방의 결정을 고려하여 자신의 전략을 선택해야 한다. 그런데 게임에서 경기자가 선택할 수 있는 전략은 우월전략과 열등전략으로 나눌 수 있다.

상대방의 전략이 주어졌을 때 자신의 보수를 최대로 얻게 해주는 전략을 **최적전**

략(optimal strategy)이라고 하고, '주어진 상대방의 전략'에 대해 최적전략을 선택하여 대응하는 것을 '**최선의 대응**'(best response)이라고 한다. 만약 상대방의 전략이 무엇이든 상관없이 자신에게 가장 높은 보수를 가져다주는 전략이 존재한다면 바로 그러한 전략을 선택하는 것이 최선의 대응일 것이다.

이처럼 상대방이 어떤 전략을 선택하든지 관계없이 각 경기자가 가지고 있는 모든 전략 가운데서 본인에게 가장 높은 보수를 얻게 해주는 최적전략을 **우월전략**(dominant strategy)이라 부른다.

반면에 **열등전략**(dominated strategy)이란 상대방의 전략이 무엇이든 상관없이 경기자에게 다른 전략에 비해 더 높은 보수를 가져다주지 못하는 열등한 전략을 말한다. 경기자 A에게 임의의 전략 s_A^1가 열등전략이라는 것은 상대방의 전략에 상관없이 항상 전략 s_A^1보다 더 높은 보수를 얻게 해주는 전략이 경기자 A에게 적어도 하나 이상 존재한다는 의미이다.

② 우월전략균형

게임에서 경기자들이 합리적이라면 우월전략과 열등전략 가운데 어떠한 전략을 선택할까? 게임에 우월전략이 존재할 경우, 경기자가 합리적이라면 결코 열등전략은 선택하지 않을 것이고, 반드시 우월전략을 선택할 것이다. 왜냐하면 우월전략이 경기자에게 항상 가장 높은 보수를 얻게 해주는 최적전략이어서 우월전략 이외의 다른 전략을 선택할 필요가 없기 때문이다. 그러므로 각 경기자가 우월전략을 보유하고 있는 경우, 각 경기자는 상대방의 전략에 관계없이 반드시 우월전략을 선택하여 가장 높은 보수를 받을 것이다. 이처럼 각 경기자들이 우월전략을 선택하여 사용할 때 달성되는 게임의 균형을 우월전략균형이라고 한다. **우월전략균형**(dominant strategy equilibrium)은 각 경기자의 우월전략과 우월전략으로 구성되는 전략조합에 의해 달성되는 균형이다. 이때 두 경기자의 **우월전략조합**이 우월전략균형의 **해**(solution)가 된다.

(2) 우월전략균형의 예 : 광고게임

① 광고게임의 상황

우월전략의 개념과 우월전략균형에 대해 구체적으로 알아보기 위해 스마트폰을 생산하는 두 기업 A와 B 사이의 TV광고게임을 살펴보자. 기업 A와 B가 각각 TV 광고에서 선택할 수 있는 두 가지 전략과 그 결과로 얻게 되는 보수를 나타내는 보수행렬이 <표 13-2>와 같이 주어져 있다고 가정하자.

두 기업은 TV광고를 대대적으로 할 것이냐 하지 않을 것이냐를 결정해야 한다. 기업 A와 B가 선택할 수 있는 두 가지 전략은 TV광고를 자제하는 '광고자제' 전략과 광고를 대대적으로 펴는 '광고공세' 전략이다.

만약 두 기업이 모두 광고를 자제하는 전략조합 (a_1, b_1)를 선택할 경우, 두 기업 모두 각각 60억원의 순이익을 올릴 수 있다. 한편 두 기업이 경쟁적으로 TV광고를 하는 전략조합 (a_2, b_2)를 선택할 경우, 상대기업에 비해 판매를 더 늘릴 수 없는 반면에 막대한 광고비를 지출해야 하므로 각 기업의 순이익이 40억원으로 줄어든다. 그리고 한 기업은 광고를 대대적으로 하는데 다른 기업은 광고를 하지 않을 경우, 광고를 대대적으로 편 기업은 순이익이 100억원으로 증가하지만, 광고를 자제한 기업의 순이익은 크게 감소하여 20억원에 그친다.

② 광고게임의 우월전략균형

위와 같은 상황이라면 기업 A는 기업 B가 어떠한 전략을 선택하든지 관계없이 광고공세(a_2)전략을 선택하는 경우가 광고자제(a_1)전략을 선택하는 경우보다 자신의 보수를 더 크게 한다는 것을 알 수 있다. 즉 기업 B가 광고자제(b_1)전략을 선택할

[표 13-2] 광고게임의 보수행렬 : 우월전략균형

기업 A \ 기업 B	광고 자제(b_1)		광고 공세(b_2)	
광고 자제(a_1)		60		100
	60		20	
광고 공세(a_2)		20		40
	100		40	

때 기업 A는 광고공세(a_2)전략을 선택하는 것이 a_1전략을 선택하는 것보다 더 많은 이익을 얻을 수 있다. 그리고 기업 B가 광고공세(b_2)전략을 사용할 경우에도 기업 A는 a_2전략을 선택하는 것이 더 큰 이익을 올릴 수 있다. 이와 같이 기업 A의 입장에서는 상대기업이 어떤 전략을 사용하든지 관계없이 광고공세(a_2)전략이 최적전략이 되므로 a_2전략이 기업 A에게는 우월전략이 된다.

마찬가지로 기업 B의 경우에도 상대기업이 어떤 전략을 선택하든지 관계없이 광고공세(b_2)전략이 최적전략이면서 우월전략이 된다. 결국 두 기업 A와 B 모두에게 광고자제전략은 열등전략이고, 광고공세전략이 우월전략이라는 사실을 알 수 있다. 따라서 두 기업이 모두 우월전략인 광고공세전략을 선택하기 때문에 전략조합 (a_2, b_2), 즉 **(광고공세, 광고공세)**가 광고게임에서의 우월전략균형의 해가 된다. 이 때 두 기업은 게임 결과로 각각 40억원의 순이익을 올리게 된다.

3. 내쉬균형

(1) 내쉬균형의 조건

① 내쉬균형의 의의

앞서의 우월전략균형은 각 경기자가 상대방이 선택할 수 있는 모든 전략에 대해서 최적전략인 우월전략을 갖고 있어야 성립한다. 따라서 경기자가 우월전략을 갖고 있지 않을 경우에는 우월전략균형이 성립할 수 없다. 그렇다면 아무도 우월전략을 가지고 않는 경우에는 경기자들이 어떤 전략을 선택하여야 할까? 또한 이러한 게임에 대해서는 어떻게 균형을 정의하고 찾을 수 있을까?

실제 대부분의 게임상황에서 경기자들은 우월전략을 갖고 있지 않다. 우월전략이 존재하지 않는 게임에서는 합리적 경기자들이 어떤 전략을 선택하고, 그 결과가 어떻게 될 것인지를 예상하는 것이 어렵다. 왜냐하면 우월전략이 존재하지 않을 경우에는 상대방의 전략에 따라 경기자 본인의 최선의 대응전략이 바뀌게 되기 때문이다. 따라서 우월전략이 존재하지 않는 경우에도 성립할 수 있는 새로운 균형개념이 필요하다. 어떠한 게임이 주어지든지 관계없이 보편적으로 적용할 수 있는 게임의 균형조건이 필요하다. 이러한 게임의 균형조건을 충족시켜주는 게임의 균형개념이

바로 내쉬균형(Nash equilibrium)이다.

내쉬균형(Nash equilibrium)은 각 경기자가 상대방이 선택한 주어진 전략에 대응해서 각자의 최적전략을 선택할 때 달성되는 균형을 말한다. 내쉬균형은 각 경기자가 상대방이 선택한 전략에 대하여 최선의 대응전략을 선택하고 있는 상황이기 때문에 어느 경기자도 자신의 전략을 바꿀 이유가 없는 균형상태이다. 그래서 일단 내쉬균형이 성립되면 누구라도 본인들이 선택한 균형전략 이외의 기타 다른 전략을 선택하면 손해를 보게 된다. 따라서 내쉬균형이 성립되고 나면 합리적인 경기자는 자신이 선택한 최적전략을 변경하지 않기 때문에 내쉬균형은 안정적인 것이다. 이처럼 어떤 게임에서 각 경기자가 상대방의 최적전략을 주어진 것으로 보고 각자의 최적전략을 선택한 결과, 더 이상 자신의 전략을 바꿀 유인이 없을 때 내쉬균형이 성립되고, 이 때 각 경기자가 선택한 최적전략의 조합을 **내쉬균형의 해**라고 한다.

이상에서 우월전략이 존재하지 않는 게임이라도 내쉬균형은 존재한다는 사실을 알 수 있다. 또 내쉬균형은 상대방이 최적전략을 사용하는 상황에서 자신도 최적전략을 사용할 때 달성되는 균형이지만, 우월전략균형은 상대방의 전략에 관계없이 자신의 우월전략을 사용할 때 달성되는 균형이다. 그러므로 우월전략균형은 항상 내쉬균형이 되지만, 내쉬균형이 반드시 우월전략균형이 되는 것은 아니다. 우월전략균형은 내쉬균형의 특별한 경우이다.

② 내쉬균형의 조건

내쉬균형의 성립조건은 '**상대방이 선택한 최적전략**에 대해서만 최선의 대응이 될 수 있는 최적전략이 존재해야 한다'는 것이다. 이러한 내쉬균형의 조건을 우월전략균형의 조건과 비교하면 많이 완화된 조건임을 알 수 있다. 즉 우월전략균형의 조건은 '**상대방의 모든 전략**에 대해 최선의 대응이 되는 최적전략이 존재해야 한다'는 것이다. 한편 내쉬균형은 상대방이 선택한 최적전략에 대해서만 최적전략이 존재하면 되기 때문에 우월전략균형의 조건과 비교하면 많이 완화된 조건이다. 그래서 우월전략균형이 존재하지 않더라도 내쉬균형은 존재할 수 있다.

내쉬균형의 조건(Nash equilibrium condition)과 그 특징에 대해 구체적으로 알아보자. 경기자 A가 선택한 전략(s_A^*)과 B가 선택한 전략(s_B^*)의 짝인 전략조합

(s_A^*, s_B^*)가 내쉬균형이 되기 위해 충족해야 하는 조건은 다음과 같다. '경기자 A가 선택한 전략 s_A^*가 경기자 B의 전략 s_B^*에 대해서 최선의 대응전략이면서, 동시에 경기자 B가 선택한 전략 s_B^*가 경기자 A의 전략 s_A^*에 대해서도 최선의 대응전략이어야 한다'는 조건이다.

만약 경기자 A가 선택한 전략 s_A^*와 B가 선택한 전략 s_B^*가 내쉬균형의 조건을 충족시킬 경우, 두 전략의 조합인 (s_A^*, s_B^*)를 **내쉬균형의 해**라고 부른다.

한편 일단 내쉬균형이 성립되면 모든 경기자가 상대방의 전략에 대해 자신의 전략을 변화시킬 유인이 없어진다. 왜냐하면 내쉬균형에서는 상대방의 균형전략에 대하여 자신이 선택한 균형전략이 최선의 대응전략이므로 어느 쪽도 균형전략 이외의 다른 전략을 선택하면 손해를 보게 되기 때문이다.

한편 경기자들이 선택한 전략조합인 (s_A^*, s_B^*)가 내쉬균형의 해인지 아닌지의 여부를 판단하는 대상은 전략조합이지 각 경기자들이 선택한 개별적 전략이 아니다. 그래서 한 경기자가 선택한 하나의 전략이 내쉬균형의 해가 될 수 없다. 경기자 A의 전략 s_A^1이 경기자 B의 전략 s_B^1과 함께 하는 전략조합 (s_A^1, s_B^1)는 내쉬균형이지만, 다른 전략 s_B^2와 함께 하는 전략조합 (s_A^1, s_B^2)는 내쉬균형이 아닐 수도 있다. 따라서 항상 내쉬균형의 여부는 전략조합을 가지고 판단해야 한다.

(2) 내쉬균형의 예 : 성대결 게임

① 순수전략과 혼합전략

내쉬균형은 모든 경기자들이 순수전략을 사용하는 게임의 내쉬균형과 혼합전략을 사용하는 게임의 내쉬균형으로 구분할 수 있다.

순수전략(pure strategy)이란 각 경기자가 선택할 수 있는 전략집합에 속해 있는 각각의 전략을 말한다. <표 13-2>에 표현된 바와 같은 순수전략게임은 각 경기자가 여러 가지 전략 중에서 특정한 한 가지 전략만 선택해서 사용하는 게임을 말한다. 그리고 게임의 경기자가 모두 순수전략만을 사용하는 게임에서 성립하는 내쉬균형을 **순수전략 내쉬균형**이라고 한다.

그러나 모든 경기자가 순수전략만을 사용하도록 되어 있는 게임의 경우에는 내쉬균형이 존재하지 않는 게임도 많이 있다. 동전의 홀짝게임은 순수전략 내쉬균형이 존재하지 않는 게임의 대표적인 예이다. 순수전략만 사용해서는 내쉬균형이 존재하지 않는 게임이라 할지라도, 혼합전략을 사용할 수 있으면 반드시 내쉬균형을 갖게 된다. **혼합전략**(mixed strategy)이란 두 가지 이상의 순수전략들을 적절한 비율로 혼합하여 사용하는 전략을 말한다. 혼합전략은 경기자가 여러 가지 순수전략들 가운데 각 순수전략을 미리 주어진 확률(p) 분포에 따라 임의로 선택하는 전략을 의미한다. 예컨대, 홀짝게임에서 경기자 A가 혼합전략으로 (p, 1-p)를 사용한다는 것은 p의 확률로 '홀' 전략을 선택하고, (1-p)의 확률로 '짝' 전략을 선택하는 것을 의미한다.

② 순수전략게임 : 성대결 게임의 상황

이제 <표 13-3>에 예시된 **성대결**(battle of sexes) 게임의 보수행렬을 이용하여 순수전략게임의 내쉬균형을 찾아보자. 갑돌이와 갑순이가 커피전문점에서 만나 주말에 함께 데이트할 장소를 정하고 있다. 갑돌이와 갑순이가 선택할 장소는 스키장과 영화관으로 좁혀져 있다. 두 사람이 선택할 수 있는 전략은 각자 두 가지밖에 없다는 의미이다. 갑돌이는 스키 매니아이고, 갑순이는 영화 매니아이다. 그래서 갑돌이는 스키장에서 스키를 타면서 데이트를 하고 싶어 하고, 갑순이는 영화관에서 블록버스터 영화도 보고 쇼핑도 하고 싶어 한다. 이처럼 각자 선호하는 장소는 다르지만, 혼자 있는 것보다는 두 사람이 함께 같이 있으면서 시간을 보내는 것을 선호한다. 그래서 갑돌이는 혼자만 스키장에 가는 것보다 갑순이와 함께 영화관에서 영화를 보는 것을 선호한다. 그리고 갑순이도 혼자만 영화관에 가는 것보다는 갑돌이와 함께 스키장에 가는 것을 선호한다.

<표 13-3>은 갑돌이와 갑순이가 데이트 장소를 결정해야 하는 게임적 상황과 보수를 보수행렬로 표현한 것이다. 두 사람이 서로 다른 장소를 선택하는 경우, 데이트가 이루어지지 않으므로 각자가 얻는 효용이 0(영)이 되거나 같은 장소에 함께 있는 것보다는 낮은 효용을 얻게 된다.

우선 두 사람이 서로 상대방을 배려한다는 생각에 상대방이 선호하는 장소를 선

[표 13-3] 성대결 게임의 보수행렬 : 순수전략 내쉬균형

갑순이(B) 갑돌이(A)	스키장(b₁)		영화관(b₂)	
스키장(a₁)	100	60	30	30
영화관(a₂)	0	0	60	100

택하는 경우를 살펴보자. 만약 두 사람이 선택한 전략조합이 (a_2, b_1)일 경우, 두 사람이 만나지 못해 데이트도 할 수 없을 뿐만 아니라 자신들이 선호하는 여가활동도 아니기 때문에 각자가 얻는 효용은 0(영)이다.

이번에는 갑돌이와 갑순이가 각자 선호하는 장소를 선택하는 경우를 보자. 만약 두 사람이 선택한 전략조합이 (a_1, b_2)일 경우, 두 사람이 만나지는 못하였으나 자신들이 선호하는 취미생활은 할 수 있으므로 효용수준이 각각 30단위이다.

한편 갑돌이와 갑순이가 모두 같은 장소를 선택할 경우, 즉 (a_1, b_1)나 (a_2, b_2)일 경우 두 사람이 만나서 데이트를 할 수 있으므로 효용은 앞서 두 가지 경우보다는 커지게 된다. 그러나 만난 장소가 어느 곳이냐에 따라 두 사람의 보수(즉, 효용)는 달라진다. 영화관에서 만난다면 갑순이는 100단위의 효용을 얻지만, 갑돌이는 60단위의 효용밖에 얻지 못한다. 반면에 스키장에서 만난다면 갑돌이는 100단위의 효용을 얻지만, 갑순이는 60단위의 효용밖에 얻지 못한다.

③ 성대결 게임의 순수전략 내쉬균형

<표 13-3>의 성대결 게임에서 갑돌이와 갑순이가 선택할 수 있는 전략은 각각 스키장 아니면 영화관이다. 그리고 성대결 게임의 균형 해(solution)는 그들이 만나서 데이트할 수 있는 장소가 된다.

이제 두 사람이 스키장과 영화관 가운데 어느 곳을 데이트 장소로 선택할 것인가를 알아보자. 이 성대결 게임에서는 우월전략이 누구에게도 존재하지 않는다. 그래서 이 게임에서 우월전략균형은 이루어질 수 없다. 이처럼 우월전략이 존재하지 않을 경우에는 각자에게 최선의 대응전략, 즉 최적전략은 상대방이 어떤 전략을 선택하느냐에 따라 달라진다. 예컨대, 갑돌이가 스키장(a_1)을 선택할 경우 갑순이는 영화관(b_2)을 선택하여 30단위의 효용을 얻는 것보다는 스키장(b_1)을 선택하여 60단위

의 효용을 얻는 것이 더 낫다. 그러므로 갑돌이가 스키장(a_1)을 선택할 경우에는 갑순이에게는 스키장(b_1)이 최선의 대응전략이 된다. 똑같은 방법으로 갑돌이가 영화관을 선택하면 갑순이에게는 영화관이 최선의 대응전략이 된다는 것을 알 수 있다. 이처럼 갑순이의 최적전략은 갑돌이가 어떠한 전략을 선택하느냐에 따라 달라진다. 이러한 상황은 갑돌이에게도 똑같이 적용된다.

그래서 이 게임에는 **두 개의 순수전략 내쉬균형**이 존재한다. 하나는 두 사람 모두에게 상대방이 스키장을 선택하면 스키장을 선택하는 것이 최선의 대응전략이고, 다른 하나는 상대방이 영화관을 선택하면 영화관을 선택하는 것이 각각 최선의 대응전략이다. <표 13-3>에서 두 사람이 선택한 전략조합 가운데 (a_1, b_1)=(스키장, 스키장)과 (a_2, b_2)=(영화관, 영화관)이 내쉬균형의 조건을 충족한다.

그런데 두 개의 내쉬균형 가운데 전략조합 (스키장, 스키장)은 갑돌이에게 유리하고, 전략조합 (영화관, 영화관)은 갑순이에게 유리하다. 그렇다면 이 게임에서 두 개의 내쉬균형 가운데 어느 것이 실현될까? 이 문제는 주어진 게임에서는 알 수 없고, 이 게임에 포함되어 있지 않은 요인에 의해 결정된다. 즉 평소 누가 의사결정권을 비롯한 데이트의 주도권을 잡고 있는가에 의해 결정된다.

4. 용의자의 딜레마 게임

(1) 게임의 상황

전략형 동시게임의 대표적인 예가 **용의자의 딜레마**(prisoner's dilemma) 게임이다. 이 게임의 상황은 절도범죄를 저지르다 경찰에 체포된 두 범죄자에 대한 이야기이다. 두 사람을 편의상 A와 B라고 하자. 경찰이 두 사람의 절도행위를 입증할 수 있는 충분한 증거를 가지고 있고, 절도 전과사실까지 있어 상습절도로 2년형의 징역을 살아야 한다. 그런데 전과사실을 조회하는 과정에서 두 사람이 과거 발생한 2인조 강도사건의 용의자들과 비슷한 인상착의를 가진 자들이라고 경찰은 의심하고 있다. 그러나 심증은 있지만 과거의 강도사건에 대한 물증은 없는 상태이다. 그래서 강도사건의 범인으로 기소하는데 필요한 유일한 수단은 본인들의 자백밖에 없다. 강도사건의 증거를 확보하기 위해 경찰이 두 사람을 분리된 조사실에서 심문을 하고 있다. 그렇지만 두 사람은 자신들이 과거에 저지른 범죄에 대해 전혀 말을 하지 않고 있는 상황이다.

그래서 경찰은 두 사람으로부터 자백을 얻어내기 위해 거래를 제안하였다. 강도 사건에 대해 자백하여 협조하면 정상을 참작하여 그만큼 형량을 줄여 주겠다는 제안이다. 구체적으로 각자에게 "너는 상습절도범으로 2년형의 징역을 살게 될 것이다. 그렇지만, 네가 강도 사실을 자백하면 정상을 참작하여 너를 기소유예로 석방해 주겠다. 하지만 파트너는 10년의 징역형을 살게 된다. 만약 네 파트너가 자백하여 너의 범행까지 드러나면 파트너는 석방되지만, 너는 과거의 범행까지 추가하여 10년 징역형을 살게 된다"는 내용이다.

만약 용의자 A와 B가 끝까지 범행을 부인하면 강도사건에 대해서는 증거가 없기 때문에 둘 다 혐의를 벗게 되지만, 상습절도죄로 2년 징역형만 살면 된다. 그런데 만약 한 사람은 범행을 부인하고 다른 한 사람이 범행을 자백할 경우, 자백한 사람은 석방되지만 범행을 부인한 사람은 10년 징역형을 받게 된다.

이러한 제안을 받은 두 용의자는 과연 어떠한 행동을 취할 것으로 생각하는가? 그들은 과연 경찰에 협조하여 자백할까 아니면 10년 징역형을 살게 되는 위험을 감수하고서라도 계속 부인할까?

(2) 게임의 균형

<표 13-4>는 용의자 A와 B가 선택할 수 있는 전략과 관련된 게임의 보수를 보수행렬로 나타내고 있다. 각 용의자가 선택할 수 있는 전략은 자백이냐 부인이냐의 두 가지 전략밖에 없다. 그리고 각 용의자가 받게 되는 형량은 각자 선택한 전략과 파트너가 선택한 전략에 따라 달라진다.

우선 용의자 B가 어떤 전략을 선택할 것인지에 대해 생각해보자. 만약 A가 자백하지 않고 부인할 것으로 생각하면 B의 최적전략은 자백하는 것이다. 왜냐하면 B는 자기 혼자만 자백하면 A가 모든 죄를 뒤집어쓰고 10년형을 살지만 자신은 석방되기 때문이다. 그렇지 않고 A가 자백할 것으로 생각하는 경우에도 B의 최적전략은 역시 자백하는 것이다. 왜냐하면 이 경우 자백하면 10년형 대신에 5년형을 받기 때문이다. 따라서 A가 어떤 전략을 선택하든 관계없이 B는 항상 자백하는 것이 유리

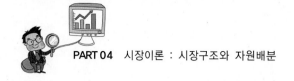
[표 13-4] 용의자의 딜레마게임

용의자 A \ 용의자 B	범행 자백		범행 부인	
범행 자백		−5		−10
	−5		0	
범행 부인		0		−2
	−10		−2	

하기 때문에 **자백**을 선택하는 전략이 **우월전략**이다.

이제 A가 어떤 전략을 선택할 것인지에 대해 생각해보자. 두 사람의 입장이 정확하게 똑같기 때문에 A는 B와 똑같은 선택에 직면하여 똑같은 방법으로 생각한다. A도 역시 자백하는 것이 B가 자백과 부인 중에서 무엇을 선택하든 관계없이 유리하기 때문에 A에게도 **자백**하는 것이 역시 **우월전략**이다.

용의자의 딜레마 게임에서는 두 사람 모두 상대방이 어떤 전략을 선택하더라도 자신은 자백하는 것이 더 유리하다. 그러므로 두 용의자에게는 자백이 우월전략이 된다. 그 결과 두 사람 모두 자백하고 5년형을 살게 되는 전략조합(자백, 자백)이 우월전략균형으로서 내쉬균형이 된다. 결국 용의자의 딜레마 게임은 모두에게 유리한 결과가 있음에도 불구하고 각자가 자신의 이익만 추구할 때 결과적으로 모두에게 불리한 결과를 얻을 수도 있다는 점을 시사해주고 있다.

제3절 전개형 순차게임

1. 전개형 순차게임의 기초

(1) 전개형 순차게임의 표현방식

① 게임나무

전개형 순차게임은 한 경기자가 먼저 자신의 전략을 선택하고, 그 다음에 다른 경기자가 이를 관찰한 후 자신의 전략을 선택하는 게임이다. 앞서의 전략형 동시게임은 보수행렬로 그 결과를 요약해서 나타낼 수 있었다. 그러나 순차게임은 게임이 여러 단계를 거쳐서 전개되기 때문에 보수행렬로 표현하기 어렵고 다른 방식으로 표현해야 한다. 그래서 순차게임은 경기자들이 전략을 선택하는 순서에 맞추어 전개형 게임의 방식으로 표현한다. 전개형 순차게임에서는 게임의 진행과정과 결과를 **게임나무**(game tree)로 표현한다.

게임나무는 마디(node)와 가지(branch)로 이루어진 그래프의 일종이다. 게임나무에서 마디는 의사결정마디와 종료마디로 분류된다.

게임나무에는 게임의 단계별로 경기자 중 누군가가 자신이 취할 행동을 결정해야하는 상태의 의사결정점이 표시되는데, 이를 **의사결정마디**(decision node)라고 한다. 이 가운데 **종료마디**(terminal node)는 게임의 최종 결과가 실현되어 모든 경기자들에게 결과에 상응하는 보수가 지불되는 상태를 뜻한다. 그리고 게임이 최초로 시작되는 **초기마디**(intial node)도 의사결정마디의 하나이다.

한편 각 가지(branch)는 하나의 마디로부터 출발하여 다른 마디에 도착하는 실선으로 나타낸다. 각 의사결정마디에는 경기자 중 한 명이 배정되어 해당 경기자가 선택할 차례임을 나타내고 있다. 하나의 의사결정마디에서 해당 경기자가 선택을 하면 가지(branch)를 따라 다음 결정마디로 연결하는 식으로 게임의 진행방식이 표현된다.

② 순차게임의 사례 : 과점기업의 가격설정

전개형 순차게임이 진행되는 과정과 결과를 표현하는 방식을 사례를 통해 알아보자. 과점시장에서 경쟁관계에 있는 기업 A(선도자)와 기업 B(추종자)가 스마트폰을 새로이 출시하려는데 가격을 얼마로 책정하여 휴대폰시장에 내놓을 것인가를 결정해야하는 상황이라고 하자. 이 경우 게임상황은 신형 스마트폰의 가격 설정에 관한 것이고, 두 기업이 선택할 수 있는 전략은 각각 고가전략(H)과 저가전략(L) 가운데 하나이다. 그리고 두 기업이 가격을 설정하는 방식은 기업 A가 선도자로서 먼저 가격을 설정하고, 그 다음으로 기업 B가 추종자로서 가격을 설정하는 순서로 진행되는 순차게임이다.

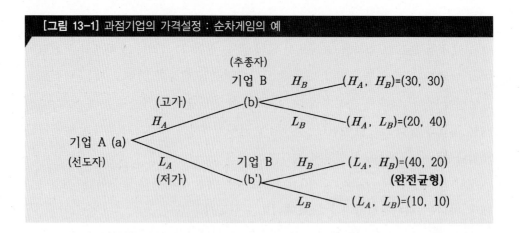

[그림 13-1] 과점기업의 가격설정 : 순차게임의 예

<그림 13-1>은 두 기업 사이의 가격 설정에 관한 순차게임의 진행과정과 그 결과를 전개형 게임의 **게임나무**(game tree)로 표현한 것이다.

<그림 13-1>에서 점 a는 기업 A의 의사결정마디이며, 점 b와 b'는 기업 B의 의사결정마디가 된다. 먼저 가격을 설정하는 기업 A는 자신의 의사결정마디 점 a에서 고가전략과 저가전략 중에서 한 가지를 선택한다. 만약 기업 A가 고가전략(H_A)을 선택한다면, 의사결정마디 b에 위치하게 되는 기업 B는 고가전략(H_B)이나 저가전략(L_B) 중에 하나를 선택함으로써 게임이 종료되는 것을 나타낸다.

각 기업의 의사결정에 따라 실현되는 결과인 보수(payoff)는 종료마디에 있는 괄호 안의 숫자로 나타나 있다. 첫째 숫자는 먼저 행동하는 선도기업 A의 보수이고, 두 번째 숫자는 뒤에 행동하는 추종기업 B의 보수를 나타낸다. 예컨대, 기업 A가 고가전략 H_A를 선택하고 이에 대응하여 기업 B도 역시 고가전략 H_B를 선택하면 각각 30단위의 보수를 얻는다는 것이 맨 위 가지의 종료마디에 나타나 있다. 즉 (H_A, H_B) = (30, 30)이다.

(2) 전개형 순차게임의 전략

전개형 순차게임에서 각 경기자는 어떠한 전략을 선택해야 합리적일까? 순차게임에서 선택하는 전략은 동시게임에서의 전략과 그 성격이 다르다. 동시게임과 달리 순차게임에서는 각 경기자가 앞서 행동하는 상대방이 어떤 전략을 선택하는가를 관찰하고 나서 그 다음에 자신의 전략을 선택해야 한다. 그러므로 각 경기자는 상대방이 선택하는 전략에 따라 자신에게 최적인 전략을 선택해야 하는 **조건부 최적전략**으로 대응할 수밖에 없다.

　<그림 13-1>에서 추종기업 B의 입장에서 고가전략 H_B와 저가전략 L_B 가운데 어떤 것이 최적 전략이 될 수 있을까? 기업 B는 A가 어떠한 전략을 선택하는가를 관찰한 후 결정하기 때문에, 기업 B의 최선의 대응전략은 다음과 같은 조건부 대응전략이 최적전략이 된다. 즉 만약 기업 A가 고가전략인 H_A를 선택하여 기업 B가 의사결정마디 b에 있다면 저가전략 L_B를 선택하고, 기업 A가 저가전략 L_A를 선택하여 기업 B가 b'의 의사결정마디에 있다면 고가전략 H_B를 선택하는 것이다.

　그러나 기업 A에게는 최적전략이라 할 수 있는 조건부 대응전략이 존재하지 않는다. 왜냐하면 기업 A의 입장에서 볼 때 최적전략은 자신보다 뒤에 선택하는 기업 B가 무슨 전략을 선택하느냐에 따라 달라지기 때문에 최적전략이 존재하지 않는 셈이다. 그러므로 전개형의 순차게임에서 균형을 찾는 방법도 전략형의 동시게임과는 달라질 수밖에 없고, 균형의 개념 자체도 달라진다. 순차게임에서는 내쉬균형이라는 개념 대신에 완전균형 개념을 사용한다.

2. 순차게임의 완전균형

(1) 완전균형의 조건

　어떤 경제행위를 하는데 있어서 위협(threat)과 약속(promise)은 매우 중요한 역할을 한다. 게임상황에서도 상대방의 위협이나 약속이 신뢰할 수 있는가는 경기자가 의사결정을 내리는데 있어서 고려해야할 중요한 요소들이다. 그런데 위협이나 약속은 미래에 선택할 행동에 대한 것이므로, 경기자들이 동시에 전략을 선택하는 전략형 게임에서는 고려할 필요가 없다. 그러나 경기자들이 순차적으로 전략을 선택하는 전개형 순차게임에서는 반드시 고려해야할 사항이다. 그래서 게임의 결과를 자신에게 유리하도록 유도하기 위해 전개형 순차게임의 전략 가운데 상대방을 위협하거나 협조를 구하는 전략도 포함될 수 있다.

　이제 경기자들의 위협과 약속의 신빙성이 고려된 전략을 분석하기에 적합한 순차게임의 완전균형에 대해 알아보자. 순차게임에서 경기자의 위협과 약속의 신빙성

까지도 고려한 균형을 완전균형이라고 한다.

순차게임의 균형분석에 사용하는 **완전균형**(perfect equilibrium)은 내쉬균형조건을 충족하는 내쉬균형 중에서 추가적으로 신빙성조건을 충족하는 균형이다. 따라서 **완전균형**은 내쉬균형조건과 신빙성조건을 동시에 충족해야 한다는 것이다. 여기서 **내쉬균형조건**(Nash equilibrium condition)은 어떤 경기자도 전략의 변경을 통해 자신의 효용을 더 이상 증가시킬 수 없어야 한다는 것이다. 그리고 **신빙성조건**(credibility condition)은 경기자의 전략에 내포되어 있는 위협이나 약속이 신빙성을 갖고 있어야 한다는 것이다.

한편 경기자의 전략에 포함되어 있는 위협이 신빙성을 갖고 있는지 여부는 그것을 실제로 실행에 옮기는 것이 그 경기자에게 유리한 것인지 아니면 불리한 것인지에 의해 판단할 수 있다. 실제로 위협을 실행에 옮겨야 할 상황이 발생했을 때, 그 위협을 실행하는 것이 그것을 공약한 경기자 자신에게 오히려 불리하여 실행되지 않는 위협을 **신빙성 없는 위협**(incredible threat)이라고 한다.

반면에 실제로 실행에 옮겨야 할 시점에 그 위협을 실행하는 것이 그것을 공약한 경기자 자신에게 유리하여 실행되는 위협을 **신빙성 있는 위협**(credible threat)이라고 한다. 따라서 어떤 경기자가 상대방에게 위협을 가했을 때 그 위협이 신빙성조건을 충족한 경우, '신빙성 있는 위협'이기 때문에 실제로 그 위협대로 행동하는 것이 그 자신의 이익에 도움이 되는 것을 의미한다.

그런데 '신빙성 없는 위협'을 포함하는 내쉬균형은 현실적으로 실현 가능성이 거의 없기 때문에 더 이상 고려할 필요가 없다. 따라서 순차게임에서 실현가능한 균형은 내쉬균형조건뿐만 아니라 신빙성조건이라는 추가적인 조건도 충족할 수 있어야 한다. 이처럼 순차게임에서 내쉬균형조건뿐만 아니라 신빙성조건도 동시에 만족시키는 전략조합을 **완전균형**이라 부른다.

(2) 순차게임의 완전균형 찾기 : 역진귀납법

순차게임에서 게임의 균형을 찾는 방식을 **역진귀납법**이라 하고, 역진귀납법을 이용하면 순차게임의 완전균형을 찾을 수 있다.

우선 <그림 13-1>의 순차게임에서 **내쉬균형**을 찾아보자. <그림 13-1>에서 기업

A와 B가 모두 고가전략(H)을 선택하면 보수는 각각 30단위이지만, 반대로 모두 저가전략(L)을 선택하면 보수는 각각 10단위가 된다. 그러나 한 기업만 고가전략을 선택하고 다른 기업은 저가전략을 선택할 경우, 고가전략을 선택한 기업의 보수는 20단위이고, 저가전략을 선택한 기업의 보수는 40단위를 얻을 수 있다. 이 때 각 기업의 최적전략은 상대방 기업의 전략에 따라 달라진다.

먼저 기업 A가 H_A를 선택하면, B는 L_B를 선택하는 것이 최선의 대응이다. 한편 기업 A가 L_A를 선택하면, B는 H_B를 선택하는 것이 최선의 대응이다. 따라서 내쉬균형이 두 개가 존재한다. 즉 전략조합 (H_A, L_B)와 (L_A, H_B)가 내쉬균형이 된다. 두 가지 전략조합은 모두 상대방이 선택한 전략에 대해 최선의 대응전략을 선택했을 때 도달되는 것이 때문에 내쉬균형의 조건을 충족한다.

이제 <그림 13-1>에 주어진 순차게임에 존재하는 두 개의 내쉬균형 (H_A, L_B)와 (L_A, H_B) 중에서 어느 것이 신빙성조건을 충족하는 완전균형인지를 알아보자. 게임나무로부터 완전균형을 쉽게 찾아 낼 수 있는 방법은 없을까? 순차게임에서 완전균형을 찾는 **역진귀납법**에 대해 알아보자.

역진귀납법(backward induction)은 순차게임에서 가장 마지막 의사결정마디에 있는 경기자의 최적전략을 찾은 다음, 이를 근거로 그 이전 의사결정마디에 있는 경기자의 최적전략을 찾고, 이것을 근거로 완전균형을 찾는 방법을 말한다. 즉 순차게임에 존재하는 내쉬균형 중에서도 신빙성조건을 동시에 충족시키는 내쉬균형을 찾는 방법이다.

추종기업 B보다 앞서 행동하는 선도기업 A는 추종기업 B의 반응을 추측해서 자신의 행동을 결정해야 한다. 이러한 점을 고려할 때 기업 A는 우선적으로 <그림 13-1>의 게임나무의 마지막 마디인 점 b와 b'에서 기업 B의 최선의 대응전략을 찾아낸 다음에, 그 전략에 대해 기업 A에 최선의 대응인 전략을 찾으면 된다. 이러한 방식으로 찾아보면, 기업 A가 고가전략(H_A)을 선택하면 보수가 더 적어지므로 고가전략은 신빙성 없는 위협이 된다. 그러므로 신빙성 없는 고가전략이 포함된 내쉬균형인 (H_A, L_B)는 제외되고, 신빙성 있는 저가전략을 포함하여 실현가능한 내쉬균형인 (L_A, H_B)를 찾을 수 있다. 순차게임에서 (L_A, H_B)와 같이 내쉬균형조건과 신빙성조건을 동시에 충족시키는 내쉬균형을 **완전균형**이라고 한다.

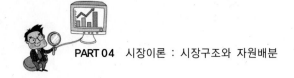

이처럼 완전균형을 찾는 방법은 순차게임을 표시하는 게임나무의 마지막 마디에서 시작하여 거꾸로 올라가면서 게임의 균형을 찾는 방법이기 때문에 **역진귀납법**이라고 한다.

3. 진입 게임

(1) 게임의 상황

진입 게임(entry game)은 어떤 산업에 독점기업(기업 B)이 초과이윤을 얻으면서 제품을 생산하고 있는 상황에서 새로운 기업(기업 A)이 그 산업의 시장에 진입할 것인가를 결정하는 게임이다. 이 산업에 신규기업이 진입하면 기존기업의 초과이윤이 줄어들기 때문에 기존기업은 신규기업의 시장진입을 모든 수단을 동원하여 저지하려고 한다. 그래서 새로이 시장진입을 고려하고 있는 신규기업은 기존기업이 선택할 대응전략에 관심을 갖지 않을 수 없다. 그렇다면 신규기업은 어떻게 최종적으로 진입여부를 결정하게 될까? 물론 신규기업은 기존기업의 대응전략을 고려한 후 진입여부를 결정할 것이다.

<그림 13-2>의 게임나무는 기존기업과 시장진입을 노리는 신규기업 사이에 벌어지는 진입 게임의 진행과정과 결과를 보여주고 있다. 각 기업이 가지는 전략은 각각 두 가지이다. 신규기업은 시장에 진입하거나 포기하는 두 가지 전략을 가지고 있고, 이에 대해 기존기업은 산출량을 증가시키는 대량생산전략과 현재대로 적게 생산하는 소량생산전략을 가지고 있다.

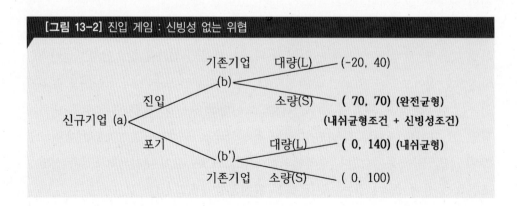

[그림 13-2] 진입 게임 : 신빙성 없는 위협

게임의 규칙은 새롭게 시장진입을 고려하고 있는 신규기업이 우선 진입여부를 결정한 다음, 기존기업이 이를 관찰한 후 두 가지 전략 중 하나를 선택하는 방식이다.

(2) 진입 게임의 균형

① 기존기업의 위협이 신빙성 없는 경우

진입 게임에서 신규기업의 진입여부와 그에 따른 보수는 기존기업의 위협(대량생산전략)이 신빙성을 갖고 있느냐 없느냐에 따라 달라진다. <그림 13-2>는 신규기업의 진입여부에 따른 기존기업의 대응전략과 그 결과인 보수를 게임나무로 보여주고 있는데, 기존기업의 위협전략이 신빙성 없는 경우이다.

만약 신규기업이 진입하지 않는다면, 당연히 신규기업의 보수는 0이지만, 반면에 기존기업의 보수는 대응전략에 따라 달라진다. 즉 신규기업이 진입을 포기하더라도 기존기업이 대량생산전략을 선택하면 140단위의 보수를 얻게 되고, 소량생산전략을 선택할 경우에는 100단위의 보수를 얻는다.

한편 신규기업이 진입하는 경우, 신규기업의 보수는 기존기업의 대응전략에 따라 결정된다. 만약 기존기업이 대량생산전략을 선택하게 되면 신규기업은 20단위의 손실을 보지만, 기존기업은 40단위의 보수를 얻는다. 반면에 만약 기존기업이 신규기업의 진입을 수용하여 소량생산전략을 선택하면 두 기업이 시장을 균등하게 분할하여 각각 70단위만큼의 보수를 얻게 된다.

이러한 상황에서 두 기업이 각각 선택할 수 있는 전략과 그에 따른 보수는 다음과 같다. 우선 **기존기업의 대응전략과 보수**에 대해 알아보자. 신규기업이 시장에 진입할 경우, 기존기업의 보수는 소량생산전략을 선택하면 70단위이지만, 대량생산(L)전략을 선택하면 40단위이기 때문에 소량생산(S)전략을 선택하는 것이 유리하다. 반대로 신규기업이 시장진입을 포기할 경우, 기존기업의 보수는 대량생산(L)전략을 선택하면 140단위이고, 소량생산(S)전략을 선택하면 100단위이기 때문에 대량생산(L)전략을 선택하는 것이 유리하다.

따라서 기존기업은 신규기업이 시장에 진입할 때는 소량생산(S)전략을 선택하고, 신규기업이 진입을 포기하면 대량생산(L)전략을 선택한다. 그 결과 <그림 13-2>의

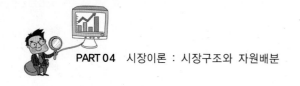

진입 게임에는 두 개의 **내쉬균형**이 성립한다. 내쉬균형의 조건을 충족시키는 전략 조합이 두 개가 존재한다. 하나는 전략조합 (진입, 소량생산)이고, 다른 하나는 전략 조합 (포기, 대량생산)이다.

이제 두 개의 내쉬균형 가운데 어느 것이 **신빙성조건**을 충족시키는가를 알아보자. 만약 기존기업이 신규기업의 진입을 저지하기 위해 '신규기업의 진입여부와 관계없이 대량 생산해서 공급하겠다.'고 위협할 때, 신규기업이 기존기업의 위협을 받아들인다면 진입을 포기하는 것이 유리하다. 왜냐하면 기존기업이 L전략을 선택하고 있을 때 신규기업은 진입하면 20단위에 해당하는 만큼의 손실을 보게 되지만, 진입을 포기할 경우에는 손실이 발생하지 않기 때문이다.

그러나 기존기업의 위협에도 불구하고 신규기업이 진입을 강행하게 되면 기존기업은 S전략을 선택하는 것이 최선의 대응이다. 왜냐하면 신규기업이 진입할 때 기존기업이 대량생산(L)전략을 선택하면 보수가 40단위이지만, 소량생산(S)전략을 선택하면 보수가 70단위가 되기 때문이다. 따라서 기존기업의 위협(즉, 대량생산)은 **'신빙성 없는 위협'**이 된다.

그래서 신규기업은 기존기업의 위협에도 불구하고 진입을 시도할 것이므로, 결국 내쉬균형조건과 신빙성조건을 모두 충족시키는 전략조합 (진입, 소량생산)에서 **완전균형**이 이루어지게 된다.

② 기존기업의 위협이 신빙성 있는 경우

이제 기존기업의 위협이 신빙성을 가지고 있는 경우에는 진입게임의 균형이 어떻게 될 것인가를 알아보자. 기존기업이 미리 생산시설을 확장해서 낮은 한계비용으로도 추가생산이 가능하도록 만들어 놓아 '대량 생산해서 공급하겠다.'는 기존기업의 위협전략이 신빙성을 가지게 되었다고 하자. 이렇게 되면 신규기업이 진입했을 때 대량생산전략으로 대응하는 것이 기존기업에 유리하도록 보수구조가 바뀌게 된다. 기존기업의 위협이 신빙성 있는 경우 보수구조가 <그림 13-3>의 게임나무와 같이 변화되었다고 가정하자.

기존기업의 입장에서는 신규기업의 진입여부에 관계없이 항상 대량생산전략을 선택하는 것이 유리하기 때문에 대량생산(L)전략이 **우월전략**이 된다. 신규기업이

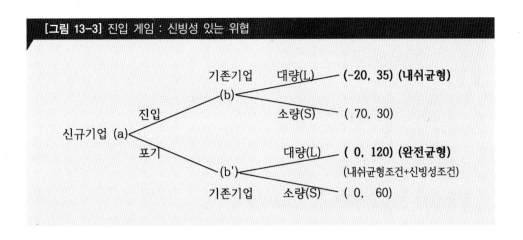

[그림 13-3] 진입 게임 : 신빙성 있는 위협

진입전략을 선택할 경우, 기존기업은 대량생산전략이 소량생산전략을 선택하는 것보다 유리하다. 한편 신규기업이 진입을 포기할 경우에도 기존기업은 소량생산전략보다 대량생산하는 것이 유리하다. 따라서 신규기업이 어떤 전략을 선택하든 관계없이 기존기업은 대량생산전략이 우월전략이다. 그러므로 **내쉬균형**은 (진입, 대량생산) 전략조합과 (포기, 대량생산) 전략조합에서 성립한다. 그런데 이 경우에는 기존기업의 위협, 즉 대량생산전략이 **신빙성 있는 위협**이기 때문에 신규기업의 최적전략은 시장진입을 포기하는 것이다. 따라서 이 경우 **완전균형**은 두 개의 내쉬균형 가운데 **(포기, 대량생산)** 전략조합에서 이루어지게 된다.

복습문제

1. 게임이 성립되기 위해 필요한 요소에는 어떠한 것들이 있는가?

2. 게임에서의 우월전략균형은 무엇을 뜻하는가?

3. 게임에서의 내쉬균형은 무엇이고 어떤 특성을 갖는가?

4. 용의자의 딜레마 게임의 특성은 무엇인가?

5. 완전균형이란 무엇인가?

6. 완전균형과 내쉬균형의 차이점은 무엇인가?

7. 완전균형을 손쉽게 찾는 방법은 무엇인가?

8. 순차게임에서의 어떤 조건이 충족될 때 완전균형이 이루어질 수 있는가?

부록 13A. 혼합전략게임의 내쉬균형 : 홀짝 게임

(1) 혼합전략 내쉬균형

혼합전략게임에서 핵심이 되는 것은 전략 혼합의 기초가 되는 각 전략을 사용할 확률을 결정하는 것이다. 혼합전략게임에서 경기자가 각 전략을 사용할 확률(p) 값을 결정하는 방법은 다음과 같다. 상대방이 어떤 전략을 선택하든 간에 그 상대방으로 하여금 똑같은 기대보수를 얻을 수밖에 없도록 만드는 것이다. 그렇게 만들어 놓으면 상대방도 적극적으로 그의 보수를 증가시킬 전략을 찾을 유인이 없어진다. 이렇게 함으로써 상대방의 전략에 의해 자신에게 불리한 보수가 돌아오는 결과를 방지할 수 있게 된다.

혼합전략 내쉬균형이란 경기자들이 일정한 확률(p)로 순수전략을 혼합하여 사용할 때 도달하는 균형을 말한다. 또한 혼합전략 내쉬균형은 모든 경기자가 각각 순수전략을 사용할 확률(p)을 더 이상 변경할 유인이 없는 상태를 의미한다. 왜냐하면 혼합전략 내쉬균형이 성립하면 상대방이 어떤 전략을 선택하든 간에 그 상대방으로 하여금 똑같은 기대보수를 얻을 수밖에 없도록 각 순수전략의 사용확률(p)이 미리 결정되어 있기 때문이다. 그렇기 때문에 혼합전략 내쉬균형에서 자신의 혼합전략을 변경하는 경기자는 자신의 보수가 감소하기 때문에 어떤 경기자도 혼합전략을 변경하지 않게 되므로 혼합전략 내쉬균형이 안정적으로 유지된다.

(2) 홀짝 게임

동전놀이의 홀짝게임을 이용하여 혼합전략 내쉬균형에 대해 살펴보자. 홀짝게임의 규칙은 다음과 같다. 한 사람(경기자 A)은 여러 개의 동전을 자기 손안에 감추고, 다른 한 사람(경기자 B)은 감추어진 동전의 숫자가 홀수인지 짝수인지를 맞추는 게임이다. 경기자 B가 홀과 짝을 말한 후 경기자 A는 손을 펴서 B의 추측이 맞았는지 또는 틀렸는지를 보여준다. 만일 B의 추측이 맞았으면 경기자 A는 B에게

[표 13A-1] 홀짝게임 : 혼합전략 내쉬균형

경기자 A \ 경기자 B	홀(b_1)		짝(b_2)	
홀(a_1)	-100	100	100	-100
짝(a_2)	100	-100	-100	100

100원을 지불하고, 경기자 B의 추측이 틀렸으면 B가 A에게 100원을 지불한다. <표 13A-1>은 위와 같은 홀짝게임의 보수행렬을 나타낸 것이다.

　홀짝게임에는 순수전략 내쉬균형이 존재하지 않는다. 왜 그럴까? 경기자 B가 홀이라고 추측할 것이 확실하다면 경기자 A는 홀 대신 짝을 선택함으로써 상대방을 이기고 100원을 얻을 수 있다. 즉 경기자 B의 순수전략 '홀'에 대하여 A는 홀 대신 짝을 잡는 것이 '최선의 대응전략'이다. 그러므로 전략조합인 (홀, 홀)은 결코 균형이 될 수가 없다. 그렇다면 전략조합 (짝, 홀)은 균형인가? 이 경우에도 경기자 A가 짝을 선택할 것이 확실하다면 B는 홀 대신 짝이라고 추측하는 것이 최선의 대응전략이므로 전략조합 (짝, 홀)도 역시 균형일 수 없다. 마찬가지 논리로 나머지 두 개의 전략조합 (짝, 짝)과 (홀, 짝)도 균형일 수 없다. 따라서 홀짝게임에는 순수전략 내쉬균형이 존재하지 않는다. 그러나 홀짝게임에는 혼합전략 내쉬균형은 존재한다.

　이제 홀짝게임에서 혼합전략 내쉬균형을 찾는 방법에 대해 알아보자. 우선 홀짝게임에서 경기자 A가 홀과 짝을 각각 p와 (1-p)의 확률로 선택한다고 하자. 이 때 경기자 B가 홀과 짝의 전략을 선택할 경우, B의 기대보수는 앞서 제6장에서 배운 바 있는 기대치 계산식인 (6.2)식을 이용하면 다음과 같이 계산된다. 경기자 B가 '홀'을 선택할 경우의 기대보수인 E(홀)은 다음과 같이 계산된다.

$$E(홀) = p \times (100) + (1-p) \times (-100) \tag{13A.1}$$

한편 경기자 B가 '짝'을 선택할 경우의 기대보수인 E(짝)은 다음과 같이 계산된다.

$$E(짝) = p \times (-100) + (1-p) \times 100 \tag{13A.2}$$

　그런데 혼합전략 내쉬균형에서는 경기자 B가 어떤 전략을 선택하더라도 그 자신이 얻을 수 있는 기대보수에 변화가 없어야 한다. 기대보수에 변화가 없으려면 위

두 식의 값이 서로 같아야 한다. 즉 E(홀)=E(짝)이어야 한다. 그러므로 (13A.1)식과 (13A.2)식을 같게 놓고 그 확률(p)을 구하면 $p=0.5$가 된다.

따라서 홀짝게임의 균형에서 경기자 A는 홀과 짝을 각각 50%의 확률로 혼합하는 것이 최선의 대응전략이 된다. A가 홀과 짝을 각각 50% 확률로 선택한다고 가정할 때, 경기자 B도 역시 홀과 짝을 각각 50%의 확률로 선택하는 것이 최선의 대응전략이 된다. 따라서 두 사람 모두에게 50%의 확률로 홀과 짝을 혼합해서 선택하는 혼합전략이 최선의 대응전략인 것이다. 결국 경기자 A가 홀과 짝을 각각 50%의 확률로 선택하는 혼합전략을 사용하고, 동시에 B도 홀과 짝을 각각 50%의 확률로 선택하는 혼합전략을 사용하는 것이 홀짝게임의 **혼합전략 내쉬균형**이다. 이 혼합전략 내쉬균형에서 각 경기자가 얻는 기대효용 E(U)은 홀을 선택하든 짝을 선택하든 상관없이 항상 0이다.

시장의 한계 : 시장실패

시장 기능이 제 역할을 하지 못해 시장을 통한 자원배분이
효율적이지 못하는 경우를 시장실패라고 한다. 시장실패가
발생하는 요인들로는 불완전경쟁, 공공재, 외부효과, 불확실성,
그리고 비대칭적 정보 등을 들 수 있다. 이 중에서 불확실성과
불완전경쟁에 관해서는 이미 다루었다. 여기서는 공공재와
외부효과, 비대칭적 정보에 의한 시장실패와 그 대책에 대해서
살펴본다.

Chapter 14

외부효과와 공공재

이 장에서는 외부효과가 존재하거나 공공재의 경우에 왜 시장실패가
발생하는지에 대해 살펴본다. 우선 외부효과가 존재하는 경우에는
자원이 왜 효율적으로 배분되지 못하는지와 그 해결책은 무엇인지에
대해 살펴본다. 그 다음으로 공공재는 어떠한 특성을 가지고 있으며,
왜 시장기능에 맡겨 놓을 경우 효율적으로 공급되지 못하는지,
그리고 그 공급의 효율조건은 무엇인지에 대해서 살펴본다.

제1절 시장실패

1. 시장실패의 의미

시장실패란 무엇인가? 시장경제는 시장의 가격기구가 '보이지 않는 손'의 역할을 적절히 하여 희소한 자원을 효율적으로 배분한다는 논리를 전제로 하고 있다. 그러나 실제적으로는 시장의 가격기구가 제대로 그 역할을 수행하지 못하는 경우가 종종 발생한다. 예컨대, 시장에서의 경쟁상태가 불완전하거나 시장이 내재적인 결함을 갖고 있을 경우, 시장의 가격기구는 희소한 자원을 효율적으로 배분하지 못하게 된다. 이와 같이 시장에 의한 자원배분이 최선의 바람직한 배분상태에 이르지 못하는 현상, 즉 시장기구에 의한 자원배분이 효율적이지 않는 현상을 '**시장실패**(market failure)'라고 부른다.

시장실패가 발생하게 되면 시장기구가 자원을 사회적으로 바람직한 수준으로 배분하지 못하여 **자원배분의 왜곡현상**이 발생하게 된다. 시장실패가 발생하면 사회적으로 필요한 것은 최적산출량수준보다 적게 생산되고, 사회적으로 필요치 않는 것은 오히려 최적산출량수준보다 많이 생산되게 된다.

2. 시장실패의 원인

그럼 시장실패는 왜 발생할까? 시장실패를 발생시키는 원인은 시장기능의 장애, 시장의 내재적 결함, 시장 외적요인으로 나누어 볼 수 있다.

첫째, 시장이 실패하게 되는 원인 중에서 가장 중요한 것은 시장지배력을 가진 경제단위가 존재하여 시장의 기능에 장애가 생기는 경우이다. 즉 시장구조가 완전경쟁이 아니라 독과점형태와 같이 **불완전경쟁**일 경우 시장실패가 발생한다. 시장의 가격기구가 자원을 효율적으로 배분한다는 논리는 완전경쟁시장을 전제로 할 때만 타당성을 갖는다. 이러한 전제조건이 충족되지 못할 때는 시장이 실패하게 된다. 앞서 제11장 4절에서 시장구조가 독점시장인 경우, 완전경쟁시장에 비해 시장가격은 상승하고 균형산출량은 줄어들기 때문에 자원배분이 효율적이지 않다는 것을 살펴본 바 있다.

둘째, 시장 자체가 내재적으로 결함을 갖고 있는 경우에도 시장실패가 발생한다. 즉 **외부효과**(externality)가 존재하거나 **공공재**(public goods)의 경우처럼 거래를 위한 시장 자체가 존재하지 않거나 개설되기 어려운 상황에서는 시장실패가 발생한다. 외부효과나 공공재가 존재하는 경우에 시장이 왜 실패하고 어떠한 해결방안이 있는가에 관해서는 아래 제2절과 제3절에서 자세히 살펴본다.

셋째, 시장에 대한 **불확실성**(uncertainty)이 존재하는 경우에도 시장실패가 발생한다. 불확실성은 완전한 정보(perfect information)가 주어지지 않기 때문에 발생하게 된다. 만약 모든 경제주체들이 완전한 시장정보를 가지고 있다면 시장에서 자원배분의 효율성이 달성될 수 있다. 완전경쟁시장의 경우처럼 거래당사자들이 완전한 정보를 갖고 있는 상황에서는 모든 정보가 시장의 가격에 완전하게 반영되기 때문에 시장기구가 자원을 효율적으로 배분하게 된다. 하지만 현실적으로는 경제주체들이 시장에 대한 완전한 정보를 얻는다는 것이 불가능하다. 그래서 거래당사자들이 시장에 대한 **불완전한 정보**(imperfect information)로 인한 불확실성을 갖게 된다. 이처럼 시장에 참가하는 거래 당사자들이 불완전한 정보를 갖는 경우에도 시장실패가 발생한다.

넷째, 거래당사자가 갖고 있는 정보의 양이 서로 다른 경우, 즉 **비대칭적 정보**(asymmetric information)의 상황인 경우에도 자원배분을 효율적으로 할 수 없게 되어 시장실패가 발생하게 된다. 시장에서 거래당사자 사이에 비대칭적 정보의 상황에서 나타나는 시장의 성과는 대칭적 정보의 상황에 비하여 크게 차이가 나게 된다. 비대칭적 정보의 상황은 무엇에 관한 정보가 결여되어 있는가를 기준으로 감추어진 특성이 존재하는 상황과 감추어진 행동이 존재하는 상황으로 구분된다. 그런데 이러한 거래당사자 사이의 비대칭적 정보의 상황에 의해 시장에서는 역선택(adverse selection)과 도덕적 해이(moral hazard) 문제가 발생되어 자원배분이 왜곡되고 시장실패가 발생하게 된다. 정보의 비대칭성으로 인한 시장실패에 대해서는 제15장에서 자세히 살펴본다.

제2절 외부효과와 시장실패

1. 외부효과

(1) 외부효과의 개념

각 경제주체가 일상생활에서 행하는 소비나 생산 등과 같은 경제활동은 다른 경제주체의 경제활동에도 영향을 준다. 이러한 영향은 대개 시장기구를 통해 가격에 반영되어 나타나지만 종종 시장가격에 반영되지 않는 경우도 있다. 어떤 경제주체의 경제활동(소비 또는 생산)이 시장기구를 통하지 않고 다른 경제주체에게 의도하지 않은 이득을 줄 수도 있고 손해를 줄 수도 있다. 이와 같이 어떤 경제주체의 경제활동(소비 또는 생산)이 시장기구를 통하지 않고 제3자인 다른 경제주체에게 의도하지 않은 이득을 주거나 손해가 되는 부작용을 발생시키는 현상을 **외부효과** (externality)라고 부른다.

어떤 경제활동이 시장기구를 통하지 않는다는 것은 외부효과를 발생시키는 행위나 관련된 자원을 거래하는 시장(market)이 존재하지 않기 때문에 외부효과로 발생한 이득이나 손해에 대해 어떠한 보상도 이루어지지 않는다는 것을 의미한다. 따라서 외부효과는 한 경제주체의 경제활동이 다른 경제주체에게 긍정적이거나 부정적인 영향을 주지만 시장 내부에서 그 영향에 대한 보상이 적절히 이루어지지 않는 경우에 발생한다.

(2) 외부효과의 종류

한 경제주체의 경제활동이 다른 경제주체에게 의도하지 않은 영향을 주는 외부효과에는 어떤 것이 있을까? 외부효과(externality)는 소비활동과 생산활동에서 모두 발생할 수 있는데, 소비활동에서 발생하는 외부효과를 **소비의 외부효과** (consumption externality)라 하고, 생산활동에서 발생하는 외부효과를 **생산의 외부**

효과(production externality)라 한다.

한편 외부효과는 다른 경제주체에게 이득을 가져다주는 긍정적인 외부효과인 **외부경제**(external economies)와 다른 경제주체에게 손해를 끼치는 부정적인 외부효과인 **외부비경제**(external diseconomies)로 나누어진다.

긍정적인 외부효과인 **외부경제**(external economies)는 한 경제주체의 경제행위가 시장을 통하지 않고 제3자에게 이득을 가져다주지만 그에 대한 대가를 보상받지 않는 경우를 말한다. 예컨대, 과수원업자가 양봉업자에게 대가를 받지도 않고 꿀을 제공하는 것이나 정원과 꽃길을 아름답게 가꾸어 사람들에게 무료로 보게 하는 것 등이 외부경제의 사례이다.

한편 부정적인 외부효과인 **외부비경제**(external diseconomies)는 한 경제주체의 경제행위가 시장을 통하지 않고 제3자에게 손해를 끼치면서도 이에 대한 대가를 보상하지 않는 경우를 말한다. 예컨대, 공해배출기업의 환경오염, 자동차 배기가스에 의한 대기오염, 공공장소에서의 흡연행위, 자가용 승용차를 운행하여 교통혼잡을 유발하는 행위 등이 외부비경제의 사례이다.

(3) 외부효과의 시장실패 원인

외부효과가 존재하는 경우, 시장기구가 자원을 효율적으로 배분하지 못하기 때문에 외부효과는 시장실패의 한 원인이 된다. 그렇다면 외부효과가 존재하는 경우, 왜 자원이 비효율적으로 배분되는 시장실패가 발생할까?

외부효과가 존재하는 이유는 한 경제주체의 경제활동이 시장기구를 통하지 않고 다른 경제주체에게 영향을 미치기 때문이다. 한 경제주체가 다른 경제주체에게 준 영향의 크기에 상응하는 대가를 보상하거나 보상받지 못하는 이유는 외부효과를 유발하는 행위나 자원을 거래하는 시장이 존재하지 않기 때문이다. 이처럼 외부효과와 관련되는 시장이 존재하지 않을 경우에는 외부효과에 의한 이득이나 손해에 대한 대가가 시장가격에 반영되지 못한다. 따라서 외부효과가 존재하는 경우에는 **사적 비용**(private cost)과 **사회적 비용**(social cost)이 일치하지 않거나, **사적 편익**(private benefit)과 **사회적 편익**(social benefit)이 일치하지 않게 된다. 그래서 경제

전체의 자원이 비효율적으로 배분되고 시장실패가 발생하게 된다. 외부경제가 존재하면 사회적 최적 산출량보다 적게 생산되고, 외부비경제가 존재하면 사회적 최적 산출량보다 많이 생산된다.

2. 외부효과와 자원배분

(1) 분석도구와 모형

외부효과가 자원배분에 미치는 영향을 분석하기 위해 완전경쟁시장모형을 이용한다. 10장 4절에서 배운 바처럼 완전경쟁시장에서 시장수요곡선과 시장공급곡선이 일치하는 점에서 성립하는 시장균형에서는 자원배분의 효율성이 달성된다. 그러나 외부효과가 존재하는 경우에는 완전경쟁시장에서 균형이 성립하더라도 자원배분이 효율적으로 이루어지지 않는다.

한편 외부효과가 자원배분에 미치는 영향을 분석하기 위해 수요곡선과 공급곡선의 수직적 의미를 활용한다. 앞서 11장 4절에서도 이용한 적이 있는 사적 한계비용과 사적 한계편익, 사회적 한계비용과 사회적 한계편익이라는 개념을 이용하여 분석할 수 있다.

① 사적 한계비용과 사적 한계편익

사적 한계비용(private marginal cost, **PMC**)은 개별경제주체가 산출물 1단위를 추가적으로 생산하는데 들어가는 비용을 의미한다. 완전경쟁시장모형에서 각각의 산출물 1단위에 대응하는 사적 한계비용(PMC)은 각 산출량 수준에 대응하는 시장공급곡선의 수직적 높이로 측정할 수 있다.

10장에서 완전경쟁기업의 공급곡선은 한계비용(MC)곡선과 같고, 시장공급곡선은 개별기업의 한계비용곡선을 수평적으로 합계한 것이라고 설명한 바 있다. 완전경쟁시장에서는 MC곡선이 바로 공급곡선이므로, 시장공급곡선의 수직적 높이는 해당 산출량 수준에 대응하는 MC의 크기를 나타낸다. 그래서 시장공급곡선을 해당 산출량 수준에서 수직적 높이로 본 것을 **사적 한계비용**(private marginal cost, PMC)**곡선**이라고 한다. 여기서 '사적'이라는 용어는 해당 상품의 생산에 참여하는 개별경제주체들이 지불하는 한계비용만 포함하고 있다는 의미이다.

한편 **사적 한계편익**(private marginal benefit, **PMB**)은 개별경제주체가 산출물 1단위를 추가적으로 소비하여 얻을 수 있는 편익을 의미한다. 그런데 완전경쟁시장의 경우 각 수량에 대응하는 사적 한계편익은 수요곡선의 높이로 측정할 수 있다.

제5장 2절에서 소비자잉여를 설명하면서, 각 수요량 수준에 대응하는 수요곡선의 수직적 높이는 그 상품 1단위를 소비하기 위해 소비자가 지불할 용의가 있는 최고가격, 즉 **소비자의 유보가격**이라고 설명한 바 있다. 소비자가 각 수량에 대해 수요곡선의 높이만큼을 지불할 용의가 있는 이유는 그 상품을 1단위 더 소비함으로써 얻는 편익, 즉 한계편익(MB)이 그만큼 되기 때문이다. 그래서 시장수요곡선을 해당 수량 수준에서 수직적 높이로 본 것을 **사적 한계편익**(private marginal benefit, PMB)**곡선**이라고 한다. 공급곡선의 경우와 마찬가지로 '사적'이라는 용어는 그 상품을 소비하는 소비자들이 얻는 한계편익만을 포함하고 있다는 의미이다.

② 사회적 한계비용과 사회적 한계편익

사회적 한계비용(SMC, social marginal cost)과 **사회적 한계편익**(SMB, social marginal benefit)은 PMC와 PMB에 대비되는 개념이다. SMC와 SMB는 PMC와 PMB에 그 경제행위로 인해 발생하는 외부효과의 크기까지 포함시킨 개념이다. 그러므로 외부효과가 없는 경우, PMC와 SMC, PMB와 SMB는 동일하다. 그러나 외부효과가 존재하는 경우, SMC와 SMB는 PMC와 PMB와 동일하지 않다. **외부경제**가 존재하는 경우, 제3자가 편익을 얻으므로 일반적으로 SMB가 PMB보다 크다. 반면에 **외부비경제**가 존재하는 경우, 제3자에게 비용이 발생하므로 일반적으로 SMC가 PMC보다 크다.

(2) 외부경제의 효과 : 과소생산

이제 외부효과가 자원배분에 미치는 영향을 살펴보자. 먼저 생산의 외부경제가 존재하는 경우, 시장기구에 의한 자원배분이 왜 비효율적인가를 살펴보자.

분석의 편의상 사회적 한계비용(SMC)과 사적 한계비용(PMC)은 동일하다고 하자. 그렇지만 생산의 외부경제가 존재하는 경우에는 SMB가 PMB보다 외부경제의

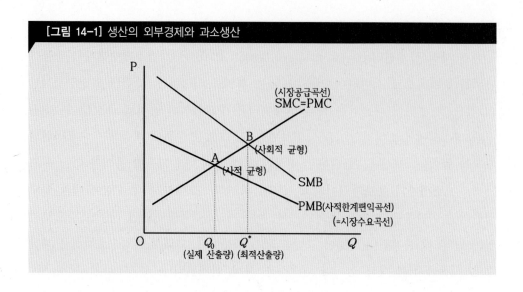

[그림 14-1] 생산의 외부경제와 과소생산

크기만큼 더 커지게 된다. 따라서 모든 산출량에서 SMB곡선은 PMB곡선보다 외부경제의 크기만큼 위쪽에 위치한다.

<그림 14-1>은 생산의 외부경제가 존재하는 경우를 나타낸 것이다. 이 경우 **사회적 최적산출량**은 SMB곡선과 SMC곡선이 교차하는 B점에 대응하는 Q^*만큼 생산하는 것이다. 그러나 생산자는 자신이 창출하는 외부효과(외부경제)를 고려하지 않고 생산한다. 따라서 생산자는 개인적으로 이윤을 극대화하기 위해 이윤극대화의 원리에 따라 PMC와 PMB이 일치하는 A점에 대응하는 생산수준인 Q_0만큼만 생산하게 된다. 결국 외부경제가 존재하는 경우, 사회적으로 바람직한 최적산출량인 Q^*보다 적게 생산하는 **과소생산**(underproduction)문제가 발생한다. 그래서 외부경제가 존재하는 경우 사회적으로 바람직한 규모보다 적은 자원을 생산에 배분하므로 비효율적인 자원배분을 초래하게 된다.

(3) 외부비경제의 효과 : 과다생산

이제 한 생산기업이 생산과정에서 환경오염물질을 배출하는 생산의 외부비경제가 존재하는 경우, 어떻게 자원이 비효율적으로 배분되는지 살펴보자. 환경오염과 같은 외부비경제가 존재하는 경우, 사회적 관점에서 계산한 사회적 비용은 개별기업의 관점에서 계산한 사적 비용에 비해 외부비경제의 크기만큼 더 크게 된다.

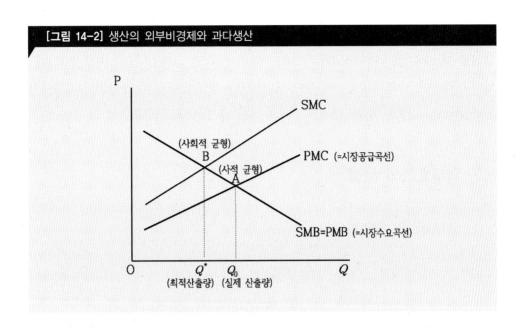

[그림 14-2] 생산의 외부비경제와 과다생산

생산의 외부비경제가 존재하는 경우를 <그림 14-2>로 살펴보자. 환경오염과 같은 외부비경제를 발생시키는 기업은 생산규모를 결정할 때, 사회적으로 피해를 주는 환경오염으로 유발되는 비용(오염피해액)은 고려하지 않고 단순히 산출물의 생산비용이라는 사적 비용만을 고려한다. 기업이 산출량 규모를 얼마로 선택할 것인가는 기업이 실제로 지출하는 비용인 PMC에만 의존한다. 이에 따라 기업은 <그림 14-2>에서와 같이 PMC곡선과 PMB곡선이 만나는 A점에 대응하는 산출량수준인 Q_0만큼 생산하게 된다.

그러나 환경오염 배출기업의 생산에 따른 사회적 비용은 해당기업의 사적 비용에 환경오염으로 인한 피해비용까지 고려하여 계산한 것이므로 사적 비용보다 훨씬 크게 된다. 환경오염 배출기업의 PMC 이외에도 사회적 관점에서는 환경오염으로 유발된 외부비경제의 크기만큼 비용을 부담해야 한다. 따라서 환경오염과 같은 외부비경제가 존재하는 경우에 SMC는 PMC보다 외부비경제의 크기만큼 더 커지게 된다. 따라서 SMC곡선은 PMC곡선보다 외부비경제의 크기만큼 위쪽에 위치한다.

이 경우 사회적으로 바람직한 최적산출량은 SMC곡선과 SMB곡선이 교차하는 B점에 대응하는 Q^*만큼 생산하는 것이다. 그러나 환경오염 배출기업은 사회적으로 바람직한 최적산출량인 Q^*보다 더 많은 Q_0만큼 생산하게 된다.

이처럼 외부비경제가 존재하는 경우, 외부비경제를 유발하는 기업은 생산규모를 결정할 때 SMC를 고려하지 않고 이보다 작은 PMC만 고려한다. 그 때문에 개별기업의 산출량은 사회적으로 바람직한 최적산출량 수준보다 많이 생산되어 **과다생산**(overproduction)으로 인한 자원의 비효율적인 배분이 초래된다.

3. 외부효과의 해결

(1) 외부효과의 해결방안

외부효과가 발생하는 경우, 외부비경제의 경우에는 사적 비용과 사회적 비용이 일치하지 않아서 자원이 비효율적으로 배분되고, 외부경제의 경우에는 사적 편익과 사회적 편익이 일치하지 않아서 경제 전체의 자원이 비효율적으로 배분된다. 외부효과로 인한 자원배분의 비효율성을 어떻게 하면 해결할 수 있을까?

외부효과가 존재할 때 비효율적인 자원배분이 발생되는 이유는 외부효과가 거래될 수 있는 시장이 존재하지 않아서 시장가격이 외부효과로 인한 편익이나 비용을 반영하지 못하기 때문이다. 이러한 점을 고려하면 외부효과에 의한 자원배분의 비효율성을 해결할 수 있는 방안은 크게 두 가지로 구분할 수 있다.

하나는 외부효과의 **내부화**(internalization of externality) 방법이다. 외부효과를 내부화하는 방법은 보조금 지급이나 조세 부과, 또는 기업합병 등의 방법으로 경제주체들의 의사결정과정에 외부효과로 인한 편익이나 비용이 반영되도록 하는 방법이다. 외부효과로 인한 자원배분의 비효율성 문제를 해결하기 위한 조세의 부과나 보조금의 지급을 처음 이론적으로 분석한 경제학자가 피구(A. Pigou)이다. 그래서 외부효과에 부과되는 조세나 보조금을 **피구 조세**(Pigouvian tax), **피구 보조금**(Pigouvian subsidies)이라고 부른다.

다른 하나는 외부효과를 유발하는 자원에 대한 **재산권**(property right)을 명확하게 설정함으로써 외부효과가 거래될 수 있는 시장을 만들어 주는 방법이다. 이 방법은 1991년 노벨경제학상을 수상한 코즈(R. H. Coase)에 의해 처음으로 제시된 것으로 **코즈 정리**(Coase theorem)라고 부른다.

(2) 외부효과의 내부화

① 외부경제의 내부화 : 피구 보조금

외부경제가 존재하는 경우, 과소생산(under production)으로 인해 자원배분의 비효율성이 발생하게 된다. 이 경우 사회적으로 바람직한 최적산출량을 생산하게 하려면 어떻게 해야 할까?

한 가지 방법은 정부가 외부경제를 유발하는 경제활동을 촉진하기 위해 외부경제의 크기만큼을 정부 **보조금**(subsidies)으로 지급하는 것이다. 또 다른 방법은 **수익자부담원칙**을 적용하여 외부경제로 인한 편익을 얻는 사람이 그 편익에 상응하는 대가를 직접 외부경제를 유발하는 사람에게 지불하게 하는 것이다.

<그림 14-3>은 생산의 외부경제가 존재할 때 정부가 보조금(s)을 지급하여 과소생산으로 인한 자원배분의 비효율성을 개선하는 경우를 보여주고 있다. 정부보조금이 지급되기 이전에 실제 산출량은 PMB곡선과 PMC곡선이 교차하는 A점에 대응하는 Q_0이다. 그런데 사회적 최적 산출량은 SMB곡선과 SMC곡선이 교차하는 E점에 대응하는 산출량 Q^*이다.

<그림 14-3>에서 사회적 최적산출량(Q^*)수준에서 SMB가 PMB보다 외부경제의 크기만큼 더 크다. 이 경우 정부가 사회적 최적산출량(Q^*)에 대응하는 수준에서 $SMB(Q^*)$와 $PMB(Q^*)$의 차이인 외부경제의 크기만큼 보조금(s)을 지급하면 사회적

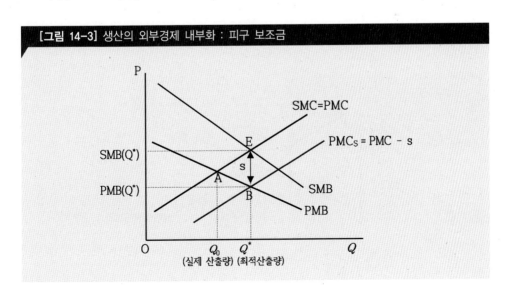

[그림 14-3] 생산의 외부경제 내부화 : 피구 보조금

최적산출량을 생산할 수 있다. 생산자에게 s만큼의 보조금을 지급할 경우, 원래의 PMC곡선은 아래로 평행하게 s만큼 이동하여 새로운 PMC_S가 된다. 사적 한계비용 곡선이 PMC_S가 될 경우, PMB곡선과 PMC_S곡선이 교차하는 점 B에서 새로운 균형이 성립하기 때문에 사회적으로 최적산출량을 달성할 수 있다.

② 외부비경제의 내부화 : 피구 조세

생산의 외부비경제가 존재하는 경우, 과다생산으로 인해 자원배분의 비효율성이 발생하게 되는데 이 경우 사회적으로 바람직한 산출량을 유도하려면 어떻게 해야 할까? 외부비경제를 유발하는 생산을 최적산출량 수준으로 줄이기 위해 정부가 직접 개입하여 법적으로 규제하거나 조세를 부과하는 방법이 있다.

외부비경제를 유발하는 개별기업은 생산규모를 결정할 때, 사회적 한계비용 (SMC)을 고려하지 않고 이것보다 작은 사적 한계비용(PMC)만을 고려하기 때문에 과다생산으로 인한 자원배분의 왜곡현상이 나타난다. 그림에서 피구조세가 부과되기 이전에 실제 산출량은 PMB곡선과 PMC곡선이 교차하는 A점에 대응하는 Q_0이다. 그런데 사회적 최적산출량은 SMB곡선과 SMC곡선이 교차하는 E점에 대응하는 Q^*이다.

따라서 <그림 14-4>에서와 같이 사회적으로 바람직한 산출량 수준을 생산하여 효

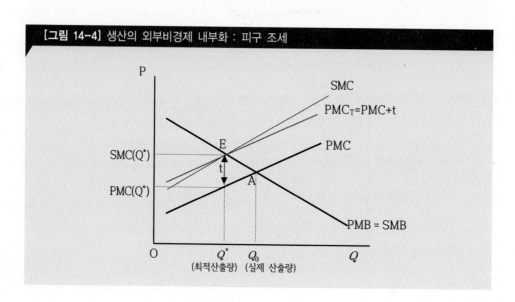

[그림 14-4] 생산의 외부비경제 내부화 : 피구 조세

율적인 자원배분을 달성하려면, 산출물 1단위당 외부비경제의 크기에 해당하는 만큼의 **조세**(t)를 부과해야 한다. 즉 사회적 최적산출량(Q^*) 수준에 대응하는 SMC(Q^*)와 PMC(Q^*)의 차이인 외부비경제의 크기(t)만큼을 조세(t)로 부과하여 기업이 직면하는 PMC와 SMC를 일치시키면 된다. 외부비경제를 유발하는 기업에 산출물 1단위당 t만큼의 조세를 부과하게 되면, PMC곡선이 조세(t)만큼 위로 평행하게 이동하여 새로운 사적 한계비용곡선이 PMC_T가 된다. 사적 한계비용곡선이 PMC_T인 경우, PMB(=SMB)곡선과 PMC_T곡선이 교차하는 E점에서 균형이 이루어지기 때문에 사회적 최적산출량(Q^*)이 생산된다. 이처럼 t만큼 조세를 부과할 경우 개별기업의 산출량이 Q_0에서 Q^*로 감소하게 되어 과다생산의 문제가 해결되고 자원배분의 효율성이 달성된다.

외부효과로 인한 외부경제와 외부비경제의 크기를 정확히 측정할 수 있는 경우에는 그만큼의 보조금 지급과 조세 부과를 통해 외부효과를 내부화함으로써 자원배분의 효율성을 달성할 수 있다. 그런데 외부효과의 크기를 정확히 측정할 수 없는 경우 보조금 지급이나 조세 부과를 통한 방법은 효과를 얻기 어렵다.

③ 외부비경제의 내부화 : 기업합병

어느 하천의 상류지역에 위치한 염색공장에서 무단으로 폐수를 방류하여 하류지역에 위치한 민물고기 양어장이 큰 피해를 입는 경우를 사례로 살펴보자. 이 사례와 같이 피해를 주는 가해기업과 피해를 입는 기업이 분명하게 드러나는 경우에는 **합병**(merge)을 통해서 외부효과를 해결할 수 있다.

피해를 주는 염색공장과 피해를 입은 양어장이 합병하여 하나의 기업이 된다면, 양어장의 피해비용은 더 이상 외부비용이 되지 않는다. 그러므로 기업 전체의 산출량을 결정할 때 피해를 받는 부문의 피해비용을 반드시 기업 전체의 비용으로 고려해야 한다. 이처럼 피해비용을 기업의 생산비용으로 계산하는 것은 **외부비경제의 내부화**에 해당하는 것이다. 따라서 가해기업인 염색공장과 피해기업인 양어장의 합병은 외부비경제의 내부화를 통해 가해기업인 염색공장의 사적 한계비용(PMC)과 사회적 한계비용(SMC)을 일치시키기 때문에 외부비경제로 인한 과다생산의 문제는 해결된다.

그러나 기업합병을 통한 해결책은 외부효과와 관련된 모든 기업을 하나로 합병해야하는 현실적인 한계가 있다. 따라서 외부효과에 관련된 기업들을 정확하게 파악하기 어렵거나 관련된 기업들의 수가 많은 경우에는 한 기업으로의 합병을 통해서 외부효과를 해결하는 것이 현실적으로 어려울 수가 있다.

(3) 코즈 정리 : 재산권 설정

① 코즈 정리

외부효과로 인한 자원배분의 비효율성을 해결하고자 하는 전통적 방법은 정부가 시장에 직접 개입하여 외부효과의 크기에 해당하는 만큼의 보조금을 지급하거나 조세를 부과하여 외부효과를 내부화하는 방법이다. 이에 비해 코즈(Ronald H. Coase)[13]는 정부가 시장에 개입하지 않더라도 외부효과를 시장기구 안에서도 해결이 가능하다는 견해를 제기하였다. 이러한 견해는 **코즈 정리**(Coase theorem)로 요약된다.

'외부효과가 존재하더라도 **재산권**을 명확하게 설정할 수 있고 **거래비용**이 존재하지 않는다면, 재산권을 누구에게 설정하는가에 관계없이 **협상**을 통해 효율적 자원배분을 달성할 수 있다'는 내용이다.

외부효과, 특히 외부비경제가 발생하는 근본적 이유는 외부효과와 관련된 자원에 대한 재산권이 명확하게 설정되어 있지 않아서 외부효과가 거래될 수 있는 시장이 존재하지 않기 때문이다. 염색공장과 양어장의 경우에는 하천에 대한 재산권이 설정되어 있지 않기 때문에 생산의 외부비경제가 발생한다. 따라서 외부효과와 관련된 자원에 재산권이 설정된다면, 정부가 시장에 개입하지 않더라도 외부효과와 관련된 이해당사자 사이의 협상(bargaining)을 통해서 외부효과가 해결될 수 있다는 의미이다.

② 코즈 정리의 한계

그러나 코즈 정리가 현실적으로 적용되는 데는 나름대로 문제점이 있다. 코즈 정

---

13) Coase, Ronald H., 'The Problem of Social Cost', Journal of Law and Economics, Vol. 3(1960), pp.1-44.

리는 외부효과가 존재하는 경우에 효율적 자원배분을 위한 두 가지의 전제조건을 제시하고 있다. 첫째 조건은 외부효과와 관련된 자원에 재산권을 설정할 수 있어야 한다는 것이고, 둘째 조건은 거래비용이 존재하지 않아야 한다는 것이다.

외부효과가 존재하는 상황에서 두 가지의 조건이 충족되기는 대단히 어렵다. 첫째 조건과 관련해서 현실적으로 자원에 대한 재산권을 명확하게 설정하기 어려운 경우가 많다. 예컨대, 지구 오존층의 파괴와 같은 세계적인 환경오염 문제의 경우, 누가 원인제공자이고 누가 피해자인지를 명확하게 밝히는 것조차 거의 불가능하므로 재산권의 명확한 설정이라는 조건은 충족되기 어렵다.

또한 재산권을 명확하게 설정할 수 있다고 하더라도 현실적으로 거래비용을 부담해야하기 때문에 둘째 조건도 충족하기 어렵다. 재산권의 설정이 명확하게 되어 있다고 하더라도 현실적으로 외부효과와 관련된 이해당사자 사이의 협상을 통해 합의를 도출하는 비용과 도출된 합의를 이행하는 비용을 부담해야 한다. 따라서 외부효과의 이해당사자 수가 많은 경우, 협상비용과 이행비용이 매우 크게 될 수 있다.

코즈 정리는 이러한 한계점을 갖기 때문에 환경오염과 같이 오염의 원인제공자를 밝히기 어렵고 이해당사자 수가 많은 경우에는 적용하기 어렵다. 이러한 한계에도 불구하고 코즈 정리는 재산권만 명확하게 설정되면 정부의 개입 없이도 외부효과를 해결할 수 있는 방법을 제시한 점에서 큰 의미를 갖는다.

제3절 공공재와 시장실패

1. 공공재의 특성

(1) 사유재와 공공재의 분류

경제생활의 대상되는 재화와 용역은 각각의 특성에 따라 대표적으로 사유재(private goods)와 공공재(public goods) 등으로 구분할 수 있다. 그 중에 공공재는 시

장에서 자체적으로 공급할 수 없고, 일반적으로 정부에서 적절한 수준을 생산하여 무상으로 제공하는 경우가 대부분이다. 도대체 공공재는 어떤 특성을 갖고 있어 그럴까?

① 분류기준

우선 재화와 용역의 분류방법에 대해 알아보자. 일반적으로 어떤 재화나 용역이 소비의 경합성을 갖고 있는지, 그리고 소비의 배제성을 갖고 있는지 여부에 따라 사유재나 공공재, 집단재와 공유재로 분류할 수 있다.

첫째, 소비의 **경합성**(rivalry)이란 어떤 사람이 재화나 서비스를 소비할 때 다른 사람의 소비량에 영향을 주는 특성을 말한다. 즉 한 사람이 추가적으로 소비하면 그 만큼 다른 사람이 소비할 수 있는 양이 줄어드는 특성을 말한다.

둘째, 소비의 **배제성**(excludability)이란 재화나 서비스를 사용하는 대가를 지불하지 않은 사람을 소비하지 못하게 배제시킬 수 있는 특성을 말한다.

② 사유재와 공공재, 혼합재

두 가지 분류기준 가운데서 소비의 경합성과 배제성을 모두 가지고 있는 재화나 용역을 **사유재**(private goods)라 한다. 예컨대, 식품이나 의복, 주택, 의사의 진료 등과 같은 사유재는 누군가가 이것들을 소비하면 다른 사람이 소비할 수 있는 양이 그 만큼 줄어들거나 아예 소비할 수 없게 되기도 한다. 또한 사유재는 반드시 정해진 값을 대가로 지불하지 않으면 소비할 수 없다.

한편 소비의 경합성은 갖고 있으나 소비의 배제성이 없는 재화나 용역을 **공유재**

[표 14-1] 경합성과 배제성에 의한 재화와 서비스 분류

분류 기준		소비경합성	
		있다	없다
소비 배제성	있다	[사유재] 의복, 식료품, 주택 등	[혼합재 : 집단재] 유선방송, 이동통신
	없다	[혼합재 : 공유재] 바다고기, 시민공원, 시내도로	[순수공공재] 국방, 치안, 가로등, 공중파방송

(common goods)라고 부른다. 야생동물이나 바다의 고기, 무료 시민공원 등이 공유재의 대표적인 예이다.

반면에 소비의 경합성은 갖고 있지 않지만 배제성은 갖고 있는 재화나 용역을 **집단재**(collective goods)라고 부른다. 예컨대, 케이블TV에서 방영되는 영화를 추가적으로 한 사람이 더 본다고 현재 시청하는 사람들이 보지 못하는 것은 아니다. 그렇지만 유선방송에 가입하지 않고 사용료를 지불하지 않은 사람들은 보지 못하도록 할 수 있다. 유선방송이나 이동통신이 집단재의 예이다.

그러나 가로등이나 등대, 국방, 치안 서비스 등과 같이 경합성과 배제성을 모두 가지고 있지 않는 재화나 용역을 **공공재**(public goods)라 한다. 즉 **공공재**는 소비에 있어 비경합성과 비배제성이라는 특성을 갖는 재화나 용역을 말한다.

(2) 공공재의 특성

우선 공공재가 갖는 첫째 특성은 **소비의 비경합성**(non-rivalry)이다. 소비의 비경합성이란 한 사람이 소비할 수 있는 양이나 혜택을 누리는 양이 소비자의 수에 관계없이 항상 일정한 것을 말한다. 즉 어떤 한 사람이 공공재를 소비하였다고 해서 다른 사람들이 소비할 수 있는 양이 줄어들지 않는 것을 말한다. 공공재는 소비에 있어서 비경합적이기 때문에 일정량의 공공재가 생산되면 여러 사람이 모두 똑같은 양을 동시에 소비할 수 있게 된다. 예컨대, 공중파 TV방송과 같이 100만명이 시청하든 1,000만명이 시청하든 새로운 추가시청자가 늘어나더라도 기존시청자의 시청은 방해받지 않는다.

공공재가 갖는 두 번째 특성은 **소비의 비배제성**(non-excludability)이다. 공공재의 비배제성은 대가를 지불하지 않은 사람이라도 공공재를 소비하지 못하도록 배제할 수 없는 것을 말한다. 그래서 공공재에 대해 요금을 지불하지 않은 사람이라 하더라도 그 소비에서 배제되지 않고 요금을 지불한 사람과 똑같은 양의 소비나 혜택을 누리게 된다. 이러한 공공재의 비배제성으로 인해 **무임승차 문제**(free rider problem)가 발생한다. 무임승차 문제는 사람들이 공공재의 소비를 통해 혜택은 얻지만 이에 대해 아무런 비용도 부담하지 않으려는데서 생기는 문제이다. 예컨대, 공중파 TV방송을 시청하면서도 시청료를 납부하지 않는다든가, 국방의 혜택을 받으면서도 세금

을 내지 않는 것 등이다. 공공재는 무임승차문제로 인해 사회적으로 바람직한 수준으로 제공되지 못하는 자원배분의 비효율성과 시장실패가 발생한다. 그래서 대부분의 공공재는 많은 나라에서 정부가 일방적으로 생산하여 제공하고 각 개인들에게 그 비용의 일부를 세금의 형태로 징수하는 방식을 사용하고 있다.

2. 공공재와 자원배분

국방이나 치안 등과 같은 공공재는 수많은 사람들에게 혜택을 주기 때문에 반드시 생산되어야 한다. 왜 국방이나 치안업무와 같은 공공재는 민간기업에서 생산하여 공급할 수 없고, 시장실패가 발생할까?

첫째, 공공재의 특성인 소비의 비배제성으로 인한 무임승차가 가능하기 때문이다. 공공재의 생산에는 막대한 비용이 들지만, 소비의 비배제성 때문에 어떤 사람이 일단 일정량의 공공재를 만들어 놓으면 다른 사람들은 무임승차할 수 있기 때문에 아무런 대가를 지불하지 않고 소비할 수 있게 된다. 어둠을 밝혀주는 가로등이나 등대가 그 좋은 예이다. 이와 같이 공공재는 사용한 만큼 비용을 부담시키기도 어렵고 사용을 금지하기도 어렵다. 그래서 이러한 공공재의 생산을 시장기능에 맡겨 민간 기업이 생산하도록 할 경우 수익을 남길 수 없으므로 공공재를 생산하려고 하지 않게 된다. 결국 공공재는 시장에 자율적으로 맡겨 두면 아예 생산이 되지 않거나 생산되더라도 사회가 필요로 하는 양보다 훨씬 적게 공급될 것이 틀림없다. 따라서 공공재의 생산에 자원이 사회적으로 바람직한 최적수준으로 배분되지 않는 시장실패가 나타난다.

둘째, 소비의 비경합성으로 인해 가격을 책정할 수 없고 생산비조차 건질 수 없기 때문이다. 공공재가 갖는 소비의 비경합성 특성 때문에 일정량의 공공재가 생산되면 여러 사람이 똑같은 양을 동시에 소비할 수 있게 된다. 그래서 한 사람이 추가적으로 공공재의 소비에 참여하더라도 그 사람에게 공공재의 혜택을 주는데 드는 추가비용은 더 들지 않는다. 따라서 공공재의 생산에 드는 한계비용은 영(0)이라고 할 수 있다. 기업의 이윤극대화조건에 의하면 이윤극대화를 추구하는 기업은 한계비용과 상품의 가격(즉, 한계수입)이 일치하는 수준까지 생산해야 한다. 그런데 공공재는 추가적인 소비나 혜택 제공에 따른 한계비용이 영(0)이므로 공공재의 가격을 0원으로 설정해야 한다. 따라서 공공재의 가격을 책정할 수 없으므로 민간 기업이 생산하더라도 생산비용조차도 회수할 수 없기 때문에 공공재를 생산할 수 없다. 이와 같이 공공재는 특성상 시장기구를 통해서는 공급될 수 없으며, 공급되더라도 충분한 양이 공급할 수 없기 때문에 자원배분의 비효율성을 초래한다.

3. 공공재의 최적생산

(1) 공공재의 시장수요곡선 도출

공공재의 특성상 사회적으로 바람직한 최적생산수준으로 공급하기 위해서는 정부의 개입이 불가피하다. 정부가 어떤 공공재를 공급하고자 할 때 우선 어느 수준에서 생산하여 공급할 것인지를 결정해야 한다. 일반적인 사유재의 경우에는 생산기업이 시장에서 제공되는 신호를 통해 얻은 정보(가격과 이윤)를 바탕으로 얼마만큼을 생산하는 것이 최적수준인지 알 수 있다. 그래서 기업은 단순히 이윤이 극대화되는 산출량을 선택하기만 하면 된다. 그렇지만 공공재의 경우에는 시장에서 거래되는 일이 없기 때문에 가격이나 이윤을 기준으로 사용할 수 없다. 따라서 공공재의 경우에는 사유재와는 다른 접근법을 통해 최적산출량 수준을 결정해야 한다.

그런데 공공재와 사유재는 시장수요를 도출하는 방법에서부터 차이가 난다. 주어진 개별수요로부터 시장수요를 도출하는 방법은 사유재이냐 공공재이냐에 따라 완전히 달라진다. 사유재에 대한 시장수요는 개별수요를 수평적으로 합계함으로써 도출되지만, 공공재에 대한 시장수요는 개별수요를 수직적으로 합계함으로써 도출할 수 있다.

논의를 단순화하기 위해 <그림 14-5>에서 보는 바와 같이 경제 전체에 두 사람 A와 B만이 존재하고, 각 개인(A, B)의 수요곡선이 D_A와 D_B로 주어져 있다고 가정한다.

사유재에 대한 시장수요곡선(D_M)은 각 개인의 개별수요곡선을 수평적으로 합계하면 도출된다. 예컨대, <그림 14-5>의 (a)에서 가격 P_0수준에 대응하는 시장수요량 Q_M은 개인 A의 수요량 Q_A와 개인 B의 수요량 Q_B를 합계한 것이다.

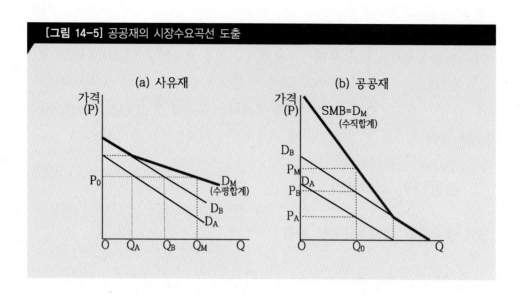

[그림 14-5] 공공재의 시장수요곡선 도출

그런데 공공재의 시장수요곡선은 사유재와는 다른 접근법에 의해 도출된다. 공공재에 대한 시장수요는 각 개인의 수요를 수직적으로 합계함으로써 도출된다. 예컨대, <그림 14-5>의 (b)에서 공공재에 대한 각 개인의 수요곡선이 D_A와 D_B로 주어져 있을 때, 시장수요곡선(D_M)은 각 수요량에 대응하는 각 개인의 수요곡선들을 수직적으로 합계하여 도출한다.

한편 공공재에 대한 각 개인의 수요곡선 D_A와 D_B의 높이는 각 개인이 공공재의 소비로부터 얻는 한계편익(MB)을 나타낸다. 따라서 두 곡선 D_A와 D_B를 수직으로 합계한 시장수요곡선 D_M의 높이는 공공재로부터 나오는 사회적 한계편익(SMB)을 나타내게 된다. 또한 공공재에 대한 각 개인의 수요곡선 D_A와 D_B의 높이는 각 소비자가 해당하는 수량을 소비하기 위하여 지불할 용의가 있는 최대가격(즉, 소비자 유보가격)을 의미한다.

이러한 수요곡선의 수직적 의미를 공공재의 분석에 적용하면, 공공재를 Q_0 단위만큼 소비하기 위하여 소비자 A가 지불할 용의가 있는 최대가격은 P_A이고, 소비자 B가 지불할 용의가 있는 최대 가격은 P_B임을 뜻한다. 따라서 Q_0 단위의 공공재를 소비하기 위하여 두 소비자가 지불할 용의가 있는 가격은 P_A와 P_B를 합계한 P_M이 된다. 결국 공공재에 대한 시장수요곡선(D_M)은 <그림 14-5>의 (b)처럼 각 수요량에 대응하는 개별수요곡선 D_A와 D_B의 높이를 각각 수직적으로 합계하여 도출한다.

(2) 공공재의 사회적 최적생산

이제 공공재의 사회적 최적생산수준에 대해 알아보자. 공공재는 사유재와 다른 특성을 갖고 있고, 시장수요곡선의 도출방법도 다르기 때문에 공공재를 최적생산수준으로 공급하는 조건은 사유재의 공급조건과 다를 수밖에 없다.

① 사유재의 최적생산 조건

<그림 14-6> (a)에서 사유재의 경우 각 개인의 수요곡선, D_A와 D_B를 수평으로 합한 시장수요곡선, D_M과 시장공급곡선인 S가 교차하는 E점에서 시장균형이 이루어지게 된다. 이 교차점에 대응하는 산출량 Q_M은 시장의 최적산출량 수준이라는 의미를 갖는다. 그리고 E점에 대응하는 시장의 최적산출량 Q_M은 개인 A의 구입량 Q_A와 개인 B의 구입량 Q_B를 합계한 것과 같다.

한편 E점에서의 공급곡선 S의 높이는 Q_M이라는 생산수준에서의 한계비용(MC)을 의미한다. 그리고 개인 A의 구입량 Q_A에 대응하는 D_A곡선의 높이는 개인 A가 얻는 한계편익, 즉 $MB_A(Q_A)$를 의미하고, 개인 B의 구입량 Q_B에 대응하는 D_B곡선의 높이는 개인 B가 얻는 한계편익, 즉 $MB_B(Q_B)$를 의미한다.

따라서 사유재의 경우, 시장균형점인 E점에서 세 가지가 모두 일치하기 때문에 다음과 같은 관계가 성립한다.

$$MB_A(Q_A) = MB_B(Q_B) = MC(Q_M) \tag{14.1}$$

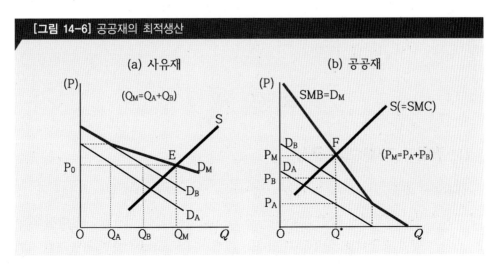

[그림 14-6] 공공재의 최적생산

사유재의 경우, 효율적인 자원배분이 이루어지는 최적생산의 조건은 우선적으로 각 개인의 한계편익(MB)이 같아야 하고, 이것이 다시 한계비용(MC)과 같아야 한다는 것이다.

② 공공재의 최적생산 조건

공공재의 경우에는 <그림 14-6>의 (b)에서 보는 바와 같이 각 개인의 수요곡선을 수직으로 합계하여 도출한 공공재의 시장수요곡선 D_M과 공공재의 공급곡선인 S가 교차하는 F점에서 공공재의 사회적 최적산출량 수준이 결정된다.

한편 F점은 공급곡선 S 위의 점이므로 F점의 높이는 최적산출량 Q^*에서의 사회적 한계비용(SMC)을 의미한다. 또한 최적산출량 Q^*에서의 개별수요곡선인 D_A곡선과 D_B곡선의 높이는 각각 개인 A와 개인 B가 공공재의 소비로 얻는 한계편익, 즉 $MB_A(Q^*)$와 $MB_B(Q^*)$를 의미한다. 그런데 F점은 시장수요곡선 D_M 위의 점이고, 시장수요곡선 D_M곡선은 D_A곡선과 D_B곡선을 수직적으로 합계한 것이므로 Q^* 산출량에서 사회적 한계편익(SMB)을 나타낸다. 따라서 이 F점에서 두 사람(A, B)의 한계편익의 합계인 SMB와 사회적 한계비용(SMC)은 같아야 한다. 그러므로 공공재의 사회적 최적생산을 위한 조건은 다음과 같이 된다. 이 조건을 **공공재의 파레토 효율성 조건**이라고 부른다.

$$SMB(Q^*) \ [= MB_A(Q^*) \ + \ MB_B(Q^*)] \ = \ SMC(Q^*) \tag{14.2}$$

n명이 공공재의 소비에 참여하는 일반적인 경우 공공재의 사회적 최적생산 조건은 다음과 같이 표현할 수 있다.

$$\sum_{i=1}^{n} MB_i = SMC \tag{14.3}$$

(3) 린달의 조세체계와 균형

사유재의 경우, 각 개인들은 똑같은 가격으로 각자 서로 다른 양을 소비한다. 그렇지만 소비의 배제성이 없는 공공재의 경우, 모든 사람들이 대가를 지불하지 않고도 똑같은 양의 공공재를 소비할 수 있다. <그림 14-6> (b)에서 보면 공공재의 사회적 최적산출량인 Q^*만큼의 공공재를 각자 똑같은 양으로 소비할 수 있다. 따라서 정부가 사회적 최적생산수준인 Q^*만큼의 공공재를 공급하기 위해서는 공공재 1단위당 개인별로 다른 가격(즉, 세금)을 부과해야만 한다. 개인 A에게는 P_A, 개인 B에게는 P_B만큼의 세금을 부과한다면 공공재의 사회적 한계편익($SMB = P_A + P_B = P_M$)과 사회적 한계비용(SMC)이 일치되어 공공재 생산의 파레토 효율성 조건인 (14.2)식을 충족시킬 수 있다.

이와 같이 각 개인들에게 각자 공공재의 소비로부터 얻는 한계편익(MB)만큼을 세금으로 부과하는 것을 **린달의 조세체계**(Lindahl's tax scheme)라고 부른다. 그리고 린달의 조세체계 아래에서 성립하는 균형을 **린달의 균형**(Lindahl's equilibrium)이라고 부른다. 따라서 린달의 균형은 개인별로 각각 다른 세금을 부과하여 공공재의 사회적 최적산출량이 생산되는 경우에 성립한다.

그러나 정부가 공공재를 공급한다고 해도 린달의 조세체계(Lindahl's tax scheme)와 같이 각 개인들에게 공공재에 대하여 지불할 용의가 있는 최대금액을 파악하고 조세로 부과하는 방식은 역시 무임승차 문제 때문에 실현되기 어렵다. 왜냐하면 공공재의 비배제성으로 인해 대가를 지불하지 않아도 공공재를 소비할 수 있다는 사실을 잘 알고 있는 개인들은 자신의 공공재에 대한 선호와 지불용의금액을 정직하게 밝히지 않을 것이기 때문이다. 그래서 많은 나라에서 정부가 재정 부담으로 공공재를 공급하고 그 재원을 조달하기 위해서 그 비용의 일부를 세금의 형태로 개인들에게 부과하는 방식을 사용하고 있다.

복습문제

1. 외부효과가 발생하는 근본적인 이유는 무엇인가?

2. 외부효과가 있을 경우 왜 자원이 비효율적으로 배분되는 시장실패가 발생하는가?

3. 생산의 외부경제나 외부비경제가 존재하는 경우 시장기구에 의한 자원배분이 왜 비효율적인가?

4. 외부효과를 내부화하는 방법에는 어떠한 것들이 있는가? 이러한 방법들이 지니는 한계는 무엇인가?

5. 코즈정리란 무엇인가? 이 정리가 성립하기 위한 조건은 무엇인가?

6. 정부가 개입하여 외부효과를 해결하려 할 때 사용할 수 있는 정책에는 어떠한 것들이 있는가?

7. 피구조세는 어떻게 부과되어야 하는가?

8. 공공재의 성격이 사유재의 성격과 크게 다른 점은 무엇인가?

9. 공공재가 있을 경우 시장이 실패하는 이유는 무엇인가?

10. 공공재의 사회적 최적생산을 위한 조건은 무엇인가?

11. 공공재의 시장수요곡선을 구할 때 사유재의 경우와 다른 점은 무엇인가?

12. 린달의 조세체계와 균형이란 무엇인가?

포인트 미시경제학   The Point of Microeconomics

Chapter 15

정보의 비대칭성 :
정보경제학

이 장에서는 경제주체 사이에 정보의 비대칭성이 존재하는 경우
발생하는 역선택과 도덕적 해이가 자원배분에 미치는 영향에 대해
살펴본다. 먼저 역선택의 문제와 역선택으로 인한 시장실패를
해결하려는 방안들을 살펴보고, 다음으로 도덕적 해이의 문제와
도덕적 해이로 인한 시장실패를 해결할 수 있는 방안을 살펴본다.

제1절 비대칭적 정보

1. 불완전정보와 비대칭적 정보

(1) 불완전정보와 탐색활동

이제까지 각 경제주체들이 의사결정을 할 때 필요한 모든 정보를 갖고 있다는 것을 암묵적으로 가정하고 경제이론을 전개해 왔다(6장 제외). 예컨대, 자원의 배분이 가장 효율적으로 이루어지는 이상적인 시장형태인 완전경쟁시장이 성립하기 위한 조건 중 하나로 완전정보를 가정하였다.

완전정보(perfect information)는 각 경제주체가 자신의 경제활동에 필요한 정보를 모두 갖고 있고 확실하게 알고 있다는 것을 의미한다. 따라서 완전정보란 곧 모든 사람들이 경제 내에서 획득할 수 있는 모든 정보를 가지고 있어 모든 사람이 보유하는 정보의 양이 똑같은 상황, 즉 **대칭적 정보**(symmetric information)의 상황을 의미하는데, 이는 정보를 획득하는 비용이 전혀 들지 않고 정보 획득에 어떠한 제약도 존재하지 않는 경우에만 가능한 상황이다.

그러나 현실적으로는 각 경제주체가 자신의 경제활동에 필요한 정보를 모두 갖고 있는 경우는 거의 없다. 현실적으로 경제주체들이 정보를 완전하게 갖추고 있는 상황보다는 그렇지 못한 **불완전한 정보**의 상황이 일반적이다. 그리고 어떤 경제주체들은 다른 경제주체들보다도 더 많은 정보를 가지고 경제활동을 하는 경우도 많다. 경제주체들이 각자 가지는 **정보의 차이**는 의사결정과정에 영향을 주어 선택행위와 거래방식에도 영향을 준다.

그러므로 각자가 필요로 하는 정보가 불완전한 상황에서는 여러 가지 방법으로 경제활동에 필요한 정보를 획득하려고 노력하게 된다. 이렇게 필요한 정보를 획득하려고 노력하는 행위를 **탐색활동**(search activity)이라고 한다. 탐색활동을 통해 편익(benefit)을 얻기도 하지만 시간이나 노력을 들어야하기 때문에 탐색활동에는 비용(cost)도 역시 뒤따르게 마련이다.

또한 비록 정보 획득에 어떠한 제약도 존재하지 않는다고 하더라도 필요한 정보를 획득하기 위해서는 정보의 양에 따라 비용을 지불해야하는 경우가 일반적이다. 이와 같이 정보를 획득하는데 탐색비용뿐만 아니라 또 다른 정보획득비용도 지불해야 한다면 **정보**(information)도 일반 상품과 마찬가지로 하나의 상품으로 간주될 수 있다. 그렇기 때문에 경제주체는 비용을 지불하면서 정보를 얼마나 획득하는 것이 최적인지를 결정해야 한다. 따라서 획득하고자 하는 정보의 양이 경제주체의 **최적화**(optimization) 대상이 되는 것이다.

합리적인 경제주체는 정보의 탐색활동에 시간과 노력을 얼마나 들일 것인가를 편익과 비용을 비교해 결정하게 된다. 합리적인 소비자들은 예산제약 하에서 효용극대화를 이룰 수 있도록 자신의 최적 정보량을 결정하며, 기업들도 이윤극대화를 이룰 수 있도록 최적 정보량을 결정한다.

(2) 비대칭적 정보와 정보경제학

일반적으로 각 경제주체가 직면하는 제약조건들이 서로 다르기 때문에 각 경제주체들이 원하는 최적 정보량도 모두 다르게 된다. 이에 따라 각 경제주체가 보유하는 정보의 양에 차이가 나게 되어 각 경제주체 사이에 비대칭적 정보의 상황이 발생한다. **비대칭적 정보의 상황**(asymmetric information)이란 어떤 경제행위의 당사자들 사이에 정보가 한쪽에만 존재하고 다른 한쪽에는 존재하지 않거나 또는 당사자 가운데 한쪽이 다른 쪽보다 더 많은 정보를 갖고 있는 상황을 말한다. 예컨대, 경제행위의 두 당사자 중에 한 쪽은 객관적 사실을 알고 있거나 상대방의 행위를 관찰할 수 있는데 반하여 다른 한 쪽은 이에 대한 정보를 갖고 있지 않은 경우이다.

그런데 비대칭적 정보는 그 자체가 문제되는 것은 아니다. 다른 사람이 갖지 못한 정보를 가진 사람이 전체의 이익을 위해서 그 정보를 이용한다면 정보의 비대칭성은 아무런 문제가 되지 않는다. 그러나 다른 사람이 갖지 않은 정보를 가진 사람이 그 정보를 자신의 이익을 위해서 사용할 경우 일반적으로 비효율성이 발생하기 때문에 문제가 된다.

한편 비대칭적 정보의 상황에 처한 경제주체들이 정보의 일부 또는 전부를 갖고 있지 못한 경우, 자원배분에 미치는 영향과 이때 발생할 수 있는 시장실패로 인한 자원배분의 왜곡을 해결하는 방안을 논의하는 미시경제학의 한 분야를 **정보경제학**(information economics)이라 부른다. 정보경제학에서는 정보가 경제주체들 사이에 비대칭적으로 주어진 상황을 주로 분석한다.

2. 비대칭적 정보의 유형 : 감추어진 특성과 감추어진 행동

경제주체 사이에 비대칭적 정보의 대상에 해당하는 것은 감추어진 특성과 감추어진 행동으로 구분할 수 있다. 그래서 비대칭적 정보의 상황은 무엇에 관한 정보가 결여되어 있는가를 기준으로 감추어진 특성이 존재하는 상황과 감추어진 행동이 존재하는 상황으로 구분한다.

(1) 감추어진 특성

감추어진 특성(hidden characteristics)이란 각 경제행위의 당사자들에게 영향을 미치지만 어느 한쪽 당사자만 알고 있는 상품의 특성, 상대방의 유형, 현재의 시장상황 등을 의미한다. 따라서 **감추어진 특성이 존재하는 상황**이란 거래 상품의 특성이나 거래상대방의 유형 등에 대해 겉으로 드러나는 것을 관찰해서는 알아낼 수 없을 때, 어느 한쪽이 정보를 더 적게 가지고 있거나 또는 어느 한쪽은 잘 알고 있는데 다른 한쪽은 잘 모르고 있는 상황을 말한다. 예컨대, 중고차시장에서 구매자가 중고차의 겉모양만 보아서는 중고차의 품질을 알지 못하는 경우, 또는 노동시장에서 고용주가 신규 채용 근로자의 생산성에 대해 알지 못하는 경우, 또는 보험회사에서 보험가입자의 건강상태나 운전습관 등을 알지 못하는 경우, 금융시장에서 은행이 대출 받는 사람의 자금사정이나 신용상태에 대해 알지 못하는 경우가 감추어진 특성이 존재하는 비대칭적 정보 상황의 대표적인 사례이다.

한편 이러한 감추어진 특성이 존재하는 상황에서는 **역선택**(adverse selection)의 문제가 발생하여 시장실패로 인한 자원배분의 왜곡을 초래한다. 그래서 역선택을 방지하기 위해 감추어진 특성에 대한 정보를 가진 쪽과 갖지 않은 쪽 모두 여러 가지 노력을 기울이게 된다. 이에 대해서는 2절에서 자세히 다룬다.

(2) 감추어진 행동

감추어진 행동(hidden action)이란 어떤 경제행위의 당사자들 가운데 어느 한 경제주체가 자신을 정확히 드러내지 않고 감추고 있는 행동을 의미한다.

따라서 **감추어진 행동이 존재하는 상황**이란 어떤 경제행위의 당사자들 가운데 어느 한쪽이 자신의 행동을 정확히 드러내지 않고 감추고 있어 상대방의 행동을 잘 관찰할 수 없는 경우 또는 겉으로 드러난 행동을 관찰해서는 정확한 정보를 얻을 수 없는 상황을 의미한다. 이것은 한 경제주체가 선택하는 행동을 오직 한쪽에서만 관찰할 수 있고 상대방 쪽에서는 관찰하거나 통제할 수 없는 경우에 발생한다. 예컨대, 고용주와 근로자 사이의 관계에서 고용주가 근로자의 모든 행동을 관찰한다는 것은 불가능하다. 근로자가 고용주의 이익을 위해 최선의 노력을 다하는지 아니면 자신의 이익을 위해 노력하는지를 정확히 알 수 없다. 이 경우 고용주의 입장에서는 근로자의 업무태도가 감추어진 행동에 해당한다. 또한 자동차보험의 경우 피보험자가 일단 보험에 가입하고 나면 사고예방 노력을 소홀히 하여 사고발생 확률이 높아져 보험회사가 피해를 입을 수 있는데, 이 경우 보험가입자의 사고예방 노력수준은 보험회사의 입장에서는 감추어진 행동이 된다. 피보험자 자신은 사고예방을 위해 얼마나 노력하였는가를 알지만 보험회사는 이를 알지 못하므로 역시 비대칭적 정보의 상황에 해당하는 것이다.

한편 감추어진 행동을 모두 파악하는 것은 비용 때문에 현실적으로 불가능하다. 따라서 감추어진 행동이 존재하는 경우 반드시 비대칭적 정보의 상황이 발생하게 된다. 감추어진 행동이 존재하는 비대칭적 정보의 상황에서는 정보를 보유하고 있는 사람이 정보를 보유하고 있지 않은 사람에게 바람직하지 않은 행위를 하려는 유인을 갖는데, 이러한 유인을 **도덕적 해이**(moral hazard)라고 부른다. 감추어진 행동이 존재하는 비대칭적 정보의 상황에서는 도덕적 해이 때문에 자원배분의 왜곡과 시장실패가 발생한다. 그래서 도적적 해이가 발생하지 않도록 하기 위해 감추어진 행동에 대한 정보를 갖지 않는 쪽에서 여러 가지 노력을 기울이게 된다. 이에 대해

PART 05 시장의 한계 : 시장실패

서는 3절에서 자세히 다룬다.

감추어진 특성이나 감추어진 행동에 의해 비대칭적 정보의 상황이 존재하게 되면 효율적인 자원배분이 이루어질 수 없어 시장실패가 나타난다.

제2절 역선택과 시장실패

1. 역선택

(1) 역선택과 시장실패

경제주체 사이의 비대칭적 정보 상황 중에서도 판매자와 구매자 사이에 거래하고자 하는 상품에 감추어진 특성이 존재하는 경우에는 역선택 현상이 발생하게 된다.

판매자와 구매자간의 비대칭적 정보의 상황이 존재할 경우, 판매자가 정보 상의 우월한 지위를 이용하여 정보를 갖고 있지 못한 구매자를 착취하여 이익을 얻는 경우가 있게 된다. 예컨대, 감추어진 특성이 있는 품질이 좋지 못한 상품이 좋은 품질의 상품과 똑같은 가격으로 시장에서 거래되면 품질이 좋지 못한 상품이 오히려 가격경쟁에서 유리하다. 그 때문에 좋은 품질의 상품이 경쟁에서 불리하게 되어 점점 시장에서 사라지게 된다. 결국 좋은 품질의 상품은 시장에서 완전히 사라지게 되고 나쁜 품질의 상품만 남아 거래되는 결과를 초래할 수도 있다. 이처럼 판매자와 구매자 사이에 거래하고자 하는 상품의 특성에 대한 정보가 비대칭적이기 때문에 시장에서 좋은 품질의 상품은 사라지고 품질이 나쁜 상품만 남아 거래되는 현상을 **역선택**(adverse selection)이라 부른다.

어떤 상품의 특성에 대한 정보가 비대칭적인 경우, 상품 특성에 대한 정보가 부족한 구매자의 입장에서는 '불리한(adverse) 물건을 선택(selection)'하게 된다는 의미에서 역선택이라 한다. 이러한 역선택의 문제는 생산물시장에서만 나타나는 현상이 아니라 노동시장, 보험 및 금융시장 등에서도 나타난다.

434

이와 같이 어떤 상품에 대한 감추어진 특성으로 인해 거래당사자 사이에 비대칭적 정보의 상황이 되는 경우, 그 상품시장에서는 역선택 현상이 발생하게 되고, 그러한 역선택으로 인해 좋은 품질의 상품이 시장에서 사라져 자원배분의 왜곡과 시장실패가 반드시 나타나게 된다.

(2) 중고차시장에서의 역선택

경제주체 사이의 정보가 비대칭적일 경우, 자원배분의 비효율성을 초래할 수 있다는 것을 처음으로 제시한 경제학자는 2001년 노벨경제학상 수상자인 애컬로프(George A. Akerlof) 교수이다. 애컬로프 교수는 중고차시장의 사례를 들어 역선택 현상을 분석하였다[14].

① 중고차시장의 비대칭적 정보와 역선택

중고차시장은 판매자와 구매자 사이에 정보가 비대칭적인 상황이면서 역선택이 발생하는 대표적인 사례이다. 중고차의 품질에 관한 정보는 구매자와 판매자 사이에 비대칭적 정보에 해당한다. 중고차 판매자는 자신이 판매할 중고차의 품질을 정확히 알고 있는데 반하여, 구매자는 그 중고차에 대한 품질이 감추어진 특성이기 때문에 잘 알 수 없다. 만약 중고차의 품질에 대해 판매자와 구매자가 모두 정확하게 알 수 있다면 중고차시장은 품질별로 구분되어 서로 다른 가격에서 거래될 것이다. 현재 시중에 거래되는 중고차 시세표를 보면 각 차종마다 연도별로 구분되어 표시되어 있다. 그러나 같은 연도라고 하더라고 중고차의 품질은 워낙 다양하여 구매자 입장에서는 각 중고차의 품질을 정확히 알 수 없다.

그래서 중고차시장의 가격은 평균적 품질수준에서 결정되고, 품질이 좋은 차와 나쁜 차가 모두 하나의 시장에 섞여서 거래된다. 그런데 중고차의 가격이 평균적 품질수준에서 결정되어 거래될 경우, 자신이 가진 중고차의 품질이 평균 이상인 소유자는 제대로 된 값을 못 받게 될 것이기 때문에 자신의 차를 중고차시장에 내놓

---

14) Akerlof, George A., 'The Market for Lemons : Quality Control and the Market Mechanism', Quarterly Journal of Economics, August 1970, pp.488-500.

을 유인이 없다. 그러면 중고차시장에는 품질이 평균 이하인 중고차들만 나와서 거래될 것이므로 중고차의 평균 품질이 더욱 떨어지게 되고, 그로 인해 중고차의 시장가격은 더욱 하락하게 될 것이다.

이와 같은 과정이 반복해서 일어나게 되면, 결국 중고차시장에는 가격 대비 좋은 품질의 중고차는 완전히 나오지 않고 가장 품질이 좋지 않은 중고차만 시장에 나와 거래된다. 이것이 바로 중고차시장에서의 역선택 현상이다. 이와 같이 중고차시장에서 역선택 때문에 가격 대비 품질이 좋은 차들은 거래되지 않고 품질이 나쁜 차들만 거래되므로 시장의 실패, 즉 자원배분의 왜곡현상이 발생한다.

② 사례분석

이제 중고차시장의 비대칭적 정보의 상황과 역선택을 구체적인 사례를 가지고 분석해보자. <표 15-1>에서와 같이 중고차시장에 1,000만원짜리 상급품이 중고차시장에 나올 확률이 50%이고, 600만원짜리 하급품이 시장에 나올 확률이 50%라고 가정하면, 중고차는 평균가격인 800만원에 거래되게 된다. 중고차시장에서 산정된 평균가격은 품질별 시장가격에 품질별로 시장에 나올 확률을 곱하여 계산한 것이다. 1단계 중고차의 평균가격(만원)은 다음과 같이 산정된 것이다.

$$(1,000 \times 0.5 + 600 \times 0.5) = 800$$

중고차 거래가격이 이렇게 평균가격으로 정해질 경우, 상급품(1,000만원)의 중고차를 보유한 판매자들은 자신들이 평가한 금액보다 낮은 시장가격만 받을 수 있기 때문에 자신의 차를 판매하지 않으려 하게 된다. 자신의 중고차를 800만원에 판매하기 보다는 그냥 사용하기를 원하게 될 것이므로 상급품의 중고차가 시장에 나오는 수량은 점차 줄어들게 된다. 반면에 하급품을 갖고 있는 판매자들은 자신들이 평가한 금액보다 높은 시장가격으로 판매할 수 있기 때문에 팔려고 시장에 내놓는 수량이 점차 많아지게 된다. 이에 따라 상급품이 시장에 나올 확률은 점차 작아지게 되고, 반면에 하급품이 시장에 나올 확률은 점차 커지게 된다. 그 결과 중고차시장의 평균가격은 더욱 하락하게 된다. 이러한 과정이 계속 반복되면 중고차시장에서 품질이 좋은 상급품의 중고차는 모두 사라지게 된다. 결국 최종적으로는 하급품의

[표 15-1] 중고차시장에서의 역선택

거래	품질	확률(%)	평균가격 (만원)
1단계	상급	50	$1000 \times 0.5 + 600 \times 0.5 = 800$
	하급	50	
2단계	상급	40	$1000 \times 0.4 + 600 \times 0.6 = 760$
	하급	60	
3단계	상급	30	$1000 \times 0.3 + 600 \times 0.7 = 720$
	하급	70	
·	·	·	·
·	·	·	·
최종	상급	0	$1000 \times 0.0 + 600 \times 1.0 = 600$
	하급	100	

중고차들만 시장에서 거래되는 현상이 나타나게 된다. 이것이 바로 중고차시장에서 하급품의 중고차만 거래되는 역선택이다.

(3) 보험시장에서의 역선택

① 보험시장의 비대칭 정보와 역선택

보험의 경우 보험가입을 원하는 피보험자는 자기의 건강, 자동차 운전의 숙련도나 습관, 자기 건물의 화재발생 확률 등에 대하여 보험회사보다 더 많은 정보를 갖고 있다. 따라서 피보험자와 보험회사 사이에 비대칭적 정보의 상황이 존재하게 된다. 이 경우 보험회사가 피보험자의 감추어진 특성을 정확히 알지 못한다면 역선택에 직면하게 된다. 중고차시장에서와 같이 상대적으로 건강상태가 좋지 않은 사람, 자동차 사고확률이 높은 사람, 화재발생 확률이 높은 건물주 등 사고를 당할 확률이 높은 사람일수록 더 많이 보험에 가입하게 된다.

보험회사가 역선택에 직면하는 경우 어떤 문제가 발생하는지를 자동차보험시장을 통해 살펴보자. 자동차보험회사에서는 보험가입자의 사고확률에 관한 정확한 정보를 파악하는 것이 어렵기 때문에 보험가입자들에게 보통 평균적인 사고발생률에 기초하여 같은 액수의 보험료를 산정하고 징수하게 된다. 이 경우 사고발생 확률이

높다고 생각하는 사람들이 주로 보험가입을 선호하게 되고, 반면에 사고확률이 낮다고 생각하는 사람들은 보험가입을 기피하게 된다. 따라서 피보험자에 대한 정보가 부족한 보험회사는 역선택에 직면하게 된다.

이 경우 보험회사가 지불해야 하는 보상금액이 더욱 증가하므로 손실을 보지 않기 위해 보험사에서 보험료를 올리게 된다. 그러면 사고확률이 낮은 사람들은 보험가입을 더욱 기피하고, 사고확률이 높은 사람만이 보험에 가입하는 역선택이 더 많이 나타나게 된다. 결국 해가 거듭될수록 점점 사고 확률이 높은 운전자만이 보험에 가입하게 되어 자동차보험시장이 성립하기 어렵게 될 수도 있다.

한편 이러한 사실을 자원배분 측면에서 보면 사고 확률이 높은 사람들만 보험에 가입하게 되므로 결국 자원배분의 왜곡으로 인한 시장실패가 발생하게 된다.

② 사례분석

자동차보험시장에서의 비대칭적 정보의 상황과 역선택을 사례로 분석해보자. 단순화하기 위하여 위험중립적인 운전자가 자동차보험을 가입하는 상황을 고려한다. 운전자가 소유하고 있는 중고차의 가치가 1,000만원이고, 운전자가 사고를 낼 **확률**(probability)을 p, 사고가 나지 않을 확률을 (1-p)라고 표기하자. 사고가 발생했을 경우 이 자동차의 가치는 500만원으로 떨어진다고 가정한다. 보험에 가입할 경우 **보험료**는 C만원이고, 사고가 발생했을 경우 받을 수 있는 **보상금**(compensation)은 β 만원이라고 하자. 운전자는 위험중립적인 성향이므로 보험가입 전후의 자동차에 대한 기대가치를 비교하여 가입여부를 결정한다.

보험에 가입하지 않을 경우 자동차에 대한 기대가치는 [1,000×(1-p) + 500×p]만원이다. 한편 보험에 가입하게 되면 자동차에 대한 기대가치는 사고가 발생하지 않을 경우에는 (1-p) 확률로 (1,000-C)만원이 되고, 사고가 발생할 경우에는 p의 확률로 (500만-C+β)만원이 된다. 그러므로 두 가지 경우를 합하여 자동차의 기대가치를 계산하면 다음과 같이 된다.

$$보험가입\ 기대치(만원) = (1-p)(1,000-C) + p×(500-C+\beta) \qquad (15.1)$$

$$보험미가입\ 기대치(만원) = (1-p)×1,000 + p×500 \qquad (15.2)$$

앞의 식을 정리한 후 (15.1)식의 보험 가입시 얻는 기대가치에서 (15.2)식의 보험 미가입시의 기대가치를 빼면 (pβ-C)가 남게 된다. 이것은 보상금(β)에 사고확률을 곱한 금액과 보험료(C)를 비교하여 보험가입 여부를 결정하는 것을 의미한다. 따라서 이 값이 양(+)이면, 즉 (pβ-C)>0이면 보험에 가입하고, 음(−)이면, 즉 (pβ-C)<0이면 보험에 가입하지 않게 된다. 이런 경우 보험가입자에 대한 보험료(C)가 일정하게 동일하다고 가정하면, 사고확률(p)이 높을수록 보험에 가입하는 것이 유리하다. 따라서 피보험자에 대한 비대칭적 정보로 인하여 어떤 특정보험에 대해 보험료와 보상금을 일정하게 산정할 경우, 사고확률(p)이 높은 운전자들만 가입하게 되어 보험시장에서의 역선택이 나타나게 된다.

2. 역선택의 해결방법

중고차시장이나 보험시장에 역선택이 나타나면 중고차시장이나 보험시장이 존재하지 않거나 존재하더라도 품질이 좋지 않는 것만 거래되어야 한다. 그러나 현실적으로 중고차시장과 보험시장은 존재하고, 하급품의 중고차만 거래되는 것도 아니고, 그리고 사고확률이 높은 사람만 보험에 가입하는 것도 아니다. 그 이유는 거래당사자들이 감추어진 특성이 존재하는 비대칭적 정보의 상황에서 발생하는 역선택을 해결하는 방안을 갖고 있기 때문이다.

감추어진 특성에 대한 정보를 가진 쪽과 가지지 않은 쪽이 선택할 수 있는 역선택 방지방법은 다르다. 정보를 갖고 있지 않은 구매자가 선택할 수 있는 대표적인 방법은 **선별**이고, 정보를 갖고 있는 판매자가 선택할 수 방법은 **신호보내기**이다. 그리고 정부가 직접 시장에 개입하여 방지하는 방법이 **강제집행**이다.

(1) 정보 미보유자의 역선택 해법 : 선별

정보를 갖고 있지 않은 쪽에서 감추어진 특성에 대한 정보를 알아내기 위하여 어떤 방법을 사용하는지 알아보자. 어떤 거래상품에 대한 비대칭적인 정보를 가진 구매자들은 역선택으로 인한 피해를 방지하기 위해 선별방법을 이용한다.

선별(screening)이란 정보를 갖고 있지 않은 쪽이 감추어진 특성과 간접적으로 연관성이 있는 객관적인 자료나 지표를 이용하여 감추어진 특성에 관한 정보를 얻어내고자 취하는 행동을 말한다. 구매자의 입장에서 자신에게 허용되는 모든 정보를 사용하여 상품의 품질과 특성을 구별해내고자 하는 노력을 말한다. 예컨대, 보험회사가 연령별, 성별, 운전경력 등의 기준으로 보험료를 차등적으로 적용하는 것, 은행 대출시 기업규모에 따른 차등 금리 적용이나 기업에서 신입사원 채용 시 특정대학 졸업장이나 자격증을 가진 자를 우선 채용하는 것 등이 객관적인 자료를 이용한 선별방법이다.

정보를 갖고 있지 않은 쪽이 사용하는 지표나 자료는 정보를 갖고 있는 쪽이 쉽게 바꿀 수 없는 것들이다. 그리고 이러한 자료와 감추어진 특성 사이에 연관성이 높을수록 선별을 통해 시장의 효율성이 회복되는 정도는 높아진다.

(2) 정보보유자의 역선택 해법 : 신호보내기

비대칭적 정보의 상황에서는 많은 정보를 갖고 있으면서도 역선택으로 인해 거래에 참가할 수 있는 기회를 잃게 되거나 피해를 입는 사람들이 있게 된다. 중고차시장에서 상급품 중고차를 소유한 사람들이 중고차시장에서 차를 팔 수 없게 되는 상황과 같은 것이다. 그래서 역선택을 방지하기 위해 정보를 가진 쪽에서는 신호보내기 방법을 이용한다.

신호보내기(signaling)는 정보를 가진 쪽이 자신이 가지고 있는 감추어진 특성에 대한 정보를 상대방에게 적극적으로 알리려고 노력하는 것을 말한다. 예컨대, 판매자들이 자신이 판매하는 상품의 품질보증이나 무상 수리를 보증하는 것, 평판을 통해 상표지명도를 높이는 것 등이 대표적인 예이다.

첫째, **품질보증**(warranties and guarantees)은 품질이 좋은 상품을 판매하는 사람들이 가장 흔하게 사용하는 신호보내기 방법이다. 상품의 품질보증은 정보를 가진 판매자가 상대적으로 우수한 품질을 구매자에게 간접적으로 알리는 신호보내기이다. 예컨대, 중고차 판매자가 1년짜리 무상 수리 보증서를 발급하고 중고차를 파는 것은 중고차가 1년 이내에 문제를 일으킬 경우 모든 수리비를 판매자가 부담한다는 신호보내기이다. 이는 품질보증을 해주지 못하는 사람들과는 차별화하여 구매자들로 하여금 그 상품에 대해 믿을 수 있게 해준다.

둘째, 판매자가 역선택으로 인한 피해를 방지하기 위한 노력으로는 좋은 이미지의 평판을 쌓고 유지하는 방법도 있다. **평판**(reputation)이란 판매자가 자신은 항상 우수한 품질의 제품만을 생산하여 판매한다는 것을 구매자에게 인식시켜 인정받는 것을 말한다. 구매자들은 우수한 품질의 제품만 판매한다는 평판이 있는 판매자로부터 약간의 돈을 더 지불하고라도 우수한 품질의 제품을 구입하려고 한다. 좋은 평판을 오랜 기간 동안 쌓은 제품이 **상표지명도**(brand name)가 높은 제품이다. 평판을 이용하여 역선택 문제를 해결하는 좋은 예는 단골음식점과 같은 경우이다. 단골음식점은 소비자로부터 변함없이 우수한 상품을 공급한다는 평판을 얻음으로써 높은 가격으로 상품을 공급할 수 있다. 그 때문에 역선택으로 인해 자신의 상품이 품질이 좋지 못한 다른 상품과 똑같은 가격으로 팔리거나 아예 팔 수 없는 상황이 벌어지는 것을 막을 수 있게 된다.

(3) 정부의 시장개입 : 강제집행

왜 정부는 자동차책임보험을 의무적으로 가입하게 할까? 이것은 역시 자동차보험시장에서 역선택을 방지하기 위한 하나의 방법이다. 정부가 직접적으로 시장에 개입하여 비대칭적 정보로 인한 역선택을 완전히 제거하고 자원배분의 효율성을 제고시킬 수 있는 방법으로 강제집행이 있다.

강제집행(compulsory execution)은 정부의 규제에 의해 모든 당사자들을 강제적으로 어떤 거래에 참가하도록 하여 비대칭적 정보로 인해 발생하는 역선택을 해결하려는 방법이다. 보험시장의 경우 자동차 책임보험이나 건강보험을 가입대상자의 유형에 관계없이 모두 의무적으로 보험에 가입하게 하는 것이 바로 강제집행의 대표적인 예이다. 강제집행을 통해 모든 당사자들을 보험에 가입시키면 보험시장에서 역선택을 완전히 제거할 수도 있다.

현재 우리나라에서는 자동차를 구입한 사람은 모두 자동차 책임보험을 의무적으로 가입해야 한다. 정부가 자동차 책임보험을 의무적으로 가입하게 하는 이유는 자동차 보험시장에서 발생하는 역선택을 해결하기 위해서이다. 그러면 부주의하여 사고확률이 높은 운전자나 사고확률이 낮은 조심스러운 운전자가 골고루 보험에 가입하게 되어 역선택이 발생하지 않게 된다.

또 정부가 모든 국민을 건강보험에 강제로 가입하게 하는 것도 역시 역선택 문제를 해결하기 위해서이다. 건강보험을 선택적으로 가입할 수 있게 허용하면, 비교적 건강하다고 생각하는 사람이나 소득이 많은 사람은 건강보험에 가입하지 않으려 하고, 건강이 나쁜 사람이나 소득이 낮은 사람만 주로 건강보험에 가입하게 된다. 그렇게 되면 건강보험시장에도 역선택이 발생하게 되어 건강보험시장이 점점 작아지고 결국 없어질 수도 있다. 이럴 때 정부가 국민건강보험이라는 이름으로 모든 국민을 건강보험에 의무적으로 강제 가입시킴으로써 역선택 문제를 해결하고자 한다. 물론 건강한 사람이 허약한 사람에 비해 손해를 보는 부작용이 있기는 하지만 정부가 강제집행을 하는 이유는 건강보험시장을 유지하는 것이 사회적으로 바람직하고 이익이 더 크기 때문이다.

제3절 도덕적 해이와 시장실패

1. 주인-대리인 문제

(1) 주인-대리인 관계

비대칭적 정보의 또 다른 형태인 감추어진 행동의 경우를 주인-대리인의 관계를 통해 알아보자. **주인-대리인 관계**(principal-agent relation)는 비대칭적 정보의 상황에서 계약(contract)을 통해 보수를 주고 그 대가로 다른 사람에게 자신의 일을 시킬 때 형성된다. 비대칭적 정보의 상황에서 보수를 주면서 일을 시키는 사람을 **주인**(principal)이라 하며, 주인과 계약을 맺어 주인의 이익을 위해 일하지만 주인과는 다른 이해관계를 갖고 있는 사람을 **대리인**(agent)이라 한다.

어떤 일을 하려는데 여건상 자신이 직접 그 일을 할 수 없어 다른 사람(대리인)에게 일 처리를 부탁하는 경우가 있다. 예컨대, 우리가 아플 때 직접 병을 진단하고 치료할 수 없어 의사에게 보수를 지불하고 진료를 부탁하는 경우, 환자와 의사 사이에는 계약에 의한 주인-대리인의 관계가 맺어지게 된다. 또한 노동시장에서 고용계약에 의한 고용주와 근로자 사이의 관계도 대표적인 주인-대리인의 관계이다. 이러한 주인-대리인의 관계는 고용주와 근로자, 환자와 의사 사이뿐만 아니라 소송의뢰인과 변호사, 주주와 전문경영자, 국민과 공무원 등도 모두 주인-대리인의 관계에 있다.

(2) 도덕적 해이

그런데 왜 대리인은 주인을 위해 최선을 다하지 않을까? 주인-대리인의 관계에서 주인과 대리인의 목적은 서로 다른 것이 일반적이다. 주인과 대리인은 각자 자신들의 이득을 극대화하기를 원하지만 서로 충돌되는 경우가 많다. 예컨대, 고용계약에서 주인은 고용주이고 대리인은 근로자이다. 고용주의 목적은 이윤극대화이지만, 근로자의 목적은 가급적이면 적게 노력하고 많은 보수를 받음으로써 자신의 효용을 극대화하는 것이다. 이처럼 주인과 대리인이 추구하는 목적이 서로 다르다고 해도 주인이 대리인의 행동을 잘 관찰할 수 있다면 사전에 대리인이 취해야 할 행동을 계약할 수 있으므로 아무런 문제가 발생하지 않는다. 그러나 현실적으로 주인은 대리인의 행동을 잘 관찰할 수가 없다. 이때 주인-대리인의 관계에서는 대리인의 감추어진 행동으로 인한 비대칭적 정보의 상황이 나타나게 된다. 예컨대, 고용주는 근로자가 얼마나 열심히 근무하는지 정확하게 관찰하기가 어렵기 때문에 근로자가 근무할 때 기울이는 노력의 정도는 고용주에게 감추어진 행동이 된다.

어떤 일을 대신해주는 거래나 계약관계에 있어서 주인이 대리인의 행동을 관찰할 수 없는 경우, 대리인이 그 일을 대신해주는 과정에서 감추어진 행동을 하게 되면 문제가 발생하게 된다. 대리인이 주인을 위해 열심히 일해 주기로 약속을 하고서도 주인이 관찰할 수 없는 경우 실제로는 자신의 이익을 먼저 챙기는 행동을 보일 가능성이 있다. 이처럼 주인이 대리인의 행동에 대한 정보를 정확히 알 수 없는 경우 대리인이 정보를 가지지 못한 주인을 위해 최선의 노력을 다하지 않고, 오히려 대리인 자신의 목적을 위하여 주인에게 바람직하지 않은 행동을 취하는 것을 **도덕적 해이**(moral hazard)라고 부른다.

도덕적 해이는 대리인이 취하는 행동을 주인이 직접 감독하고 통제할 수 없는 경

우, 대리인이 주인의 이익이 아닌 자신의 이익만을 추구하거나 주인이 원하는 수준만큼 열심히 일하지 않는 것을 의미한다. 예컨대, 의사가 성의 없이 환자를 치료하는 것, 변호사나 용역회사가 적당히 일하고 대가를 챙기는 것 등은 도덕적 해이의 다른 사례이다. 이러한 도덕적 해이는 주인이 대리인의 감추어진 행동에 대한 정보를 갖지 못하는 비대칭적 정보의 상황에서 생겨난다.

(3) 도덕적 해이의 해결방법 : 유인체계 제공

그럼 어떻게 하면 대리인이 주인을 위해 최선의 노력을 하게 할 수 있을까? 앞서 역선택을 유발하는 감추어진 특성은 변경이 불가능한 속성이기 때문에 거래 당사자들은 선별행위나 신호보내기를 통해서 역선택을 방지하려 한다고 하였다. 한편 감추어진 행동은 어떤 유인이 주어질 경우 변화가 가능하기 때문에 대리인으로 하여금 도덕적 해이를 유발하지 않도록 유인(incentive)을 제공하는 것이 중요하다.

일반적으로 주인-대리인의 관계에서 도덕적 해이가 발생하는 이유는 대리인이 주인의 목적을 달성하기 위해 노력할 유인이 없기 때문이다. 따라서 도덕적 해이 문제를 극복하기 위해서는 주인과 대리인의 이해관계가 상충될 때, 주인의 이익을 위해 대리인이 최선을 다하도록 행동하게 만드는 유인을 제공해야 한다.

대리인으로 하여금 주인의 관점에서 볼 때 최선의 노력과 행동을 취하도록 유인하는 제도나 계획을 **유인체계**(incentive scheme)라고 한다. 주인-대리인의 관계에서 도덕적 해이를 방지하려는 대표적인 방법이 승진체계나 보수체계와 같은 유인체계를 설계하여 제공하는 것이다. 예컨대, 전문경영자에게 주어지는 스톡옵션제나 변호사의 수임료를 재판 결과와 연동시키는 승소 보너스제, 근로자의 업무성과에 근거한 성과급제 등과 같이 성과에 근거한 보수체계를 도입함으로써 대리인이 주인의 이익을 위해 열심히 노력하도록 유인할 수 있다.

2. 유인보수체계의 설계

(1) 유보효용수준

대리인의 도덕적 해이를 방지하고 주인의 이익을 극대화하기 위해서는 유인보수

(incentive payment)체계를 어떻게 만들어야 하는지에 대해 알아보자.

주인과 대리인의 관계는 **계약관계**이다. 따라서 대리인들은 조건이 맞지 않으면 항상 주인과의 계약관계를 청산하고 다른 곳에 가서 일을 할 권리가 있다. 대리인이 다른 곳으로 옮기는 경우에 얻을 수 있는 효용은 대리인의 입장에서는 항상 확보할 수 있는 최소한의 효용수준으로 생각할 수 있다. 이처럼 대리인이 다른 직장으로 옮기더라도 보장받을 수 있는 효용수준을 **유보효용수준**(reservation level of utility) 이라 부른다. 따라서 대리인은 현재의 직장에서 최소한 유보효용수준 이상을 보장해 주어야만 다른 직장으로 옮기려 하지 않을 것이다. 이러한 의미에서 외부에서 보장받을 수 있는 효용수준이 유보효용수준이 된다.

만약 대리인들이 현재의 직장에서 유보효용수준 이상의 보수를 받지 못하면 항상 주인과의 계약관계를 청산하고 다른 직장으로 옮기게 된다. 그래서 주인이 유인 보수체계를 설계할 때 유의해야 할 점이 두 가지가 있다.

하나는 대리인이 계속 주인 자신을 위해 일을 할 수 있도록 유인해야 한다는 것 이다. 다른 하나는 주인이 원하는 대로 행동하는 것이 대리인의 입장에서도 더 유리 하여 대리인 스스로의 판단에 의해 주인의 의도대로 행동하게 만들어야 한다는 것 이다.

(2) 유인보수체계 설계의 제약조건

주인이 대리인에게 제공하는 적절한 유인보수체계를 설계하려면 적어도 다음과 같은 두 가지 형태의 제약조건을 충족시켜야 한다.

① 참여 제약(participation constrain)

첫 번째 조건인 **참여 제약은** 대리인이 고용계약에 참여하도록 유도하려면 대리 인에게 최소한 다른 곳에서 얻을 수 있는 만큼의 유보효용수준 이상을 보장하여야 한다는 제약조건이다. 대리인과 고용계약을 맺을 때, 주인은 가급적이면 낮은 보수 를 주기를 원하지만 대리인이 현재의 직장을 떠나지 않도록 하려면 최소한 유보효 용수준 이상을 보장해주어야 한다. 이 제약조건을 **개인적 합리성 제약**(individual rationality constrain)이라고도 한다.

② 유인양립성 제약(incentive compatibility constrain)

두 번째 조건인 **유인양립성 제약**은 주어진 유인보수체계 하에서 대리인이 일을 열심히 함으로써 얻게 되는 기대효용이 일을 게을리 하는 경우에 얻게 되는 기대효용보다 커야 한다는 제약조건이다. 유인보수체계가 주어지더라도 대리인은 기회만 되면 자기 자신의 효용을 극대화하려고 할 것이다. 그러므로 주인은 대리인이 효용을 극대화하는 행위가 곧 주인 자신에게도 최적행위가 되도록 유인보수체계를 설계해야 한다는 의미이다.

만약 유인보수체계가 유인양립성 제약조건을 충족하지 않는다면 대리인은 일을 태만히 할 것이고, 결국 대리인에게 열심히 일할 동기를 부여하겠다는 원래의 의도는 달성하지 못하게 된다. 따라서 보수체계가 유인양립성 제약을 충족시켜야만 대리인이 주인을 위해 최선의 노력을 하게 된다. 대리인이 열심히 일하기 원한다면 주어진 유인보수체계하에서 열심히 일을 하는 경우에 얻는 보수가 게을리 일을 하는 경우에 얻는 보수보다 크도록 유인보수체계를 설계해야 한다.

(3) 유인보수체계 설계의 실제

① 유인보수체계 설계 조건

도덕적 헤이를 방지하기 위한 효과적인 유인보수체계를 설계하려면 대리인에게 유인(incentive)을 제공하는 것만으로는 충분하지 않다. 대리인에게 유인을 제공해 주는 것 외에 위험(risk)도 주인과 적절히 분담할 수 있도록 설계해야 한다. 그런데 유인 제공과 위험 분담 사이에 상충관계가 존재하기 때문에 효과적인 유인보수체계를 설계하는 것이 쉽지 않다.

주인-대리인의 문제는 대리인에게 참여 제약과 유인양립성 제약을 동시에 충족시켜 준다는 제약조건하에 주인이 자신의 기대이윤을 극대화하는 문제이다. 따라서 주인은 자신의 이윤을 극대화하도록 유인보수체계를 설계해야 한다. 그런데 시장여건이 주어진 경우 주인의 기대이윤은 대리인의 노력에 달려 있다.

주어진 유인보수체계하에서 대리인은 열심히 노력하는 행위 g(good)와 태만히 하는 행위 b(bad) 가운데 하나를 선택할 수 있다. 이때 주인이 얻게 되는 수익을 y_i,

$i=1, \cdots,$ n이라고 하자. 대리인이 행위 g를 선택했을 때 y_i가 나타날 확률은 p_i^g이고, 대리인이 행위 b를 선택했을 때 y_i가 나타날 확률은 p_i^b라고 하자. 그리고 대리인이 행위 g와 행위 b를 선택했을 때 치루는 비용을 각각 C^g, C^b라고 하자. 주인은 대리인의 행위를 관찰할 수 없어서 수익에 기초해서 성과급을 지급한다고 하자. 그래서 주인의 수익이 y_i가 되었을 때 성과급으로 $s_i(y_i)$만큼을 지급한다고 가정하자.

앞의 두 가지 제약조건은 주인이 자신의 기대이윤을 극대화하는데 필요한 유인보수체계가 갖추어야 할 제약조건이다. 이러한 제약조건들을 고려할 때 주인이 대리인으로부터 기대하는 행위가 열심히 일하는 g 행위일 경우, 효과적인 유인보수체계를 설계하는 문제는 다음과 같이 표현할 수 있다.

이윤극대화 $\qquad Max \sum_{i=1}^{n} \left(y_i p_i^g - s_i p_i^g \right)$ $\qquad\qquad$ (15.3)

참여 제약 $\qquad$ s.t. $\sum_{i=1}^{n} U(s_i) p_i^g - C^g \geq \overline{u}$ $\qquad\qquad$ (15.4)

유인양립성 제약 $\quad \sum_{i=1}^{n} U(s_i) p_i^g - C^g \geq \sum_{i=1}^{n} U(s_i) p_i^b - C^b$ $\qquad$ (15.5)

여기서 (15.3)식은 주인의 수익에서 대리인의 보수를 뺀 값으로 주인의 이윤에 대한 기대치이다. (15.4)식은 대리인이 보수로 최소한 유보효용수준($\overline{u}$) 이상은 받아야 한다는 참여제약조건을 나타낸다. (15.5)식의 왼쪽 항은 대리인이 주인이 바라는 행위인 g를 선택했을 때 얻는 효용이고, 오른쪽 항은 대리인이 태만히 하는 행위 b를 선택했을 때 얻는 효용이다. 대리인이 주인이 기대하는 행위 g를 선택했을 때가 그렇지 않은 행위 b를 선택했을 때보다 대리인 자신의 효용도 더 커진다는 유인양립성제약을 나타낸다.

② 유인보수체계 설계 실제

이제 구체적인 예를 통해 유인보수체계의 설계에 대해 알아보자. 건강식품사업을 하는 사업자가 외부판매원을 고용하여 홍삼제품을 판매하는 경우를 사례로 유인보수체계를 설계해보자. 이 경우 건강식품사업자가 주인이고, 외판원이 대리인이 된

다. 사업자가 현재 대리인에게 월급을 고정급으로 100만원을 주고 있고, 주인의 매달 이윤은 홍삼에 대한 소비자의 기호나 시장상황 등에 따라 1000만원 또는 500만원이 될 수 있다고 가정하자.

만약 다른 조건이 일정하다고 가정하면 주인의 이윤이 1000만원이나 500만원이 될 확률은 대리인인 판매원의 노력에 달려있다. 대리인이 열심히 노력하는 경우에 주인의 이윤이 1,000만원이 될 확률이 p=0.9이고, 대리인이 열심히 노력하지 않고 게을리 하는 경우에 주인의 이윤이 1,000만원일 확률은 p=0.1이라고 가정하자. 주인의 기대이윤은 대리인이 열심히 노력하느냐(행위 g), 게으름을 피우느냐(행위 b)에 달려있다. 대리인이 열심히 노력하는 것(행위 g)을 선택하는 경우에 주인의 기대이윤은 950만원(즉, 1,000×0.9 + 500×0.1)이며, 대리인이 게으름을 피우는 것(행위 b)을 선택하는 경우에 주인의 기대이윤은 550만원(즉, 1,000×0.1 + 500×0.9)이 된다. 그러므로 주인은 자신의 이윤을 극대화하기 위해 대리인이 열심히 노력하도록 유인해야 한다.

그러나 주인이 대리인의 행동을 관찰 할 수 없는 상황에서 고정급여체계를 채택하고 있기 때문에 대리인은 주인의 기대처럼 열심히 노력할 의사가 없다. 이 경우 주인이 기대이윤을 극대화하기 위해서는 유인보수체계를 어떻게 설계해야할까? 대리인의 행동을 관찰할 수는 없지만 주인은 자신의 이윤수준은 실제 관찰할 수 있으므로 이윤수준에 따라 대리인에게 다른 보수를 주는 경우를 생각할 수 있다. 즉 대리인이 열심히 노력하면 이윤 1,000만원을 얻을 확률이 높아지므로 이윤이 1,000만원인 경우의 보수를 이윤이 500만원인 경우의 보수보다 높게 되도록 성과급 보너스(α)를 지급하여 대리인 스스로 열심히 노력하도록 유인하면 된다. 이윤이 1,000만원인 경우의 보수를 고정급(100만원)에 성과급(α)을 더해 주고, 이윤이 500만원인 경우에는 고정급(100만원)에서 성과급(α)만큼 삭감하여 지급하기로 유인보수체계를 설계하였다고 하자.

이러한 유인보수체계하에서 대리인이 열심히 노력하는 경우 대리인의 기대보수는 $0.9(100+\alpha)+0.1(100-\alpha) = 100+0.8\alpha$가 된다. 대리인이 받는 고정급(유보효용수준 $\bar{u}$)보다는 기대보수가 크기 때문에 (15.4)식의 참여제약조건은 충족한다.

한편 대리인이 열심히 노력하는 할 것인지의 여부는 (15.5)식의 유인양립성 제약조건이 충족하는지에 달려있다. 그런데 (15.4)식에서 주인의 기대이윤은 $0.9(1000-\alpha)+0.1(500+\alpha) = 950-0.8\alpha$이다. 그러므로 주인의 입장에서는 가능한 한 α(보너스)의 값을 작게 설정하려 할 것이다.

이제 남은 문제는 유인양립성 제약조건을 충족시켜 효용극대화를 원하는 대리인 스스로가 열심히 노력하도록 하는 유인을 제공하는 것이다. (15.5)식의 유인양립성 제약조건을 충족하는 α의 범위는 $\alpha \geqq 62.5$만원이다[15]. 그런데 α의 값이 작을수록 주인의 기대이윤이 증가하므로 α(보너스)는 결국 62.5만원으로 결정된다. 즉 고정급 100만원을 책정한 상황에서 이윤이 1,000만원 발생하면 62.5만원을 보너스로 지급하여 급료가 162.5만원이 되고, 이윤이 500만원이 발생하면 62.5만원을 삭감하여 급료가 37.5만원이 되게 한다. 이 경우 본인의 기대이윤은 900만원이 된다.

위와 같이 유인보수체계를 설계하면 주인이 얻을 수 있는 기대이윤이 900만원이 된다. 그러므로 대리인의 보수를 고정급으로 설정하여 지급하는 경우의 기대이윤 550만원보다 훨씬 높기 때문에 유인보수체계가 효과적으로 설계되었음을 알 수 있다.

---

15) $0.9(100+\alpha)+0.1(100-\alpha)-100 \geqq 0.1(100+\alpha)+0.9(100-\alpha)$가 유인양립성제약인데, 이것을 정리하면 $1.6\alpha \geqq 100$가 되어, α의 크기는 $\alpha \geqq 62.5$가 된다.

복습문제

1. 비대칭적 정보의 상황이란 무엇이고, 그 유형에는 어떤 것들이 있나?

2. 역선택이란 무엇이고, 그 유형에는 어떠한 것들이 있는가?

3. 중고차시장에서 역선택이 나타나는 이유와 그 결과는 어떠한가?

4. 보험시장에서 역선택이 나타나는 이유와 그 결과는 어떠한가?

5. 역선택을 방지할 수 있는 방법에는 어떠한 것들이 있는가?

6. 주인-대리인의 관계란 무엇인가?

7. 도덕적 해이란 무엇인가?

8. 왜 대리인은 주인을 위해 최선을 다하지 않을까?

9. 어떻게 하면 대리인이 주인을 위해 최선의 노력을 하게 할 수 있을까?

10. 유인체계를 설계할 때 제약조건들은 무엇인가?

포인트 미시경제학   The Point of Microeconomics

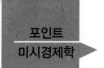

INDEX
The Point of Microeconomics

포인트 미시경제학　The Point of Microeconomics

저자 소개

o 남상섭

경북대학교 사범대학과 대학원 경제학과를 졸업하여 경제학 석사와 박사 학위를 받고, 현재 중부대학교 사회과학대학 국제통상학과 교수로 재직하고 있다. 저서는 「디지털 경제시대의 재테크실무론」(2004), 「한권으로 읽는 재테크특강」(2006), 「시장경제의 원리와 실제」(2008), 「시장경제의 이해」(2016) 등이 있다.

포인트 미시경제학

초판1쇄 인쇄	2016년 3월 5일
2판1쇄 발행	2017년 3월 5일
저 자	남 상 섭
펴낸이	임 순 재
펴낸곳	주식회사 **한올출판사**
등 록	제11-403호
주 소	서울시 마포구 모래내로 83(성산동 한올빌딩 3층)
전 화	(02) 376-4298(대표)
팩 스	(02) 302-8073
홈페이지	www.hanol.co.kr
e-메 일	hanol@hanol.co.kr

ISBN 979-11-5685-532-3